中外十大系列丛书

SHIJIE MINGJIANG

世界名将正传

白建才◎等著

纪念珍藏版

陕西新华出版传媒集团
三秦出版社

图书在版编目（CIP）数据

世界名将正传／白建才等著. —西安：三秦出版社，
2012.6（2020.5重印）
（中外十大系列丛书）
ISBN 978-7-80628-156-7

Ⅰ.①世… Ⅱ.①白… Ⅲ.①军事家-列传-世界
Ⅳ.①K815.2

中国版本图书馆 CIP 数据核字（2005）第 087391 号

# 世界名将正传

白建才　等著

| | |
|---|---|
| 出版发行 | 陕西新华出版传媒集团　三秦出版社 |
| 社　　址 | 西安市雁塔区曲江新区登高路1388号 |
| 电　　话 | （029）81205236 |
| 邮政编码 | 710061 |
| 印　　刷 | 天津奥丰特印刷有限公司 |
| 开　　本 | 710mm×1000mm　1/16 |
| 印　　张 | 19 |
| 字　　数 | 310千字 |
| 版　　次 | 2012年6月第1版 |
| | 2020年5月第2次印刷 |
| 标准书号 | ISBN 978-7-80628-156-7 |
| 定　　价 | 38.00元 |

| | |
|---|---|
| 网　　址 | http://www.sqcbs.cn |

# 让世界史知识进一步走向大众
## ——《中外十大系列丛书》前言

## 彭 树 智

　　我看到三秦出版社出版的《中国十大系列丛书》目录,读了丛书中的《中国十大皇帝》《中国十大高僧》等书后,感到十分地欣慰。我在长期从事史学科研和担任全国与陕西史学社团的工作中,深感走向 21 世纪的史学,应当拓展它的社会文化功能。特别是从近些年来史学在爱国主义教育方面的作用,使我更加认识到:史学应当为 21 世纪中国文化的复兴、中华民族的崛起提供精神动力。同时,我也进一步体会到,21 世纪的中国史学,应当走出专业者的狭小圈子,在大众的广阔天地中,进行普及历史的工作,因为大众需要历史。只有把历史知识普及到大众中去,才能在更广大的范围内,发挥史学的开阔视野、启迪智慧、提高素质、教化育人的诸多功能。正是基于这个认识,当三秦出版社陈景群同志提议要我主编《中外十大系列丛书》时,我便欣然应命了。

　　在普及历史知识方面,老一辈史学家做出了许多成绩。吴晗先生主编的中外历史小丛书,至今人们尚记忆犹新,它的社会效果确实很好。吴先生是研究中国史的名家,但他有全局的视野,在普及历史知识方面没有忽视外国历史。中国史加上外国史,才是世界史,才是完整意义上的人类历史。中外历史小丛书,就是这样的世界史和人类史的普及读物。

　　在改革开放的新时代,要面向世界,面向现代化,面向未来,普及世界史知识,具有特殊的意义。世界史工作者为此也做了不少工作。但是,反躬自省,这一迫切任务要求我们有更多的事情要做。我们现在的工作,还是远远落后于新时代的需要。迄今为止,在我国十几亿人口中,无论是对外国当前的政治、经济和社会文化知识,或者对外国历史知识的了解程度,都同我国的国际地位极不相称。

　　当今世界,经济、政治、文化都正在走向全球化。中国建设社会主义现代化,决离不开世界。我们应当同时关心中国和世界的大事。历史经验告诉我们,只有了解世界,才能更好地了解中国。作为"地球村"一员,不能没有世界意识。实际上,对外国了解的程度,已经成为衡量一个国家文明程度和发达程度的一项重要指标。作为一个现代化国家的公民,不具备世界史知识,就是文明程度上的缺陷和落后的表现。21世纪是生产力高度发达和交往全球普遍化的世纪,世界上各个国家和各个民族在政治、经济和社会文化等方面的联系越来越频繁与密切。如果对外国事物知之甚少,如果任这种落后状态长期存在,是要付出沉重的历史代价的。

普及世界史知识的工作,任务十分艰巨。世界史专业工作者要以艰苦的劳动,用深入浅出、引人入胜的通俗读物,来引起大众的兴趣,使他们通过自己的学习,从实际体验中认识到世界史知识对于现代公民的重要性。当然,既有科学真实性,又有可读性的通俗读物的写作,不是每一位专业工作者都能做到的。要知道,能深入者,未必都能"以浅出之"。但是。对中青年世界史工作者来说,把普及与提高相结合作为一个努力的方向,这样的要求是完全应该的。何况普及世界史知识的工作本身,也具有不可忽视的重大和深远的社会价值。那种以为普及工作不屑一为,或者在评估科研成果中把普及读物作为末流下品的做法,都是不可取的。

一个正在步入现代化的国家,毫无疑问是需要普及世界史知识读物的。普及世界史知识的途径很多,通史性的、断代史性的、专门史性的和地区国别性的读物都需要。但近些年的实践证明,大众更欢迎历史上各方面有代表性的人物传记。因此,我们普及世界史知识的工作,便从此入手,并从此侧面深化普及工作。在这套《中外十大系列》丛书的100个世界历史人物选择上,我们一方面尽量考虑到读者可能想要知道的人物,另一方面,我们更多地考虑到读者应该知道的人物。我们之所以看重后一点,是因为中国越来越密切地成为世界文化的一部分,是因为21世纪的中国公民必须具有强烈的世界意识。

早在18世纪的清代,中国虽处于闭关锁国之时,尚有敏感的人物萌生世界意识。如赵翼在《檐曝杂记》中就感慨地说:"天地之大,到处有开创圣人,固不仅羲、轩、巢、燧而已。"晚清自魏源以后的思想家,都有对"大同世界"的追求。王国维由"大同世界"转向"文学大同",把借鉴西方文学家的基点放在超越国界的"世界性"上。他谈到托尔斯泰,强调托尔斯泰属于"世界之人物",而"非俄国之人物"。他写了德国文学家歌德和席勒的"合传",称赞他们是"世界之文豪",并发出这样的慨叹:"胡为乎文豪不诞生于我东邦!"王国维的"文学大同"思想,使人联想到《共产党宣言》中所说的"世界文学"。从历史交往的普遍化和世界市场的形成,伴随而来的各民族文学的交流与融合,出现了这种世界意识,从而成为中国新文学的先导。

放眼看世界史,把中国史放在世界史范围之内,的确会起大开茅塞、开阔视野的作用。中国人都知道千古惟一女皇武则天,但如果把目光稍微东盼日本,就会发现有位

41代日本持统女皇,她即位于公元690年,正是周圣神皇帝武则天天授元年。这位持统女皇与武则天同时当皇帝,也有行元嘉历、仪凤历和广开农桑之举。更为饶有趣味的是在她之前还有两位女皇。一位是本丛书中已经列入的日本33代天皇——推古女皇(592—628年在位,相当于隋开皇十二年至唐贞观二年),还有一位两度登上女皇宝座的奇特女子。她就是日本35代天皇——皇极女皇(642—645年在位,相当于唐贞观十六年至十九年)和37代天皇——齐明天皇(655年皇极女皇再即位,改称齐明女皇,相当于唐永徽六年,去世于661年,相当于唐显庆六年)。她经历了日本大化改革时代和中日关系密切的时代。东邻日本这三位女皇的历史现象,同武则天时代如此相近,自然会使人们产生许多历史遐思。这个史例说明,本系列丛书不敢奢望有什么新的创造,只是想沟通一条历史上长期人为造成的中外隔绝的闭塞界壕,让读者在了解中国历史长河中涌现出的英雄豪杰的同时,也了解外国历史海洋中灿若群星的英雄人杰,从而为适应人类文化全球化的发展潮流打下知识基础。

中国的读者大多了解康熙和乾隆的文治武功,也知道他们向外国传教士学习天文、代数等自然科学知识。他们二人编纂《古今图书集成》《四库全书》也为人们所熟知。但是,如果放在当时世界文明潮流中去考察他们,就会对他们作出更全面的评价,并且会获得有益于后世的启迪。从康熙1661年即帝位到乾隆1798年去逝,这137年间,英、美、法三国发生了资产阶级革命,英国开始了工业革命,而康熙却在18世纪初推行封海禁矿政策,妨碍了中国工业的发展,阻断了中国与外界的正常交往。他们不了解世界文明的真正变化。西方传教士带来的天文学是托勒密的地心说,而不是哥白尼的日心说。西方传教士更不可能带来瓦特的蒸汽机、工业制度和洛克、孟德斯鸠、卢梭的思想。如果进一步把康熙和彼得大帝(已列入本丛书)加一比较,就可以看出康熙虽然在个人才赋和文治武功的许多方面超过彼得一世。但是彼得一世却能走出国门,到荷兰、英国、普鲁士去考察。他从世界近代文明的前沿地区引进先进技术和科技人才,敞开俄国大门与世界交往,大力发展本国工业,这些都是以天朝自居的康熙大帝所望尘莫及的。彼得一世于1724年创立彼得堡科学院——今日俄罗斯科学院的前身,欧洲很多著名科学家如欧拉、贝努利都曾在那里任职。这与恢复八股考试、大兴文字狱、编纂《古今图书集成》《四库全书》的康乾文治,在旨趣上是南辕北辙的。对近代世界文明潮流这样两种截然不同的态度,其后果也是完全不同的,由此更可以领悟到继续扩大开放对一个国家的必要性。

这里所说的对待世界文明潮流的态度,十分重要。"世界潮流,浩浩荡荡,顺之者昌,逆之者亡",孙中山说的这一名言,很好地说明了潮流和态度二者的关系。潮流是大势所趋,这是客观存在,而对一个国家来说,关键是主观上对潮流的自觉性,要把顺应潮流看成是自身发展的迫切需要,如孙中山所认识的那样,是"昌"或"亡"的问题。为了提高中国公民的综合文化素质,紧随和平发展的时代步伐,适应东西方文化普遍交往的总趋势,必须从全球的眼光观察我国的改革开放问题。对中国和西方科学技术、文化思想有深刻研究的英国著名学者李约瑟,对此讲过一句颇有启发的话"知中可知西,知西更知中。"

总起来说,从写人物传记入手,进一步开展世界史的普及工作,必将为沟通中外历史知识创造有利的条件。但是,毋庸讳言,写世界史人物传记比写中国人物传记要困难得多。首先是资料上的困难。有些人物是必须介绍给读者的,可是一经选择后,仔细寻找资料,无论中文、外文,都难于发现可供写作的起码资料,因而不得不作罢而数易其他传主。有些人物仅有一般政治经历,而无生活记述,也给历史普及读物的撰写者造成困难。"巧妇难为无米之炊",米少也只能把做干饭变成熬稀粥了。其次是写作普及读物的风格上的困难。要求长期从事专业工作的人,去写普及读物,就要允许专业人员有一个适应过程。有些人可能快一点,有些人会慢一点。一本多作者的著作,必然是参差不齐的。还有一个写作安排上的困难。专业工作者都有原来的教学科研工作计划,这是他们的主要任务,现在要他们承担不习惯的课题,就必须要重新调整计划,因而完成的时间也不会是同时的。

尽管有种种困难,本书的撰述者在这一点上是认同的:路虽远不行不至,事虽难不办不成。写历史人物最重要的是尊重历史的真实性,写历史人物的普及读物最重要的是可读性和趣味性。把这两者巧妙和有机结合起来,在真实性的基础上,用简明易懂、并且略带文采地叙述历史人物的生平,是我们丛书的起码要求;而史实叙述准确,融知识性、可读性和趣味性于一炉,则是我们丛书力争达到的目标。我们丛书还有一个努力的方向,这就是通过对史实的开掘和阐述,揭示人物的精神经历和心灵升华,给读者以人生的启迪和感悟。这种由史实叙述方式,深入到人物精神世界的传记,已经不是一般白描人物生平或综合叙述,也超越了评价功过是非或普通的社会与道德标准。这种传记可能给人的第一感觉是枯燥,无多少动人情节,但耐心的读者细细品味,就会被展现在眼前的人物所震动,进而对人物的精神发出会心而由衷的感叹。这种上乘之作,我们在史圣司马迁的笔下,可以多次读到。《史记》是我国古代第一部以人物为中心的伟大历史著作,它比号称"世界传记之王"的希腊普鲁塔克的《列传》几乎早两个世纪。《史记》中的许多传记,既是史学,又是文学,而且是哲学三者的统一体。这些传记不但人物栩栩如生、呼之欲出、引人入胜,而且用生动真实的史实,把读者引入历史人物的内心深处,发人深思,给人知识,增人智慧。作为历史普及读物,理应继承和发扬这一优良史学传统,让读者走进世界史的丰富多彩的人物丛林,又带着思考人生问题走出这个丛林,从而升华为智力而重返现实人生的行程。

我觉得,历史普及读物和专门书籍尽管各有自己的不同要求,但在质量第一这方面是相同的。质量第一就是精品意识,各类著作都应当有这种意识。历史普及读物的生命在于质量。而质量集中表现在历史真实性与可读性、趣味性相结合,结合得越好,质量就越好,结合得越深入,品位就越高。这中间的关系,既有作为基础和前提的真实性问题,又有面向大众的可读性与趣味性完美表现形式和方法问题,二者不可偏废。没有真实性,就不是历史普及读物,而是历史小说了。同样,没有可读性和趣味性,也不成其为历史普及读物,而是历史专门著作了。这里关键是面向什么样的读者对象的问题,是一个为什么人写书的问题。

因此,保证质量从根本上说,其责任在作者。本丛书的作者队伍主要是由多年从事世界史教学与研究的工作者所组成。长期的专业训练和经验,可确保在叙述史实方面的正确。同时,他们都是热心于普及历史知识,乐于把世界史知识普及到大众中去,所以在选择史实、构思行文,甚至遣词造句方面,都在考虑读者的要求和口味。为了保证质量,本丛书在总主编之下,设有分册主编,负责各册的审阅工作,加上出版社责任编辑的审阅,层层把关,力争把工作做得更好一些。当然,本丛书是多作者的著作,参差不齐的现象是存在的,因而是否能达到预期目标,还要由读者来评判。我们丛书的全体编撰人员将竭诚欢迎批评指正,以便以后有可能再版时修改提高。从我个人的心情上说,虽然不尽如人意,但可用西方一句日常用语表达:尽管瓦特制作的第一台蒸汽机是很粗糙的,但它毕竟是第一台。

1996年10月间,著名历史学家胡绳在同《百年潮》杂志记者谈话中说:"历史学中既需要主要供研究工作者读的专门著作,也需要适合一般读者口味的、大众化的历史作品,使历史教育的普及和提高相结合。"近些年来,在历史教育的普及工作方面,许多历史学家都在积极行动,他们或奔走呼吁,或组织队伍,或执笔编写,使各种历史普及读物、特别是世界史普及读物与日俱增。更令人鼓舞的是,中外历史知识的学习,已被中央领导所重视,列入到各级领导干部的学习日程。这自然也加重了历史学人的责任。作为世界史工作者,我和本系列丛书的全体编撰人员,愿同中国史学界同行一道,朝着历史教育的普及和提高相结合的方向努力,并且坚持不懈地做出更多更好的成绩来,让世界史知识进一步走向大众。

# 目录

## 汉 尼 拔

## 恺 撒

世界名将正传

# 克伦威尔

# 华盛顿

# 苏沃洛夫

# 库图佐夫

世界名将正传

# 朱可夫

# 艾森豪威尔

世界名将正传

# 汉　尼　拔

——迦太基卓越的军事统帅

王成军

公元前 237 年的一天,迦太基远征军将士正在举行出征前的祭神仪式,只见一位英俊少年跟随一位名叫哈米尔卡·巴尔卡的将军进入巴尔·莫洛克神庙,把手放在祭坛上,用庄严而不脱稚气的语调当众起誓:"待我成人之后,誓与罗马决一死战。"誓毕,号炮响起,将军搂着少年,跨上战马,率军踏上了去西班牙的征程。这位少年就是将军之子,以后纵横驰骋意大利 16 年,屡败罗马的迦太基名将汉尼拔。在祭坛上起誓的那年他才 9 岁。

## 一、生于战乱

汉尼拔(公元前 247—公元前 183 年)出生于迦太基的一个将军世家。迦太基位于北非沿岸,突尼斯湾一带,史界比较一致的看法是建立于公元前 814 年。传说迦太基城起源于"一张牛皮"。这是怎么回事呢? 原来,有一名叫代多的泰尔妇女,在丈夫因不满泰尔国统治者的残暴统治而惨遭暗杀后,带着子女及财产和一些早想逃离泰尔的人们,乘船前往阿非利加。当他们到达非洲大陆北岸时,受到当地土著居民的阻击,于是他们请求给他们一块牛皮大的地方居住。当地的土著居民觉得拒绝如此微不足道的要求是可羞的,就答应了,并宣誓履行自己的诺言。于是代多和她的同伴把一张牛皮剪成一根根很细的牛皮条,然后联结起来,圈成一个很大的圈,在被圈占的土地上建立了迦太基城。正因为如此,这个地方叫做柏萨(意为"一张牛皮")。迦太基的最初居民腓尼基人就以这块地方为根据地,不断征战邻邦。因为地处水陆要冲,从事海上贸易极为便利,迦太基的工商业和航运业发展非常迅速。不列颠的锡、西班牙的白银、希腊的工艺品、埃及的织物、非洲内陆的黄金和象牙,以及奴隶贩卖,都常以迦太基为转运集散地。迦太基的货币,通行于地中海西部各地。到公元前四世纪时,迦太基已经发展成为一个强盛的城邦,它控制的版图有非洲西北角,西西里岛的西部、撒丁岛、科西嘉岛、巴利阿里群岛以及西班牙半岛的东南角。整个西部地中海成了迦太基的内湖。因其有利的地理条件,迦太基城有"当时世界最富庶的城市"之称。随着迦太基势力的不断发展,正处于蒸蒸日上的罗马因不满足占有整个意大利,它需要在征服意大利之后向海外进行新的扩张,向西征服西部地中海,称霸整个地中海地区。罗马,本是意大利半岛上的一个小城邦,坐落在台伯河口的南岸。大约公元前 510 年,罗马成立了共和国。共和国初期,罗马奴隶制经济就有所发展。为了奴隶制经济发展的需要,从公元前四世纪中叶开始,罗马凭借一支由自由公民组成的强大军队,不断向外发动侵略扩张,先后征服意大利各部落和许多城邦,统一了整个意大利半岛,从一个台伯河的小城邦一跃而为东部地中海的奴隶制强国。但是,罗马对意大利的征服,只是扩张的第一步。奴隶主对土地、奴隶和商业利益的贪求和欲望,不会以此为满足。另外,罗马在统一意大利之后,控制了全部商业城市。商人在罗马的政治作用日益突出,并直接影响国家政策,积极要求向海外扩张。于是,罗马将扩张矛头首先指向了盛产粮食、居于海上贸易重要地位富庶的西西里岛。此时西西里已成为迦太基版图的一部分。这样,为争夺西西里、称霸地中海,地中海东西这两大霸主从公元前 264 年至公元前 146 年展开了长达 100 多年的战争。因当时罗马人称迦太基人为"布匿人",因此历史上把这场战争称"布匿战争"。一代名将汉尼拔就是在这场战争中脱颖而出的。

汉尼拔的童年是在战乱中度过的。在他 5 岁那年,迦太基的强大海军与罗马在西西里北面的米列海岬展开了一场大海战。年轻的罗马海军为扬己陆战之长,避海战经验不足之短,发明了一项新的海战战术:在每只舰船的船头安装一种前端装有钩子、两侧装有栏杆的吊桥。这种吊桥前进时高高竖起,可以阻挡敌人投掷武器的攻击;接近敌船时则放下,吊桥前端的钩子便像乌鸦嘴一样钩住敌舰的甲板,步兵一手拿刀,一手持矛如履平地地冲到迦太基的船舰上,同迦太基的士兵展开短兵相接的战斗,这样,一向受到迦太基轻蔑的罗马海军竟然破天荒地战败了战无不胜的迦太基海军,而且为了庆祝这次海战的胜利,罗马元首院特意下令在罗马广场建造了一座大理石纪念柱,上面用俘获的迦太基舰首作装饰。之后,罗马人屡战屡胜,迦太基人亦无计可施。后来,迦太基政府任命了汉尼拔的父亲,一位年轻而有军事才干的迦太基将军哈米尔卡为军队统帅,力图挽回败局。虽然哈米尔卡竭尽全力,使战局有所缓和,但终因战局已定,为时已晚,无法大有作为,最后迦太基政府被迫授权哈米尔卡与罗马谈判媾和,将西西里及其与意大利之间的其他岛屿割让给罗马,同时向罗马赔款 3200 塔连特,十年偿清。公元前 238 年,罗马又乘迦太基雇佣兵起义之机,强占了原本属于迦太基的科西嘉岛和撒丁岛,向迦太基步步紧逼。这一重大事件被称为第一次布匿战争。迦太基的有识之士已经清楚地意识到:西部地中海霸主和东部地中海罗马两雄和平相处的时代已宣告结束,即将到来的将是决定两霸命运的大决战。在这里有必要说明一下,在公元前三世纪中期以前,两雄基本处于和平友好状态。公元前六世纪末他们订立过一个友好条约,公元前348年又续订了条约,进一步调整了两国之间的关系。特别是为了对付共同的敌人希腊,公元前279年迦太基和罗马订立了互助条约,向罗马提供了大量海军和财政援助扭转了罗马向希腊的屡败局面,罗马才顺利地征服了整个意大利,从而也避免了希腊势力深入西西里。而现在,战争的阴云开始笼罩整个地中海。

这时,汉尼拔尽管处于幼年,但昔日祖先披荆斩棘、开疆拓土的荣耀、耳濡目染的自强不息的品德和崇高的使命感,都开始在汉尼拔幼小的心灵深处打下了不屈、抗争的烙印。而罗马的骄横、迦太基辉煌的过去与现实屈辱的强烈反差,又使汉尼拔自小就对罗马充满了敌意,他不止一次祈祷神灵保佑迦太基有朝一日能再度辉煌,洗刷耻辱,重振国威,向罗马进军复仇。

俗话说:"知子莫如父"。哈米尔卡特别欣赏爱子汉尼拔的复仇决心,并想方设法将汉尼拔培养成为反罗马事业的继承者。因为他清楚地意识到要同强大的罗马决一雌雄,决非一日之功,需要长期的努力。因此,公元前237年,哈米尔卡在远征西班牙的时候,就着意将年幼的汉尼拔带在身边。幼年的汉尼拔开始了他的戎马生涯。

## 二、智勇双修

第一次布匿战争并没有彻底解决罗马和迦太基之间的矛盾,罗马虽扩大了势力范围,得到了巨额的战争赔款,但还没有掌握对西地中海的控制权。迦太基虽然战败,但它的经济政治力量并没有被摧毁。它利用它所拥有的广大的殖民地的丰富资源,轻易地偿付了战争赔款,迅速地从战争的灾难中恢复了过来。因此,新的战争爆发在即。

公元前237年,曾任迦太基西西里军队总司令的哈米尔卡率军渡海来到了西班牙。西班牙曾经臣服迦太基二百多年。但由于第一次布匿战争迦太基的失败,西班牙的大部分地区摆脱了迦太基的统治,转而依附了罗马。因此,哈米尔卡不得不率军再次征服。当然,这次征服是"项庄舞剑,意在沛公。"要充分利用西班牙的人力、物力、财力,把西班牙作为一个以后同罗马争霸的重要、巩固的军事基地。

迦太基对西班牙的征服战争异常残酷。哈米尔卡率军经过九年的征战,最后征服了当地土著居民——伊伯利安人,占领了西班牙很大一部分地区。为了扩充兵力,哈米尔卡从当地居民中募集了15万军队,并用当地的物资补充了自己的武器装备。不幸的是,公元前228年,哈米尔卡在一次与伊伯利安人的战斗中阵亡了。当时西班牙国王和许多不愿臣服迦太基的地方酋长联合起来组成了反迦太基统一战线。公元前228年的一天,伊伯利亚人利用火牛战术,即用牛拉着木车冲向迦太基军队,迦太基人不知是计,反而大笑。当牛车冲进迦太基军队时,伊伯利亚人点燃了木车,见火逃奔的牛带着"火车"四处奔跑,迦太基军队秩序顿时大乱,后面跟上的伊伯利亚冲进敌阵,哈米尔卡军队大败,哈米尔卡本人也阵亡。

继任哈米尔卡的是他的坚定支持者、女婿——哈斯德路巴尔。哈斯德路巴尔继续备战,继续扩展迦太基领土。在他统治西班牙的时期,建立了一座新城——新迦太基。它周围有丰富的银矿,是迦太基在西班牙的主要据点和战略基地。罗马对哈斯德路巴尔在西班牙的成就感到不安,但由于意大利北部的高卢人正准备南犯,形势十分紧张,无力去西班牙同迦太基抗争,因而便于公元前226年派了一个使团到西班牙,要求迦太基人不要越过希伯鲁斯河。哈斯德路巴尔欣然应诺,因为这等于罗马人承认了迦太基的既得势力范围——希伯鲁斯河以西的大片领土。公元前221年,哈斯德路巴尔被一奴隶在打猎时暗杀。军中岂能一日无帅?但谁又能担任这支远征军统帅呢?人们把目光投向了汉尼拔。

汉尼拔自小随父征战,先后接受父亲和姐夫的悉心指教,并得到了严格的军事训练和外交训练。在西班牙征战过程中,他不仅直接参加了几乎所有的大小战役,而且更重要的是,他在这些大小战役之后,能够潜心思考,总结胜败得失,并不失时机地向他的父亲和姐夫提出了许多有益的建议和见解。对此,哈米尔卡十分高兴,并向汉尼拔讲解了古代的各个国家的军事将领的作战艺术,每次汉尼拔都认真听讲、认真思考。这在汉尼拔以后同罗马人的作战中都起了很大作用。与此同时,汉尼拔还自学希腊文,不断潜心研究发达的希腊的军事理论。将士们经常可以看到在万籁俱寂的深夜中汉尼拔帐篷中的灯火彻夜不息。通过精心研究,汉尼拔发现,古希腊的著名军事理论精华在以少胜多、出奇制胜。昔日马拉松战役,雅典以一万之众竟然击败拥有十万之众的波斯侵略军。究其原因,就在于古希腊的军事理论具有独到之处。其中最使汉尼拔感兴趣的是斜形战术。在古代世界,交战双方经常采用这样一种战术,即中央突击战术,就是说,作战双方都将自己主力布置于军阵中心,而力图一鼓作气击败对方。但斜形战术则反其道而行之,将主力布置于军阵侧翼,迂回包抄聚歼对方。这一战术对汉尼拔影响很大,后来汉尼拔在同罗马交战的过程中所采用的战术就是如此。对此,哈米尔卡赞叹不绝。而更使哈米尔卡惊奇的是,汉尼拔在掌握了希腊语和西班牙许多土著语言后还深入学习了迦太基仇敌罗马的语言——拉丁语。对此,许多人包括哈米尔卡本人不理解。但汉尼拔有他自己的想法,在他看来,要战胜强大的罗马,不但需要威武强悍的军队、杰出的统帅,而且还要了解对手的政治、军事等各方面的情况,只有这样,方能"百战不殆"。

汉尼拔还多次向他的父亲建议,要彻底击败迦太基的仇敌罗马,仅靠小小的迦太基是难以达到目的的,必须运筹帷幄,精心组织反对罗马的大同盟。具体来讲,就是:充分利用罗马贵族统治的弊端即罗马人和意大利人之罗马的大同盟,他还举例说,罗马曾经为了打败希腊殖民城邦和皮洛士,不是还低三下四地同迦太基建立同盟吗?正是在迦太基的支持之下罗马才能够统一南意大利,现在为了打败罗马,迦太基也必须运用这一方法,以其人之道还治其人之身。

听了汉尼拔的这一建议,哈米尔卡既惊又喜,想不到十几岁的小伙子竟有此韬略,由此他更坚信,汉尼拔将会做出比他大得多的业绩。哈米尔卡甚至还这样对他的将领预言,只要神灵保佑,罗马的掘墓人将是他心爱的长子——汉尼拔。此后,哈米尔卡不再要求汉尼拔单纯地学习军事,而是多次派遣汉尼拔出使罗马和东地中海国家,以培养其外交和政治才能。在访问的过程中,汉尼拔感兴趣的不是表面豪华的应酬场面,而是尽可能多的实地考察当地的民法、人情、政治形势,重点是考察罗马同其周边国家、部族的关系。通过考察,汉尼拔高兴地发现,罗马并不是人们所想象的那样固若金汤、坚不可摧,而是危机四伏。首先,罗马同东地中海国家关系紧张,罗马对外虎视眈眈的气势,使东地中海国家又恨又怕;其次,罗马的北邻——高卢则与罗马世仇,长期对立。几百年来,罗马一直力图征服高卢,但终未得手;其三,就是罗马内部也矛盾重重,并非铁板一块,罗马对其在中意和南意的盟国所采用的"分而治之"政策,使意大利盟国对罗马抱怨不已,为公民权问题二者屡屡发生摩擦。因此,汉尼拔坚信,只要迦太基一旦扛起反罗马的大旗,罗马的周边国家和部族将会遥相呼应,甚至罗马内部也会发生分化。

显然,在哈米尔卡的精心培养和汉尼拔的个人努力下,汉尼拔早已出乎其类,拔乎其萃,他已经突破了西班牙这一地理的局限,能够从一个更大的范围——整个地中海来寻找打击罗马的最佳途径。结果,汉尼拔不但和哈米尔卡一样,通晓军事,更重要的他还通晓政治,从而青出于蓝而胜于蓝,军中将领无不佩服。

另外汉尼拔在士兵中也获得了极高的声望,他虽出自名门将府,但却一无纨绔子弟之陋习,长期的戎马生活培养了他具有过人的毅力和身先士卒的战斗作风。他生活简朴,惟有他的战马和武器才显示出与众不同的特点。他平易近人,常与普通士兵为伍,裹着军用斗篷跟他们睡在一起;他冲锋在前,撤退在后。所有这些,都说明汉尼拔已具备了一个卓越军事将领的优秀品质,智勇双全而深孚众望。

就这样,年仅26岁的汉尼拔接受了迦太基驻西班牙将士的拥戴,荣膺最高指挥官职位。复仇之剑,开始脱鞘!

# 三、运筹帷幄

哈斯德路巴尔去世后,初掌兵权的汉尼拔年纪虽轻,但却十分成熟,他没有被长期的复仇渴望所驱使,立即率师东进,以泄匹夫之勇,而是运筹帷幄,精心设计未来反罗马的宏伟蓝图,加紧战争准备。

首先,汉尼拔致力于一个训练有素的军队。他清楚,罗马雄视地中海的根本在于拥有一支由公民组建起来的公民兵。罗马公民的战斗力极强,攻无不克,战无不胜,视死如归,不惧牺牲。而迦太基则相反,迦太基是著名的工商业国家,国内商人和富裕农民不愿从军,军队只能实行雇佣兵制。而雇佣兵从军打仗的目的不是保家卫国,而是为了获得佣金,因此缺乏牺牲精神,战斗力很弱,二者相较,迦太基明显处于劣势。更有甚者,迦太基招募来的雇佣兵多半来自未开化的蛮族部落,种族繁多,其中步兵有使用重型长矛的腓尼基人,有使用大砍刀的高卢人,有使用投石器的巴利亚利土著人,骑兵则由西班牙人组成。针对这一情况,汉尼拔大胆地向罗马学习,对军队的体制进行改革,充分发挥各个种族士兵的特长,合理调配整顿,组成各个不同的兵种,如投石兵、长予兵、大砍刀兵等;另一方面,汉尼拔又对军队进行了严格训练,做到令行禁止。当然,汉尼拔并没有忘记充分利用西班牙当地丰富的银矿资源来提高军队的待遇。通过这些有力措施,汉尼拔使他的这支原来兵员混杂、语言不同、习惯殊异的军队,变成了一支纪律严明、士气昂扬、配合协调、作战勇敢、毫不亚于罗马军队的强师劲旅;

其二,汉尼拔频频派使出访东地中海国家和罗马在意大利的同盟,离间他们之间的关系,和他们订立秘密的反罗马同盟,孤立罗马,壮大自己;

其三,巩固、扩大迦太基反罗马的军事基地。汉尼拔深知,罗马发展到今天是几百年征服战争的结果,而他要消灭罗马,也确非易事。当务之急,是要创建一个反罗马的军事基地,而这一基地非西班牙莫属,西班牙丰富的银矿为迦太基招募雇佣军提供了充足的财力保障,而稠密的人口又为迦太基提供了足够的兵源。基于这一考虑,汉尼拔在其父亲、姐夫征服的基础上,进一步向西班牙中部进军,大大扩展了迦太基在西班牙的统治范围。

做完上述三件大事后,将领们个个神采飞扬,认为万事齐备,只待东征了。但汉尼拔却相反,满面愁云。

汉尼拔忧心的是自己的祖国——迦太基对提出的远征罗马计划迟疑不决,当时迦太基内部分化为二大派别:主战派和主和派,主战派竭力主张通过武力来夺回原本属于迦太基的土地、财富,并进而伺机打败迦太基的竞争对手——罗马,独霸地中海,汉尼拔就是其中的重要人物;而主和派则慑于罗马的军事实力,以第一次布匿战争为例,反复告诫迦太基人,不可轻举妄动,若战端一开,迦太基必败无疑,与其那样,还不如临时苟安。为了克服这一失败主义情绪,汉尼拔多次派人回迦太基向政府阐明自己的立场、观点,但事与愿违,主和派更为嚣张,无所不用其极,甚至密谋要罢免汉尼拔的军职。到这时,汉尼拔明白了,对于那些只想在罗马强权下分一杯羹的懦夫来讲,任何说教都是多余的。但他决不愿让自己的心血付诸东流!怎么办?汉尼拔眉头一皱,计上心来,那就是刺激罗马的敏感部位,挑动罗马人向迦太基宣战。于是,汉尼拔立即率军进攻萨贡杜姆城。事态的发展,正如汉尼拔所设想的,以汉尼拔攻陷萨贡杜姆城为导火线,迦太基和罗马之间的战争爆发了。

萨贡杜姆位于希伯鲁河以西,原本属于迦太基控制,但罗马为了扩张其在西班牙的势力,就在汉尼拔任西班牙统帅时,却和萨贡杜姆结盟,将萨贡杜姆纳入自己的势力范围,因此,汉尼拔以惩罚反叛者为由,明击萨贡杜姆,暗打的却是罗马,但不管怎样说,汉尼拔出师有名,无懈可击。

公元前219年春,汉尼拔统率全部军队渡过了埃布罗河,围攻萨贡杜姆城。萨贡杜姆危在旦夕,派出使团到罗马请求同盟救援,结果引起了罗马内部争论,主战派要求援助萨贡杜姆,而更多人认为萨贡杜姆城与罗马在订立协约时没有说明自己是罗马的同盟者,而且该城还是一个自由和自治的国家,故而反对出兵援助。最后罗马没有派出援军。经过8个月长期的围攻,萨贡杜姆城孤立无援,终于陷落。汉尼拔从其他地区迁移了一批人定居萨贡杜姆城,将其变成了迦太基的一个殖民地,从而形成了和罗马隔河对峙的局面。

然而,萨贡杜姆城的攻陷,最终还是激怒了罗马人。公元前218年春罗马派出了以费边为首的使团去迦太基进行交涉。罗马历史学家李维用精彩的笔墨记载了这样的场面:当迦太基人拒绝罗马的要求时,“费边撩起长袍前襟,做了个褶。说道:‘这里我给你们带来了战争与和平,你们喜欢什么,就挑吧!’他的话得到了同样高傲的回答,说他自己喜欢什么,任他给。当费边放下长袍,宣布给他们战争的时候,所有在场的人一致回答说,他们应战,并且将以应战时的同样决心进行战争。”这样,第二次布匿战争便开始了。由于第二次布匿战争的整个进程始终和汉尼拔的行动特别是和他远征意大利的行动联系在一起,因而这次战争又被称为“汉尼拔战争”。

## 四、出奇制胜

公元前218年春,罗马正式向迦太基宣战。罗马人对这场战争早有准备,他们计划兵分两路,一路由执政官塞姆普罗尼乌斯·隆古斯率领,从西西里进攻迦太基本土,威胁迦太基的根本;另一路由执政官斯奇比奥率领,从西班牙登陆,以伊牵制汉尼拔的军队,使其不能援助非洲领土,各个歼灭。因此,罗马海军云集在沿海,陆军集结在南意大利,准备从海上进攻迦太基和西班牙,而北意大利和中意大利的防务却极端空虚,但使罗马人万万没有料到的是,他们自以为得计的战略计划在汉尼拔异乎寻常的大胆和神速进军面前破产了。

汉尼拔充分分析了敌我双方形势,他认为从海上攻入意大利太冒险,因为自从第一次布匿战争后迦太基再也没有得到制海权,因此,汉尼拔以惊人的胆略,制定了出其不意、攻其不备的战略方针,决定以西班牙为基地,避开罗马人海上优势,由陆路进军,翻越阿尔卑斯山,进军意大利。这条路线的优点在于罗马人压根儿也不会想到会从这一方向受到威胁。在他们看来,如果迦太基的军队翻越阿尔卑斯山的话,那只能是自取灭亡。

公元前218年4月,汉尼拔经过了充分的战争准备,亲自率领90000步兵、12000骑兵和几十头战象,从新迦太基城出发,渡过了希伯鲁斯河,击溃了卡塔洛尼亚部落的抵抗,越过了比利牛斯山,然后沿着高卢南部海岸继续前进。汉尼拔的军队进抵罗丹努斯河(今罗纳河)下游,击退了高卢人的阻击。之后率军强行军沿河北上,沿途补充了兵力和战略物资。9月初,汉尼拔率军抵达阿尔卑斯山麓。此时的阿尔卑斯山,已开始冰雪封盖,同时,阿尔卑斯山山高陡峻,道路崎岖难行,气候异常恶劣,加上沿途又不断遭到山中土著部落的袭击,行军极为困难,特别是骑兵和战象在羊肠小道上更是难以通过。汉尼拔不顾严寒、饥饿和疲劳的折磨,坚韧地率军在狭窄的山道中行进。很多马匹、战士和战象都跌进了万丈深渊,绝望的呼叫声不时在山谷回荡,使人毛骨悚然,冻馁而死的士兵遗体布满山间小道,更是惨不忍睹。

公元前218年9月底,汉尼拔终于冲破重重艰难险阻,率着疲惫不堪的军队走出了深山,到达波河上游地区。翻越阿尔卑斯山共用了33天。汉尼拔为此付出了极其惨重的代价。当他的军队到达意大利时,只剩下20000步兵,6000没有马的骑兵和一头战象了。(至今,阿尔卑斯山还保留着一条山道——汉尼拔通道。)尽管如此,汉尼拔仍感到十分欣慰,因为他赢得了宝贵的时间。

照理说,汉尼拔在经过千难万险到达意大利后,应该让他的军队好好休整一下,但汉尼拔却出乎人们意料之外,继续命令军队强行军,他要在罗马军队之前占领波河流域,要使正在徘徊观望的山南高卢人倒向自己一边,因为山南高卢人刚被罗马人征服,所以对罗马统治者非常仇恨。果然,当汉尼拔的军队出现在波河上游时,高卢人将汉尼拔视为一个不可战胜、最幸运的军事统帅,纷纷投向汉尼拔。这样,汉尼拔从他们那里补给了兵力、武器和马匹。

显然,战争伊始,汉尼拔就将自己置于极其有利的主动地位,棋高罗马一筹。

翻越阿尔卑斯山是世界战争史上的奇迹,它实在出乎罗马人的意料,但却又在情理之中,因为这是汉尼拔所能采取的惟一可行的战略方针,当然,这一战略在很大程度上具有风险性,但却有意想不到的神效:首先,他赢得了时间,从而掌握了战争的主动权,而罗马人于汉尼拔股掌之中疲于奔命,狼狈不堪;其二,这一战略又具有围魏救赵的奇效,它迫使罗马将远征迦太基的主力军队回返,既保护了迦太基,使其免于战火之灾;又打乱了罗马的全盘作战部署,使罗马在慌乱之中,只有招架之功,而无还手之力;其三,利用意大利北部空虚之机,占领波河流域,获得了比较充裕的人力物力资源,并用自己的战争胜利,将罗马人的仇敌高卢人紧紧地团结在反罗马的大旗之下,从而把波河流域变成一个比较牢固的反罗马军事基地,以逸待劳,为进一步进攻罗马创造极为有利的条件。

罗马人根本没有料到汉尼拔会这么神速地出现在意大利。元老院接到汉尼拔越过阿尔卑斯山的消息后,呆若木鸡,面面相觑。无奈之中只好派执政官斯奇比奥率军在波河左岸阻击汉尼拔。仓促上阵的罗马军队在河西遇到了汉尼拔的伏击。结果,斯奇比奥差点全军覆没,本人也身负重伤。斯奇比奥率残余部队被迫退到波河右岸,等待援军。罗马政府在接到斯奇比奥的求援后,迅速派出了另一执政官塞姆普罗尼乌斯,由他率军增援斯奇比奥,继续阻击汉尼拔。为了一举歼灭这两支罗马军队,以免打草惊蛇,汉尼拔故意让这两支罗马军队从容会合,他们感觉到有足够力量同汉尼拔决战,果然,刚愎自用、好大喜功的塞姆普罗尼乌斯中计了,他不顾斯奇比奥的苦苦劝告,迫不及待地要渡河同汉尼拔决战。这场决战,双方投入的兵力相当,各有40000人,但汉尼拔派出了10000骑兵,具有明显优势,而罗马骑兵只有4000人。更主要的,罗马军队到达波河已精疲力竭,又冷又饿,毫无斗志,而此时的汉尼拔军队刚刚休整后,精力充沛,斗志旺盛。战斗一开始,汉尼拔的骑兵勇猛冲击,锐不可挡,罗马的骑兵则不堪一击,且战且退。接着,汉尼拔的长枪兵不甘落后,冲入敌阵,左杀右砍,攻势凌厉。罗马军队阵形大乱,仓惶逃窜。就在这时,汉尼拔一声令下,早已埋伏在罗马军队后方的汉尼拔军队适时出击,罗马军队腹背受敌,一败涂地。

这一战,罗马军队惨败。汉尼拔的胜利把那些正在观望的高卢部落拉到了自己一边。

汉尼拔在北意大利站稳脚跟后,迅速率军南下,罗马人对此又惊又怕,为了防止汉尼拔直捣防御空虚的首都罗马城,罗马政府急调原先准备进攻迦太基的罗马大军星夜兼程北上。在北意通往罗马的各个战略要冲,利用关隘等有利地形,重兵把守,筑寨建塞,构成了一道屏御罗马的坚固防线,严阵以待,只是在皮斯托里亚和佛罗伦萨之间没有设防,这并不是罗马人的疏忽,而是因为在二者之间有一个名叫托斯坎纳的沼泽,在罗马人看来,汉尼拔纵然有翻越阿尔卑斯山的气魄,但他决不会在罗马人的眼皮底下,冒险穿越连"飞鸟也难飞过"的托斯坎纳沼泽。

但是,这次罗马人又失算了,为了调动罗马军队离开精心构筑的防线,在运动中寻机歼灭罗马主力,汉尼拔经过再三考虑,又采取了一个令罗马人大惊失色的行动。

公元前217年早春,汉尼拔秘密进军,趁罗马人不备之机,开始了极其艰难的托斯坎纳行军。汉尼拔军队四天三夜在齐腰深的沼泽中行军,由于沼泽的瘴气,汉尼拔的一只眼睛发炎,差点失明,同时,他乘坐的最后一头战象也死在沼泽中。但汉尼拔的军队出其不意地绕过了罗马有重兵设防的阵地,踏上了通往罗马的大道,造成了直扑罗马的战略态势。罗马执政官塞姆普罗尼乌斯完全没有料到汉尼拔会选择这条进军路线。为了保护罗马城,他匆忙调集军队,离开营寨,连夜追赶汉尼拔的军队。公元前217年6月21日清晨,迦太基和罗马军队在特拉西美诺湖展开了一场决战。

在特拉西美诺湖北岸,是一个三面环山一面临湖的谷地,另有一条狭窄的小路从西面通往谷地。汉尼拔选择在此地设下了埋伏,将骑兵设在小道的入口处;在谷地出口处,有座陡峭的山,在这里汉尼拔又配置了轻装兵;他自己则率步兵占据着与湖平行的高地。等待罗马军队自投罗网。

罗马军队急于追赶汉尼拔,根本就没有进行任何侦察,就莽撞地进入了这个谷地。清晨,峡谷里浓雾笼罩。罗马4个军团近30000人,排成长长的队伍,刚入谷地,汉尼拔便发出了进攻的信号。看到信号后,汉尼拔军队立刻从三面包抄,向罗马军队发起了猛烈进攻。罗马军队还没反应过来怎么回事,这场战斗就结束了。罗马执政官塞姆普罗尼乌斯战死,15000人阵亡,几千人被俘。只有6000人冲出谷地。但在谷地附近的一个村庄,他们又被追赶上来的迦太基军队俘虏。

## 五、巧斗费边

汉尼拔踏上了通向罗马城的道路,罗马顿时紧张起来,采取紧急措施:一方面加强城防;另一方面任命费边为独裁官,统一指挥军事行动。然而,汉尼拔并没有直接向罗马进军,因为他深知,以他现有兵力无论是采用奇袭,还是围攻,都不可能攻陷罗马城。因此汉尼拔按原计划在意大利纵横驰骋,打击罗马的抵抗力量,同时采取区别对待的手腕以图瓦解意大利同盟,孤立罗马。这样,他在特拉西美诺湖胜利之后,没有立即挥师南下进攻罗马,而是向东穿过翁布里亚,进入皮凯努姆,到达亚得里亚海岸,在那里补足给养后再进军阿普里亚。

费边就任独裁官后,认真分析了敌我形势,采取了名闻史册的拖延战略。他认为，汉尼拔的军队战斗力强，特别是他的骑兵更优于罗马，但是他是孤军深入，缺少后援，而又急于求胜；罗马军队虽几度失利，但在本土作战，人员和给养补充都比较容易，时间、地理对他有利。在这种情况下，罗马只要注意保存实力，援助同盟城市，帮助他们自卫，使他们不倒向汉尼拔一边，就可使汉尼拔的军队处于孤立无援的境地。只要再能抓住有利时机，消耗敌人力量，迫使汉尼拔陷入欲战不能，欲胜不成的困境，侵入意大利的迦太基人的军队就会最后像燃尽的篝火一样自行熄灭。费边这种拖延思想在当时特定历史条件下无疑是很有道理的。

费边就职之后，率领4个军团向阿普利亚进发，在阿尔皮赶上了汉尼拔。他不与汉尼拔决战，而是尽可能与汉尼拔周旋，拖住汉尼拔的军队，同时伺机打击敌人。汉尼拔军队驻扎，费边也驻扎，汉尼拔拔营费边也拔营。宿营时费边将营寨驻扎在山上，使汉尼拔的精锐骑兵不易达到，行军时绕着山路走，小心谨慎地与汉尼拔保持一定距离，牵制住汉尼拔，使汉尼拔不敢贸然分散兵力围攻城市，汉尼拔深知费边这种拖延战略对他意味着什么，因而想方设法挑动费边决战，但都没有成功。

费边的拖延战术在军事上是比较稳定的，但在政治上却包含着巨大的风险。罗马的战争威力不仅在罗马本身，而且在很大程度上依靠意大利同盟城市在人力、物力、财力上的支援。汉尼拔率军在意大利境内对其同盟城市的打击，很容易动摇罗马意大利同盟城市对其的忠诚。同时，汉尼拔在意大利对广大农业地区的侵占和搔扰，引起了农民的极大不满。结果导致罗马送给了费边一个绰号"孔克塔托尔"，意为"迟疑不决的人"。这一绰号和费边结下了不解之缘，从此成了他的专有名号。

随着时间的推移，战争造成的破坏越来越大，费边的拖延战略受到的阻力也越来越大，他本人遭到的责难也越来越激烈。特别是费边在卡西努姆城与胜利的失之交臂，更增加了人们对他的不满。这是怎么回事呢？汉尼拔在由卡姆帕尼亚回军阿普利亚的途中，为了补充给养，决定向卡西努姆城进发。卡西努姆城四面环山，瓦尔图尔努斯河从中流过，在山谷里形成一片片难以通行的沼泽地，然后注入第勒尼安河。费边对那里的地形很熟悉，决定在那里堵截汉尼拔军队。于是派兵把守了每个隘口。汉尼拔贸然进军，被费边围困在这个山谷中。这可真是上天赐给罗马人消灭汉尼拔的千载难逢的机会。汉尼拔发现四面被围，已无路可逃，急中生智，派兵在军营内2000多头牛的角上绑上火把，到了晚上，下令将火把全部点燃。被火烧灼的牛群沿着山坡奔逃，火光充满山谷。把守山隘的罗马士兵以为敌人企图强行突围，便放弃隘口，冲向了火光。汉尼拔乘机占领隘口，让大部队安全撤离，从而化险为夷。费边当时虽然疑心这是汉尼拔的诡计，但又没有把握，他看到火光后，由于一贯的小心谨慎，没有进行夜间追击，结果使唾手可得的一场胜利失掉了。正是由于费边的小心谨慎，把汉尼拔和他的军队从死亡绝路上挽救了出来,汉尼拔率军迅速攻占了阿普利亚城。因该城储粮非常丰富,汉尼拔安全富足地在那里度过了冬天。

反对派攻击费边无能,元老院借口举行宗教仪式,把费边召回了罗马,军队交由他的"骑兵长官"米努基乌斯指挥。米努基乌斯是激烈反对费边的拖延战略的人之一。他全权指挥罗马军队后,利用费边不在军营的机会,对汉尼拔的军队给予了主动出击,曾使汉尼拔遭到了意外的损失,这对汉尼拔来说,根本算不了什么。但对罗马来讲,却造成了重大影响,经过渲染的这一意外胜利大大助长了反对费边的气焰。由此公民大会特别决定让米努基乌斯和费边共同指挥罗马军队。

费边从罗马城回到军队后,米努基乌斯出于对费边战术的不满,要求二人轮流指挥军队,但费边没有同意,他知道,如果那样会断送掉整个罗马军队。于是决定将军队一分为二,两人分别指挥。汉尼拔利用米努基乌斯好胜的弱点,布置埋伏,重创米努基乌斯。因费边及时赶到救援,才使米努基乌斯幸免于全军覆没。

# 六、坎尼大会战

公元前217年末,费边6个月任期届满,交出了独裁权,统率军队的权力交给了原执政官。战争的浩劫使意大利同盟城市对罗马的不满情绪越来越激烈。"消灭汉尼拔!结束战争!""消灭汉尼拔! 我们不要屈辱!""我们要决战!"的呼声越来越高。

公元前216年,瓦罗当选为执政官,将80000步兵和6000骑兵驻扎在坎尼。他一改费边的拖延战术,主张速战速决,尽快结束战争,将汉尼拔驱逐出意大利。他的主张得到了全体元老和骑士们的一致赞同,然而另一位执政官伊密利阿斯坚决反对,他坚持用拖延的战术以消耗汉尼拔的人力和物力,而不要和一个身经百战、战无不胜的汉尼拔去决战。瓦罗使出了一个天才演说家的角色,他警告伊密利阿斯:"你不要忘记罗马正在遭受的屈辱,不要忘记罗马人民正遭受的蹂躏,更不要忘记罗马人民对我们的期盼,那就是去战斗,去赢得战争!"伊密利阿斯无奈,只好让步,同瓦罗一起,铤而走险。

费边的离职与新任执政官瓦罗的好战,使汉尼拔喜出望外。费边的拖延战术曾对汉尼拔造成了极大的威胁,他知道,由于粮食的缺乏和金钱的短缺,很可能会造成召募的雇佣军的叛逃,而瓦罗的急于求成的心理,为汉尼拔实施自己的速战速决的战略意图提供了一次极好的机遇。为了促使罗马下定决战的决心,就在罗马内部在为拖延和速决作战方针争论不休的时候。汉尼拔以迅雷不及掩耳之势,神速拿下了战略要地,罗马的谷仓坎尼,准备在此同罗马会战,聚歼罗马主力。

坎尼位于意大利南部,靠近亚得里亚海,瓦罗亲率罗马主力奔赴坎尼,决心全力夺回,为了助长瓦罗的轻敌情绪,汉尼拔又施展欲擒故纵的妙计。他趁瓦罗不备之机,率军突然袭击了罗马一支正在搜集木材和粮草的军队。战斗正激烈时,汉尼拔命令部队向后撤退,造成军队失败溃退的假象。瓦罗这时决定全线出击,以追杀汉尼拔。而沉着冷静的伊密利阿斯发现汉尼拔的军队退而不乱,立即以当日出师不吉利的预兆制止了瓦罗,但这一切并没有使瓦罗清醒过来,相反却使瓦罗大发雷霆,说伊密利阿斯使他失去了一个胜利的机会。汉尼拔这一军事行动最终促使瓦罗下定了在坎尼同汉尼拔会战的决心。

第二天,罗马80000步兵、6000骑兵开到坎尼附近的平原上,与汉尼拔的40000步兵、14000骑兵展开会战,坎尼战争爆发了。

伊密利阿斯将部队排成三行,每行之间保持一定距离。精选的步兵排成70列,以密集队形摆在中心。骑兵放在步兵的左右两翼:右翼是罗马公民组成的少数骑兵,意大利联盟的骑兵置于平原左侧,这一阵势是罗马人长期使用的阵势,其目的就是要充分发挥罗马步兵的长处,利用自己在兵力上占绝对优势的这一长处,中心突击,一举突破汉尼拔的阵线。

罗马军队的这一战术,全在汉尼拔的预料之中,为了保证这场敌众我寡的战役获得完全胜利。汉尼拔精心设计了一个以弱胜强、出奇制胜的战略战术,首先,汉尼拔精心选择了背东向西的战阵,匠心独具,利用坎尼独特的自然现象为己所用,为了这次会战,汉尼拔曾悉心观察坎尼气候,他发现,每天中午的时候,坎尼平原开始刮猛烈的东风。因此,汉尼拔特意布置了背东向西的战阵,而罗马军队对此似乎茫然不知,其战阵则恰恰相反,诸葛曾言:"上不知天文,下不知地理,此乃无用之将才也!"而汉尼拔的这一做法,正是表现了他作为天才将才的高明;其次,汉尼拔又在一个树木茂密的山谷埋伏了骑兵和轻装步兵,以便在东风来临时,袭击罗马军队的后卫;其三,"兵不厌诈",汉尼拔还精心挑选了既勇敢又忠诚的高卢人和伊伯利亚人,暗授机宜;其四,也是最关键的,那就是汉尼拔根据罗马军队的队形,反其道而行之,大胆采用希腊人已经采用过的战法,两头重,中间轻,迂回包抄的战阵。具体来说,就是汉尼拔将他的40000步兵和14000骑兵分成三个战斗序列布成半月形:前面中心凸出部分布置步兵,由高卢人和伊伯利亚人组成,在他们后面的两侧则布置利比亚人,他们是迦太基步兵中最精锐的部队。步兵由汉尼拔亲自率领指挥;在步兵的后面两翼,布置强大的骑兵,左翼是由高卢人和伊伯利亚人组成的强大骑兵,由汉尼拔的外甥汉诺指挥,右翼是由米努底亚人组成的骑兵,汉尼拔将其交给了他的弟弟玛哥指挥。另外,汉尼拔还组织了3000骑兵以备危机时急用。汉尼拔布完阵,把开战时间一直拖到上午八九点钟,以等待东风的到来。

双方做好了一切准备之后,在阵前都作了充分的战斗动员,以鼓舞士气。伊密利阿斯警告士兵不要忘记自己的父母、妻子和儿女,不要忘记曾经战败的屈辱。他训诫士兵说:这次战斗,是为了生存! 为了永久的生存!!! 罗马士兵群情激奋,山呼"我们不要屈辱,我们要决战!"汉尼拔骑在战马上,跑上跑下提醒士兵们,不要忘记他们建立的功勋,并高声训诫,被败兵败将打败那将是千古耻辱。汉尼拔军队高呼:"我们一定会胜利!""打到罗马城去!"呼声在山谷中久久回荡。

军号震天响起,战斗开始了。

双方军队的喊杀声震天动地。汉尼拔命令占优势的骑兵包抄罗马军队的两翼骑兵,尽管罗马骑兵毫无恐惧,殊死抵抗,但终因多寡悬殊,只好且战且退。而罗马步兵则不负众望,中央突击,全力进攻,汉尼拔的中军顺势向后退却,罗马军队不知是计,愈战愈勇,毫不放松,步步紧逼,结果双方阵势大变,汉尼拔军队腹部收缩,由长凸形战阵变成了凹形战阵,而罗马军队则相反,由其原先的方形战阵变为凸形战阵,队形开始混乱。时机已经成熟,于是汉尼拔即刻向他早已安排好的 500 高卢——伊伯利亚人发出了信号,这 500 手持长剑或矛或盾牌,但又暗藏短剑的高卢——伊伯利亚人假装战斗不力,阵前倒戈,从汉尼拔步兵列阵中冲了出来,好像逃兵一样跑向了罗马军队。罗马左翼指挥塞维利阿暗自高兴,命令罗马士兵缴了他们手中的武器,同时将这些"逃兵"安置在后卫而没有加上任何锁链或采取任何防范措施,因为塞维利阿认为在敌人面前给倒戈的士兵上锁链有损自己形象,况且,双方正在酣战,他也来不及细想或同其他人商量。汉尼拔看到罗马人已经中计,随即向那些埋伏在山谷中的士兵发出进攻的信号。于是,埋伏在山中的轻装部队和骑兵似神兵天降,从罗马军队的背后冲了过来。恰在这时,令人目眩的东风又刮起,沙尘直扑罗马士兵,使罗马士兵难辨东西,无法看清敌人,而使用的投射器因逆风推力大减,无法发挥作用;而迦太基人的投射器因顺风推力大增,弹无虚发。罗马士兵秩序顿时大乱,互相践踏,自相残杀。

现在轮到那 500 高卢——伊伯利亚人立功的时候了。只见他们面孔突变,从怀中抽出短剑,首先杀死最近前的罗马士兵,夺取他们手中的剑、盾或长矛,似猛虎般向罗马后卫发动猛烈进攻,在罗马军阵中左右砍杀,罗马士兵死伤惨重。

现在,罗马军队四面楚歌:前面受到汉尼拔的强攻,侧面受伏兵袭击,后面又受到伪装"阵前倒戈"的迦太基士兵冲击,又因这些迦太基士兵手持罗马人的盾牌,罗马人自己也分辨不清敌人,更糟糕的是,大风起兮尘飞扬,罗马士兵也看不清后面到底有多少迦太基人,也看不清自己是否被完全包围。事实上,战斗一开始,汉尼拔就命令两翼骑兵包抄了罗马军队,击溃了罗马骑兵,并切断了罗马步兵退路,形成了对罗马军队的包围圈。罗马军队四面受敌,全线开始溃退,阵势大乱。被紧紧挤成一团的罗马人,成了汉尼拔的重点攻击目标,以致于没有一支投枪、没有一块投石器所射击的石头落空。经过 12 小时的激战,罗马 50000 士兵遗尸疆场,18000 名士兵成了汉尼拔的俘虏,在死者当中,有许多罗马显贵(包括许多罗马元老),执政官、罗马军队统帅伊密利阿斯和左翼指挥塞维利阿双双阵亡,而瓦罗侥幸逃脱。骑兵只有 70 名生还,罗马军队几乎全军覆没,而汉尼拔军队仅伤亡 6000 人。

汉尼拔在坎尼会战中,一天就施用四个战略战术:伪装溃退;假装阵前倒戈再反戈一击;利用风力和山谷伏兵,这无不显示出汉尼拔高超的军事指挥艺术和知识的渊博,充分利用地形地势,采用斜形战术;充分利用气候条件,顺借东风;加之士兵作战勇敢,天时、地利、人和三者皆占。后来,"坎尼"一词成了包围并全歼敌人的大会战的同义语。汉尼拔因坎尼会战,名扬天下。坎尼会战,作为一个以少胜多的战例光耀史册。

# 七、罗马撤围

坎尼之战罗马全军覆没的消息很快传到了罗马城。顷刻间,罗马城哭声震天。罗马城家家都有死去的亲人。人们群集到大街上,咒骂瓦罗是狗之后,又不约而同地跪到神庙祈祷,祈求神明为罗马赐与一个能使罗马转危为安的"白鹅"。之后,罗马人又抬着装饰的白鹅和钉在十字架上的狗在罗马大街上游行,这是怎么回事呢?

公元前 390 年,罗马人为征服北意大利而向高卢人发动了战争。高卢人在粉碎了罗马军队的进攻后,长驱直入攻破并焚烧了罗马城,杀死了很多来不及逃走的罗马人。惟有陡峭的卡庇托里亚山丘卫城被一队罗马战士所坚守,高卢人多次冲锋,都败下阵来,于是,改变强攻,转而实行围攻战术。此后有六个月,仍没有奏效。在一个深夜,高卢人组织了一支精干的队伍,沿着陡峭的山壁向上攀登,企图偷袭罗马士兵。有的已经爬上了山丘的顶峰。而此时此刻,不仅守卫山丘的罗马士兵没有发现他们,甚至连狗也没有觉察!惟有奉献给朱诺神的鹅群在神庙里突然叫了起来,并且不断拍打着翅膀。被惊醒的罗马士兵这时才发现了偷袭的高卢人,纷纷拿起武器奋力抗击,打败了偷袭的高卢人。从此,"鹅拯救了罗马"也就成了一个典故流传下来。现在罗马的当务之急就是寻找到能拯救罗马的"白鹅"。而这个"白鹅"只能是被他们以前咒骂的费边。

果然,坎尼会战后,罗马重新启用了费边,并把他推选为执政官。为了保卫罗马城,惊魂未定的罗马采取了非常措施:罗马城 17 岁以上凡能拿起武器的男子征召入伍,并将 8000 名奴隶编入了军队,宣布谁杀死一个敌人便可获得自由。这时,罗马的公民制度在战争中显示了优越性,因为公民的爱国意识特别强烈,在祖国危难时,他们会奋不顾身,英勇保卫祖国。为保卫自己的家园,他们纷纷踊跃参军,不分男女老幼，同仇敌忾，奋力保卫罗马城。罗马城弥漫着悲壮的气氛。

但令罗马人奇怪的是，兵临城下的汉尼拔面对防御极其空虚的罗马城却迟迟未下攻城的命令。难道汉尼拔不愿置罗马于死地吗？不仅罗马人不解，就是长期跟随汉尼拔南征北战的部将也不明白。他们纷纷要求汉尼拔不要再犹豫了，机不可失，时不再来，斩草除根，不留后患，一举消灭罗马。

尽管如此，汉尼拔仍不为所动，他在深思着，如果单从表面看，汉尼拔承认，此时的罗马城在全力被歼的形势下，城内的守军根本不足以与汉尼拔的军队对抗。此时攻城，天赐良机。自从他9岁起，他就立志要消灭罗马，报仇雪恨，现在机会终于来了。他能轻易放过？但这时的汉尼拔，早已过了感情用事的年龄，而是一个身经百战、富有韬略、深思熟虑的将军了。当他看到罗马人誓与罗马城同生死、共存亡的悲壮景观，汉尼拔似乎已经料到了攻城的结局。他相信，只要他一声令下，他的铁蹄最终会拿下罗马城，但他将得到什么呢？仅仅是一座空城，而他要付出多大的代价呢？到那时，他很可能会成为"光杆司令"，两败俱伤。可仅凭他这光杆司令怎样去收拾意大利的残局呢？如果那样，他将成为人们嘲笑的皮洛士第二，而不是他真正的汉尼拔了。皮洛士是谁呢？

皮洛士（前319—前272），古希腊伊庇鲁斯国王，一位富有才能和胆略的军事家。他崇尚武功，有雄心大略。12岁时借助他姐夫狄密多留的帮助，率兵打进伊庇鲁斯，驱逐异党，夺得王位。随后，他南征北战，企图建立一个囊括地中海的大帝国。公元前280年，意大利南部的他林敦因抵御不住罗马的进攻，向皮洛士求援。皮洛士正想借机同罗马作战，以发展自己的势力。于是皮洛士率领20000名训练有素的步兵、3000名帕萨利亚骑兵和2000名弓弩手、20头战象横渡亚得里亚海，开赴意大利，在他林敦登陆。沿途不断有城市归附，队伍不断壮大。他率军接连打败罗马军队，许多刚被征服的城邦纷纷倒向了皮洛士。皮洛士军队一度兵临罗马城下。公元前279年4月，皮洛士率军在亚普利亚的奥斯库伦同罗马军队展开了一场会战，罗马人被打败，军队伤亡6000多人，但皮洛士却为胜利付出了惨重的代价，伤亡将士近4000人，元气大伤。当人们前来向他庆贺胜利时，他哀叹说："如果再来这样一次胜利，我就要成为光杆司令了！"从此，人们便以"皮洛士的胜利"比喻那些损失惨重、得不偿失的所谓胜利。

当然，汉尼拔无法接受皮洛士第二这一胜利，但就让他兵不血刃地离开罗马，汉尼拔也实在不甘心。怎么办？汉尼拔想出了一个好办法：在罗马战俘中推选出代表回罗马城，试探罗马政府是否愿意用金钱赎回他们，以试探罗马城的抗战实力和决心。如果罗马城愿用金钱赎回战俘，那就说明罗马城的抗战意志并不坚决，汉尼拔即刻下令攻城；若罗马政府拒绝，则说明罗马人有抗争到底的信念和决心，那时,走为上计。

　　很快,罗马战俘推选出了以尼阿斯·塞姆普罗尼阿斯为首的三个代表。汉尼拔要这三个战俘代表宣誓保证他们一定要回来。三个战俘代表到了罗马城,向罗马政府传达了汉尼拔的用意后,战俘们的亲属都聚集元老院议事厅,说他们愿意用自己的钱赎回自己的亲属和朋友,并恳求元老院允许他们这样做。罗马城其他公民和他们一起,也哀求元老院做出决定。有的元老也认为,在遭受如此巨大的灾难之后,再使罗马失去这么多的罗马人(指被汉尼拔俘获的罗马人),解放奴隶的同时又藐视这些自由人,这是不明智的。而更多的元老则认为,我们不应该用同情去助长士兵的临阵逃脱。我们要教育他们,不战胜,毋宁死! 最后元老院决定:罗马拒绝用金钱赎回战俘。即使战俘的亲属和朋友也不允许。因为在罗马将要面临更大的灾难的时候,仁慈和怜悯将会给罗马带来更大的灾祸。罗马元老院的决定使汉尼拔感到无比的震惊,而更使汉尼拔震惊的是,塞姆普罗尼阿斯和另外两个战俘代表遵守诺言也回到了汉尼拔那里,从容地接受将被处死的这一命运。

　　正是罗马这一坚决、毫不妥协的决定,最终使汉尼拔下决心撤离已被围困的罗马城,转向南意大利。以此为标志,汉尼拔由速战速决改为准备对罗马的持久战。

# 八、斗智斗勇

　　汉尼拔懂得,要在意大利国内同罗马作战,并要保证战争的最后胜利,与其说是武力的争雄,倒不如说是智力的竞争。为了实现自己的既定目标,就必须首先争取一切可能的力量,来壮大自己的队伍,他之所以要翻越阿尔卑斯山,一则是出奇制胜,但更重要的是他要利用山南高卢人对罗马征服者的仇恨,通过辉煌的战绩,将高卢人拉入自己的营垒,从而为以后的胜利提供人力和物力的保证。

　　不言而喻,汉尼拔在北意大利成功了,但他仍不满足,他要极力分化罗马与其盟国的关系,以攻击主要的敌人。他在取得特拉西美诺湖胜利之后,下令区别战俘:将所有罗马战俘戴上枷锁,双手反绑,肆意凌辱;而将罗马盟国的士兵全部释放,不取赎金,以取得盟国的好感,瓦解罗马同其盟国的关系。此役后,他没有急于进攻罗马,而是利用自己的胜利,趁势沿亚得里亚海南下,以意大利解放者的姿态,鼓动诸城市摆脱罗马的控制。昔日罗马在征服南意大利时采用的就是这一办法。因此,汉尼拔所到之处,无不掀起反罗马人的风暴,居民夹道欢迎,摩肩抵踵,视汉尼拔为挽救他们脱离苦海的救星,争相以睹汉尼拔的尊容为快。为了防止汉尼拔将"瘟疫"进一步传播,罗马政府决定同汉尼拔决战,但由于在坎尼会战中全军覆没,汉尼拔的威名愈传愈远,与此同时,汉尼拔分化政策也愈见成效。罗马同盟者纷纷倒戈,一些旧希腊殖民地想脱离罗马的统治，尤其是意大利第二大城市加普亚和西西里岛的叙拉古等投附迦太基，使罗马在意大利中、南部的势力遭到沉重的打击。

此外，汉尼拔还按照自己最初的设想，努力联合地中海国家，建立反罗马同盟，他在意大利境内的连续胜利，彻底打破了罗马坚不可摧的神话，使那些倍受罗马欺凌的国家和民族为之雀跃，许多国家纷纷表示支持汉尼拔。马其顿腓力五世主动与汉尼拔结盟，甚至公开宣称：他将永远站在汉尼拔一边。汉尼拔的反罗马同盟日益扩大，在人们的眼里，汉尼拔在意大利取得最后胜利的时间指日可待了。

然而，坎尼会战后，随着战争的逐步深入，和人们预料的相反，战局发生了重大变化。

从公元前215年到公元前210年，罗马又重新组织了自己的军事力量。在军事行动上，他们总结失败教训，重新回到费边的拖延战略上来，谨慎行动，避免和汉尼拔发生大的冲突，努力保卫罗马及其他地区不受侵犯，并支持继续忠于罗马的城市，而打击倒向汉尼拔的城市。同时，不断破坏汉尼拔的补给，消耗汉尼拔的有生力量。这时，中部意大利还在罗马一边，随时为罗马补给人力、物力和财力，这也是罗马得以迅速稳住阵脚的主要因素。

坎尼会战后，汉尼拔因罗马军队的重建和费边的拖延战略，开始陷入了困境。汉尼拔以雇佣军在意大利持久作战，人力消耗、补给困难为由，不断向迦太基政府求援，要求派出援军和送来一批金钱。然而迦太基政府对汉尼拔在意大利的不断胜利越来越感到不安，担心不断强大的汉尼拔会危及自己的统治，加上反对汉尼拔的主和派不断挑拨离间，政府一直没有给汉尼拔以真正的支援，甚至国内主和派还用这样的言辞嘲笑挖苦汉尼拔："胜利的将军是不会请求金钱的，而是将胜利换得的金钱送回国内给自己的人民！"对此，汉尼拔悲愤至极。在人力、物力、财力得不到及时补充的情况下，孤军深入的弱点越来越明显地暴露出来，他的处境变得越来越艰难。迫不得已，汉尼拔只好写信给在西班牙的弟弟哈斯德路巴尔，让他务必尽快招募士兵，筹集金钱，冒险进入北意大利，使罗马处在腹背受敌的境地，以扭转战局。

尽管如此，汉尼拔并不是一味地消极等待援军，而是采取运动战的办法，转战意大利，积极地寻找一切有利战机，打击罗马军队。

公元前215年，汉尼拔率军攻打意大利的南部城市他林敦。他林敦的罗马驻军指挥是李维（不是罗马历史学家李维）。汉尼拔的军队对他林敦发动了数次猛攻，但由于城防坚固，守军的坚决抵抗，汉尼拔都没有成功。最后，汉尼拔选中了一个叫康诺尼阿斯的猎人。因为他常在夜间打猎，并总是送一些猎物给李维，所以，他跟李维非常熟悉。而该地区战争正在进行，他必须晚上出城打猎。康诺尼阿斯在一次打猎时被汉尼拔士兵捉捕，汉尼拔没有伤害他，而是优待了他，并求他帮忙。

就这样，在一个晚上，康诺尼阿斯与汉尼拔士兵装扮成的猎人抬着一头野猪大摇大摆地要开城门。当守门卫兵一打开门，那些汉尼拔士兵就抽出身藏的短剑杀死了守门卫兵，汉尼拔和埋伏在附近的士兵迅速入城，很快占据了该城的主要据点。同时，迅速安抚说服他林敦人，最后和他林敦人联合攻陷了罗马人占据的卫城。他林敦被攻陷。

在占领了他林敦后，距他林敦不远的麦帕蓬坦和赫拉克里亚相继落入汉尼拔手中。

为了反击汉尼拔，公元前 214 年，罗马执政官马赛拉斯率领军队攻打在坎尼胜利影响下倒向汉尼拔的叙拉古，以图重新夺回西西里。叙拉古利用伟大科学家阿基米德制造的器械如投石机不断打退罗马军队，罗马军队在叙拉古的顽强抵抗中，久攻不下，只好改为长期围攻，直到公元前 212 年，叙拉古才被攻陷。伟大的科学家阿基米德就在城破之后被一鲁莽无知的罗马士兵残酷杀害。叙拉古的陷落，使汉尼拔失去了一个反罗马的忠实盟友。

公元前 212 年，罗马军队开始转守为攻，围攻卡普亚。与此同时，汉尼拔派遣他的外甥汉诺率领 1000 步兵和 1000 骑兵秘密进入卡普亚。第二天，罗马人看见卡普亚城墙布满了汉尼拔的士兵，没敢贸然进攻，立即从这个城市退却。并割走了卡普亚人和坎佩尼亚其他地区的庄稼。为弥补卡普亚和其他坎佩尼亚人失去的粮食损失，汉尼拔让卡普亚人和其他坎佩尼亚人到阿普尼亚去搬运粮食。结果这支运粮队受到了罗马军队的袭击，粮食被抢走。并在卡普亚的外围挖掘了一条壕沟，同时又在壕沟之外修筑了一条城墙，借以围困卡普亚。汉尼拔率军前来救援，两次都未成功。为了引开围攻卡普亚的罗马军队，汉尼拔采取围魏救赵战术调虎离山，率军北上向罗马挺进。汉尼拔军队一路势如破竹，一直打到阿尼俄河畔扎营，此地离罗马只有 32 斯塔尼亚（相当于 6 公里）。

汉尼拔军队的进逼，使罗马陷入了极端危急的境地。此时，城内已无多少兵力可以抵抗，军队都在坎佩尼亚。为了抵抗汉尼拔的随时进攻，保卫罗马城，罗马城全民皆兵，那些能够拿起武器的人守着城门，老人登上城墙，妇女和儿童不断运输石头和投射器。还有那些正在田野中的人们也都被召集进城集合。与此同时，驻扎坎佩尼亚的夫拉卡斯率领一部军队匆忙从另一道路回援罗马城，扎营汉尼拔对面，与汉尼拔隔河对峙。面对罗马城的坚守和罗马军队对卡普亚的继续围攻，汉尼拔自知力单，不能分散兵力，也不可能攻下罗马，便在罗马郊外驻扎了一段时间。据说，在这期间，汉尼拔在一个漆黑的夜晚带着三个卫兵绕过阿尼俄河河源，偷偷进入了罗马城，他也看到了罗马城市并没有多少守军，也看到了城内因恐惧造成的混乱。但更多的是看到罗马人视死如归、血战到底的英勇气慨。因此，汉尼拔率军在罗马虚晃一枪，又撤回到坎佩尼亚，尔后再退到南意大利去了。趁汉尼拔南撤之机，罗马人加紧围攻汉尼拔的盟友卡普亚，卡普亚在罗马人的长期围攻下，粮食断绝，被迫投降了。罗马人又重新占领了卡普亚这个重要的粮仓。接着，罗马军队又攻占了坎佩尼亚的其他一些城市。公元前209年，罗马军队又攻占了意大利南部的最大城市他林敦，给了汉尼拔又一个沉重的打击。

然而，目前对汉尼拔的打击最严重的是新迦太基城的陷落和由其弟弟哈斯德路巴尔率领的援军在途中被罗马军队歼灭。

# 九、忍痛回国

卡普亚的陷落、他林敦的失陷，使意大利许多叛离罗马的城邦又重新与罗马结盟。加上迦太基统治阶级内部勾心斗角，意见分歧，他们总担心汉尼拔战胜罗马后，会夺取迦太基政权，置国家安危于不顾，对汉尼拔没有进行积极支援，汉尼拔在意大利的处境虽然每况愈下，但并没有使他绝望。他寄希望于驻西班牙的两个弟弟哈斯德路巴尔和玛哥。要他们尽快召募雇佣军和筹集金钱赴意大利救援。

公元前209年，哈斯德路巴尔率领从西班牙召募的48000名步兵、8000骑兵和15头战象开始进兵意大利。哈斯德路巴尔在高卢人的支持下，沿着汉尼拔当年的进军路线，只用了两个月时间走过了汉尼拔6个月所走的路程，翻越了阿尔卑斯山，到达了意大利北部的伊达拉里尼，安营驻扎了下来。然后送信给他的哥哥说援军到了。不幸的是这些信件在途中却被罗马人搜获。罗马此时的执政官萨利内托和尼禄联合率军来拦截这支部队。但由于哈斯德路巴尔长期行军，军队已疲惫不堪，没有得到及时休整，结果在墨塔尔鲁斯河畔，优势的罗马军队全歼了哈斯德路巴尔率领的援军。哈斯德路巴尔本人也战死。14年来，汉尼拔在意大利所取得战绩在越来越缩小。他被迫退到勃罗丁，等待迦太基新的援兵，令汉尼拔气愤的是，迦太基政府得知汉尼拔的危机后只是象征地派遣了极少数部队来增援。即使这样，由于运兵船上没有足够的桨手，船只被风吹到了撒丁岛，罗马撒丁总督率战舰击沉了20艘，缴获60艘，其余又逃回了迦太基。后来汉尼拔的另一个弟弟玛哥在高卢和利古利亚招募雇佣兵，企图在利古利亚登陆救援汉尼拔，结果也失败了。这样，汉尼拔从迦太基和西班牙求援的希望成了泡影。随着战争的推移，汉尼拔的处境更艰难了。

俗话说："祸不单行"。汉尼拔向西班牙求援的希望落空之后，他更担心的事发生了：新迦太基城陷落。

罗马和迦太基在争夺地中海霸权的过程中，西班牙一直具有重要的战略意义。

它是迦太基和汉尼拔远征军的人力、物力的供应基地。汉尼拔离开西班牙远征意大利后，由他的两个弟弟哈斯德路巴尔和玛哥两人驻守，为汉尼拔巩固后方，征集后援。早在第二次布匿战争初期，罗马就派出了一支军队到西班牙以牵制汉尼拔的军队。公元前 210 年，年轻的罗马统帅斯奇比奥（罗马前执政官斯奇比奥的儿子）到达西班牙，统率罗马在西班牙的军队。

斯奇比奥到西班牙后，西班牙罗马士兵士气大振。斯奇比奥利用迦太基军队分散在西班牙，新迦太基城守军不多的有利时机，于公元前 209 年，在当地土著伊伯利安部落支援下，一举攻克了这个富庶而又强大的城市。斯奇比奥在哈斯德路巴尔离开西班牙救援汉尼拔之后，又于公元前 207 年打败了汉尼拔的另一个弟弟玛哥，玛哥逃离西班牙。这样，西班牙迦太基势力基本被肃清。汉尼拔失去了主要的后方基地。公元前 206 年斯奇比奥凯旋回归罗马，被当选为执政官。

当斯奇比奥还在西班牙东征西讨的时候，他就开始谋划移师北非，攻打迦太基老巢，以尽快结束战争。为此他曾遣使和亲自前往北非，并运用外交手段，争取了与迦太基为邻的努米底亚人的支持，结成同盟。公元前 206 年，斯奇比奥出任执政官后，立即提出出征北非，打击敌人心脏要害，从而结束战争的大胆计划。这一计划完全符合罗马人在战争开始时的战略设想，但许多人，包括费边，都极力反对斯奇比奥的战略计划。他们认为，汉尼拔还在意大利，他的弟弟玛哥还在高卢和利古利亚招募雇佣军。准备从利古利亚登陆，从侧面进攻意大利，以援助汉尼拔，所以，在罗马的直接威胁还没有解除的情况下，派兵远征北非，那将是一次极大的冒险。但是，斯奇比奥的热情和信心赢得了人们对他的支持。元老院有条件地采纳了斯奇比奥的计划，那就是当汉尼拔在意大利还没有被彻底战败的形势下，不得从意大利征集军队。同时援权斯奇比奥可以管理西西里，从那里抽调军队和招募志愿兵。罗马授权他准备了十条大船，同时修整在西西里的罗马舰队。斯奇比奥除了从他朋友中筹集金钱外，罗马没有给他一点资助。可以想见斯奇比奥所处的困难境地。从另一方面，也说明了汉尼拔给罗马造成的恐惧："只要我在意大利呆一天，罗马人就会胆战心惊一天！"

公元前 204 年春，斯奇比奥率领一支由 50 支大船组成的舰队，载着 25000 名罗马士兵，从西西里的利里贝乌姆出发，向非洲进军。军队顺利地在北非第二大城市乌提卡附近登陆，安营扎寨，驻扎了下来，并与东努米底亚国王马西尼萨结成了同盟。

斯奇比奥在登陆不久，即对乌提卡发动进攻，被迦太基军队击退。战争并不顺利。他率领军队到达了离乌提卡不远的一个小半岛上安营过冬。公元前 203 年春,斯奇比奥在马西尼萨支援下,重新发起对乌提卡的进攻,在乌提卡以南的一次战斗中,迦太基及其同盟者的军队被击溃。迦太基政府向斯奇比奥求和,企图利用争取和谈的机会争取时间,同时急召汉尼拔和玛哥立即回国。和谈结果,双方签订了和约草案:玛哥立即离开利古利亚;迦太基人以后不得招募雇佣兵;战舰不得超过30条;归还所有战争俘虏和逃兵;赔偿罗马军费1600塔连特白银;马西尼萨应有马西利亚王国及他所能占有的西法克斯的领土。斯奇比奥为奖赏马西尼萨的功绩,特送给马西尼萨一顶金冠、一个黄金图章戒指、一把象牙坐椅、一件紫袍、一套罗马衣服、一匹佩有黄金马具的战马和一套铠甲。斯奇比奥这一招,不仅是在奖赏马西尼萨,而且是在瓦解迦太基的同盟,以争取更多的同盟。

迦太基要求汉尼拔回国的信送到汉尼拔手中后,汉尼拔立即召集各将领开会。汉尼拔宣读完迦太基政府的决定,立即引起汉尼拔各将领的强烈反对。有的慷慨陈词:当我们在意大利孤立无援时,政府派兵救援了吗?送金钱救助接济我们了吗?同时还怀疑我们用鲜血和生命换得的胜利。这样的无情无义,天理当诛。我们要他们也尝尝危难的滋味吧!也有人慷慨陈词:有谁在意大利纵横驰骋,南征北讨而没有一次败仗?是谁不断重创罗马,使罗马人胆颤心惊?是汉尼拔!是我们的军队!也有的将领担心:我们回去,就能战胜斯奇比奥、战胜强大的罗马军队吗?他们深知,要回师迦太基,陆路太远,已不可能,那只有海路一条。但海路若遇罗马强大海军拦截,面对他们的不仅仅是这支军队的灾难,更重要的那将是整个迦太基的灭顶之灾!也有的将领说:罗马兵力分散,一支军队要远征迦太基本土,还有部分军队要同我们作战,若我们继续留在意大利,使罗马不能支援斯奇比奥,或许我们能够减轻迦太基的压力。将领们各持己见,争论不休,但都一致要求,不回去,继续留在意大利。

祖国在危难,我们能见死不救吗?在关键时刻,一个政治家的胆略和胸怀就表现出来了。汉尼拔没有立即表示回师或是继续留在意大利。而是高度评价了这支英勇、坚强军队的丰功伟绩,表示感谢各位将领为迦太基做出的伟大贡献,同时也表示了对献出生命的迦太基将士的崇高敬意。突然,他提高了他嘶哑的嗓音:"迦太基有我们祖先披荆斩棘开辟的肥沃疆土,有我们祖先长眠的坟茔,那里有我们的父母、妻儿老小,还有我们忠实的知心朋友,我们,能见死不救吗?能忍心看着他们被罗马变为奴隶任意驱使和鞭打吗?"他接着又深重地讲道:"祖国现在处于危难之际,祖国需要我们,我们怎能忍心祖国沦丧?祖国沦丧之时,就是我们这支远征军全军覆灭之时。到那时,面对我们的将是上天无路、入地无门、死无葬身之地呀!"

汉尼拔继续讲道:我们这支强大军队一旦出现在迦太基,罗马军队将会溃不成军,他们已无数次败在我们手中,已害怕了,恐惧了,我们定会战胜斯奇比奥,战胜不可一世的罗马军队。

最后决定:我们必须回师!

当然,还有一个重要原因,汉尼拔没有说出来,他太累了!他想也没必要说出来,目前首要的是鼓舞士气。

汉尼拔自率师东征意大利以来,就一心要建立一个强大的反罗马同盟。因为仅靠一个迦太基不可能取得地中海霸权的。所以他不断地借战争的胜利吸引意大利城邦,同时采取离间分化瓦解罗马同盟。自公元前218年率军进军意大利,在意大利战场上战无不胜,一个广泛的反罗马同盟看似建立起来了,但事实上呢?那都是一幕肥皂剧。意大利各城邦在罗马征服统一意大利以前,都是独立自主。然而,罗马铁蹄一来,他们的自由被践踏了,他们的土地被强占了。所以他们对罗马统治阶级恨之入骨,一心想要消灭它。但他们更担心的是:前面走了一个吃人的虎,后面又来一个快要饿死的狼!取代他们的,将是更为强大的统治者——迦太基和汉尼拔。不敢设想,迦太基将会赐给他们什么?是否是更加沉重的枷锁?他们之所以同汉尼拔结成同盟,是想借汉尼拔之手削弱罗马,坐山观虎斗,以达到两败俱伤,使二者都无法对他们进行统治,以保持自己的独立地位和自己的王权不受损害。表面上看,这个同盟声势浩大,庆功会上,热情洋溢。但他们又各怀鬼胎。随着战局每况愈下,一些同盟城市又纷纷倒向了罗马。

这一切,汉尼拔没认识到吗?

还有,东地中海的一些小国,在汉尼拔危机之时,会不会背叛,与罗马结盟,邀功请赏,以置他于死地?

现在,他陷入了极度的危机,他的同盟也不需要他了!况且,一切的后援都已断绝,再呆一天,危险就会增加一分,不测之地,不可久留,三十六计,走为上计。

就这样,公元前203年,汉尼拔含恨撤离了他曾转战15年,从未遭受过一次重大损失的意大利战场,踏上了拯救祖国的征途,在北非的哈德鲁密敦城秘密登陆。

# 十、扎马决战

汉尼拔在哈德鲁密敦登陆后,开始囤积谷物,购买马匹,同时和一个努米底亚部落阿里西底人的酋长马萨西斯订立了同盟。不久又攻占了哈德鲁密敦城的纳尔斯镇。汉尼拔军队的到来,又使得一些北非部落归附了他。

然而,由于迦太基和罗马签订的和约,严重损害了迦太基平民的利益,于是,他们强烈地要求废除和约,重新和斯奇比奥决战。他们劫掠了从罗马运送粮草的罗马船队,同时还攻击了罗马的使者,造成了很多人伤亡。但消息传到罗马,罗马元老院还是采取了克制态度。这正给了汉尼拔以喘息休整的机会。

由于长期的战争,迦太基的土地没有得到耕种,所以汉尼拔的粮食必须从海上运输。然而,斯奇比奥派舰队封锁了迦太基海港,同时,派德谟斯率领一支军队趁夜间袭击了汉尼拔的一支运输队。汉尼拔此时,粮食短缺,陷入了绝境。为了缓解局势,他派使者游说斯奇比奥的同盟马西尼萨,要他说服斯奇比奥恢复休战和约。马西尼萨自小在迦太基长大,深受迦太基的优良教育,所以他对迦太基的感情还没有完全消失。他说服了斯奇比奥。这样,汉尼拔与斯奇比奥订立了一个和战协议:迦太基交出俘获的罗马运粮士兵和船只及粮食;偿付罗马1000塔连特白银。汉尼拔批准了这个协议。汉尼拔在困境中得到了喘息。

然而,这个协议又遭到迦太基平民的抗议,加上汉尼拔的到来,国内的主战派重新复活,他们要求重新开战,并尽可能地速战速决。就这样,在国内舆论和平民的强烈呼声中,汉尼拔不得不重新和斯奇比奥决战。一场新的厮杀,一场决定迦太基命运的战争就要爆发了。

公元前202年,汉尼拔率军与斯奇比奥在迦太基南部的扎马展开了决战。

汉尼拔将他的50000军队和80头战象布成了三个梯队,第一道战线由80头战象组成,借这些庞然大物的阵势以压倒罗马国队;第二道防线是由高卢人、利古利亚人、摩尔人、巴利阿利及迦太基人和阿非利加人;第三道防线是汉尼拔从意大利带回来的意大利人,他们最怕战败,否则将死无葬身之地,所以他们最勇敢,汉尼拔对他们最为信任;最后他将4000骑兵布置于两翼。

斯奇比奥步兵有23000,骑兵连同马西尼萨骑兵计有2000多。他将步兵布成横向纵队,纵队间骑兵可以通过;骑兵也被安置于两翼。

双方布完阵,汉尼拔和斯奇比奥骑着战马在阵前跑来跑去,鼓舞士气。汉尼拔深知这场决战关系着他的命运,关系着这支军队的命运,更关系着迦太基生死存亡。他说:"迦太基和全阿非利加的命运握在你们手中。战胜,你们将会永远地统治这些战败的罗马人;战败,你们将永远被奴役,被驱使,被鞭打!"他说:"不要忘记你们在意大利伟大而光辉的胜利。不是对努米底亚人的胜利,而是对意大利罗马军队的胜利,而且是遍及全意大利的胜利!"

斯奇比奥告诫将士:如果胜利,罗马势力就会大增,你们就可以回家和亲人团聚,你们就可以赢得永久的、无上的光荣;但是,如果战败,你们将连一个避难的地方都没有,将死无葬身之地。他鼓励将士,我们不要恐惧眼前这些貌似强大的敌人,不要忘记就在这个国家,我们赢得的光辉胜利,我们不怕被敌人战败,就怕被恐惧战败。

在汉尼拔和斯奇比奥的鼓舞和激励下,双方军队群情激昂,士气旺盛。

军号响起,战斗开始了。

汉尼拔首先命令全副铠甲武装的战象出战。战象像铜墙铁壁扑向罗马军队,罗马骑兵和步兵将标枪刺进了战象身体,有的步兵手持长剑围攻战象,用长剑割断战象的腿筋。受伤的战象被迫退却。汉尼拔又命令第二梯队的步兵和两翼骑兵冲击斯奇比奥军队,但斯奇比奥将军队迅速移队,与汉尼拔并行。为了尽快地结束战斗,汉尼拔和斯奇比奥展开了决斗,两人同时投射标枪,斯奇比奥的战马被射中,而汉尼拔的盾牌被射穿。由于双方统帅的激战,更鼓舞了双方的士气,都在拼死厮杀。结果汉尼拔的第二梯队被击溃。第三梯队,汉尼拔的意大利士兵冲了上来,击败了追杀上来的罗马军队。这时,汉尼拔率领第三道防线的军队和骑兵一起冲向罗马军队,但遇到了马西利亚人。马西尼萨和汉尼拔又展开了决斗。马西尼萨左臂受伤。汉尼拔作了最后的努力,重新组织军队反抗,但由于军队已溃不成军,无法再将军队集中,被斯奇比奥各个击破。汉尼拔感觉无望,趁着夜色,逃到了托恩镇;最后只带着一个骑兵逃到了哈德鲁密敦海港,那里有他留守的一支军队。在那里开始收集残兵败将。

扎马战役,这是汉尼拔自统率军队以来遭遇到的第一次也是最后一次惨败,军队 25000 人被杀,8500 人被俘,另外还有 800 努米底亚人投降马西尼萨,300 西班牙人投降了斯奇比奥。而斯奇比奥军队仅损失 2500 人。战无不胜的汉尼拔栽到了年轻的斯奇比奥手中。

经过扎马一战,迦太基主力被消灭,无力再组织抵抗,被迫向罗马求和。公元前 201 年,双方签订了和约。和约规定:

(一)迦太基只能保留非洲本部领土,放弃其他领土;

(二)除保留 10 只船舰以防止海盗袭击外,必须交出全部船舰和战象;

(三)非经罗马允许,迦太基不得与其他任何国家交战;

(四)迦太基向罗马赔款 10000 塔连特白银,分 50 年付清;

(五)为保证上述条款的履行,迦太基交出 100 名贵族子弟到罗马作人质。

从此,迦太基丧失了它的海上强国地位,沦为罗马的附属国。罗马势力扩大,成为西部地中海的霸主。战后不久斯奇比奥胜利凯旋,并荣膺"阿非利加征服者"的称号。

# 十一、英雄遗恨

扎马战役后,汉尼拔继续指挥迦太基的军队。公元前196年,汉尼拔当选为"苏菲特"(迦太基最高行政官员,计两名,每年由选举产生)。在任期间,他推行了许多重大改革措施,力图使腐败的迦太基重新振兴起来。但汉尼拔的改革严重触犯了那些贵族寡头们的利益,他们疯狂地攻击和排挤汉尼拔,特别是汉尼拔的政敌向罗马政府告密,造谣说汉尼拔和叙利亚国王安条克建立了同盟,准备发动新的反罗马战争,这自然引起了罗马当局的警惕和恐惧。在罗马元老院看来,这正是消除自己宿敌的一个求之不得的借口。有一天,三个罗马使者来到了迦太基。汉尼拔清楚地知道,政府准备把他交出来,以换取罗马人的欢心。当天夜里,在两个副官的陪同下,汉尼拔被迫逃离家乡,流亡国外。

在这以后长达13年的浪亡生活中,他先后到达叙利亚、克里特岛和小亚细亚的比提尼亚王国进行游说,力劝这些国家的君主建立反罗马同盟。继续从事他终生未竟的事业——埋葬罗马。此时的汉尼拔,仍然没有忘记父辈的遗志,没有忘记自己9岁时在祭坛上的誓言。他在寻找时机以图东山再起!

汉尼拔逃离家乡后,乘船首先到了推罗,后又从那里到达了小亚细亚的以弗所。在以弗所,叙利亚国王安条克热情地接待了这位著名的统帅。汉尼拔成了安条克的座上客。安条克国王自统治叙利亚王国以来,利用罗马和马其顿之间的战争,乘机夺取了埃及的海外领地,并侵略了小亚细亚和欧洲的色雷斯,势力不断壮大。安条克梦想重建亚历山大光荣,继续向西发展,结果和罗马发生了冲突。汉尼拔这时正可借机联合叙利亚共同反对罗马。安条克本计划首先在自己的属国希腊打败罗马人。当安条克将他的计划告诉给汉尼拔时,汉尼发坚决反对,他说:在国内进行战争,给自己带来的将是土地荒芜,人民生活困苦。而在国外发动战争则比较容易对付,可以把危机引向国外!汉尼拔建议安条克占据意大利某些城市,作为军事根据地,直接削弱罗马的势力。(汉尼拔认为,这样可以在意大利重建他的反罗马同盟)。他说:关于意大利,我有经验,只要给我10000人,我就可以占据意大利重要据点,同时,我再写信给迦太基的朋友,让他们煽动迦太基向罗马复仇的火焰,如果知道我又在意大利战胜罗马人,他们就会充满勇气和希望,积极支援我们!汉尼拔的建议更坚定了安条克的决心,决定进攻意大利,打击罗马。

但是,汉尼拔在叙利亚的行动,立即引起了罗马的警觉和恐惧。于是罗马派出了使团到了以弗所(扎马大败汉尼拔的斯奇比奥也在使团之列),来调查安条克国王的计划及汉尼拔的行动。此时,安条克国王到彼西底亚去了。罗马使团充分利用在等待安条克的这一时机,有意频繁和汉尼拔接触,以引起叙利亚对汉尼拔的怀疑。据说,有次斯奇比奥和汉尼拔在体育馆评论将才,有这样一段精彩的对话:

斯奇比奥:"谁是世界上最伟大的将军?"

汉尼拔:"马其顿的亚历山大!"

斯奇比奥没有说什么,他接着问:"其次是谁呢?"

汉尼拔回答道:"伊庇鲁斯的皮洛士!"汉尼拔认为,大胆是一个将军的首要资格。因为不可能再找出一个比亚历山大和皮洛士更具冒险精神的了。

听了这个答复,斯奇比奥脸色有点难看了,但他还是沉住气,又问道:"那么第三位应属于谁呢?"——他指望汉尼拔会回答是他斯奇比奥!

但汉尼拔不紧不慢地答道:"是我自己! 因为在我年青的时候,我征服了西班牙,后又统率军队翻越阿尔卑斯山,这是赫利丘(注:希腊神话中的大力士)以后没有人能做出的行动。我侵入意大利,使你们胆战心惊,并破坏了你们 400 个城镇,常常使你们的城市处于极度危险之中。在这个期间,我从迦太基既没得到一塔连特金钱,也没有得到一个援兵!"

斯奇比奥听完汉尼拔的话,一面哈哈大笑,一面说:"汉尼拔啊! 如果你没有被我打败的话,你会把自己放在什么位置?"

汉尼拔看出了他的忌妒心,回答说:

"我会把自己放在亚历山大之上!"

汉尼拔说完,两人同时哈哈大笑起来!

汉尼拔既巧妙抬高了自己,同时又巧妙地承认了斯奇比奥的才干。因为他暗示斯奇比奥曾经战胜了一个比亚历山大更伟大的人。

汉尼拔与罗马使团的频繁接触,后来果然引起了安条克国王的怀疑,并开始疏远汉尼拔。公元前 190 年 4 月,罗马以 30000 兵力在小亚细亚西部的马格尼西亚击溃了叙利亚 70000 军队。安条克无力再战,被迫求和。叙利亚丧失了独立地位,沦为罗马的附庸。

汉尼拔在叙利亚的努力失败后,到了克里特岛。在克里特岛,汉尼拔发现在那里不可能有所作为,不久就离开了克里特岛,来到了小亚细亚的比提尼亚。比提尼亚国王怀着无比的敬意,以最高的礼仪接待了汉尼拔,后又委任汉尼拔为最高军事顾问。比提尼亚远离罗马,汉尼拔希望能在援助比提尼亚过程中,联络其他国家,在小亚细亚建立一个反罗马同盟。但罗马当局岂能坐视汉尼拔重建反罗马同盟?岂能坐视汉尼拔东山再起? 于是,罗马使者又跟踪到了这里。要求比提尼亚国王驱逐汉尼拔,否则,罗马将出兵讨伐比提尼亚。在罗马的威胁和压力下,比提尼亚国王被迫答应了罗马的无理要求。公元前 183 年的一天,汉尼拔的住房突然被一队全副武装的比提尼亚士兵包围了起来。这时,汉尼拔的两个副官进来向汉尼拔告知了这一切。副官要汉尼拔立即从暗道逃离,汉尼拔坐在那里没有动,而是要他们先逃出去。原来,为防意外,汉尼拔在他的住所留有一个秘密通道,不测之时,可以从这里安全撤离。汉尼拔的这两个副官自公元前196年跟随汉尼拔逃离迦太基以来,与汉尼拔形影不离,同生死,共患难,为汉尼拔重建反罗马同盟立下了汗马功劳。为了迦太基的重新振兴,为了洗刷迦太基的耻辱,他们和汉尼拔的命运已紧紧地连在了一起。现在,汉尼拔遇到了危险,他们怎能扔下他自己逃生呢?两位副官坚决要求汉尼拔同他们一同逃离,汉尼拔见他们态度坚决,就让他们先到秘密通道探望,然后一起走。不一会,他们回来了,秘密出口已被堵死。很显然,这是早已密谋好的行动。逃离,已是不可能了。怎么办,突围,鸡蛋碰石头,势单力薄,不可能!那么只有第三条路了:束手就擒,投降!但,汉尼拔决不会那样做!他南征北战,纵横驰骋,使敌人闻风丧胆、胆战心惊的一幕幕又闪现在他眼前。此时,儿时的誓言,父辈的遗愿又在他耳际回荡!他仿佛又看到了迦太基反对他的主和派的狰狞嘴脸,仿佛看到了扎马战役后罗马的举国欢腾和斯奇比奥的得意忘形。然而,这一切的一切都过去了,他觉得该做的,他都努力了,没有做的,正是他汉尼拔做不到的,他该满足了。想到这,他会心地一笑,反而觉得平静多了,平静得如一湖春水,他望了望蓝色的天空,又深情地望了望西南方——他的祖国,拿出了随身所带的毒药,带着他未竟的伟业自杀了。一代将才,一个忠诚的反罗马斗士,饮恨长逝。

汉尼拔去世的消息,传到迦太基,犹如一声惊雷,上至行政院,下至平民,都陷入无尽的悲痛中。他们仿佛预感到了迦太基未来可怕的命运。他们的预感没有错,罗马在汉尼拔去世后,即制造借口,于公元前149年发动了对迦太基的第三次布匿战争。迦太基虽然全民皆兵,奋勇抵抗,终因不敌,于公元前146年,迦太基城陷落。罗马将迦太基领土划为罗马的"阿非利加省"。迦太基彻底毁灭。

汉尼拔去世的消息传到罗马,罗马举国弹冠相庆。他们最大的敌人,终于被消灭,称霸地中海的最大障碍终于被清除,罗马可以在地中海为所欲为了。但他们联想到汉尼拔在意大利的纵横驰骋,所向披靡,又产生了对汉尼拔这位天才将军的敬畏。

消息传到地中海各国,各国的君主们突然惊醒了,他们意识到不久的将来,自己将会遭受汉尼拔同样的命运。他们没有说错。罗马在汉尼拔去世后,即采用各个击破的方针,先后消灭了马其顿、叙利亚、希腊及小亚细亚各国,称霸了地中海,成为地中海世界惟一的统治者。

汉尼拔的自杀,不仅是迦太基人的损失,更是地中海东方各国的悲哀。他的去世,也给人留下了沉痛的经验和教训。汉尼拔的英名将永载史册。

# 恺　撒

——古罗马帝国的战神

朱伟奇

"沙皇"这个名称也许对人们来讲并不陌生,它是历代俄国皇帝的自称。但是,"沙皇"这个名词究竟包含了什么意义呢!却鲜为人知。其实,"沙皇"之"沙"是"恺撒"这个字的俄语音译,而"恺撒"是古罗马著名将帅的名字。那么,是什么荣耀驱使不可一世的俄国皇帝竟以这位将帅的名字自比呢?让我们从恺撒的戎马生涯中去寻找答案吧!

## 一、少年壮志

盖乌斯·尤利乌斯·恺撒(公元前100—前44年)出身于罗马古老而著名的贵族世家,父亲曾任亚细亚行省总督,在他15岁时去世,母亲奥莱莉娅是担任过执政官的卢西乌斯·奥莱利乌斯·科塔的女儿。在恺撒一生的活动中,奥莱利乌斯·科塔对他的外孙支持始终如一,有求必应,并且使他得到强有力的拥护。恺撒少年时期就有非凡的抱负和志向,幻想权力和荣誉。在那个时代,政治家的核心就是雄辩术,一个不善雄辩的人是当不了政治家的。为此,他孜孜不倦,勤奋学习,拜米隆的儿子、著名的雄辩家阿波洛尼奥斯为师。在人们眼里,恺撒是个博学多才、卓尔不群的人。为了从当时最优秀的教师那里获得教益,他孤身一人远离罗马,不辞劳苦,长途跋涉,在旅途中被海盗劫持。海盗向他索取750公斤贵金属作为赎金。恺撒坦然一笑,高声叫喊说他的价值远远高过这个数目。他认为自己值1800公斤贵金属。在等待这笔赎金筹集期间,他不得不同这些海盗生活一段时间。他对他们开玩笑说,他一旦获释一定报仇雪耻。当他被送回家人那里后,就立即装备了一支舰队捕获了劫持他的匪徒,把他们统统钉在十字架上处死。

## 二、初涉政坛

恺撒生活的时候,正是罗马奴隶制社会各种矛盾激化,共和国发生严重政治危机的时代。当时,大土地所有者和破产农民之间、元老贵族派和骑士民主派之间、罗马奴隶主和被征服地区奴隶主上层之间以及罗马奴隶主和被征服地区广大人民之间、奴隶主和奴隶之间的矛盾尖锐复杂,动摇着罗马奴隶主阶级的统治。特别是斯巴达克奴隶大起义,沉重地打击了罗马的奴隶制经济和罗马奴隶主专制。罗马共和制度已经不适应奴隶主阶级统治的需要,改弦更张,另换政体,成为一种必然的趋势。恺撒就是在罗马从共和政体向军事独裁的帝制转变中步入政坛的。

当时罗马政治舞台上,已涌现出一批精于韬略、能征惯战的风云人物。苏拉是元老贵族派的首领,马略和秦纳是代表商人贵族和平民利益的民主派的首领。由于亲戚的关系,恺撒与民主派有一定联系。马略是他的姑父。由于马略的提携,恺撒年仅13岁时就当选为朱比特神的首席祭司,这个职位有某些好处,因为它是一种荣誉。但是,这个职位也有其不利之处,因为朱比特神的祭司是不能离开意大利的,这样就使人不能管理、统治意大利以外的行省,不能统率军队,从而使其不可能有政治前途。于是恺撒就匆忙地娶了一个家财万贯、默默无闻的骑士的女儿科苏蒂娅为妻。这宗婚姻使他不能就任朱比特神的祭司,因为担任这一职务的人必须与贵族女子结婚。不久恺撒就与科苏蒂娅分手,而娶了秦纳的女儿科尔涅莉娅为妻。公元前86年,马略病故,紧接着秦纳在同苏拉的较量中被部下所杀。这样,苏拉失去了竞争的敌手,被罗马的元老院贵族宣布为无限期的"独裁者"。

凶残嗜血的苏拉刚一掌握政权,立即变本加厉地对异己分子进行残酷报复。他把马略的党羽编成黑名单,悬赏通缉杀戮。凡是被列入黑名单的异己分子,人人可得而杀之,其财产予以没收。于是,仇杀、掠夺和报复的气氛,便笼罩着整个罗马。为了躲避苏拉的迫害,恺撒不得不离开罗马在外流浪。为了巩固元老贵族的利益,苏拉进行了一系列法制改革。他限制公民大会的权力,使元老院重新成为最高权力机关;他取消了保民官的否决权,而规定元老院有权否决公民大会的决议案。这样,共和初期罗马平民经过艰苦斗争所争取来的一点政治权利,一下子便剥夺了。公元前78年,苏拉病死,罗马元老贵族又找到了两个代理人,一个是庞培,一个是克拉苏。这两个人原是马略的将领,后来因秦纳兵败被杀而倒戈归降了苏拉。

## 三、崭露头角

公元前77年,恺撒又回到罗马,对曾任马其顿总督的格涅乌斯·科尔涅利乌斯·多拉伯拉提出控告,指责他贪赃枉法。虽然多拉伯拉被宣布无罪,但恺撒却因此赢得巨大的名声。

公元前 73 年,意大利爆发了斯巴达克领导的奴隶大起义,使罗马统治集团惊恐万状。罗马奴隶主贵族,一听到斯巴达克的名字就吓得魂飞胆落,以致在选举公元前 71 年的执政官时,竟然没有一个人敢出面竞选。于是,罗马元老院宣布意大利处于紧急战争状态,并推举以阴险狠毒著称的克拉苏为"独裁者",倾全国之力来镇压斯巴达克起义。但同时,庞培也被从西班牙召回来帮助指挥这场战争。他到达后刚好克拉苏已击败了斯巴达克,正对逃亡者进行追捕。庞培和他的朋友把对逃亡者的追捕夸大成为重要的军事成就,从而使克拉苏的胜利黯然失色。

这时,这两个野心勃勃的人每人都带着一支自己的军队,也许终究会打起来。不过,克拉苏虽然是一个大胆的财政上的投机者,却是一个谨小慎微的政治家;而庞培是个能征善战的武夫,尽管在早年经历中有许多不正当的行为,却仍然很少表现出有公开违反法规之迹象。因此,尽管存在许多互相猜疑,他们却并没有打起来,而是达成了一项协议,因为还不是同室操戈的时候。按照这个协议,他们要求当选公元前 70 年的执政官。从法律上说,他们两人都没有资格,因为两个都没有遣散自己的军队,这是作为一个执政官候选人所必须做的。而且,庞培甚至还没有取得元老职位——因年轻而被禁止参加竞选。不过,元老院不得不让步,公民大会就这样正式选他们为执政官,这显示出野心勃勃的人正在一点点蚕食着共和制,共和制的丧钟敲响为期不远了。

为了沽名钓誉,他们在任期内把分歧撇在一边,不计较个人的恩恩怨怨,专注于推翻苏拉的制度;当然,元老院除外。另外,元老院成员还不得不忍受对他们的同僚之一维列斯的谴责,正在崛起的雄辩家西塞罗成功地揭发了维列斯在他作为西西里总督期间的严重欺诈行为。克拉苏和庞培利用同样的反苏拉精神鼓励这一年度的监察官驱逐了 64 名元老,撤销已死独裁者所强加的对保民官职务的一切限制的法案。于是,苏拉不利于传统秩序的整个活动几乎都被抹掉了,而罗马共和制下旧有的灵活性和无政府状态却得以完全恢复。

公元前 68 年,恺撒的姑母(马略的妻子)去世。恺撒不仅在悼词中赞扬了她和马略,而且在送葬时,还公然抬出马略的画像。马略的画像在公开场合出现,这是自苏拉宣布马略为公敌之后的第一次,人民用欢呼和热烈鼓掌来表示赞成。稍后些时候恺撒甚至在卡匹托里亚竖立了马略和胜利女神的镀金像,这就更引起人民群众对恺撒的热烈欢呼和爱戴。

# 四、攀结庞培

也就是在这一年,即公元前 68 年,恺撒到西班牙就任财务官,并使自己的财富略有增加。一次当他看到亚历山大的胸像时,不禁泪流满面。这位马其顿人在他这个年龄时已获得隆名盛誉,而自己对很多人来说,还是个无名小卒。离职返回罗马后,恺撒懂得了必须在最高层寻找靠山,以便尽快使他一鸣惊人。他在对那个时期的重要政治人物逐一加以考察揣摩后,立即消除了与西塞罗结成联盟的想法,因为这个大演说家已经成了民主派的实足的理论家。他不再考虑一个叫克劳迪乌斯的人。即使他和这个人有某些共同想法,他们也不能长期协调一致,因为克劳迪乌斯生性过于偏好滥用暴力及具有持续的过激行动。当然,这些特点并没有阻止恺撒在需要时利用他。在民主派中还剩下克拉苏。但是,这位百万富翁却不能大放光芒,所发的光仅仅是他的银币那么点光而已。他的政治才能根本不能同他的理财能力相比。事实上,那个时期的真正的大人物是庞培。毫无疑问,由于他在皮塞努姆的财产,他的富有较之克拉苏毫不逊色。他在元老院、骑士和罗马平民大众中都得到了众多支持。他拥有大批被保护人,并在军事方面享有盛誉。有一点可能会妨碍恺撒:庞培已经成了民主派的大红大紫的宠儿。但是,仔细观察,却可以发现他主要是为自己工作。公元前 67 年,在恺撒的要求下,庞培把女儿庞培娅许配给他。从公元前 67 年起,一起巨大的悲惨事件使这两人之间的协同联合发生作用。地中海上劫掠达到灾难性的规模,严重妨碍了对罗马的食品供应,尤其使遭受饥馑折磨的下层百姓受尽苦难。一个名叫加比尼乌斯的保民官的一项法律草案责成庞培根除这一祸患。

罗马人民一致支持这个行动。然而,几个元老院贵族却对交由庞培支配的人力物力的巨大数额表现出保留、缄默。庞培统率舰船 200 艘并征集他认为必需的兵员。恺撒支持这项法律草案。最后,投票表决的结果把舰船数量增至 500 艘,把步兵额定为 12 万,把骑兵额定为 5 万,任命了 25 个副将来帮助庞培。当庞培以惊人的速度——总共三个月的工夫——完成了交给他的任务时,他又在公元前 66 年被委以一个更加巨大,预计花费人力物力达到令人感到威胁数量的重要任务:接管在骑士中间不负众望的卢库鲁的指挥权,全权结束对米特拉达悌的战争并整顿东方事务。这个提案由保民官曼尼里阿向人民会议提出,得到恺撒的支持,并引起了元老院贵族的极大愤慨。他们证明说,把这样大的权力"无限制统帅权"授与一个人是不可以的,是"违背祖先遗训"即违反罗马共和宪法的。民主派不得不推出自己首席雄辩家西塞罗在公民会议上驳斥他们。西塞罗那引起轰动的题为《论庞培的统帅权》的演说,也不禁使许多人因联想到"苏拉"而感到惶惑不安。庞培不负众望,很快地结束了纠缠已久的米特拉达梯战争。并使罗马的领地大大增加,国库收入增加了百分之四十。他自己也因此更加威名远扬,并成为一个比当时最富有的人还富有的人。

这时,庞培的对手克拉苏采取另一种立场。有一个时期他也梦想着军事荣誉,醉心于征服富饶的埃及的计划,但是在这条道路上遇到了元老院保守分子的坚决反抗,因为他们不愿意容许再有第二个"大元帅",于是他只得采取另一种比较隐蔽的方法。他和恺撒及其他民主派激进分子亲近,并且为了暗中破坏不在罗马的庞培的威望和声望,开始从自己的雄厚财产中拨出经费来策划一起阴谋。这个阴谋就是:清除庞培;暗杀两个代表元老院利益的两个执政官;克拉苏为独裁官,恺撒为他的骑兵司令。但是,恺撒在这种情况下丝毫不动心。他既不接受,也不向他的岳父告发这起阴谋。这样,阴谋就流产了。

公元前66年,恺撒被选举为罗马市政官。恺撒决定要让他担任市政官的这一年在人们思想上留下深刻印象,要使他自己更为人所知。为了达到这个目的,他采取了当时广为人知的办法,即向民众慷慨施予。为了吸引取悦平民阶层,他举办竞技会,组织角斗比赛,使民众无不皆大欢喜。他深孚众望,重新树立已被苏拉派推倒的马略的胜利纪念碑。自此以后,恺撒活动的节奏加快。没有一年没有新思想,没有一年没有新举措。

## 五、喀提林阴谋

公元前63年是西塞罗的执政官任期年。这一年恺撒比这位大名鼎鼎的演说家焦躁百倍。他在市政官任上的支出使他花费了巨资。他债台高垒,这是一个亟待解决的问题。此外,他日甚一日,急欲表现出他是站在民主派一边。他懂得既同已不再满足发财致富的克拉苏保持联系,又同他保持距离。为了使西塞罗陷入困境,恺撒参与了喀提林阴谋。

喀提林是个后来才转到民主派方面来的苏拉分子,由于没有在苏拉公布剥夺名单的暴行中发财致富,所以他对当权寡头集团抱有极大的敌视情绪。为了实现其野心,赢得罗马乃至整个意大利平民的拥护,喀提林提出了取消债务、彻底进行分配土地的法案和推翻寡头政体的要求。在这种情况下,作为执政官的西塞罗,不得不进行抉择反对这项法案。这也就使西塞罗在广大平民中失去了影响。为了实现喀提林的法案,平民三次企图使喀提林当选为执政官,但都由于元老贵族和民主派上层的联合和不惜任何手段的反对而遭失败。在第三次选举中,本来喀提林当选执政官是十拿九稳的事,但他的竞争者,元老贵族派的候选人穆连那,一个贪污成性的掠夺者,竟公然收买选举人,以致丑闻四散,连元老贵族中的正直人士,都提出提议并向法庭控告穆连那。执政官西塞罗心急火燎,热心充当穆连那的辩护人,并用毁谤的语言诬蔑喀提林是"刺客"、"佩带刀剑的阴谋家"。接着,西塞罗宣布城市处于紧急状态,封闭人民团体。最后,为了威吓选举人,在集会的日子派军队包围了会场,并声称:"任何人,凡是想拯救国家免于这个祸害的,都马上转到穆连那这方面来。"于是喀提林又没有当选。这一下广大平民激怒了,他们看到通过合法途径无法实现自己的目的,就走上了惟一剩下的途径——武装起义。但是,喀提林派策划的起义很快泄露而被西塞罗镇压。这也使西塞罗非常悲惨地结束了自己的执政官时代。还在元老院里表决处死"喀提林派暴徒阴谋家"的问题时以恺撒为首的颇大一部分人投了反对票,而且由自由民和奴隶组成的广大人民群众正准备用强力去从刽子手手里夺取被处死的人。在他任执政官的最后日子里,西塞罗看到到处都在怨恨自己:"群众用各种方式表现出他们对他的憎恶。"最后,也就是群众的这种怨恨,竟使他在任执政官的最后一天打算表白自己的时候,被逼得不能作声。

# 六、三同盟

这是一个风云变幻的年代,各行省的解放运动、可怕的奴隶起义以及平民运动彻底动摇了罗马的国家制度。这些运动表明,能够维持奴隶制的秩序的惟一力量是军队和统帅。因此无论在愤怒的罗马社会下层还是慌忙抓住权力不放的贵族中,都日益企盼着从军界出现"救星"。所以到了公元前62年,当"伟大的"庞培率领着自己的军队从东方凯旋回到罗马的时候,罗马更是由于这种缘故而特别洋溢着兴奋情绪。令大家吃惊的是,这位"民主派的苏拉分子"不愿仿效自己先驱者和老师的先例成为"独裁者",也不实行军事政变。庞培完全以合乎宪法的精神办事:在慷慨地赠送自己的士兵和军官以礼物之后,他就解散了军队,仅带少数随从来到罗马,以便举行自己的向罗马人炫耀赫赫战功的凯旋仪式,并在罗马社会和政府机关中获取和他的功绩相称的地位。他是意大利最大的土地所有主,不愿发动新的内战,因为内战必不可免地要发生破坏性的经济后果,何况内战只是有利于民主派,而他和民主派只不过有着极其表面的联系。结果,当卷入罗马政治方面的漩涡之后,庞培显得比预料到的情况要软弱得多。克拉苏妒忌他,元老院怕他并用尽方法来妨害他和平民群众的关系,虽有支撑他的人作了煽惑活动,也还是相当冷淡。几乎整整一年工夫庞培才得邀准举行自己的凯旋仪式;但是,他要求把土地分配给他的老兵,遭到拒绝。这预示着共和国垮台很快就要随之而来。

克拉苏也遭到同庞培一样的厄运。本来克拉苏准备与元老院联合起来反对庞培,元老院可充分利用这个机会谋取克拉苏的支持。但是,元老院却断然拒绝了克拉苏感兴趣的一项财政事务的要求。公元前61年末,骑士们要求在他们所承包的亚细亚税收购买价格上打折扣,因为征收这些税收所得之利,被证实是完全地少于他们所期望的。于是,他们说服商界最有影响的保护人克拉苏支持他们所期望的。于是,他们说服了商界最有影响的保护人克拉苏支持他们的要求。但是,保民官加图说服元老院否决了这一提案。

于是,庞培和克拉苏都被冷落了;接着,恺撒也被冷落了。公元前61年,恺撒当选为西班牙总督,但是他被债权人羁留在罗马城中,因为他的政治费用,使他所负的债务远不是他能还清的。幸亏克拉苏替他还了一部分债,又为他作保,他才得以成行。在西班牙任职期间,恺撒颇有政绩。他征服了一些部落,扩大了罗马人统治的地域。由于战争的胜利,不仅他自己发了财,还使他的部下也发了财。公元前60年载誉回到罗马。按照罗马的习俗,恺撒可以举行一次凯旋仪式。但当他到达罗马时,正逢选举下一年度执政官。他急于参加选举,被迫放弃了凯旋仪式。因为依照法律,得胜的将军在凯旋仪式举行之前,不能进入罗马城;如果进了城后,又回去准备举行凯旋仪式,则是非法的;而参加竞选执政官的人,必须本人在城内才能参加选举。恺撒请求元老院特许他缺席参加竞选,加图首先出来反对,声言必须维护法律的尊严。许多早就对恺撒心存疑惧的元老贵族赞成加图的意见。事实上,罗马历史上有过缺席参加竞选的先例。无奈,恺撒只好放弃凯旋仪式,进入罗马城,提出自己作为候选人,等待人民会议的召开。

元老院就是这样反对和冒犯了庞培、克拉苏和恺撒这三个人,从而导致这三人放弃他们彼此之间的分歧,通力合作来对待那些敢于侮辱他们的人。在工于权变的恺撒的周旋下,三人握手言和结成秘密同盟,共同主宰罗马的政权。

# 七、出任执政官

公元前59年,由于庞培和克拉苏的掖助,恺撒当选为他梦寐以求向往已久的执政官。这是恺撒政治生涯的转折点。在这以前,他也曾担任过一些官职,但仍是个鲜为人知的走卒,为此他泪流满面,可是现在他抓住了神赐良机,奇迹般一跃成为全罗马三个最有权威的人物中的一员,而且以后的前程似锦,执政官卸任后可以当行省总督或进入元老院成为元老贵族。憧憬未来,恺撒,并不以此为满足,他有更高更远的目标,并要为之奋斗。

通向未来的道路并不平坦,元老院选举毕布拉斯为执政官,以牵制恺撒。为了独掌大权,恺撒想尽办法摆脱毕布拉斯的约束,但他表面上在元老院公开表示,愿与毕布拉斯和衷共济。因为相信他的诚意,毕布拉斯丧失了自己的警惕。当他毫无准备的时候,恺撒秘密地准备了一支大军。他向元老院提出分配公地、救济贫民的法案,但遭到元老们的反对。从此以后,他再也不召开元老院会议,而是通过公民会议行事。有一次公众会议中,询问庞培和克拉苏对于他的法案怎样看法。两人都表示赞成,于是有人暗藏短剑跑到表决的地方来了。毕布拉斯冲进广场,企图反对恺撒的法案,还没等他开口,那些带短剑的人就把他轰走了。恺撒的另一个敌人加图,挤入人群中,准备发表演说,但他被恺撒的党羽高高抬起来,丢出广场外。这样,在没有敌手干扰下,恺撒使他的法案通过了。正在这当中,一个手执匕首的名叫维提阿斯的人在广场中被抓获,在众人质问下,他承认自己是受毕布拉斯、西塞罗和加图的委派来暗杀恺撒和庞培的。于是,在场的民众愤怒了,他们发誓要保护恺撒,揪出阴谋分子。为了免遭民愤,毕布拉斯在执政官任期的后期,不敢出门,惟恐受到民众的围攻。现在恺撒可以毫不受约束地一人总揽政务了。至于那个维提阿斯,在投入狱中的当晚就被杀死了。

现在一切畅通了,庞培的老兵们都满心欢喜地分到了土地,庞培所有在东方发布的命令以及他在那里扶植起来的国王都得到了批准。至于骑士和接近克拉苏的商界朋友,被给予了很大的优待——减少他们应交的税额整整三分之一,这个意外的恩惠远远超过他们所应得的,因此恺撒在这些人中获得了巨大的声誉,并在他们的企业中得到大量价值很高的股份作为酬谢。这样,罗马上上下下都赞誉拥戴恺撒,但恺撒并没有陶醉,执政官任职期满后的安排,让他费了一番周折。根据规定,元老院在下一年度的执政官选举之前即应确定他卸任后治理哪个行省。考虑到恺撒这样一个人选,元老院就有意为公元前59的执政官指定了人烟稀少、贫瘠不毛的意大利南部的行政管理。选择这一行政管理将使担任这个职务的人,既不能发财致富,也不能获得为继续在政治舞台上扮演角色所必需的荣誉。为了改变这一决定,恺撒通过他的亲信,保民官瓦提尼乌斯向公民大会提出议案,规定恺撒卸任执政官之后,担任山南高卢和伊吕里库姆的总督5年,有权领3个军团。这一提案通过了。元老院这次显得尤为慷慨,又心怀叵测地根据庞培的提议,给他增添了那尔旁高卢行省,因为那儿正在动荡不安。但这并没有给恺撒造成什么困难,相反,却给他提供了施展宏志的良机。在恺撒心目中,和庞培、克拉苏的合作只是一个暂时的垫脚石。他的真正目的是总揽万机,用军事力量造成政治独裁,为此,他必须有优势的兵力,而要掌握军权,则必须到意大利以外的地方去开疆辟土,高卢正是他用武之地,他可以把他的活动扩展到他想扩展到的地方。在某种程度讲,庞培和克拉苏以及元老院并不真正知道恺撒是什么人,让恺撒到战事纷纷的高卢去,无异于放虎归山。

在离开罗马前往行省任总督前,恺撒将其年仅14岁而且已与他人订过婚约的独生女儿尤丽娅嫁与年近半百的庞培做继室以巩固同盟关系,并精心物色扶植了一个能代表他的利益行事的人当公元前58年的保民官,这就是罗马历史上有名的普布利乌斯·克劳狄乌斯。克劳狄乌斯是有名的浪荡公子,经常在情场制造丑闻。恺撒的第二个妻子和他私通,被当众揭露后,恺撒仍然佯作不知,只是休了妻子。克劳狄乌斯纠集了一大帮由奴隶和城市贫民组成的打手,每逢召开公民大会就把他们带到会场,这就决定了他提出的议案都能通过。他的第一项提案是每月无偿给城市贫民发放粮食,仅此一项就要花去国库收入的五分之一;另一项提案是恢复公元前64年被取缔的城市中各个街区的种种公会,这是一些类似政治俱乐部的组织,不仅平民,而且奴隶也可以参加。利用这些组织可以搜罗和控制很大的一帮人。此外,克劳狄乌斯还设法把贵族派首领西塞罗和加图从罗马城赶了出去。在一切安排谋划就绪后,满怀信心和希望的恺撒,离开罗马,踏上征程。

# 八、远征高卢

公元前58—公元前50年,恺撒出任高卢总督,率军进入当时尚未完全归附于罗马的高卢。高卢包括今天的法国、比利时、瑞士、卢森堡以及荷兰和德国的一部分。这里的居民大都处于野蛮状态,而且十分骁勇善战。他们宁愿用流血的方式攫取财富,而不愿用流汗的方式获得财富,因为他们把后一种方式看作是懦夫。他们有一个习俗规定,男人成年时,要杀一个敌人以证明自己的勇气,然后方可进入成人的行列,否则是不能称之为成人的。为此许多人用蓄发戴铁戒子的方式鞭策自己,直到他们杀死一个敌人,方站在敌人的尸首上剪去毛发除去戒子。他们喜欢跟随他们的酋长四处作战,酋长为胜利而战,士兵们为酋长而战;假若酋长战死,而士兵却活着,那是一个极大的耻辱。恺撒所面临的就是这些剽悍暴烈且庞大的敌手,但他似乎已经稳操胜券。

公元前58年,厄尔维几人(总共有263000人,居住在今天法国和瑞士交界处)在部族上层贵族带领下,焚毁家园,向濒临大西洋的桑东尼邦迁徙。在行进中,厄尔维几人侵犯了邻近的爱杜依邦、安巴利邦和阿罗布洛及斯邦,毁坏三部族人的田园,引起了这些部族对他们的仇恨。紧接着,他们要穿越归顺罗马人的高卢部族居住地和罗马行省。于是,厄尔维几人派使者向恺撒请求借路。他们说:他们的目的只是想借道穿过省,绝不作任何伤害,因为除了这条路以外,再没别的路可走,求他答应他们的要求。恺撒是绝对不会同意的，罗马执政官卡休斯曾被厄尔维几人杀死，他的军队被击溃后，被迫钻了耻辱的轭门；何况也不相信像他们这种心怀恶意的人，如果给了他们通过行省的机会，能不肆意蹂躏和破坏？但为了争取时间，好让自己新征召的部队集中，他就回答使者说：他要花几天时间考虑一下。同时，利用在自己身边的军团进行了戒备防御。当他和使者们约定的那天到来时，使者得到的是绝拒的答复。厄尔维几人这个打算落空后，就企图强行越过边界，但被恺撒的军队击退。

于是，厄尔维几人避过恺撒的防线，准备渡过阿拉河向前推进。当恺撒接到侦察员的报告说，厄尔维几人的部队四分之三已完全渡过，大约还有四分之一留在阿拉河这边时，他就带着三个军团直扑向敌人尚未渡河的那一部分。在他们都身负重荷、猝不及防之时进攻，杀掉他们大部分，余者四散逃窜进森林。战斗结束后，为了追击厄尔维几人其余部队，恺撒命令在阿拉河上架起一座浮桥，带着军队渡了过去。恺撒的突然到来，使厄尔维几人大为吃惊，因为他们自己花了20天时间才渡过河，而恺撒却只用了一天就过来了。他们派使者狄维果面见恺撒说：如果罗马人愿意和厄尔维几人讲和，他们愿意到他指定的地方去居住，但如果他坚持要战争，那么，他必须记住罗马人以前的灾难和厄尔维几人原先的勇敢。恺撒毫不畏惧回答：正因为他牢牢记着厄尔维几人所提起的那些事情，特别是那场落到罗马人头上的飞来横祸，所以才感到格外沉痛。就算他愿意忘掉旧的仇怨，难道连他们未经他同意就用武力强行通过行省侵犯他族的做法也都能置之一旁吗？话虽如此，他们如果愿意给他人质担保，并赔偿他们所伤害的部族的损失，那么，他还是愿望和他们讲和的。狄维果回答说：厄尔维几人从祖先起就定下了规矩，一向只接受别人的人质，从不把人质交给别人，罗马人自己就是这件事的证人。狄维果说完后，就扬长而去。

次日，厄尔维几人拔营离开。恺撒派遣部队紧紧跟踪寻找战机，并联络爱杜依人、安巴利人、阿罗布洛及斯人，准备同他们联合起来共同对敌。然而，爱杜依部族贵族杜诺列克斯娶厄尔维几人为妻，宁愿受高卢人统治也不愿归附罗马人。他阻止爱杜依人向罗马军队供应粮食，罗马军队的给养遇到了困难。在这种情况下，恺撒一方面拉拢爱杜依族中亲罗马人的贵族势力，攻击杜诺列克斯背叛自己的部族；另一方面，把爱杜依人、安巴利人、阿罗布洛及斯人的骑兵组织起来，作为罗马军的前锋去攻击厄尔维几人。最后，恺撒在爱杜依邦境内的毕布拉克德镇附近击溃了厄尔维几人主力，残存的厄尔维几人被遣送回他们已荒芜的家园，作为阻挡日耳曼人的屏障。

公元前57年，恺撒率军征讨比尔及人。比尔及人是日耳曼后裔，居住地包括今天比利时、荷兰南部和法国塞纳河、马纳河以北地区,有十余个部族。比尔及人得到恺撒进攻的消息后,便集合起一支由十几个部族组成的366000人的联军抗御罗马军队。

得知敌人数量如此众多,恺撒采取了分散敌人兵力各个击破的策略。他命令归顺罗马的爱杜依人去进攻比尔及人中的俾洛瓦契部族的居住地,然后,亲率大军在阿克松奈河畔扎下营寨,迎战比尔及人联军。恺撒占据有利地形,避免同比尔及人决战,等待联军粮尽弹绝,不战自溃。恺撒把军队布置在阿克松奈河北岸一座小山上,命令士兵在小山两侧各挖一道壕沟,设下弩机等防守器械,在东侧阿克松奈河渡口筑起碉堡,严阵以待。比尔及人企图渡过阿克松奈河,切断罗马军队的粮草运输线。恺撒命令骑兵和步兵分别围歼已经渡过和正在渡河的比尔及人,阻击获得成功。在这些作战的日子里,爱杜依人也已经遵照恺撒的命令进入俾洛瓦契邦进行骚扰。比尔及联军得不到机会与恺撒的军队决战,后方又受到扰乱,36万余人的粮食供应也发生困难,不得不分别回到自己的邦里。

恺撒抓住比尔及各部族兵力分散的弱点,势如破竹,先后攻克苏威西翁内斯族的诺维奥洞纳姆镇、俾洛瓦契部族的勃拉都斯邦久姆镇,扫荡了阿姆比安尼邦,向北一路乘胜前进,抵达纳尔维邦边境。纳尔维是比尔及人中的一个强悍部族,他们联合阿德米巴德斯部族和维洛孟都依部族在萨比斯河畔迎击罗马,虽然这几个部族联合起来与罗马军兵力不相上下,但力量远不能与当初比尔及联军实力相比。恺撒命令军队主动进攻。萨比斯河水深不过1米,两军往来冲杀,罗马军冲杀阿德米巴德斯和维洛孟都依军队,纳尔维人则乘机猛攻罗马军冲锋后露出的侧翼。罗马军在恺撒指挥下,稳住被冲乱的阵脚,又得到迅速赶来的接应部队支援,打败了纳尔维第三个部族的军队,征服了比尔及人的最后一支生力军。

公元前56年,恺撒派军队讨伐邻近大西洋的文内儿、文内里、奥西丝米、古阿沙立太、厄苏维、奥来尔契、雷东内斯各部族,把他们并入罗马版图。但文内儿人不甘受罗马人的掠夺和奴役,他们扣留了前去征集粮草的罗马军团指挥官,企图换回被罗马军掠走的人质,并与邻近大西洋的部族及高卢北部的莫里尼、门奈比等部族结成同盟准备抗御罗马军。

恺撒认为,如果不能制服文内儿人,则其他部族也会效法,罗马人的统治将会被摧毁,因此一定要剿灭文内儿人以震慑住其他部族。恺撒派出三路人马分别去控制西南及北方各部族。命令罗马新组建的舰队及归附罗马人的庇克东内斯、桑东尼邦的船只从水路向文内儿邦进军;他亲自率兵直扑文内儿邦。文内儿邦位于今布列塔尼半岛南部,其市镇大都建在海岬。海水每天两次涨潮,把大陆与这些市镇隔开,步兵无法进攻;海水退潮又容易使进攻的舰只搁浅触礁,地势易守难攻。

文内几人还拥有大量舰只,当一个市镇被困坚守不住,可以用船转移到另一个市镇据守。罗马军队费力不少,却不能消灭文内几人有生力量。恺撒决定与文内几人海战,给敌人以致命打击。

一场激烈的海战在卢瓦尔河口的水面上展开。文内几人出动220艘战船,这些船船底平直,船首船尾翘起,不易搁浅,且适于抵御巨浪;船身用橡木制成,经得起风浪冲击;帆用薄兽皮制成,不易损坏,在大风暴中能扬帆疾驶;而且船身高于罗马帆船,士兵极易向罗马舰船上投射武器。战斗初期文内几人占了上风,后来,罗马战舰上的两种器械发挥了作用:一种是桨,一种是长竿钩刀。罗马军舰上的士兵先用长竿钩刀钩住文内几人的船帆索绳,然后奋力鼓桨,钩断索绳使帆桁坠落,从而使文内几人舰只失去了动力而无法行动。骁勇的罗马军士奋力爬上文内几人舰只,大杀大砍,把文内几人舰队杀得大败。一些完好的文内几人舰只欲转舵逃走,无奈天不作美,海面突然一丝风也没有,这些舰只被罗马战舰一一俘获。文内几人在陆地上和海上都失去了立足之地,被迫向恺撒投降,恺撒处决了文内几人的上层人物,把俘虏卖作奴隶。与此同时,恺撒派出的另外两路罗马军在文内里、阿奎丹尼也取得了胜利。紧接着,次年恺撒又征服了莫里尼和门奈比人。这样,恺撒征服了整个高卢。

# 九、光荣凯旋

由于在高卢立下了赫赫战功,恺撒获得了举行凯旋式的特殊荣誉。举行凯旋仪式那天,全体元老和政府官员都出城迎接恺撒,成千上万的罗马人夹道欢迎他们的"大元帅"。凯旋的队伍浩浩荡荡,走在前面的是乐队和仪仗队,随后是满载战利品的队伍。罗马人总是喜欢在每次对外战争胜利后,向他们的公民炫耀战果。恺撒的战利品多得惊人,以致使凯旋式延续了三天之久。这些战利品,除了赏赐士兵和落入恺撒私囊的以外,绝大部分都上缴国库。

跟在运载战利品队伍之后的,是奉献给神的"牺牲"和俘虏队伍。"牺牲"为百余头白色公牛,由手捧金银祭器,烛台香火的僧侣伴随行进。俘虏像牲口一样被驱赶着向前沉重地缓缓推进,并不断受到高贵的罗马公民的嘲笑讥讽乃至鞭笞的羞辱。这些活生生的战利品,显示了罗马人"不可一世"的骄傲,同时也更激起了罗马人"不可一世"的傲慢。一些俘虏宁死也不愿被捉去饱罗马人的眼福和满足罗马人的目空一切的骄横。埃及女王就是一位抗争者,她宁愿被毒蛇咬死,也不愿让罗马人把自己带到罗马去示众。

凯旋队伍中,最引人瞩目的还是恺撒,这位光荣的罗马人,乘坐在用四匹白马牵引的豪华车上,头戴黄金宝石镶制的凯旋冠,身穿金光闪闪的紫色凯旋袍,一只手拿着饰有金鹰的象牙权杖,另一只手拿着象征胜利的桂树枝。为了不让人们看到凯旋者由于受尊崇而喜形于色,根据传统习惯,恺撒脸上被抹上鲜红的胭脂。恺撒身旁侍立着童男童女;身后站着一名国家奴隶,手擎一顶金冠以表示凯旋者的荣耀达到了顶点,同时还要不断对凯旋者喊:"你不要骄傲! 要记住,你只是凡人!"在恺撒面前还挂着一个铃铛和一根鞭子,警示凯旋者:命运是变幻莫测的,今日虽荣华富贵,说不定将来要受到最严厉的惩罚。恺撒被侍从们前呼后拥着,前面是象征着强权和暴力的肩荷战斧的森严卫队,后面是披红挂彩、骑着高头大马的部将、亲属等。此时,恺撒的士兵们不失时机地嘲笑他的好色,对在街道两旁观看热闹的罗马市民喊道:"公民们,把你们的妻子藏起来吧! 我们给你们带来了一个勾引女人的秃子!"罗马人认为,一个统帅得以举行凯旋式,其尊贵荣耀达到了极点,不仅凡人钦慕,就是神灵也会妒嫉。为了防止凯旋者的泰极否来,乐极生悲,因此有意让士兵对凯旋者竭尽嘲笑辱骂之能事,希冀以此来平神妒。所以,士兵们便得到了畅所欲言的机会。

当凯旋队伍最后全部到达卡匹托林神庙举行祭神和献俘典礼时,凯旋式便达到了高潮。祭品除了白公牛外还要处死一些俘虏,其余的则卖为奴隶。祭神献俘典礼完后,凯旋式便在一片"万岁"的欢呼声中结束。士兵们除了他们的俘获物不算,薪饷加倍,粮食无限制发给,还分到了奴隶。恺撒在这以前由于阔绰的生活方式和在施舍人民及娱乐方面的大量花费,欠了一身的债,现在却变成了一个最富有的人和最大的奴隶主。他广泛地对有势力的人馈送金钱、珍宝和成千的奴隶,以此来扩大自己信徒的人数。那些任期一年的高级长官、总督和将军们都纷纷前去拜会恺撒,恺撒对他们总是慷慨解囊、有求必应。为了赢得整个民众的赞誉,恺撒举办了声势浩大的公餐、竞技、斗兽等活动,并在罗马建造了朱里亚广场,光是购置这个广场所需的土地就耗资达一亿多塞斯退斯。

## 十、卢卡会晤

到了公元前56年,恺撒在财富、兵力和声望方面都已经超过他的三雄政治的同僚了,由于这种缘故也就出现了三雄之间最初的摩擦。早在公元前57年,庞培就开始采取反对恺撒在罗马的主要代理人和委托人保民官克劳狄乌斯的行动,暗中支使他的敌手迈罗来对付他,并且寻找机会和被放逐出罗马的西塞罗接近。根据他的提议使被流放了16个月的西塞罗得到特赦,洋洋得意地回到罗马。为了和恺撒抗衡,庞培和克拉苏也想得到大的行省的指挥官职位,也想拥有军事据点。就在这一年,为了缓和业已发生的分歧,恺撒邀请庞培和克拉苏在他的冬季驻地卢卡聚会。这是真正的无冕君主的会议,在他们的随从人员中光是元老就达两百人。罗马的统治者在恢复某种均势的问题上达成了协议:庞培和克拉苏应该获得下一年,即公元前 55 年的执政官职位,然后便出任代行执政官:庞培去西班牙,而克拉苏去叙利亚;恺撒在高卢的指挥权再继续延长五年。

三头的冲突虽然因他们在卢卡的会晤而得到暂时的和解,但三雄政治还是无法遏止地继续趋于瓦解。克拉苏甚至没有等到他的执政官任期满就急匆匆到自己的叙利亚行省去了。由于恺撒赫赫功勋的刺激,对战利品和凯旋式的不可抑止的新欲望,加上克拉苏贪财的老毛病汇合起来,使克拉苏已经不把获取成就的范围局限于叙利亚和帕提亚,他甚至把卢库鲁和庞培的远征称之为儿童的游戏,而自高自大地梦想要远征巴克特里亚人、印度人并到达位于他们背后的海洋。但是克拉苏到了叙利亚之后,并没有积极准备他所计划的东征,而是致力于掠夺神庙的财宝,用解除同盟城市和国王提供辅助兵员等义务的办法来掠取金钱。公元前 53 年他轻举妄动地带着七个军团步兵出发远征,结果被帕提亚人诱入西部美索不达米亚沙漠地带的卡拉城附近全歼。据说,帕提亚人知道克拉苏是罗马最富有的人,是非常渴望黄金的,就把克拉苏的头颅割下,将熔化的黄金从他嘴里灌入。这样,克拉苏终于在异国荒原中找到了自己最后的归宿。

# 十一、平定高卢叛乱

卢卡会议以后,恺撒的势力更大了。公元前 55 年,他驱兵架浮桥渡过莱茵河,侵入日耳曼人居住地区。恺撒在与高卢人、日耳曼人作战过程中,屠戮极惨,据说他一次就屠杀战俘达数万。消息传到罗马,连罗马人都为之惊骇不已。元老院有人对恺撒提出弹劾,认为他实在是太残暴了。

在经营高卢期间,恺撒曾经两次渡过现今的英吉利海峡,侵入不列颠岛。公元前 55 年的第一次侵入,只不过是侦察性的登陆;但在公元前 54 年的第二次侵入,则为全面性的军事进攻。当时不列颠岛上的土著居民凯尔特人,在社会发展的程度上与高卢人颇为相似。他们分为许多零散的部落和部落联盟,不相连属,因此就很难团结起来抵御外侮。恺撒打败了凯尔特人的酋长加西维劳纳斯,征服了泰晤士河以南的地区。恺撒是罗马将领中踏入不列颠的第一人,虽然他没有在那边作长久的逗留,但此后不列颠岛和罗马在商业上、文化上的接触就逐渐频繁了。

当恺撒渡河侵入不列颠时,高卢各部族爆发了反罗马人统治的起义。公元前 54 年,高卢遭旱灾,谷物收成很差,恺撒的军队给养发生了困难,不得不在冬天将军队分成六路分别驻在高卢北部各邦,以便征集粮草,渡过难关。高卢人乘罗马军队兵力分散发动了起义。比尔及地区北部的厄勃隆尼斯部族首先起兵反抗罗马军队。双方在罗马军营前交战,厄勃隆尼斯人未能攻克罗马军坚固的营寨,便采用调虎离山之计,诱骗这支罗马军队向其他罗马驻军靠拢,高卢人在罗马军必经之路设下埋伏,全歼了罗马军队。在纳尔维邦和雷米邦两地扎营的罗马军也陷入高卢人的包围,战斗极为惨烈,罗马军形势岌岌可危。恺撒闻讯后急率七千人增援,高卢人放弃对纳尔维、雷米两邦罗马驻军的围攻,集六万之众转而迎击恺撒军。恺撒用缩小营房中过道的办法,把营寨压缩到最小限度,以此麻痹敌人。然后,命令骑兵装作怯懦,引诱高卢人渡过营寨前小河和峡谷。当高卢人漫不经心到达营寨大门时,恺撒命令军队从各门出击,结果高卢人猝不及防被击溃。然后,恺撒急速从意大利补充了三个军团的兵员,镇压了纳尔维邦、森农内斯等邦的起义。

但是当公元前52年掀起了席卷整个高卢的大起义的时候,恺撒的处境变得特别危险。领导起义的是勇敢而有才干的阿维尼人首领维琴格托里克斯,他甚至能够发动罗马人的老朋友厄都依人起来反对罗马人,并使得起义具有广泛的全民性质。许多罗马驻军被击毙,而散布在广阔的高卢全区的罗马军队的驻屯地也都被占领了。恺撒自己在格尔哥维亚附近打了败仗,并险些被打进他的坚固设防的营垒。最后,又补充募集了三个军团之后,恺撒才把维琴格托里克斯和他的主力围困在阿来西亚城堡。

阿来西亚这个要塞建立在一座地势非常高峻的山顶上,除了围困它以外,没有别的办法可以攻取。恺撒决定围困阿来西亚,因此修筑了十分坚固而复杂的围攻工事。工事周围长达11罗里,军营安扎在一个地形很有利的地方,而且在那里修建了23座碉堡,白天设置哨兵,以防突然的突围,晚上驻扎监视哨岗和警卫。恺撒紧紧地盯住维琴格托里斯领导的起义军。当恺撒得知维琴格托里斯坚城自守等待援军的消息时,决定建筑双重防线包围阿来西亚。恺撒首先命令挖了一条20罗尺宽两边垂直的沟。然后把所有其它围困工事撤到距离这条沟400罗步之后。就在这段中间地带,再挖两条15罗尺宽的两垂直的壕沟,靠近里面的一条灌上河水。在这两条壕沟后面,再筑一道12罗尺高的防堤的壁垒,上面加上胸墙和雉堞,胸墙和防堤衔接的地方,向外斜列着像鹿角似的削尖的木桩,用来防止敌人向上爬。环绕整个工事,又每隔80罗尺筑一座木塔。此外,采伐了许多树干和坚韧的树枝,把树枝顶端的皮剥去以后再削尖,在挖掘了一道五罗尺深的连亘不断的沟之后,把这些木桩直立着排在沟内,把它们的底部钉牢,使人无法拔掉它,只有树干的尖端伸出地面上。它们一共有五行,一层一层地连在一起,相互衔接,又相互穿插,任何人冲进里面,必然会被这极尖锐的木桩戳穿。士兵们把这叫作"阴阳界"。在这前面,又挖有像梅花形似的斜对角的坑,深三罗尺,逐渐向坑底收缩倾斜。里面安放着人腿粗细的圆木桩,顶上削尖,且用火熏硬,有一部分伸出地面,高度不超过四指宽。同时为了使它们坚韧和牢固起见,在它们底下垫有一罗尺厚踩实的土。坑的其余部分放着树枝和柴草,用来掩盖这个陷阱。一共挖了八行这样的坑穴,相距各三罗尺。在所有这些工程前面,又有一罗尺的木材,顶上钉着坚固的铁钩,彼此相隔不远地整个埋在土中,布满各地,士兵把这叫做蹢马刺。以上便是工事的里层。恺撒用这道工事阻止阿来西亚城内的高卢人突围。

在完成了里面的工程后,恺撒又造了一道周围14罗里的外层工事,以防敌人援军从外面攻击。巨大的围城工事在一个月内完成。

当高卢人征集8000骑兵、250000步兵的庞大援军赶到阿来西亚时,激战开始了。起义军三次出击,都没能攻破恺撒所构筑的围城工事。最后起义军还是被击败了。围在阿来西亚的高卢义军被迫投降,维琴格托里克斯被处死;除了爱杜依人和阿浮尔尼人外,其余的俘虏被卖为奴隶,因为恺撒想通过这些把他们的国家重新争取过来。做完战后安排后,恺撒赶到爱杜依和阿浮尔尼,重新接受这两个国家的投降。在索取大批人质后,恺撒把大约二万名左右战俘还给了爱杜依人和阿浮尔尼人。这样,整个高卢又平静下来。

## 十二、庞培的阴谋

从恺撒、庞培、克拉苏三方说来,"三头同盟"都只是暂时的权宜之计。三巨头各怀鬼胎,勾心斗角,争权夺利,说不上有任何合作的诚意。公元前54年,尤丽娅夭亡,恺撒和庞培之间的姻亲关系就不存在了。而公元前53年克拉苏兵败身死,三头剩下两头,"三头同盟"就结束了。接着而来的是恺撒与庞培之间的大博斗。

恺撒在高卢拥有重兵,而他的党羽则千方百计地替他在罗马活动,这使庞培觉得芒刺在背,寝食难安。按照卢卡会议所达成的协议,庞培在担任公元前55年度的执政官以后要出任西班牙总督。然而,庞培却不愿离开中枢,他不惜违反惯例,自己留在罗马,只派几个亲信到西班牙去摄行总督职务。在庞培与恺撒斗争中,庞培愈来愈倚靠元老院,而在防范恺撒这一点,元老院和庞培找到了共同立场。

公元前52年,由于选举上发生激烈斗争,竟演成克劳狄乌斯和迈罗双方武装队伍的真正巷战,罗马成了完全没有长官的混乱状态,到处都是各种暴行。元老院便利用这个情势,不顾法定程序,非法地推举庞培为该年度的"单独执政官"。历来罗马的执政官都是两人,以收互相钳制之效;这次这个惟一的"单独执政官",实际上就是"独裁者"。在罗马,庞培就是一切,元老院对他更加推崇,因为恺撒在任执政官时根本不把元老院放在眼里,而庞培在任期内,对于任何元老没有慢待过。为此,元老院公开谈论要改造整个罗马国家制度,使之成为一种以庞培为首的温和的、受元老院约束的君主国。同时,西塞罗也到处演讲散布他的"国家论":"极度的自由,本身就把自由的人民变成奴隶。""如果比较各种纯粹的国家形式,那么不仅没有理由去责难君主制度,而且我确信,君主制度是无可比拟地胜过其余。只不过应当使君主变成选举的,像远昔的古代罗马国王是选任的那样,并且使之受元老院权威的节制。"

就任惟一执政官的庞培,把公共秩序混乱根源归于贪污受贿的弊症,为除去这弊害,他提出一个反贪污法案:任何人,如果高兴的话,可以控告从他第一届执政官任期到目前这届执政官任期间作为官吏的任何人。在这个时间内,恺撒也做过执政官,因此,恺撒的朋友疑心庞培包括这样长的一个时间,其目的在于对恺撒加以谴责和侮辱。于是,他们劝庞培在解决目前局面时,不要引起过去的事情,以免使这么多的著名人物烦恼,但是遭到拒绝。

公元前51年,所有在反贪污法下被放逐的人都纷纷跑到恺撒那里,劝他提防庞培。恺撒鼓励他们,并称赞庞培。为了免受因为失去职位而易受敌人的攻击,恺撒请求元老院多给他一点时间继续统治高卢,直到当选为执政官为止。但是,继庞培为执政官的马塞拉斯禁止他的请求。当得到这个消息时,恺撒按着剑柄大声叫道:"这个会允许我的请求的。"

# 十三、兵权之争

庞培和恺撒这两大军阀,因为政治上的倾轧和私人间的猜忌,最后终于诉诸武力。为了解除恺撒的兵权,庞培唆使马塞拉斯:在恺撒任期还没有终结的时候就派继任者去接收恺撒的军权。但是,庞培在公开场合却表现出公平和善的样子说,他们不应该因为时间缘故而侮辱一个对于他的国家极为有用的著名人物,但是他明确表示,恺撒任期一到,就应该解除兵权。因为这个缘故,公元前50年,恺撒最大的敌人鲍鲁斯和克劳狄当选为执政官。库里奥也是恺撒的敌人,他当选为保民官。

在这种情况下,恺撒贿赂了鲍鲁斯,使之守中立;用更多的钱贿买了库里奥的帮助,因为库里奥负了很重的债务。这样,当克劳狄建议派继任者去接收恺撒的兵权时,库里奥则针锋相对坚持庞培也应当放弃他的兵权。但是,克劳狄等人反对,认为是不公平,因为庞培的任期还没有满。于是,库里奥更公开地更严厉地反对派继任者到恺撒那里去,除非庞培也放弃他的兵权;因为他们两人彼此既然互相猜忌,如果他们两人不降为普通公民地位的话,共和国是不会持久和平的。正当克劳狄和库里奥争论不休时,抱病在意大利的庞培,给元老院写了一封信。他说,他三次受命为执政官,以后受权统治几个省份和指挥一个军队,这些不是他自己请求的,而是在被召来为国家服务时接受的,至于他并非愿接受这些权力。他很愿意放弃这些权力,交给那些想收回这些权力的人,而且不要等到期满的时候。庞培的谦让大度,愈发使元老院反对庞培放弃兵权,而只要求恺撒一人放弃兵权。当回到罗马,庞培对元老院说,他愿放弃兵权。因为他和恺撒的友谊和姻戚关系,当然恺撒也会很高兴同样这样做,何况他和许多善战民族作长期而艰苦的斗争,大大增加了罗马人的势力,现在他会回来接受他的光荣并休养他的精神。

于是,库里奥揭露庞培的虚伪,他说,单纯的诺言是不够的,坚持庞培应现在放弃兵权,除非庞培本人回到私人生活中,恺撒是不应当解除兵权的。由于私仇关系,无论对恺撒来说,或罗马人来说,这样大的权力掌握在一个人的手里总是不妥当的。宁可他们两人都有权力,在一人企图侵犯共和国利益时,彼此可以对抗。紧接着,元老院通过了一项法令,命庞培和恺撒各派一个军团去保卫叙利亚。狡猾的庞培把这两个军团派到加普亚的冬营(意大利的),而未派到叙利亚去。与此同时,庞培派到恺撒那里去调动这些军团的人在那里散布了许多有害于恺撒的消息,同时他们又把恺撒的情况告知庞培,他们说,恺撒的军队因为长期服务而疲惫,士兵们渴望家乡,如果他们越过阿尔卑斯山,会马上投入庞培的怀抱。他们之所以这样说,不是由于不知情况,而是由于被恺撒收买了。庞培相信了这些消息,他既不聚集军队,也不准备适当战具,以应付这样巨大的一个斗争。

就在这个时候,突然谣传,恺撒越过阿尔卑斯山向罗马进军了,从而引起了各方的骚动和惊慌,克劳狄建议调动加普亚的军队去抵抗恺撒,把他当作公敌。库里奥提出反对,说这是一个毫无任何根据的谣言。于是,克劳狄大声叫喊说:"既然你们阻止我采取行动保卫公众安全的话,我决定以执政官的资格采取这些行动。"他说完,就跑到庞培那儿,把一把宝剑交给庞培,说:"我和我的同僚命令你代表你的国家去抵抗恺撒;为了达到这个目的,我们决定把现在在加普亚的军队或意大利任何其他地区的军队以及你自己愿意征集的任何增援军队归你指挥。"庞培还在玩弄诡计,装作公平的样子。他答应服从两个执政官的命令,但是他补充说:"如果我们没有别的更好的办法的话。"对此,库里奥无能为力,因为他的保民官任期也快要满了,不能再替恺撒效力了,加之,他担心自己的安全,所以他匆忙离开罗马,跑到恺散那里去了。

## 十四、进军罗马

公元前49年,恺撒率5000步兵和300骑兵越过阿尔卑斯山,到达了拉文那,这个地方在意大利的边界,是他所统辖地区的最后一个城市。在那里,恺撒欢迎了库里奥。库里奥劝恺撒把全部军队召集起来向罗马进军,但恺撒认为最好还是议和,所以他指示他的朋友们代表他提出议和条件:他放弃他所有的省份和军队,只保留两个军团和伊利里亚以及山南高卢,到他当选为执政官时为止。在这个条件被拒绝后,恺撒给元老院写了一封信:他建议愿和庞培同时放弃兵权;但是如果庞培保留兵权的话,他决不放弃他自己的兵权,而且会很快地来到,替他的国家和他自己所受的伤害复仇。

这无疑是一封宣战书,被激怒的元老院通过了《最后指示》:要恺撒立即卸除其高卢总督职位,交出他的部队,以普通公民的身份回到罗马,否则即以"国家公敌"论处。这时有两名保民官是恺撒的死党,出面否决此项指示。而庞培那一派的人不顾罗马宪政传统,对这两名保民官进行人身侮辱,将之逐出城外。这两名保民官乃化装成奴隶,连夜越境跑到恺撒军营去报信,并告以罗马城虚实。

在罗马,元老院以为恺撒的军队从高卢来会迟缓的,他不会带着少数军队来冒这样大的危险的,因此命令庞培征集130000意大利士兵。恺撒也已迅速派人去召集他自己的军队了,但是,因为他惯于倚赖他行动的迅速和勇敢所引起敌人的恐慌,而不倚赖他准备工作规模的宏大,所以他决定带他的5000人在这次战争中首先采取攻势,以先发制人的手段在意大利取得有利的地位。两名保民官所受的侮辱,正好成为恺撒出师的借口,他说,他要"维护罗马共和国宪法的尊严,捍卫保民官人身神圣不可侵犯的权利。"不过,当时罗马也有一条法令,外省总督不得带兵踏进意大利,违者以叛国犯论罪。万一事有不成,不但他的政治生命从此结束,而且会遭到不测之祸。公元前49年1月10日至11日的那个夜晚,恺撒率领自己的部队,在山南高卢和意大利交界的卢比孔河北岸徘徊。他反复思量,他已无路可走,要么被人处死,因为一旦他降为普通人,就会很轻易被人指控各种罪行而处死,与其等待死亡,等待别人的宰割,不如拼命一搏。于是,恺撒挥师渡河,进军罗马。

恺撒这种迅雷不及掩耳的进军,一路上势如破竹,使庞培和元老院在仓猝间无法应付。当时庞培的军队分散在西班牙和地中海东部各地,所以庞培和大部分元老贵族都逃亡到希腊,准备在那里纠合自己的武力再来与恺撒进行决战。然而,恺撒却不让他的敌人有喘息机会,首先用兵戡定西班牙,以绝东进后顾之忧。

在西班牙,恺撒同庞培的部将培特利阿斯和阿夫累尼阿斯展开会战。会战初,恺撒受挫,损失很大。就在这当中,恺撒包围了袭击他的庞培部将的一个军大队。被包围的士兵表示投降,但是令他们吃惊的是恺撒不但不俘虏他们,也不杀戮他们,而是对他们不加伤害放回到培特利阿斯那里去。于是,这些被放回的人在军营中告知其他军士恺撒是如何优待他们的,致使庞培部将军中到处都在谈论这件事情,一种"调和"的气氛在军营中迅速散播。这种感染力,甚至使阿夫累尼阿斯和一些军官们也都认为,只要恺撒对他们不加伤害,让他们回到庞培那里去,他们就应该把西班牙让给恺撒。但是,庞培的另一个部将培特利阿斯反对这个建议,他跑到军营里,到处搜索,对谈论恺撒如何不伤害他们的士兵,他都予以处死。他甚至亲手杀死了一个想阻止他的军官。这样一来,庞培的士兵们对培特利阿斯的残暴行为极不满,心里就愈发倾向恺撒的仁慈。不久之后,恺撒设法切断了敌人的水源,培特利阿斯迫不得已,和阿夫累尼阿斯一起,跟恺撒和谈。双方商定,他们把西班牙让给恺撒,恺撒允许他们回到庞培那里去。在放回庞培军队前,恺撒对他们讲了这番话:"我的敌人,我还是用这个称呼,因为我想使你们了解我的意思更加清楚些,虽然以前我的军队被截断在西科里斯那一边的时候被培特利阿斯杀害,但是当你们被派来袭击我的军营的时候,我没有伤害你们那些向我投降的人;当我已经截断你们水源的时候,我也没有伤害你们其余的军队。如果你们对于这些恩惠有一点感激的话,请你们把这些事情告诉庞培的全体士兵们。"恺撒虽然没有全歼庞培在西班牙的军队,而是让他们又回到庞培那里去,使庞培的军队的数量又增加了。但是,这些军士的回归,不但不会增强庞培军队的战斗力,相反,它会削减瓦解庞培的整个军队的士气。因为庞培又重新得到的,不是一支军队,而是"敬仰感激他的敌手恺撒的实足的瘟疫"。在结束西班牙战役后,恺撒就迅速直捣庞培的老巢希腊。

## 十五、提累基阿姆之战

庞培到达希腊后,大力建造船只,竭力聚集兵员和战费,他俘获40只恺撒在亚得里亚海的舰船,控制巴尔干半岛的全部西海岸,派军驻守,防止恺撒东渡。

经过一番苦心经营,庞培征集了作为主力部队的意大利军队共有11个军团和大约7000骑兵。作为东方同盟者的各类辅助部队有:从爱奥尼亚、马其顿、伯罗奔尼撒得到的辅助部队,还有克里特的弓箭手,色雷斯的投石手和本都的标枪手等。庞培的海军远远超过恺撒,他有装备完整的战舰600艘,此外还有许多运输船和载重船。庞培的人力和物力是充足的,正像他对士兵讲演所说的那样,东方各国"正在以士兵、武器、军粮和其他军事工具供给我们。"但庞培在备战上有点失策是致命的，即他认为恺撒不会在冬季结束之前渡海，可是恺撒恰好出乎他的意料而在冬季渡海东征。形势估计的错误，使他放松了战斗准备，他把他的军队分开，派往狄萨利亚和马其顿的冬营去了，只命令他的海军军官守望着海上。

正当庞培错误地估计了形势去马其顿过冬的时候，恺撒到了布伦迪辛港，企图出其不意地渡海东征。当时他既无粮食，又无战具，而且军队还未全部到达。即使在这种情况下，他仍然决定东渡，其战略决策就是以出其不意制胜。为此，恺撒对士兵们说："……让我们以我们的幸运对抗冬季的天气，以我们的勇敢对抗我们人数的不足，以敌人丰富的资源对抗我们军需的缺乏；只要我们认识到，如果失败，我们将丧失一切的话，那么，我们一旦登陆，敌人丰富的资源都是我们可以取得的。那么，当他们正在掩护下度冬的时候，让我们前去占有他们的仆从、他们的战具、他们的军需。让我们在庞培以为我也正在冬营度日或正忙于执政官所应作的宗教游行和祭祀职务的时候前去。我用不着对你们说，战争中最有效的事是出其不意。"

这样，在公元前 48 年 1 月初，恺撒率领 7 个军团步兵和 600 名精选的骑兵乘商船渡海。他在无人发现的情况下轻而易举在希腊登陆，先后占领了俄利康和阿波罗尼亚城。这两座城市均未抵抗，拱手而让给恺撒。战争的开端果如恺撒所预料的那样，出其不意在希腊登陆，"夺得了敌人的军需"，以弥补自己的匮乏。

两军的战斗将在提累基阿姆展开，这是庞培的重要军事后勤基地。于是，恺撒向他的士兵们发出了号召："如果我们能够在庞培之前到达他的军械库提累基阿姆的话，那么，他整个夏季所辛勤聚集的一切东西都会归我们所有了。"恺撒的军队以极大的热情和斗志，昼夜不停地直奔提累基阿姆。此时，庞培也以最大的速度，从马其顿向那个地方进军，沿途砍伐树木，以阻止恺撒的通过，破坏桥梁，纵火焚烧他在途中所遇着的一切给养。如果任何一方面的军队看见远处有点灰尘或烟火的话，他们就认为是敌军引起的；更加努力前进，好像运动员在赛跑一样。他们都不让自己有用餐或睡眠的时间。一切都是尽量加快迅速，热忱和在前面手执火炬的向导们的呐喊声互相呼应，当两支敌军愈走愈近的时候，引起了纷乱和恐惧。有些士兵，因为疲倦，把身上背的东西都丢了。另一些士兵则隐藏在山谷中，掉在后面，宁可冒着危险，以求得渴望的片刻休息。

双方都在这种痛苦之中的时候，庞培先到达提累基阿姆，扎营在这个城市附近。恺撒隔着阿洛尔河与庞培相对安下营寨。庞培为了想在恺撒援兵还没有到的时候，先发制人，所以急忙地领导他的军队前进，准备战斗。当庞培的两个士兵在河的中流找最好的渡河地点的时候，恺撒的一个士兵把这两个士兵都杀死了，庞培认为这是不祥之兆，所以撤退了。事后，他的朋友们责备他失去了这个最好的机会。

当恺撒的后续部队在安敦尼的率领下从意大利开来的时候,他把全部军队集中起来。庞培也同样把自己的军队集中起来。两军都驻扎在彼此相对的小山上的方形堡垒里。当他们造成包围阵势,彼此都想把对方的军需来源割断的时候,在方形堡垒的周围经常发生冲突。庞培的海军占优势,恺撒不能从海上得到军粮,因此他的军队受到饥饿之苦,不得不以草根作面包。恺撒的叛兵把这种面包拿到庞培那里去,以为庞培看到这种情况会喜欢的,但是他一点也不高兴,只说道:"我们在和一种什么野兽作战啊!"于是恺撒迫不得已把全部军队集合起来,逼着庞培作战。庞培乘机占据了许多恺撒撤退的堡垒,不肯移动。但在恺撒的挑动下终于开始了一场大战。在这次大战中恺撒连战连败,最后甚至溃不成军。士兵混乱逃窜,许多被视为神圣的军旗被抛在地上。当溃败的士兵进了军营的时候,都不设立岗哨,要塞竟无人守卫。假若庞培一举冲进恺撒的营地,战争也许就此而结束了。但迟疑的庞培,顾虑多端,没有攻入一触即溃的军营,而转攻军营以外的溃兵,大肆屠杀。在这天的两次战役中,庞培夺取了28面军旗,但失掉了完全有可能结束这场战争的第二次机会。据说,恺撒曾事后说:"如果他们有一个知道怎样利用胜利的司令官的话,战争会在今天以敌人胜利而告结束。"

恺撒经过这次失败,认识到自己的错误,不应在提累基阿姆附近扎营,因为庞培在那里有丰富的军需,而应当引诱他到一个庞培也和他们一样感到军需缺乏的地方去。于是利用夜间行军向帖撒利进军。途中,攻下刚菲小城,让士兵们大事抢掠。他的士兵们已经很受了饥饿的痛苦,现在过度的吃喝甚至大醉,所以,如果庞培不是轻敌放弃追逐的话,似乎很可能在这个时候进攻,又获得一次胜利。经过七天迅速行军之后,恺撒扎营在法萨卢附近。迟缓的庞培还在召开军事会议,众说纷纭。阿夫累尼阿斯主张:利用强大的海军,控制海上扰乱恺撒;庞培本人应尽快率军返回意大利,因为意大利对他有好感,现在又无敌军;占据意大利以及高卢和西班牙之后,再从帝国中心向恺撒进攻。然而,另一些人说:如果恺撒败逃了而不去追击他,胜利者却好像战败者一样逃跑,这是可耻的。庞培采纳了追击恺撒的意见,两军对峙在法萨卢之野。

# 十六、法萨卢之战

两军在法萨卢的军需供应情况,并非像恺撒所期望的那样。庞培军的供应情况很好,而恺撒的处境仍然困难重重。但是,就是在这种情况下,也没有人背叛恺撒,而全体士兵们,由于一种神赐的愤怒,渴望和敌作肉搏战。他们认为,他受了十年的军事训练,在战斗中比庞培的新军强得多;但是在挖掘壕沟和建筑要塞以及艰苦的劫粮工作,由于他们的年龄关系,他们的力量减弱了。他们虽然疲惫了,但是他们都宁愿做出一些勇敢的成绩来,而不愿因饥饿或不行动而死亡。庞培看到了这一点,他认为在一个单独的战役中孤注一掷,和这些有训练而拼命的士兵作战,对抗恺撒的光辉幸运,这是很危险的。利用粮食缺乏以削弱敌人,是比较容易安全些;因为敌人不能从海上取得任何粮食,又没有船只可以利用来迅速逃跑。所以庞培根据最谨慎的估计,决定拖延战争,迫使敌军由饥饿而发生瘟疫。

但是,庞培这一明智决策被他的顾问们所推翻。许多元老、骑士和王公们都反对庞培的决策。他们或由于缺乏战争经验,或由于提累基阿姆的胜利冲昏了头脑,都力主速决战。现在庞培被迫改变自己的计划,而按照别人的思想准备这场战争。这对一个最高指挥官来说,是一个悲剧。他在这场战争中确实扮演了一个悲剧的角色。

正当恺撒派出3个军团外出劫粮的时候,看到庞培在备战,于是马上召回他所有的军队,准备战争。当庞培的朋友和全体军队听到准备决战这个消息的时候,很是欢喜,好像他们已经胜利了一样。他们许多人把桂树枝——胜利的标帜——装饰他们的营帐,他们的奴隶替他们准备盛宴。庞培是有军事经验的,看到这些愚蠢行为,暗中愤怒,因而离开了。决战的这天终于到来了,两个司令官各自召集他们的军队,向他们发出号召。庞培对士兵讲:"我的朋友士兵们啊,在这次战役中,你们是领导者,而不是被领导者,因为你们力劝我发动这次战役,而我是想以饥饿消耗恺撒。因此,你们既然是决定战争的元帅们,那么,你们的行动应当像那些在人数上占有很大优势的人一样,藐视你们的敌人,好像胜利者藐视战败者一样,好像青年人藐视老年人一样,好像生力军藐视那些因许多劳役而疲惫了的军队一样,像那些有力量、有资源、而且有正义理由的人一样战斗。"

恺撒对部下演讲说:"我的朋友们,我们已经克服了我们更可怕的敌人,现在我们所要对抗的不是饥饿和贫乏,而是人。吃苦耐劳的老练士兵战胜新兵也是不难的,因为新兵没有战斗经验。你们应只注意庞培的意大利军队。至于他的同盟军,不要注意他们,根本不要和他们战斗,他们总是准备逃亡或作奴役的。当你们已击溃敌人的时候,让我们饶恕意大利士兵,因为他们是我们的同族人,而只屠杀同盟军,使其他的人感到恐怖。为了使我知道你们没有忘记你们不胜即死的诺言起见,当你们跑去作战时,首先摧毁你们的营垒,这样,如果我们不战胜的话,我们没有逃避的地方,使敌人看见我们没有军营,知道我们不得不在他们的军营里驻扎。"

恺撒在演说结束后,就挑选最老的士兵2000人守卫营帐,当其余的士兵跑出去作战时,这些老兵就静悄悄地拆了营寨填了壕沟。这是一种破釜沉舟的作法,正像古代中国韩信的背水之战一样,让每个战士都意识到,退路是没有的,不战胜即死亡。这种誓死的决心会激发出更旺盛的拼命精神。庞培的朋友认为恺撒准备逃跑,但庞培知道,这是不顾一切的表现,他呻吟沉思,认为他们正将和野兽们肉搏。因此,庞培留下 4000 意大利士兵守卫军营,其余列阵与恺撒遥遥相对。

当双方一切都准备好了的时候,他们在静默中等待了一会,迟疑未决,彼此目不转睛地注视着对方,彼此都希望对方开始发动进攻。他们两人都深为这场决战而忧虑,因为过去从来没有这样多的意大利军队在一块厮杀。这两个领袖也回忆到他们不久以前还是朋友和亲戚,在许多方面彼此合作,以取得地位和权势,而现在拔剑而起,互相屠杀,而他们的部下是来自同一个城市、同一个部族、有血统亲属关系的人,也将相互残杀。两人回忆到这些事情的时候,每人都后悔不及,因为这一天将决定谁将成为罗马地位最高的,或者最低的,他们迟迟不敢首先发动这样重要的一个战役。据说,两个人甚至哭起来了。

当庞培看见他的同盟军队因时间拖延而陷入混乱时,担心事态扩大,首先发动了进军。两军号角齐鸣,一场自相残杀的大战开始。战斗进行得十分激烈,双方意大利军队都表现出勇敢而有秩序。当庞培左翼抵挡不住的时候,他的士兵还是有秩序地一步步退却。他的同盟军队开始时观战,像看战斗表演一样目瞪口呆,当形势刚呈现出不利时就慌乱地逃跑,动摇了军心。庞培所部其余的意大利军队看到左翼败退时,起初还有秩序地后撤,但当恺撒的军队向他们猛扑过来的时候,便转身而逃,溃不成军。为了使敌不能再集合起来,为了使这次不仅是一个战役的终结,而是整个战争的结束起见,恺撒以过去从来没有过的慎重态度,下令全军战士,只击杀辅助军,饶恕退败的意大利同胞。当这一政策在战场上传播开来的时候,瓦解了庞培的意大利士兵,当恺撒的军队从他们身旁冲过去追杀辅助同盟军时,他们站在那里观望,并不害怕。这样,恺撒军队对庞培意大利士兵"站着,不要怕"的喊话,在庞培军中就成了一个口号传播开来。当庞培垂头丧气退回到自己营帐时,发现很少有人退回到军营,因为他们不怕被杀,在战场上散开了。

因为天已快黑了,恺撒在他的军队里到处跑动,要求他们继续努力,直到他们攻下庞培的军营时为止,他告诉他们:如果他们让敌人再集合起来的话,他们只取得一天的胜利;但是,如果他们攻下了敌人的军营的话,那么,他们会一举而结束了战争。他向他们伸出他的双手来,亲自领导。虽然他们身体很疲倦了,但是他们司令官的语言和榜样安慰了他们的精神。他们现在已经取得的胜利,夺取敌人军营和军营内的财物的希望,鼓舞了他们;因为在希望和幸福之中,人们是最不感觉疲劳的。所以他们攻取军营时,对于防御者以最藐视的态度进行袭击。当庞培知道此事的时候,他从奇怪的静默中跳起来,惊呼道:"怎么! 到我们自己的军营来了吗?"他这样说了之后,便奔向海边逃走。这样,恺撒就驻扎在庞培的军营里,正如他在备战的时候所应许的那样,吃了庞培的晚餐,全军以敌人的金钱举行了宴会。

# 十七、庞培之死

庞培逃离法萨卢之后，一路狂奔到了海边，便乘船前往埃及。正好像神意安排的一样，顺风吹着庞培到了卡新。他看见岸上有一支大军，于是就把船停下来，他判断国王在那里。所以派遣使者去告诉国王，说到他和国王父亲的友谊关系。国王的大臣建议，说他们可以设一个圈套杀死庞培以讨好恺撒。所以他们派遣一条简陋的小艇去迎接庞培，假装说海水太浅，不宜大船。同时埃及全部军队集合在海岸一带，好像表示对庞培致敬的样子，国王穿着紫袍在军队中，特别引人注目。庞培看见这一切，引起了他的疑心——军队集合，小艇简陋，同时国王本人不来迎接他，也没有派遣任何高级官吏来迎接他。但是他还是上了小艇。当向岸边划去的时候，一切是那么寂静，这就使他更加怀疑了。当庞培转身向别处张望时，他遭到了暗算。庞培的头颅被割下来送给了恺撒，希望得到很大报酬，但是恺撒却给他们予以应有的处罚。恺撒以军礼安葬了庞培，甚至专门建立了灵庙和纪念碑以纪念这位被害的敌人。

恺撒胜利之后，在法萨卢只停留了两天，便向埃及进军。这时埃及宫闱失和，王室大乱，克娄帕特拉七世同托勒密十三世和托勒密十四世两兄弟争夺权力。克娄帕特拉七世这位妙龄风骚的埃及女王，据说凡是看见她，听见她的人都会心醉神迷。她能够征服对爱情最桀骜不驯或者被年龄岁月冷却了的心。尽管她的鼻子大嘴唇厚并不能使她倾城倾国，但是，人们无法否认她万般妩媚，有极大的魅力，有一种使青年庞培、恺撒和马克·安东尼都对之屈服顺从的魅力。当她听说恺撒到来，便乘坐一条豪华楼船去拜会恺撒。据说楼船上挂着用名贵的推罗染料染成的紫帆，船尾楼用金片包镶，在航行中与碧波辉映，闪发光彩。克娄帕特拉打扮成维纳斯女神的模样，安卧在串着金钱、薄如蝉羽的纱帐之中。美丽的童子宛如丘比特一般，侍立两旁，各执香扇轻轻摇动。装扮成海中仙子的女侍，手持银桨，在鼓乐声中有节奏地划动。当克娄帕特拉出现在恺撒面前时，他又惊又喜。这时权力臻于鼎盛的恺撒，已是个秃头的中年人了，青春恋爱的魅力和热情已成过去，而他却"乐不思蜀"把大半年消磨在埃及，和克娄帕特拉沉溺于温柔乡里宴饮游乐。这位尼罗河女魔把恺撒弄得神魂颠倒，甚至谣传他要自立为王，封她为"万后之后"。

这样，在恺撒的支持下，托勒密十三世被杀，克娄帕特拉被扶上国王的宝座。要不是小亚细亚战火的打扰，也许恺撒还会继续待下去。此后，克娄帕特拉七世为恺撒生下一子，取名托勒密·恺撒。公元前45年，回到罗马的恺撒无法抵御克娄帕特拉的诱惑，于是邀请她到罗马重温旧情。在罗马，她备受殊荣，住在恺撒私宅邸。恺撒实践誓言,在罗马建造了一座维纳斯神庙,还把她的黄金塑像竖立在女神之旁。眼看她就要成为罗马世界的第一夫人,不料恺撒于公元前 44 年 3 月 15 日遇刺身亡。克娄帕特拉的美梦顷刻化为泡影,怅然离开了罗马。以后,她又迷倒了安东尼,安东尼兵败伏剑自杀,她又想故伎重演欲迷惑屋大维,但屋大维只想把她作为战利品带回罗马示众,于是,她绝望自杀。

# 十八、至尊的独裁官

恺撒在结束内战之后,急忙地赶回到罗马,人们对他的尊敬和畏惧是空前的。罗马又开始了像苏拉时期那样的军人统治时期。当然,在形式上多少要比苏拉时期缓和些。恺撒成了军事上、政治上的最高领袖。士兵们感到自己是这个政权的主要决定力量,于是骚动起来,掀起暴乱,要求发给许诺给他们的巨额奖赏。特别可怕的一次是公元前 47 年士兵在远征非洲前的哗变:士兵集合在玛尔斯广场,叫嚣要立刻发给他们奖赏并解散回家。他们差一点把恺撒派去抚慰他们并带去新许诺的克立斯帕打死。当时还担心他们会劫掠罗马本城。只是由于恺撒的果断、大胆去到他们那里,以巧妙而坚定的态度,才使罗马得免于蹂躏。恺撒用威胁利诱相结合的办法制服了可怕的兵变,并得到了士兵对他必需有的服从。但是士兵终究还是得到收获,恺撒为了讨好他们而不得不把发给罗马居民的免费粮食从 30 万减到 15 万。在举行自己的各次凯旋式时,恺撒报偿自己的军队,胜过以前的一切许诺:给每个兵士五千亚狄迦德拉马,百夫长多一倍,军事保民官和骑兵长官,又比百夫长多一倍,八万个老兵得到了份地。但整个计划并未全部完成。因为那些受宠放荡的军官们,在吃喝上面耗费了千百万财产。

恺撒自己也不隐讳,他的政权的基础是军队。也像苏拉那样,把军事荣誉称号"大元帅"作为自己的主要头衔,这个称号被他变成了就好像是他个人的名字:在钱币上围绕着他的肖像排列着"大元帅恺撒,祖国之父,终身狄克推多"字样。增加上"祖国之父"和"狄克推多"的头衔表明,这种就它的本质来说是军事性的政权正扩展到所有的公民公社,而共和国变成军事君主国,而且是永久的军事君主国。如果谁试图触犯它,就会碰得头破血流。

公元前 48 年,保民官鲁法斯在公民大会上建议废除民众非常迫切但又迟迟得不到解决的债务和取消房租欠款,但竟因此被革去职务,赶出罗马城。按照罗马法律和古代誓言,保民官职位是神圣不可侵犯的。这样,罗马民众愤怒了。罗马宣布戒严,以便镇压人民中同情鲁法斯的运动,而鲁法斯和以蛊惑宣传闻名的迈罗一起企图在意大利南部发动起义,也被恺撒用军队镇压。在下一年,即公元前 47 年,当人民保民官多拉伯拉提出同样的要求，所有罗马平民对他表示热烈拥护，并在所有通往广场的街道上都设置障碍物，以便保护投票的时候，恺撒悄悄离开罗马，而他的骑兵长马可·安敦尼，率领军队冲击街垒并驱散公民大会，被杀的达八百多人，许多人被从塔皮安悬崖抛掷下去接受最严厉的惩罚。当急忙赶回来的恺撒假装不同意安敦尼的做法，不追究多拉伯拉，甚至免除了低价房屋的全年欠租，但同时却封闭了所有人民集合场所和协议会。

为了引诱人民脱离社会活动和政治活动，恺撒举办非常豪华的庆典和演出，慷慨地赠送金钱、粮食、油脂、酒食（有一次在罗马设了两万二千席），借以吸引人民对自己的同情。公民大会和选举变成空洞的形式：恺撒或者亲自任命长官，有时提前几年任命，或者坚决命令选举他所提出的候选人。同时他竭力使社会注意力从共同的政治问题转到地方事件上来，为此颁布了意大利城市的市政法，扩大了城市的自治权利。恺撒也力图替自己在各行省建立声望，扩大授予罗马公民权的范围，山南高卢和西班牙一些城市都得到了罗马公民权；将罗马平民和他的老兵移植到各行省，这样不仅巩固了罗马帝国的统一，而且加速了各行省"罗马化"的进程。

自然，正在兴起的一人专政，必定要发生中央集权化和官僚化的趋向。恺撒公然声称："共和国——这是空洞的话，没有意义，没有内容"，而相反地，"他所说的一切，即使是在谈话中的，也是法律。"所以恺撒力图把一切共和国的机关变成单纯执行性质的官僚机构。首先，他改组元老院，把一些非元老贵族出身的奴隶主（有的出身军人，有的来自意大利和行省的中小奴隶主）选进元老院，元老人数增加到九百人。当时有人讥讽说："恺撒在凯旋式里牵着高卢人走，却牵他们进了元老院；高卢人脱下了长裤，反而穿上了（元老们的）阔边长袍子。"尽管元老院已变成咨询机关，但无论从地域或社会阶层来看，它代表的范围比以前广泛多了。其次，颁布新法律，严惩贪污勒索的行省总督，剥夺行省总督的军权；统一金币，规定国家征收直接税，仅间接税采用包税制；改进历法，制定所谓"儒略历"。

恺撒很醉心于他在东方的国家组织形式，尤其是埃及的那种具有无限王权、崇拜国王为神、豪华的宫廷仪节和发达的官僚管理机构等的君主政体。他在元老院中设有黄金宝座；他喜欢穿凯旋者的服装——戴月桂冠、披绛红斗篷、着同样颜色的鞋，喜欢穿古代罗马国王的衣服；开始经常提及自己神的家系，说是源于女神维纳斯。应恺撒的邀请，埃及女王克娄帕特拉来到罗马，准备与恺撒举行婚礼，这会使恺撒由于和女王结婚的缘故而可以称王了。为此，恺撒的拥护者精心导演了一幕戏剧。琉柏卡斯节日，当恺撒坐在讲坛前的金椅上观看表演的时候，他的同僚执政官安敦尼，突然跳上讲坛，把王冠加在恺撒的头上。看到这个情景时，有少数人鼓掌，但是大多数人暗中叹息，恺撒把王冠去掉，安敦尼又把王冠放在他的头上，恺撒又丢掉了。当他们两人正在这样相互推让的时候,人民保持肃静,他们心事沉重地等着看结果如何。当他们看到恺撒胜利了的时候,他们欢呼,同时因为他没有接受王冠而向他喝彩。就这样,恺撒称王的梦终因时机不成熟而破灭。

# 十九、恺撒之死

或者由于恺撒放弃了他的希望,或者由于厌倦了,想在这时避免这种阴谋和恶名,或者有意地把罗马城让给他的某些敌人,或者希望去治疗他的癫痫或痉挛的病症。现在恺撒有了远征基提人和帕提人的思想,这可以使他摆脱种种纠缠和困扰,去重温远征高卢的辉煌!

就在恺撒准备远征的时候,罗马这座充满妒嫉的城市,正在酝酿着一场暗杀阴谋。在罗马贵族中,仍有人留恋过去的贵族共和制,对目前所发生的一切感到痛心疾首。他们认为恺撒是独夫民贼,是暴君,务欲除之而后快。一个策划刺杀恺撒的密谋在进行中,参加者约60余人,其中有的是他的宿敌,有的则竟是他自己的亲信,他们的口号是"要自由!"协力维护共和国体制。

在出席元老院开会的前一天,恺撒在和他的骑兵长雷必达一起用餐时,提出一个问题,"怎样一种死亡是最好的?"大家围绕着这个问题谈论,各人发表了不同的意见;但是只有恺撒表示,他宁愿突然而死。谁料,他竟预言了自己的死亡。宴会后,夜间他感到身体有点不适;他的妻子卡尔柏尼亚作了一个梦。在梦中她看见恺撒身上流血,因此在第二天早晨,她设法阻止他外出。当举行祭祀的时候,有许多不祥预兆出现。他准备派安敦尼去遣散元老院,但狄西摩斯劝他亲自去一趟,以免别人责难他藐视元老院。因此,他坐着肩舆到那里去。

当恺撒在元老院议事厅前正在举行祭祀的时候,有人把一块告诉这个阴谋的书板放在他手里,并马上跑开了,这块书板于他死后,在他手中发现。习惯上,当行政长官将进入元老院时,常在门口举行占卜。现在恺撒的第一个作牺牲的动物是没有内脏的上部。预言者说,这是死亡的预兆。恺撒大笑,说他在西班牙进攻庞培党羽的时候,也遇到了同样的事。预言者说,那时候他是非常危险,而现在预兆表示死亡性更大,所以恺撒命令再举行祭祀。所有的预兆没有吉祥的;恺撒不愿使元老们等得太久,同时他的敌人伪装成朋友极力劝他,所以他不顾一切地走进了元老院。

阴谋者留下一个党羽在门口和安敦尼谈话以阻止他与恺撒在一起。当恺撒坐在他的椅子上的时候,其他阴谋者暗藏短剑,好像朋友们一样,站在他的周围,于是其中一个叫提利阿斯·西姆柏的人,跑到他面前,请求恺撒召回他一个被放逐的兄弟。当恺撒回答说,这件事情须要缓一下的时候,西姆柏抓着他的紫袍,好像还在恳求的样子,并迅速扯开他的紫袍,让他的脖子露出来,大声喊道:"朋友们,你们还在等什么呢?"于是一群身藏利刃的共和派贵族便在布鲁图和喀西约的率领下蜂拥而来,围住恺撒,拔剑乱刺乱砍。布鲁图原是恺撒所倚重的密友,已被擢为山南高卢总督,但这时因为政治上的原因,竟变为死仇了。恺撒惊讶地喊了一声:"布鲁图,你也杀我吗?"便以衣蒙面,身中23剑,恰巧死在庞培雕像的脚下。这就是公元前44年3月15日发生的惊人的一幕。共和派虽然杀死了恺撒,但并不能挽救共和制必然覆亡的命运。

恺撒具有多方面的才能,能文能武。在政治上,他基本上能够顺应历史潮流,为罗马从共和制向帝制转变奠定了基础。作为军事家,恺撒多谋善断,屡屡以少胜多,转危为安。他善于抓住战机,并且在不利的情况下以顽强的意志坚持自己的战略,扭转局势。恺撒还是一个著名的文学家。普鲁塔克说,他有时一面骑马行军,一面口授侍从起草书信。他一生戎马倥偬,但他还抽空撰写了好几部著作。流传至今的有他的两部主要著作:《高卢战记》和《内战札记》。这两部书既有重要史料,又是具有文学价值的战争回忆录。

对于恺撒这样一位历史人物,历来评论不一,现在仍然如此。有人斥之为暴君,有人捧之为盖世英雄。我们认为,他一生的活动是与罗马共和末期的社会历史情况密不可分的,有他的伟大之处,也有他作为奴隶主阶级政治家的局限性,不能把他片面化。

世界名将正传

# 克伦威尔

—将国王送上断头台的将军

王　雪

17 世纪 40 年代,一股强劲的革命旋风席卷了不列颠岛,也震撼了整个欧洲大陆。至尊至贵的国王人头落地,敲响了封建制度的丧钟,正义的刀斧,砍出了一个历史的新纪元。而以自己的赫赫战功将国王送上断头台的却是一个貌不惊人、名不见经传的普通乡绅。这位令人惊叹而又迷惑不解的非凡之士,便是奥利佛·克伦威尔。

## 一、上帝之子

克伦威尔 1599 年 4 月 25 日出生在英格兰中部的汉丁顿一个新贵族家庭。

汉丁顿是一个僻静而又萧条的乡间小镇,克伦威尔的家庭是当地的名门望族。他的祖先是亨利八世的宠臣,在宗教改革时发过一笔横财。到他的祖父亨利·克伦威尔爵士时,克伦威尔家庭的声望达到了顶点。被人称为"金骑士"的亨利·克伦威尔爵士居住在巨大的赫琴布鲁克城堡中,1603 年,国王詹姆士从爱丁堡南下路过此地去伦敦登基时,"金骑士"的儿子奥利佛·克伦威尔(克伦威尔的伯父)就在这座城堡中热情地接待了他,这足以显示克伦威尔家族的地位与身份。

克伦威尔的父亲罗伯特·克伦威尔是"金骑士"的次子,"金骑士"留给他一份年收入约 300 磅的地产。罗伯特的生活还算过得去,他是汉丁顿地区的治安官和地方长官,在当地也算是一位社会名流,然而,和那位住在赫琴布鲁克巨大宅邸中生活优裕的兄长相比,他便显得很寒酸了。

罗伯特夫妇有七个孩子,克伦威尔是惟一的男孩,因此倍受宠爱。由于母亲的娇生惯养,克伦威尔从小便顽皮任性,行为粗鲁,喜欢恶作剧。据说当年詹姆士国王在赫琴布鲁克城堡做客时,四岁的克伦威尔将查理·斯图亚特王子打得鼻破血流。查理当时只有两岁,他就是后来的英王查理一世。这种传说是否真实很难断定,但显然是在暗喻着 40 年后二人的命运。

年龄稍大，克伦威尔进入汉丁顿文法学校学习。1616 年，他又到了剑桥，在西德尼·萨西克斯学院学习了一年。但克伦威尔似乎并不具备学者的资质，他在学习上并不下功夫，而更多的时间是花在运动场上。他在运动场上比在课堂上更为有名。他热心地组织安排各类体育活动，并且积极参与竞赛。在运动场上，他生龙活虎，踢球、舞棒、奔跑、跳跃，无所不能。后来，他又迷上了骑马打猎。他的骑术日渐精湛，这为他后来成为一名优秀的骑兵指挥官打下了良好的基础。

克伦威尔在剑桥没能呆多长时间。1617 年，他父亲去世，年仅 18 岁的克伦威尔成了一家之主。一家八口人，他是惟一的男性，因此养家活口的重任便过早地落在了克伦威尔身上。他决定放弃现在的学业，到伦敦去学习法律知识，因为对于一个将来有可能成为治安法官的人来说，熟知法律是必备的条件。

克伦威尔到伦敦后，进入林肯法学院学习。法学院位于伦敦商业区与威斯敏斯特宫和怀特宫之间，这使他有机会与宫廷朝臣、政治家、商人和金融家们进行交往，这对他日后的政治生涯大有益处。

1620 年 8 月 22 日，克伦威尔刚过 21 岁生日，便与伦敦商业区的一位很有钱的皮货商的女儿伊丽莎白结了婚。伊丽莎白是一位贤慧的妻子，婚后 11 年里，她为克伦威尔生了四男两女六个孩子。克伦威尔的家庭生活算得上是幸福美满。他和妻子感情很深，结婚 30 年后仍以这样的口吻给她写信："真的，如果我不十分爱你，我就是不可饶恕的人。我爱你胜过爱任何人。"

婚后不久，克伦威尔带着新婚的妻子回到了汉丁顿，平平静静地生活了几年。1628 年，克伦威尔当选为汉丁顿选区的议员，成为当地一位越来越有影响的人物，他也努力在地方事务中发挥自己的作用。但是，1630 年，一起政治风波把他们平静的生活打乱了。事情是这样的：汉丁顿的统治者企图总揽该镇的大权，根据王室的一项新法令，这些统治者们不必经过每年的重新选举便可继续掌权，而且他们还有权支配辖区内的公有土地，人们对此非常不满，他们举行示威活动，抗议公民权被剥夺，领头的正是克伦威尔。克伦威尔以激烈的言辞抨击这种专权行为，引起强烈的反响。事态不断扩大，汉丁顿的统治者们束手无策，不得不向政府求援，请求政府出面干涉。最后在地方统治者和查理一世的王国政府的双重压力下，克伦威尔不得不放弃自己的主张，承认他的抗议活动"毫无道理"，他的那些"粗鲁的及不甚妥当的言辞"是一时冲动所致。这是他政治生涯中的第一次失败。

1631 年 5 月，克伦威尔卖掉了他在汉丁顿的几乎所有财产，移居到圣·艾符斯镇。在那里，他成了一名普普通通的佃农，而不再是一个土地所有者或治安法官。他的健康状况也十分令人担忧，多种病痛折磨着他。而更令人伤心的是，克伦威尔家族的境况 20 年来也是每况愈下，逐渐衰落了，赫琴布鲁克城堡也卖给了别人。

过去的20年对克伦威尔家族来说真是时运不佳,江河日下。然而,谁也没有想到,在以后的20年间,这个日趋衰落的家庭中,会出现一位叱咤风云,使整个欧洲都为之惊惧的人物。

第一次失败之后,克伦威尔曾一度心灰意冷,打算漂洋过海,远走他乡,移居到美洲大陆的新英格兰去。但是不甘寂寞的政治本能以及一种冥冥之中的信念使他最终决定留在这个死气沉沉的乡村小镇,等待时机,重振旗鼓。几年之后,克伦威尔终于时来运转。1636年,他的舅父在伊利城去世。在遗嘱中,他指名克伦威尔为他的主要继承人。于是,克伦威尔全家迁居到伊利城。这次好运带给他一笔数目不小的财产,他从此可以无忧无虑地生活而不必再为生计操心了。接着两个可爱的女儿相继出世,更给这个家庭带来了无限的生机。克伦威尔因此而由衷地感谢上苍。他曾这样写道:"感谢上帝将光明照射到我黑暗的心中,……他真是恩泽无边啊!"

克伦威尔出生在一个虔信清教的家庭,因此他自幼便受清教思想影响。他曾经就学的汉丁顿文法学校的校长托马斯·比尔德是一位清教牧师,他把生活看作是上帝与邪恶势力的一场博斗。上帝的臣民为上帝而战,只要他们遵从上帝的旨意,他们就一定会获胜。他认为历史事件便是上帝对人类行为的判决——对善行的奖赏或是对邪恶的惩罚。上帝的判决无论是对帝王还是对平民都是一样的,那些残暴的君主,横征暴敛,侵占私有财产,就应该受到惩罚。这种判决就是"天意"。克伦威尔后来在书信和演讲中曾多次用过这个词,因此,显而易见,比尔德的神学思想对克伦威尔的一生产生了巨大的影响。

克伦威尔后来就读的西德尼·萨西克斯学院清教主义气氛非常浓厚,被称为"清教保育院"。在学院里他进一步受到清教思想的熏陶,成了一名虔诚的清教徒。克伦威尔皈依清教使他的精神有了寄托,并有一种"获救"之感。他认为自己是一位"圣徒",是上帝的宠儿,是注定要进入天堂的人。与上帝的沟通,使他心情振奋,力量倍增。他从宗教信仰中获得自信,从而使他在宗教纠纷和复杂的政治局面中能应付自如。克伦威尔和他的清教教友内心深处都有一种不可抗拒的为捍卫清教事业而斗争的激情,他们准备齐心协力去实现上帝的意愿。同时,他们也怀有一种必胜的信念,因为他们认为自己所从事的事业是上帝赋与的使命。正是这种为清教事业而献身的精神使克伦威尔成了一名革命的斗士。

虔诚的信仰使克伦威尔非常看重"天意"。每当关键时候,面对错综复杂、混乱矛盾的局面,需要做出决断的时候,克伦威尔总是犹豫不决,踌躇不前。他解释说他之所以这样是因为他在"等待上帝的旨意"。那么"天意"究竟是什么?怎样才能知道某种行为是否符合上帝的意愿呢?实际上"天意"只不过是个人的主观愿望和对所面临的实际问题作出的客观判断相结合的产物;因而领悟上帝旨意的最好办法就是等待、观望,最后做出判断。这种态度使克伦威尔每逢遇事,并不急于做出决断,而是密切注视事态的发展,进行缜密的分析思考。而一旦认清形势,做出抉择,便立即采取果断的行动,义无反顾。在克伦威尔的斗争生涯中,人们常常可以看到他先是犹豫不决,而后便是紧张而激烈的行动,无论是政治斗争还是军事行动皆如此。而他也确实称得上是"上帝的宠儿",总是能在"天意"的指引下取得胜利。

在伊利,克伦威尔再次投身到当地的政治活动中。和在汉丁顿一样,他仍然是站在贫苦人民一边。当时,为了供养不断增长的人口,人们便想办法排干沼泽地的水,扩大耕地面积。但是那些从事排干工作的公司想借机牟利,将相当一部分排干的土地据为己有,而那些贫苦的平民百姓则被剥夺了放牧、打鱼和狩猎的权利。于是克伦威尔再一次站出来替平民百姓讲话,代表平民和排干者打官司。与此同时,在沼泽地出现了暴动,百姓们手持草耙和镰刀,抵抗那些企图赶走他们牛群的人。1638 年,国王害怕沼泽地的平民暴动会引起更大规模的起义,不得不出面干预,宣布平民的权利可暂不受侵犯。从这时起,克伦威尔的名字便和平民的事业紧紧地连在一起了。

1640 年,克伦威尔再度当选为议员,此时,他仍未忘记那些沼泽地区的平民们。圣·艾符斯镇附近的一些荒地被蒙塔古家族圈占,平民们向下院请愿,要求得到赔偿。然而上院却出面干涉,袒护蒙塔古家族。平民无奈,被迫采取暴力行动。克伦威尔在下院发表慷慨激昂的演讲,谴责上院的行径,支持平民的要求,再一次表明了他坚定不移的立场。

革命爆发后,克伦威尔因他对沼泽地区平民事业的不懈斗争和热心支持而赢得了人们的拥戴。沼泽地平民积极响应克伦威尔的号召,拿起武器,同国王进行斗争。王党分子曾挖苦克伦威尔为"沼泽地勋爵",这虽是一种戏称,但却说明了一个问题:克伦威尔在地方事务上的立场,使他赢得了人心,因而他在风云变幻的政治斗争中有了一个强大的后盾,一支可以依靠的力量,而不致于被动荡的政治局面所左右。

# 二、革命之火

1629 年,国王查理一世为其专制统治的需要,解散了议会,此后 11 年间没有召开国会。在无国会统治期间,查理一世独断专行,使国内各种矛盾不断激化,各阶层的不满情绪日益增长。就在这时,苏格兰又爆发了起义,这更加剧了英国国内的紧张局势。

长老派宗教信仰在苏格兰占统治地位。1603年,苏格兰的詹姆士成为英国国王后,苏格兰和英格兰共有一个国王,但苏格兰仍是一个独立的王国,有自己独立的议会和教会组织。然而,1637年,英王查理一世命令苏格兰采用英国国教的稍加修改过的祈祷书和英国国教的祈祷仪式,引起了全苏格兰人的愤慨。1638年,苏格兰人组织了一支军队,要为苏格兰的宗教和政治独立而战斗。1639年,苏格兰军队攻入英国。面对这种局面,查理一世不得不在1640年4月重新召开国会,来筹措经费,以便组织军队去和苏格兰人作战。但是新国会中的许多代表都是国王的反对派,他们不但拒绝国王的筹款要求,而且提出了国会的权利问题。查理一世一怒之下,于5月初又将国会解散。这届国会存在不到一个月,历史上称为"短期国会"。

这时苏格兰军队不断向前推进,占领了英格兰北部地区。万般无奈的查理一世与苏格兰人签定了屈辱的停战协定,答应每天付给苏格兰人850英镑,直到签定最后的和约。如果拿不出钱来,苏格兰人就将渡过提兹河,向南推进。这时查理手无分文,根本无力支付这笔钱。在走投无路的情况下,查理一世被迫在11月3日再一次召开国会,来解决筹款问题。这届国会断断续续一直存在到1653年,历史上称之为"长期国会"。

"长期国会"召开后,成了反对国王的革命策源地,因此,它成为革命开始的标志。

在长期国会中,不少著名的激进人物如皮姆、汉普顿等仍然当选为议员,克伦威尔也以剑桥郡代表的身份当选为议员。这时的克伦威尔还只是一个不起眼的小人物,但他似乎天生就是一个从政的人,在下院中很快便崭露头角。他至少在18个委员会中担任职务,被认为是个"了不起的委员会的委员"。他的经历和世代从政的家庭背景有助于他成为一个出类拔萃的国会议员。

他参加起草了《大抗议书》,这是一份详尽的起诉书,它揭露了查理一世统治15年来的一切暴政,并提出保证工商业自由、建立大臣对国会负责制、限制主教权力等改革要求。国会围绕着《大抗议书》展开了一场激烈的辩论,连续多日,没有结果,拥护者和反对者几乎发生武斗。克伦威尔在这场斗争中情绪激昂,据理力争。他曾在会下激动地表示,如果《大抗议书》被否决,他就卖掉全部财产,永远离开英格兰。最后,国会终于通过了《大抗议书》。

查理一世恼羞成怒,要进行反扑。1642年1月4日,查理一世亲自带领一队武装侍卫,杀气腾腾,冲进国会,要逮捕皮姆、汉普顿等五名反对派领袖,但是他们扑了个空,皮姆等人早有防备,已经躲到资产阶级势力雄厚的伦敦城区去了。当查理率领卫队又赶往伦敦城区时,被武装的群众挡住了去路。伦敦郊区的水手、脚夫,以及附近白金汉郡、肯特郡的农民也组成队伍开到伦敦,沿途高喊"保卫国会,保卫王国"的口号。一个星期以后,皮姆等人在军乐队的鼓号声中,在群众的簇拥之下,以胜利者的姿态回到了国会。查理一世感到在伦敦无法再呆下去,便在1642年1月10日灰溜溜地离开了伦敦,跑到北方约克郡,在那里召兵买马,集结了一批王党分子,于8月22日黄昏时分在诺丁汉的卡塞尔山顶升起了王军的旗帜,宣布讨伐国会的叛乱分子,于是内战爆发了。

内战开始后,整个国家的人们,怀着不同的目的,支持自己的一方。大部分贵族支持国王,而绝大多数商人、新贵族、城乡中、下层人民支持国会。从地理上看,全国也明显地分为两个阵营:一个是王党所控制的北部和西北部地区,另一个是国会所控制的包括首都伦敦在内的东南部地区。王党控制的地区经济比较落后,封建经济占优势,而国会控制的东南部地区经济比较发达,资本主义因素发展较快,人口众多,军队数量在战争初期也远远超过王党方面。国会还控制着许多重要港口,占据着首都伦敦,掌握着原有的行政管理机构,因此,从各方面看国会都占有优势,形势对国会是十分有利的。

然而,在内战初期阶段,国会军并没有取得预想的胜利,而是遭到了一连串的失败。查理一世率军直趋伦敦,在遭到训练有素的伦敦民兵的阻击后,又转赴牛津,把牛津作为他们的大本营,威胁伦敦。同时,王党分子纽卡斯尔侯爵占据了北部的五个郡,拉尔夫·霍普顿爵士占据了西南部的威尔士。到1643年底,全国大约已有五分之三的地区落入王党分子手中。国会面临着巨大的威胁,革命事业也面临着严峻的考验。

占有较大优势的国会却在战场上接连失利,其根本原因就在于国会阵营领导阶层的一些主要人物的妥协动摇,同时,在国会军中也缺少具有卓越的政治素质和军事才能的指挥者。在国会军的高级指挥人员中,像埃塞克斯伯爵和曼彻斯特伯爵等人,都是优柔寡断、昏庸无能之辈。有人形容埃塞克斯伯爵说:"他是一个老实人,但绝不是一个忠于国会利益的人。在世界上,他最害怕的事情,除了大败之外,就莫过于大胜了。"这种将领统帅下的军队,又怎么能够取得战争的胜利呢?此时革命阵营中迫切需要一个强有力的铁腕人物,而正是这种形势的需要缔造了一位英雄,使一个名不见经传的小人物有机会施展他以前从未有机会施展的才能。克伦威尔的出现,犹如一颗跃起的新星,照亮了英国革命的前景。

# 三、长胜之师

在革命的烈火已燃遍全国,两个阵营的斗争已日趋明朗的时候,克伦威尔想到了自己的选区剑桥,他要在剑桥组织斗争,使剑桥成为国会与国王斗争的根据地。

剑桥的形势同全国一样,也存在着尖锐对立的两种势力。在剑桥,各个大学仍效忠于国王,而城镇居民却支持国会,这种敌对情绪非常强烈。克伦威尔自己出资100镑购置武器,送给城镇居民志愿兵。这些志愿兵们每天加紧操练,准备战斗。不久,这些志愿兵就发现了一项有趣的训练科目——以大学校园里的窗户为靶子进行实弹射击,着实令人兴奋。与此同时,大学也派人去伦敦购买武器,组织武装,并且搜集金银财宝,资助国王。剑桥大学的忠诚使查理一世深受鼓舞,他赶紧写信给剑桥大学副校长,让学校把收集的金银器皿交给他,并派詹姆士·道克拉上尉率领一队士兵将这些贵重的物品护送到约克。克伦威尔在得知这个消息后,立即从伦敦赶到剑桥郡西部,组织起一支队伍,在路上拦截了这批大约价值2万英镑的财物,逮捕了道克拉上尉,并就势夺取了剑桥城堡。

克伦威尔占领剑桥城堡,不但封锁了剑桥通往外界的道路,阻止了国王从这里运走贵重物品的企图,断了查理一世的一个财源,而且还获得了一个重要的弹药库,这对国会方面的作战是非常有利的。克伦威尔果断、迅速的行动,使剑桥从此以后牢牢地控制在国会手中,成为国会方面一个稳固的根据地。这是克伦威尔的一大贡献。

1642年8月29日,在国王查理一世升起自己的军旗仅仅七天之后,克伦威尔也在汉丁顿检阅了自己的骑兵队伍。战争一开始,克伦威尔便表现出了雷厉风行的作风。两星期后,他奉命加入埃塞克斯伯爵指挥的国会军主力部队,被编入骑兵团,参加了埃吉山战役。

在战斗中,他看到国会军处处在被动挨打,也看出了问题的症结。埃吉山战役之后,克伦威尔坦率地对汉普顿谈了自己的看法,他尖锐地对汉普顿说:"你们的军队绝大部分都是一些老朽的兵痞和酒鬼,而他们的军队(王党军队)大多数人是绅士和富家子弟。你难道认为这些卑鄙下贱的乌合之众能够和那些体面高贵、勇敢坚强的绅士们对阵吗?你们应该召募具有绅士风度和勇于献身精神的人,否则你们还会被击溃的。"汉普顿认为克伦威尔的话很有道理,但要真正实行却不那么容易。克伦威尔便对他说,他愿意效劳,去召募那些英勇无畏、笃信上帝的人,因为他们深明大义,心诚志坚,这样的人才有可能在战场上冲锋陷阵,视死如归,这样的军队才有可能无往而不胜。

的确,克伦威尔就是抱着这样的信念来组织自己的队伍的。1643年春天,克伦威尔晋升为上校,他奉命召募和装备一个团的兵力。当时的军队一般都包括步兵和骑兵两部分。步兵包括长矛兵和火枪手。火炮手的武器是从枪口装弹药的火绳枪。引发火枪,需要用火绳——几股细亚麻绳搓成的导火索。每个火枪手都要随身携带一根两三码长的导火索,同时左手还要拿着一截两头都点燃的导火索,以便随时准备开火,因为如果遇上潮湿的天气,很难及时点燃,到时会措手不及。但是导火索老点着也不是个办法,因为一根导火索很快就会燃光,而且导火索一直燃着也很危险,稍不留意,火星便会点燃身上背的子弹袋,引起爆炸,杀伤自己,真是一个难解决的矛盾。

另外,火枪手非常忙,战斗一打响,他就开始忙活起来,装子弹——发射——重新装子弹,手脚要非常麻利。但是最好的火枪手,一分钟也只能打二三发子弹,因此,火枪手通常总是排成五六排,有时甚至是十排。前排开火后,便退到后面重新装子弹,而后排的火枪手便上来发射。有些士兵为了加快装子弹的速度,常把子弹含在嘴里,这样从口中掏出子弹比从子弹袋中摸出子弹要快一些。

火枪不仅射击过程非常复杂,而且命中率也极低。由于战斗紧张,士兵们很少用纸、麻屑或草将子弹压进枪膛以固定子弹。这样一来,当火枪手射击时,如果朝敌人胸膛以上部位瞄准射击,子弹就会从其头上飞过;如果朝胸膛以下部位瞄准,还没等开枪,子弹就会从枪膛里掉出来。因此,即便是在很近的距离向敌人射击,也很少能击中他们。所以仅凭火枪手是无法抗击敌人的进攻的,它必须与长矛兵联合作战。

长矛兵的武器是一把剑和一支长达16英尺的矛。长矛兵多半穿着护胸和甲胄,戴着头盔。作战的时候,先由火枪手对敌人进行一二次齐射,然后长矛兵便冲上前去,用长矛向敌人猛刺,进行短兵相接的搏斗,最后决出胜负。

在整个十七世纪,长矛兵一直是英国军队的一个重要组成部分,起着很关键的作用。但是,克伦威尔认为,在战斗中起决定作用的还是骑兵。骑兵机动灵活,攻击性强。在他看来,一队骑兵的作用要比二三连步兵的作用大得多,他对骑兵似乎是情有独钟。

到3月底,他召募了五个骑兵连,9月时,他已有了十个骑兵连。到第二年春天,他手中的兵力已达到14个骑兵连。当时,一个团的兵力一般为六个骑兵连,克伦威尔的部队不仅数量非同一般,而且士兵的素质也远非一般军队可比。一位著名的清教牧师曾对克伦威尔召募新兵的政策作过这样的描述:

"他特别注意召募那些笃信宗教的人来补充自己的骑兵连队。这些人比一般士兵更有头脑,深知战争的重要性及其后果……他们以新教和国家的兴旺发达为目的,把它看得比自己的生命还重要,他们愿意为此而献出一切。……克伦威尔深知只有笃信上帝的人才能英勇奋战,而且在虔诚信教的士兵当中也不会出现当时军队中普遍存在的目无法纪、肆无忌惮的抢劫行为。克伦威尔通过召募新的军队,很快实现了自己的夙愿……他的连队英勇善战,就我所知,他的士兵从未临阵脱逃过。"

克伦威尔不仅打定主意要召募那些笃信上帝、愿意为事业献身的人,而且还准备从地位低下的士兵中选拔军官。这种做法,很多人觉得不可思议,曼彻斯特伯爵就曾经抱怨克伦威尔不挑选有身份的人,而是去挑选普普通通的出身寒微的人。对此,克伦威尔回答说:"我宁可要一个知道为何而战并热爱事业的农民当上尉,而不想任用您称之为绅士但实际上一无所长的人。"克伦威尔的宗旨就是努力提高军队的政治素质和军事素质,他需要的是一支真正能打仗的军队,因此他看重的是个人的品质和能力而不是出身的门第。这样就给许多出身低微但却具有真才实干的人提供了施展自己才能的机会,很多这样的人投到了克伦威尔麾下,犹如新鲜血液使这支军队更充满了活力。

由于形势紧迫,剑桥、谢福克、诺福克和埃塞克斯等郡决定组成"东部联盟",来共同抵御王党的进攻。

克伦威尔的骑兵团建成后,首要的任务就是保护"联盟"免遭内外敌人的进攻。1643 年 3 月 14 日,国会命令他去洛维斯托福特,平定那里的王党分子可能发动的叛乱。他率领 5 个骑兵连赶到洛维斯托福特,发现道路已被三门大炮封锁,路中间还横拉了一条铁链,以阻挡骑兵前进。克伦威尔要求城里的人投降,但是王党分子仗着自己占据着有利地形,拒不放下武器,准备顽抗到底。于是,克伦威尔向一队龙骑兵发出进攻命令。骑兵们跳下马,从铁链下面爬了过去。他们挥舞着短枪,向大炮阵地冲去,守敌们始料不及,仓皇而逃。龙骑兵砸断了铁链,大队人马冲了过去。这一仗大获全胜,缴获了大批武器,俘虏了为首的王党分子。这次军事行动,对于克伦威尔的正在发展壮大的骑兵团是一次极好的实战锻炼。

4 月,克伦威尔奉命留守后方,负责保卫"联盟"的西北边疆,防备纽瓦克的王党军队的袭击。克伦威尔部署了严密的防卫措施。他仔细地观察敌人的动向,发现敌人的主要注意力并不在他这个方向,于是决定以攻为守,主动出击。他先占领了皮特巴洛,接着率兵包围克劳兰。克劳兰城虽不大,但却有天然屏障,易守难攻。该城位于沼泽地区,潮湿,多雨,道路泥泞,使攻城战斗的难度大大增加,进攻接连受挫。但是,克伦威尔的人马非常顽强,仍然坚持不断地发动进攻。三天之后,守城之敌招架不住,只好投降。这一连串的胜利,最终解除了来自北方的威胁。

虽然克伦威尔取得了局部的成功,但是通观全局,国会方面的形势却不怎么乐观。国会军各部之间由于地方主义、军队素质的差异以及军官们之间的意见分歧而很难通力合作,常常贻误战机,使军事计划无法执行。在一次军事行动流产之后,人们抱怨林肯郡的部队纪律性太差,因而导致了行动失利。而这支部队的头儿竟然说,他是为自由而战,因而在一切事情上,他都希望享有自由,真是令人啼笑皆非。

这时,几乎在所有的地方,战局都对国会军相当不利。在西南地区,拉尔夫·霍普顿率领的王党军队取得节节胜利,纽卡斯尔伯爵则牢牢地控制住了北方。在中部地区,国王在牛津建立起了自己的大本营,鲁伯特亲王又攻占了布里斯托尔,使王党军队有了进口和制造武器的重要基地。而此时国会军将领们却陷入地方防务之中,兵力分散,顾此失彼,被弄得焦头烂额。

7月中旬,埃塞克斯伯爵命令梅尔德罗姆和克伦威尔率部前去和他的部队会合,准备进攻牛津。但这时克伦威尔的防区正吃紧,纽瓦克的王党分子正在步步逼近。而且,更令人担心的是,王党分子纽卡斯尔伯爵的部队正在日夜兼程向根兹巴洛挺进,准备吃掉驻守在那里的威洛比勋爵的那支力量薄弱的部队。于是,梅尔德罗姆立即调头北上,向根兹巴洛进发。克伦威尔在以迅雷不及掩耳之势解决掉威胁他防区的敌人之后,也急速追赶上了梅尔德罗姆的部队,并会同林肯郡的一支部队,一起赶往根兹巴洛。

这时,威洛比的部队已被纽卡斯尔的弟弟卡文迪什勋爵围困起来。卡文迪什将兵力集结在一座陡峭的山梁上,居高临下控制着通向城堡的大路。形势对克伦威尔他们非常不利,但是他们别无选择,只能发起猛攻,否则威洛比是必死无疑。

林肯郡的部队担任先锋,梅尔德罗姆的部队紧随其后,克伦威尔的骑兵团殿后。林肯郡的部队率先发起攻击,他们扫除了一些障碍,冲上了山顶。但是由于山势崎岖,到处都是野兔的洞穴,使冲上山顶的队伍无法保持作战队形。因此,当敌人的主力向他们反扑过来时,他们乱作一团,无力回击。正在这时,克伦威尔的骑兵赶到了,他们向敌人发起了猛烈的冲击,大刀和短枪向敌人猛砍猛射。王党军队顶不住克伦威尔的进攻,开始溃逃。克伦威尔指挥军队奋力追击,一下子追出去几英里。但是狡猾的卡文迪什还留了一手,他留了一个团的兵力作为预备队,乘着克伦威尔的部队追赶逃敌之机,用他的预备队向留在原地的林肯郡的四个连发动了突然袭击。此时,纵观战场形势的克伦威尔发现了这一险情,急于回援,却不那么容易。因为一个骑兵统帅要想在部队发起攻击后再迅速召回部队几乎是一件办不到的事情,但是克伦威尔居然办到了。他在其他军官的帮助下,成功地重新集结起三个骑兵连,迅速地赶往新的战斗地点。克伦威尔的部队犹如神兵从天降,使卡文迪什眼看到手的胜利化成了泡影。克伦威尔曾极为生动地描述了当时的情景:

"我立即用三个骑兵连在他的背后发起猛攻,这使他大吃一惊,他立即停止追击(林肯郡的部队),并试图逃走。我将他们赶下山去,很多人被消灭。随后,我们把卡文迪什和他的一些士兵赶进了一块沼泽地,我的上尉副官一刀将他刺死。"

这一仗解了威洛比的被围之急,但是他们还没来得及高兴,纽卡斯尔的大队人马就已包抄了过来,大约有 50 个步兵团,还有数不清的骑兵。形势非常危急,惟一的出路就是尽快地撤退,否则就有全军覆没的危险。但要做到这一点,也决非易事。因为国会军刚刚经过一天的拼杀,已经筋疲力尽,而对手则精神饱满,士气旺盛,兵力也远远超过他们。但是克伦威尔却往往能做到别人很难做到的事。他派手下的几个骑兵连和友邻部队的几个连队,轮流阻击敌人,掩护大部队后撤。有好几次他们几乎陷入绝境,但是最终还是顽强地顶住了敌人的进攻,使大部队安全撤离了。这是一次极其成功而且没有伤亡的退却,克伦威尔认为"那一次的撤退可以同后来任何一次的军事行动相媲美。"

这次军事行动,从战略上看可能意义不大,但是在克伦威尔的个人生涯中却有着重大的意义,它已经开始显露出克伦威尔的非凡的军事才能。此时他虽然仅有不到一年的作战经历,但是事实却已经证明,一个骑兵指挥官最感到棘手的两个问题——如何在发起攻击后再有效地控制骑兵部队和如何在绝望的形势下成功地组织退却,克伦威尔都能够得心应手地加以解决,而这一点,任何其他将领都无法做到。

在不久以后的马斯顿荒原战役中,克伦威尔真正地显示出了他的超凡的军事才能。

1643 年 9 月,国会同苏格兰人签定了"神圣同盟与公约",准备在战争情况万分危急的时候,请求苏格兰军队的援助。1644 年 1 月,一支 2.1 万人的苏格兰大军跨过了特威德河,进入英格兰。2 月初,组成了英格兰、苏格兰"两王国委员会",直接指挥战争。这样,埃塞克斯这位总司令的权力被大大削弱了。有少数议员被指定参加"两王国委员会"的工作,克伦威尔便是其中的一个。此前不久,他刚被任命为陆军中将,此时又进入这个人数不多的最高指挥机构,他的地位上升得确实很快。

在北方,由于苏格兰人的参战,战争进行得更加激烈。纽卡斯尔伯爵被费尔法克斯父子率领的国会军和苏格兰的利文伯爵率领的部队组成的联军包围在约克城。联军有 2 万人,人数不少,但要想彻底围困住约克城,兵力就显得有些单薄。于是,"东部联盟"应他们的要求,派克伦威尔率领骑兵,曼彻斯特率领步兵前去支援。1644 年 6 月初,约克城同外界的一切联系都被切断,约克城彻底被孤立了。

约克城是国王查理一世的一个重要据点,他无论如何也不能丢掉约克城。于是他急令鲁伯特亲王率兵北上,解救约克城。6 月 30 日,鲁伯特抵达距约克城 18 英里处的纳尔斯巴勒。此时若王党两支军队会合,后果将很难预料。因此,联军的统帅们决定不惜任何代价,哪怕是放弃围城,也要阻止鲁伯特和纽卡斯尔部队会合。于是他们将部队调到朗马斯顿,认为只要占据这个交通要道,就可以控制所有的通路,阻挡鲁伯特的部队向约克推进。但是,联军统帅低估了鲁伯特亲王,他的部队以惊人的速度,一天行军22英里,跨过斯威尔河,然后掉头南下,直插约克城。联军阻击落空,再杀回去已来不及,约克城被解围,鲁伯特和纽卡斯尔的部队得以会合。

鲁伯特是王党军中一位很出色的指挥官,他精通战略,善于指挥,才思敏捷,行动迅速,是一位公认的军事专家。这次胜利就证明他确实有过人之处。那么鲁伯特下一步会采取什么行动呢?联军统帅们忧心忡忡,他们担心鲁伯特会再度南下,和中部地区的王党军队联合采取进一步的军事行动。而此时,埃塞克斯伯爵率领的部队正远离伦敦,在西南地区征战,"东部联盟"内部空虚,只是一个空架子,毫无防御能力,假若鲁伯特真的进攻伦敦,后果将不堪设想。人们的心头再次笼罩上了保王党人向伦敦进逼的恐怖气氛。于是,联军开始向特德卡斯特进发,目的是封锁敌人南下的道路。然而,这一次他们又判断失误,没有猜准鲁伯特的意图。鲁伯特此时的目的,就是打败联军,因此在摸清联军的动向之后,决定将计就计,打联军个措手不及。他在7月1日晚上临睡前派人去见纽卡斯尔,命令他的步兵务必在第二天凌晨4时准备出发伏击联军。鲁伯特预计,纽卡斯尔的步兵可以在上午9时到达马斯顿荒原,而那个时候联军正排成单列纵队向特德卡斯特行进,一旦纽卡斯尔的步兵准时到达指定地点,他便可以向那些毫无准备的联军发动突然袭击,出奇制胜。但是事与愿违,纽卡斯尔的步兵磨磨蹭蹭,姗姗来迟,直到下午4时才到达指定地点。眼看着胜利的良机从眼皮底下溜走了,鲁伯特捶胸顿足,痛心不已。

国会军在扑空之后,迅速返回。下午4时,在马斯顿荒原布下阵来,两军阵地相距仅四分之一英里。王党军队1.8万人,联军至少有2.2万人。仅从参战人数上看,这是英国本土上有史以来的最大的一次战役。鲁伯特坐阵于右边的拜伦勋爵的阵地上,因为他知道只有在这里才能与克伦威尔交锋。要说军事方面的声望,年龄虽大但却初涉战事不久的克伦威尔远远不如年轻的鲁伯特亲王,但是他却能够在骑兵战术方面屡获成功,这使得傲慢的鲁伯特大惑不解,而且很有些不以为然。因此,他一心要与克伦威尔交手,要看看关于克伦威尔的"神话"究竟有多大的可信性。所以开战前,他十分急切地打听克伦威尔是否就在对面的军中,有心要与他一比高下。

双方都按照传统的方式布阵,将步兵主力安排在中间,步兵的后面是大队的骑兵。布好阵后,双方便对峙不动,静观形势。虽然双方都占有一定的有利形势,联军占据的地势较高,而王党军队则有一条长沟和树丛作为屏障,但是谁也不愿首先发起进攻。于是,战场上出现了一阵反常的寂静,犹如暴风雨来临前的令人窒息的宁静。这种平静更令人不安,国会军士兵高唱起圣歌,以便消除这种平静给人带来的紧张情绪。

7时整的时候,鲁伯特认为这个时候再要进行一场大规模的战斗,时间已经太晚了,于是,他对纽卡斯尔说:"我们明天早晨发起进攻吧。"然后便去吃他的晚饭了。7时半的时候,突然雷电交加,大雨倾盆。与此同时,联军发动了全线进攻,这是鲁伯特万万没有料到的。这一次他失去了战役的主动权,只能仓促应战。

战斗打响后,联军的炮弹连续不断地在王党军中开花,子弹像雨点般地射向王军,王军阵地陷入一片火海之中。正当王党军队被打得晕头转向的时候,克伦威尔率领左翼骑兵队向他的对手鲁伯特的阵地冲杀过来,一时间刀光闪烁,杀声震天。在这场期待已久的较量中,双方杀得难解难分。在战斗中,鲁伯特惊异地发现,克伦威尔的骑兵不像其他有些国会军那样会临阵脱逃,而是非常勇猛顽强。士兵们完全置生死于不顾,在敌阵中奋力砍杀。克伦威尔平时给自己的士兵灌输的革命思想以及严格的纪律和良好的训练,此时都发挥了巨大的作用。士兵们即便是遇到暂时的挫折,也绝不会退缩。只要克伦威尔一声令下,他们马上便能斗志昂扬地再一次投入战斗。在战斗中,克伦威尔脖子受了伤,不得不退下来进行包扎,但这丝毫没有影响他的骑兵们的斗志。经过长时间的殊死拼杀,鲁伯特的骑兵终于招架不住,仓惶溃逃了。鲁伯特本人由于藏在一块豆子地里,才免于做克伦威尔的俘虏。

克伦威尔的骑兵和曼彻斯特指挥的步兵进展得很顺利,但是联军的其他部分却遇到了麻烦。联军右翼的苏格兰部队被戈林指挥的王党骑兵冲散,在中部,费尔法克斯勋爵的步兵被纽卡斯尔手下的那支闻名遐尔的"羊羔军"(因其士兵们穿的上衣是由未经染色的白羊毛织成的,故而远看起来像一群白羊)打得落花流水,整个战场一片混乱。

这时,联军所有的希望都寄托在克伦威尔身上。他将自己的骑兵重新集结起来,准备与戈林决以死战,成败全在此一举。克伦威尔率领骑兵队绕到敌后,发现一队受到重创的苏格兰步兵仍在拼死抵抗戈林骑兵的凶猛进攻,眼看士兵们一个个倒下,王党骑兵已准备庆祝胜利的时候,一支人马从他们背后呐喊着冲杀了过来,从后面给了他们致命的一击。王党骑兵做梦也没有想到会从另一个方向受到攻击,他们顿时乱了阵脚,很快便四散逃窜了。

这样,战场上的主动权又回到了克伦威尔手中。接下来要做的事就是任意宰杀"羔羊"了。纽卡斯尔的"羊羔"军被包围,就像一群待宰的"羔羊"。结果,这支部队只有30人侥幸生还,其余的全部被消灭了。

晚上9时,战斗结束,克伦威尔站在夜色苍茫的荒野上,注视着草地上几千具王党分子的尸体,心潮起伏,久久不能平静。他后来在日记中写道:

"令人生畏的王党军队首次在荒原上战败,昨天,他们还骄狂无比,今晚却悄然地横卧荒原。我们的铁骑对他们尽情砍杀,势如刈草。然后,我们的铁骑又进攻他们的步兵,犹如风卷残叶。骄傲的贵族正在死去,被打垮的侯爵们流亡他乡,人民第一次扬眉吐气。这幅可怕的图景使我明白了,当一个阶级过分凌辱另一个阶级时,他们就埋下了自己未来的祸根——这就是革命的原因。"

这场战斗,联军大获全胜,击毙王军4000余人,俘虏1500人,并缴获了大量的武器弹药。这次胜利,扭转了国会军初期失利的局面,并且展示了全面战胜国王的前景。

克伦威尔将这场战役的胜利归功于上帝。在战斗结束后,克伦威尔记叙道:"英国和上帝的所有臣民得到了恩惠。上帝赋予了我们自开战以来最伟大的胜利……上帝使我们的刀剑锋利无比,毫不留情……一切荣誉都应归功于上帝。"而真正客观地评价这场战役的却是克伦威尔的对手鲁伯特亲王。他认为国会军之所以能取得胜利,功劳完全在于克伦威尔。鲁伯特在战斗中亲身领教了克伦威尔的指挥艺术和他的部队的顽强作风,他对此不得不叹服。他称克伦威尔及其部下为"铁骑",这个称呼不久就在国会军中传开了。从此以后,克伦威尔的骑兵队就被称为"铁骑军"。这个称呼是对克伦威尔的长胜之师的最形象贴切的比喻。而这种赞叹出自一个敌人之口,也似乎更具有说服力。

## 四、决胜之役

国会军取得了马斯顿荒原战役的胜利,变被动为主动,此时形势大大有利于国会,彻底打败国王的可能性也大大增加了。但是,国会领导层中的许多人似乎并不因此而兴奋,相反,他们一想到这种前景就有些心惊胆颤。联军方面的一些将领也对同国王继续作战持消极态度,致使国会军在其他战场又连遭失败,马斯顿荒原的胜利成果,几乎化为乌有。

在西南战场,埃塞克斯伯爵的军队由于孤军深入敌人腹地,陷入了绝境。克伦威尔看到这种情况,坐卧不宁,心急如焚,恨不能插上翅膀飞到那里去。然而,他的上司曼彻斯特不仅不让他去,而且还威胁说谁要是劝他西进,就绞死谁。克伦威尔非常气愤,但又无可奈何。所幸的是,埃塞克斯后来总算是死里逃生了。

1644年10月,军事会议决定进攻国王查理所在的唐宁顿堡。此时国会军的兵力差不多超过王军一倍,占有明显的优势。但是查理的防御阵地非常坚固,因此不可能从正面进攻。最后,军事会议作出决定,由沃勒和克伦威尔率领一半兵力,在夜晚进行迂回包抄,从王军的后面发起攻击,曼彻斯特则率部在原地待命,一听到迂回部队的枪声,便同时从正面向王军发起进攻,这样两面夹攻,有可能一举攻下唐宁顿堡。

10月26日天黑以后,克伦威尔和沃勒开始行动。王党军队在他们突然而猛烈的进攻下，很快就退却了。本来形势大好，但是曼彻斯特却没有按计划同时发动进攻，使查理免于腹背受敌，而可以从容地调遣兵力来对付克伦威尔和沃勒。曼彻斯特不顾军官们的一再请求，拒绝出兵。一个多小时后，他才下令进攻，但为时已晚，白白断送了一次有效的军事行动。更令人气愤的是，当天夜里，查理一世乘着夜深人静，率领军队撤回了牛津大本营，克伦威尔和沃勒得知这个消息后，要求马上进行追击，但是曼彻斯特依然不予理睬。国会军内部因此发生了激烈的争吵，查理一世则乘这个机会把唐宁顿堡从围困中解救了出来，并把在夜间逃跑时没顾上带的大炮辎重，在国会军的眼皮底下大摇大摆地运回了牛津。克伦威尔终于忍无可忍，他在 11 月的军事会议上指责曼彻斯特在战场上作战不利，贻误战机，并一针见血地指出，他的这种"失误""既不是由于不可避免的意外，也不是仅仅由于疏忽，而是由于他害怕采取任何行动。"曼彻斯特脸色阴郁地回答说："要知道，我们即使打败国王九十九次，他和他的后代们仍然是国王。而国王哪怕只要打败我们一次，我们就将统统被绞死，我们的子孙也将沦为奴隶。"曼彻斯特的话明白地揭示了那些在战争中敷衍应付的将领们的心理活动。如果所有的指挥官都像克伦威尔一样坚定，毫不妥协，那么，战争可能早在 1644 年的秋天就结束了。

广大的民众也对国会军一些将领的所作所为感到强烈的不满。克伦威尔向国会敲响了警钟：

"目前已是最紧要的关头，因为战争旷日持久，致使我们国家流血不止，已频于死亡的边缘……倘若不以新的方式对军队加以改组，倘若不更加努力地进行战争以使战争尽快结束，人民就无法再忍受战争的痛苦，就会迫使你们签定不体面的和约。"

克伦威尔的话使议员们受到很大的震动。战争形势的紧迫性及城乡人民斗争的迅猛发展，使得国会不得不考虑采取一些必要的改革措施。1645 年初，国会对军队进行了改组，解除了那些政客议员和那些眼睛只盯着自己的选区和土地财产的贵族在军队中所担任的领导职务，而启用真正有能力的、有职业军人观念的军官，使军队更加正规化，以提高军队的作战能力。

军队改组后，总司令由既不是国会议员也不是贵族的托马斯·费尔法克斯担任。费尔法克斯比克伦威尔年轻 12 岁。他沉默寡言、谦逊朴实，然而一到了战场上，这位平时十分文静的青年便像换了个人似的，生龙活虎、勇猛顽强。他很受部下的爱戴，与克伦威尔也曾合作得很默契。费尔法克斯请求国会让克伦威尔担任曾空缺多日的中将副司令一职，他在给国会的信中写道："将军在全体将士中受到普遍的尊敬和爱戴。他的品德和才干，他在议会工作中表现出来的辛勤、勇敢和忠诚，再加上他常常得到上帝的恩惠，福星高照，这一切使我们有责任向你们和人民提出请求，任命他担任这一要职。"而此时国会也已经认识到要想打胜仗是少不了克伦威尔的。

还没等到议会批准关于任命克伦威尔的请求,费尔法克斯就写信给克伦威尔,告诉他已任命他为副司令并要他立即率部与主力会合,准备与国王一决雌雄。

改组后的国会军称"新模范军",共 2.2 万人。士兵主要是从农民和手工业者中召募来的,中、下级军官中也有一些是出身低微而因军功和能力提拔起来的。"新模范军"的官兵,具有较高的政治觉悟、旺盛的战斗精神,还有严明的纪律。尤其是骑兵,他们都是克伦威尔亲自挑选和训练的,他们是"新模范军"的核心,有人曾评价说"整个欧洲找不出比他们更好的士兵了"。另外,"新模范军"还有一大优越性就是可以不受地方的约束,到处征战,指挥官在作战方面也获得了更大的自由度。这支新型军队的建立,为彻底打败王军奠定了基础。

这时国王查理一世也在四处活动。6 月 1 日,他和鲁伯特攻陷并洗劫了莱斯特。但这一举动并没有给他带来什么好处。一方面,这一行动激怒了国会,促使国会采取更坚决的反击措施;另一方面,部队的伤亡严重地削弱了他的军事实力,同时,还需抽出一部分人来驻守要塞,分散了兵力。更糟糕的是,国王军队在攻占莱斯特时,抢夺了大量的财物,士兵们个个金银满怀,结果很多士兵为了及时地去享受这些东西而逃离了军队。克伦威尔最深恶痛绝的就是军队的抢掠,因为它会败坏军队的风纪,而最终导致战场上的失败。查理的部队最后只剩下 8000 人,他只好在马克特哈巴勒驻守待援,等待戈林率部前来会合。戈林是王党军中的一员骁将,但他嫉妒鲁伯特,不愿听从他的指挥。所以他在接到鲁伯特要他率部与王党主力会合的命令后,有意拖延,迟迟不到,这对战争形势起了关键性的影响。

与此相反,克伦威尔一接到费尔法克斯的信,便立刻马不停蹄地赶来,在 6 月 13 日早晨与主力会合。得知克伦威尔的到来,骑兵营地中爆发出一片热烈的欢呼声。

当天晚上,国会军向王党军队的前沿阵地发动了突然袭击。当时王军士兵们有的在吃晚饭,有的在玩游戏,丝毫没有防备,国会军很快得手,占领了敌人的前沿阵地。

半夜 11 点,查理一世被人从睡梦中叫醒,他这才发现敌人已近在眼前,想撤退都来不及了,而且对方的兵力比自己多一倍,没有办法,只有硬着头皮干了。凌晨 2 时,王党士兵们被吆喝起来,准备进行战斗。

6 月 14 日拂晓,鲁伯特将部队布置在马克特哈巴勒南面的山梁上,作好了战斗准备。之后,他骑着马到前沿阵地去观察国会军的动向,忽然发现克伦威尔的骑兵在向后移动,这使他百思不得其解,莫非国会军要撤退?不管怎么说,对方此时还未做好战斗准备,这是个发动进攻的好时机。鲁伯特当即派人传令,要国王的部队和他一起行动,去抢占有利地形。而实际上克伦威尔的部队向后移是因为部队在进入阵地后,克伦威尔发现自己队伍的前方是一片泥泞地,这对骑兵的进攻十分不利,因此他向费尔法克斯建议让他把部队移到后面纳西比山丘上去,费尔法克斯同意了。鲁伯特看到的就是克伦威尔部队向后移动的情景。鲁伯特的军队向前推进后,克伦威尔也赶快选择了最佳的战斗位置,布下阵来。

这一天,克伦威尔好像特别兴奋,他情绪高昂地前后奔跑指挥队伍,常常抑制不住兴奋的心情而笑出声来。这时,他心中充满了必胜的信念。

战斗打响了。鲁伯特想先发制人,打破对方的阵形,便率先向国会军左侧阵地发动进攻。左侧由奥凯指挥的龙骑兵火力很强,人数也占优势,但是仍抵不住鲁伯特骑兵的凶猛进攻,鲁伯特很快便攻下了国会军的阵地。但是那些王党士兵一旦得胜,其掠夺本性就立刻显露出来,他们就像一群发现了猎物的狼,到处去抢劫战利品,跑离战场有一英里远,使鲁伯特无法驱使他们去扩大战果。

在中部,国会军的兵力也大大超过王军,但是也没能抵挡住王党步兵的进攻,前沿阵地被敌人突破。而在克伦威尔指挥的右侧,情况则完全不同。克伦威尔的骑兵不仅在数量上而且在气势上压倒了他的对手——兰代尔指挥的王党骑兵。克伦威尔亲自挥刀上阵,在战场上纵横驰骋,威风凛凛,手下的骑兵也是勇猛顽强,锐不可当,很快就把敌人打得溃不成军。兰代尔试图重整队伍,但是,克伦威尔的四个骑兵队再次冲将过去,把他们彻底击溃。克伦威尔乘胜追击,一直逼近国王查理的后备部队。查理见是克伦威尔的骑兵冲了过来,不敢恋战,慌忙带着后备部队快马飞奔逃走了。这时克伦威尔的主力丝毫无损,依然保持着旺盛的斗志,于是他立即将部队调到左侧,向那些已经没有任何保护的王党步兵发动了猛烈进攻。这对敌人是致命的一击,对整个战局起了决定性的作用。这时费尔法克斯也亲自率兵冲锋陷阵,奥凯的龙骑兵也受到鼓舞,重新组织起来向敌军冲去。这样,王党步兵受到几面夹攻,完全处于被动挨打的境地,虽然进行了拼死的抵抗,但是大势已去,最后终于缴械投降了。

当鲁伯特费了九牛二虎之力把那些抢得兴起的骑兵重新集合起来返回战场时,战斗已经结束了,他只好和查理一起收拾起残兵败将,重新布阵,准备再战。这样,双方在同一天里再次摆开阵势,要进行第二个回合的较量。但是这时查理一世已经没有步兵了,剩下的骑兵也犹如惊弓之鸟,一阵排枪过去,便抱头鼠窜。查理和鲁伯特还试图稳住阵脚,但根本无济于事。这时国会军所要做的事就是追击逃敌了。在追击逃敌过程中,新模范军的良好风纪再一次显示了出来。克伦威尔下令沿途不得下马抢劫,违者处死。而与此形成鲜明对照的是那些王党士兵,甚至在逃跑过程中,也仍然有些人不惜舍命停下来去捡散落在地上的钱,由此可以看出双方部队在素质上的根本差异。

纳西比战役的胜利,消灭了王党军队的主力,奠定了国会军胜利的基础。20多天之后,克伦威尔英勇善战的骑兵再一次以令人难以置信的顽强作风,将国王的惟一可以依靠的戈林部队打得丢盔解甲,落荒而逃。此时,国王的人马已所剩无几。在以后的九个月中,王党残余的据点被一个一个剿灭。1646年6月,王党大本营牛津的守敌向克伦威尔缴械投降。在此之前的一天夜里,查理一世剪掉了头发,戴着假胡须,趁着天黑逃出了牛津。这时他身边只有两个侍从,也没有个落脚之处。在孤魂野鬼般游荡了一阵子之后,走投无路的查理向苏格兰军队投降,内战结束了。

第一次内战以国会方面的胜利而告结束,而这个来之不易的胜利,在很大程度上应归功于克伦威尔。从"铁骑军"到"新模范军",从马斯顿荒原到纳西比山岗,克伦威尔充分显示了他的卓越的军事才华。那么这样一个43岁才第一次上战场而又从未受过任何正规军事训练的人,他成功的秘诀究竟是什么?

首先,克伦威尔作为军事统帅,他既没有高贵的出身,也没有征战的阅历,然而,这种表面上的劣势实际上倒成为他的优势。他没有受过正规训练,没打过仗,这倒使他在指挥作战时脑袋里少了许多条条框框,不会拘泥于传统的作战原则,而可以灵活地运用战略战术,再加上他十分善于观察、分析局势,因而使他的似乎是天生的指挥才能得到淋漓尽致的发挥。也许正是这一点,使克伦威尔和素有军事专家之称的鲁伯特在战场上较量时,总是更胜一筹。

除了统帅的指挥艺术外,在战场上起决定作用的就是部队的战斗力能否得到充分的发挥。部队的战斗力首先取决于部队的素质。而在战争开始时,部队的素质太差。在英国,只有很少的士兵受过正规训练,另外还有一些受过训练的民兵。这是一些业余士兵,只是在每个星期天的早上做完晨祷后才进行一点轻松的训练,实际上不起任何作用。曾有人讥讽说这些民兵真正受到的训练就是喝酒,他们所崇拜的神不是玛尔斯(战神)而是巴克斯(酒神)。面对着那些整天酗酒、目无法纪、根本无法指挥的民兵,国会军将领威廉·沃勒爵士曾气愤地说:"这些人只配上绞刑架,而且在地狱里永世不得翻身。"这样的军队是不可能打胜仗的。克伦威尔从一开始就认识到了这一点,因此他确立了自己的建军原则:士兵们必须要有坚定的信仰,要有勇敢的精神,要有严明的纪律,还要有高超的武艺。他从自耕农中召募士兵,这些人能吃苦耐劳,痛恨封建制度,觉悟比较高。克伦威尔向他们灌输清教思想,使他们树立起坚定的信念,明确作战目的,知道自己为什么打仗,因而士兵们在作战时具有高昂的斗志,同心同德,愿为国会事业而献身,这是克伦威尔的部队具有很强的战斗力的一个根本的原因。另外,克伦威尔也非常重视士兵们军事素质的培养,骑马射击,都要进行严格的训练,因此,他的士兵在战场上不仅敢打,而且会打。再加上克伦威尔军中森严的纪律以及作为统帅的克伦威尔所具有的个人感召力,使这支队伍召之即来,来之能战,攻无不克,战无不胜。

# 五、惊世之举

第一次内战打赢了，但是问题并没有得到解决。查理一世在被扣押了八个月之后，苏格兰人以40万镑的代价将他交给了英国国会。此时英国该向何处去，人们争论不休，莫衷一是。

内战结束后，被长老派控制的国会当即通过解散革命军队的决议，并准备同国王进行谈判来结束革命。决议遭到士兵们的激烈反对。士兵们已经很长时间没有拿到薪饷，而此时正值物价飞涨，失业人数猛增。失业者身无分文，处境极为悲惨。士兵们认为自己为国会事业出生入死，本应享受到较好的待遇，而国会却要把他们弃之不顾，使他们有可能沦为失业者，因此，军队的不满情绪迅速蔓延，平等派也加强了在军队中的活动。在平等派的宣传鼓动下，士兵们组成了"士兵鼓动者会议"，选出代表向国会提出抗议，要求付清欠薪，反对解散军队。

形势的发展非常迅速，军队同议会的冲突几乎到了短兵相接的地步。在这紧要关头，克伦威尔和其他的独立派高级军官，却在国会和军队之间摇摆不定。一方面，他害怕军队解散后，他将失去可以依靠的力量，失去同长老派斗争的王牌；另一方面，他又害怕士兵的影响增长，势力壮大，将会使他失去控制军队的权力。因此，克伦威尔的态度很暧昧。

士兵们对克伦威尔的态度非常不满，最后他们明白地表示，如果克伦威尔不立刻来领导他们的话，他们就将甩开他单独行动了。1647年6月3日，骑兵掌旗官乔伊斯率领500名骑兵到囚禁国王的赫姆比城堡，把国王劫持过来，押到了军队驻地附近，这样做的目的是为防止长老派利用国王玩弄阴谋。军队的行动给了克伦威尔巨大的压力。此时，摆在克伦威尔面前有两条路：或者站在长老派一边，镇压平等派士兵；或者站在平等派士兵一边，与国会里的长老派作斗争。权衡利害得失之后，克伦威尔决定和军队步调一致。他这样做并不是表示他接受了士兵和平等派的主张，而是想争取主动，继续保持对军队的控制权。

军队对国会里的长老派的不满日益增加，士兵们不断提出进军伦敦，对那些议员采取行动的强烈要求。伦敦及其他地方的人民也纷纷向军队提交请愿书，支持军队的斗争。在这种形势的推动下，1647年8月6日，克伦威尔率领军队开进了伦敦，许多长老派重要议员闻风而逃。这样，国会与军队的斗争，就以军队的胜利而告结束。

但紧接着，军队内部独立派高级军官和平等派士兵之间的矛盾又激化了。平等派提出了一个激进的斗争纲领"人民公约"，他们要求处死国王，建立共和国，废除上议院,实行普选权。这个纲领遭到了高级军官们的反对。平等派士兵举行武装示威,克伦威尔逮捕了为首的肇事者,并对其进行军事审判,判处三人死刑。平等派运动被镇压下去,军队又逐步驯服了。

就在独立派与平等派激烈斗争的时候,国内局势又发生了急剧的变化。11月11日,国王查理偷偷逃出了囚禁地,跑到了怀特岛。在那儿,他又开始与有关各方进行讨价还价的谈判。最后,国王同苏格兰人达成了一项秘密协议,准备借助苏格兰人的力量来恢复他在英国的统治地位。下议院在获悉这个消息后,于1648年1月3日,投票决定与国王断绝一切关系。但是下一步该怎么走,是立一个新的国王,还是成立共和国,谁也没有明确的答案。克伦威尔再一次采取了等待观望的态度,要看看事态如何发展,看看王党分子和苏格兰人要干些什么。

1648年2月,南威尔士的王党分子举行暴动,又挑起了第二次内战。王党分子和苏格兰军队共同行动,占领了许多城市,有一部分舰队也投到了王党方面。大敌当前,独立派和平等派暂且放下了彼此间的争端,军队又重新团结起来,齐心协力,反击王党分子的进攻。

克伦威尔再一次披挂上阵,这一回他总算享有了独立的指挥权。他率领军队进抵南威尔士的王党分子的重要据点彭布罗克,用重炮轰开了敌人坚实的防线,叛乱分子最终投降。之后,克伦威尔挥师北上,去和约翰·兰伯特少将指挥的另一支国会军会合,共同对付入侵的苏格兰人。长途跋涉,使克伦威尔手下的步兵疲惫不堪,步履艰难。那些乐观的王党分子似乎看到了希望,幸灾乐祸地说:"老克伦威尔在蒙默斯陷入困境,他手下的人因为缺少军饷而发生兵变,不肯再前进……要是这个魔鬼再逼迫士兵前进一步,这些圣洁的人就会起来造反。"但是这些王党分子高兴得太早了。事实上克伦威尔的士兵并未停止前进,他的士兵总是能克服常人难以想象的困难,而始终保持着旺盛的战斗力。8月12日,克伦威尔与兰伯特会师。这时他们的兵力不足9000人,而克伦威尔估计敌人的兵力可能有24000人。尽管双方力量对比众寡悬殊,但克伦威尔对自己部队的战斗力充满信心,决定和苏格兰人开战。

这时哈密尔顿率领的苏格兰军队已逼近普列斯顿,克伦威尔面临着这样的选择:是与哈密尔顿的队伍平行向南挺进,以便阻止他们向伦敦推进,还是向西进军,插入敌后,切断苏格兰军队与其后方基地的联系?第一种方案被敌人牵着鼻子走,有些被动,而第二种方案可以截断苏格兰军队的退路,便于最后围而歼之。以全局战略着眼,克伦威尔经过周密的思考,决定采取后一种方案。他的部队迅速挺进到敌后,驻扎在距离敌人后卫部队兰代尔部仅3英里的地方。由于敌人的情报工作做得太差,等到他们发觉的时候,克伦威尔已经到了他们身边。这时,哈密尔顿部队的战线前后拉得太长,从普列斯顿向南延伸达17英里,以致于首尾消息互不相通,走在前面的哈密尔顿并不了解队伍尾部的确切情况。因此,当克伦威尔从后面进攻的时候,哈密尔顿没有做任何战斗准备,仍然命令步兵主力渡过莱波尔河向威岗前进。于是,阻击克伦威尔的任务就只能由兰代尔部单独来承当了。

8月17日清晨,克伦威尔向普列斯顿发起了攻击。进攻的道路"泥泞而险恶",路上有许多障碍物,还要通过一片沼泽地,因而骑兵的进攻非常困难。但是在这样险恶的条件下,克伦威尔的骑兵仍然顽强地向前突进,清除道路上的障碍,在泥泞的道路上为主力步兵开辟出一条通路。战斗进行得很激烈,克伦威尔的士兵们的"勇猛和决心令人难以置信",兰代尔的部队坚守了4个多小时后终于全线崩溃,克伦威尔的部队冲进普列斯顿城。经过一场厮杀,夺取了莱波尔桥,这样,就将哈密尔顿的部队拦腰切断,哈密尔顿和他的后卫部队被阻挡在莱波尔桥以北,断绝了和主力部队的联系,但是哈密尔顿无论如何要回到自己的主力部队中去,他和一些贴身卫士杀出重围,然后冒着被不断上涨的河水吞没的危险,游过了莱波尔河,回到了已停止前进,原地待命的部队。夜幕降临以后,哈密尔顿的主力步兵趁着人困马乏的克伦威尔的士兵们酣睡之机,悄悄地向南撤走了。同时,哈密尔顿命令走在队伍最前面的由米德尔顿指挥的骑兵立即从威岗返回,与南进的步兵会合,这样,他的部队将在数量上占据优势,而且这些部队都还没有参加战斗,体力充沛,士气旺盛,可以和克伦威尔的筋疲力尽的部队较量一番。只可惜老天不作美,弄了个阴差阳错。在普列斯顿和威岗之间有两条路,当哈密尔顿的步兵沿其中一条路南行时,米德尔顿的骑兵走的却是另一条路,他们在黑暗中完全错过了会合的机会。米德尔顿一直走到克伦威尔眼皮底下,才发觉事情不妙,他立即调头南下,顺着步兵留下的踪迹往回赶。这时克伦威尔也发现了苏格兰人的行动,立刻率兵追击。当时,天上下着雨,士兵们还没有从疲劳中恢复过来,就又开始上路了。他们冒着雨,在黑暗中深一脚,浅一脚,拖泥带水跑了一夜,第二天,又马不停蹄地沿着泥泞的道路继续追击。哈密尔顿的人马在发现追兵以后也未敢停留,连夜穿过威岗向南退去。克伦威尔连续两天两夜的穷追不舍,使苏格兰士兵疲惫不堪。他们个个透湿,污泥满身,饥肠辘辘,人数急剧减少。最后,再也跑不动了的苏格兰人终于决定,与其累死,不如战死,于是他们停下来,与克伦威尔进行决战。

战斗进行了几个小时,在双方都处于极度疲劳的状态下,这场战斗就成了意志的较量。在短兵相接的拼杀中,克伦威尔的部队曾一度失利,但是(用克伦威尔的话说)在上帝的保佑下,士兵们又重新振作起来,反败为胜,击溃了苏格兰人。杀死敌人约1000人,俘虏大约2000人。哈密尔顿丢下步兵不管,带着他的骑兵残部狼狈地逃走了,余下的步兵全部缴械投降。

普列斯顿战役并不是一次事先经过周密计划的军事行动,而是一场在恶劣的气候下进行的连续三天的追击战。克伦威尔的士兵由南向北,由北向南,经历了长时间艰苦的跋涉,体力消耗已经到了极点,而且已经多日没有领到军饷。就是在这种情况下,他们仍能表现得如此出色,做到了克伦威尔所要求做到的一切,真是令人惊叹。在这样一场事先毫无准备的战斗中,新模范军的"模范"之处得到了最充分的体现。

普列斯顿战役同纳西比战役一样是场决定性的战役,它击溃了王党军队的主力。普列斯顿大捷之后,克伦威尔乘胜进军,直捣苏格兰首府爱丁堡,第二次内战以王军的彻底失败而告结束。国王查理再一次成为国会军的俘虏。

这时,军队和人民强烈要求把那个罪大恶极,使国家连续遭受两次内战痛苦的罪人国王查理作为内战的祸首而加以惩罚。但是不久,人们便清楚地看出,国会根本无意这样做。于是,军队中便有些军官准备担当起此重任。就在克伦威尔犹豫不决的时候,其他人采取了行动,为首的正是克伦威尔的女婿亨利·艾尔顿。1648年11月20日,军官会议向下议院呈交了一份由艾尔顿起草的《军队抗议书》,要求追究国王查理一世的罪责并对其进行审判。但是下院对《军队抗议书》根本不予理睬,于是,军队决定采取断然措施。12月6日,普莱德上校带领军队,站在国会门口,手里拿着一份名单,上面开列着被认为是政治上不可靠的议员的名字,这些人不准进入国会。大约有110名议员被从国会中"清洗"了出去,他们大都是长老派议员。剩下的议员大约还有200人,大都是独立派议员。这些人继续开会议事,被称为"残余国会"。这次行动,克伦威尔事先并不知情。但事已至此,他只能表示他很高兴并将予以支持。

1649年1月,"残余国会"通过一项法案,成立特别法庭。审判国王。

克伦威尔在处置国王的问题上态度是非常坚决的。他措辞激烈地说:"我们应该把他的头和王冠一道砍下来。"

审判从1649年1月20日开始。法庭指控查理独揽大权,施行暴政,又挑起内战,对英国人民犯下了严重的罪行。1月27日,特别法庭以"暴君、叛徒、杀人犯和人民公敌"的罪名,判处查理一世死刑,并定于1月30日在英格兰白厅广场执行。

1月30日这一天,白厅广场人山人海,人们从四面八方赶来,要亲眼目睹暴君的下场。

在广场中央特设了一个断头台。近午时分,王宫的侧门打开了,监斩上校押送查理一世赶赴刑场。12时,让国王临刑前吃他在人间的最后一餐,国王不想吃,但在主教的劝说下,他喝了一杯葡萄酒,吃了一片面包。下午1时正,查理一世被带上断头台。特别法庭当众宣读了查理一世的判决书。之后,庭长以坚定、高亢的声音宣布:"执行处决!"行刑者手起斧落,那颗戴过多年王冠的头颅立即滚落了下来。

处死国王,使整个欧洲感到无比的震惊,此举绝非寻常。以前,也曾有过国王被杀,但情况完全不同。他们或者是战死在疆场,或者是死于宫廷阴谋,而国王被他的臣民作为罪犯公开处死,这在欧洲历史上还是第一次。这一惊世之举宣告了一个旧时代的结束,历史将翻开新的一页。

# 六、万人之主

处死国王之后,下议院又通过了废除上议院和王权的决议,这时英国事实上已成为一个共和国,政权由"残余国会"和国会所认定的国务会议掌握。克伦威尔成为国务会议的临时主席。

英格兰就这样很平稳地由王国变为共和国。但是,它的两个属地苏格兰和爱尔兰的问题却没有这样简单。在得知查理一世被处死的消息后,查理一世的儿子查理·斯图亚特(即后来的查理二世)在苏格兰的爱丁堡自立为国王,打起王室的旗帜,准备以苏格兰为基地,夺回斯图亚特王朝失去的一切。同时,在爱尔兰,一些天主教叛乱者与新教王党分子结成联盟,伺机反扑。在这种情况下,共和国的当权者决定再次采取军事行动。1649 年 3 月 15 日,已放弃国务会议主席职务的克伦威尔被任命为爱尔兰远征军总司令,统帅着八个步兵团,三个骑兵团,准备征讨爱尔兰。

8 月 13 日,克伦威尔率领一万多人的大军,扬帆启航,开始远征。此时已是身经百战的克伦威尔对付叛军似乎是更有把握了。他在爱尔兰遇到的第一个主要的堡垒是德罗盖达城。该城距都柏林 30 英里,防御工事号称是"固若金汤",驻有 2500 名守军。要塞司令亚瑟·阿斯登爵士是一位久经沙场的职业军人,他极为自负,曾口出狂言:"谁能攻下德罗盖达,谁就能攻陷地狱。"他自信有绝对的把握坚守住城池,直到饥饿和疾病这"两支围困部队"(有人称之为"饥饿上校"和"病魔少校")将克伦威尔拖垮为止。

德罗盖达一直被认为是一只压不碎的核桃,但对克伦威尔来说却只是小菜一碟,因为克伦威尔已经做好了充分的准备,并拥有一支装备精良的炮兵。克伦威尔并不打算沿用欧洲传统的围城战术去长期围困德罗盖达,他准备用猛烈的炮火在城墙上轰开一个缺口,然后冲入城内,强占要塞。这种强打硬拼的战斗,肯定会有很大的伤亡,但是牺牲的人数比起长期围困死于饥饿和疾病的人数来说还是要少得多,因此,克伦威尔决定采用这种速战速决的战术。

到 9 月 9 日,一切准备就绪,克伦威尔决定第二天早晨发动进攻。10 日上午 8 时,阿斯登收到克伦威尔派人送来的最后通牒,要求他投降,以免不必要的伤亡。阿斯登拒绝投降,于是炮轰开始了。

第二天下午 5 时,城墙有两处被轰开了缺口,部队发起冲锋,但是被击退了。克伦威尔调集了更多的兵力，又发动了第二次进攻，这一次成功了，士兵们冲入城内。克伦威尔下令杀死城中所有手持武器的人。经过一夜激战，至少有 2000 名爱尔兰人被杀死，阿斯登爵士也没能幸免。有一股守军占据着圣彼得教堂的钟楼，拒绝投降。克伦威尔命令用大炮轰击，不起作用，他手下的士兵们便将教堂内的长木椅拉出来，堆在钟楼下点燃，施行火攻。有大约 50 人企图冲出大火，被击毙，其余的全被烧死或被倒下来的房梁、屋顶和大钟砸死，烈火中不断传出阵阵凄厉的惨叫声。

对德罗盖达的攻打成了一场屠杀，很多手无寸铁的和平居民被杀害，所有的天主教神父和修道士尽遭屠戮。克伦威尔认为这是"上帝对这些野蛮卑鄙的小人应有的惩罚"，而实际上这场血腥的屠杀是由于新教反对天主教、英格兰人反对爱尔兰人的一种仇恨情绪造成的。它的结果是使这种民族间的仇恨情绪更加深了。几百年后，爱尔兰人对此事仍是不能忘怀，提起德罗盖达，仍是心有余悸、不寒而栗。克伦威尔的"胜利"给爱尔兰民族造成的心灵创伤，是永远也无法愈合的。

一个月之后，克伦威尔又以同样凌厉的攻势攻占了威克斯福德，在格杀勿论的命令下，又有近 2000 名爱尔兰人被杀死。接二连三的毫无节制的屠杀在爱尔兰人当中引起了极大的恐慌，使爱尔兰人的反抗转入低潮。

克伦威尔在爱尔兰的九个月期间，再一次显示了他的卓越的军事才能，他所向披靡，取得了一个又一个的胜利。然而，这些胜利却没有给克伦威尔带来什么荣耀，他得到的只是爱尔兰人对他的愤怒。克伦威尔口口声声说他来到爱尔兰不是要毁灭这些地方及这里的人们，而是来拯救他们，以便使他们生活得幸福快乐，但是，他锋利的刀剑使这些话变成了一种莫大的讽刺。正是克伦威尔以及他的继任者的"拯救行动"使爱尔兰三分之一的人口死于战火、瘟疫和饥馑，三分之二的土地被英国人侵占。爱尔兰人永远不会忘记克伦威尔在爱尔兰的所作所为。

1650 年，克伦威尔在完全占领爱尔兰沿海一带之后，便将继续征服爱尔兰的事交给了他的助手，自己则率兵去苏格兰讨伐查理二世及支持他的苏格兰军队。

在苏格兰的头五个星期中，战局对克伦威尔非常不利。由于给养问题，克伦威尔希望能速战速决，但苏格兰人深知克伦威尔的厉害，因而他们并不想同克伦威尔进行正面的决战，而是利用复杂的地形与他周旋，声东击西、神出鬼没地袭击他，使得克伦威尔来回奔跑，疲于奔命，如同一只扑来扑去却捕捉不到猎物的猛兽。他的部队被折腾得疲惫不堪。一位英国军官曾形容他们是"一支可怜、虚弱、饥饿而又沮丧的队伍"。此时，克伦威尔的军队人数已由 16000 人减少到 11000 人左右。

但是，机会终于来了。9 月 1 日，克伦威尔的部队在邓巴尔宿营。第二天，23000 名苏格兰士兵占领了多恩山，这儿离邓巴尔只有 2 英里，而且控制着邓巴尔向外的通道，指挥官便是苏格兰著名将领戴维·莱斯利将军。此时克伦威尔陷入了困境:向前走,道路被敌人卡死了,向后退,敌人居高临下,撤退也极为困难,而如果驻扎在此,则成了瓮中之鳖,只能坐以待毙。苏格兰人也看出了克伦威尔的窘境,因此他们充满了必胜的信心,准备同克伦威尔决战。此时,对克伦威尔来说,虽然身处险境,但值得庆幸的是他的愿望总算可以实现了,他终于可以同苏格兰人进行一场真正的战斗了。他在望远镜里看到敌人正在调动部队,兴奋地说:"上帝正将他们送到我们手中,他们正下山与我们决战"。

经过仔细地观察,克伦威尔发现了敌军部署中的一个致命的弱点,即在右侧集中了太多的部队,而这是一个山地和海岸之间的狭小的区域,几乎没有回旋的余地,一旦遇到攻击,就将陷于被动挨打的境地。实际上,苏格兰人根本就没有想到会遭受攻击,他们认为主动权牢牢地掌握在自己手中,尤其是看到克伦威尔的部队排列成防御队形时,他们就更加自信了。而这正是克伦威尔的机会。

9月2日夜里,双方营地都安静了下来。苏格兰人被假象所迷惑,已经熄了火绳,安然入睡。而此刻克伦威尔却在夜幕下紧张地忙碌着。他在黑暗中骑着马来回穿梭,奔跑于几个团队之间,重新调整作战队形,部署进攻事项。"他紧咬着嘴唇,血顺着下颚流下来,而他却全然不知。"

天刚亮,克伦威尔的部队便对敌军阵地发动了突然的进攻,他们的攻击使苏格兰人措手不及。等他们回过神儿来后,便进行了顽强的抵抗,克伦威尔的进攻一度受挫,形势变得很严峻。但是克伦威尔早有防备,他在进攻的时候并没有把所有的团队全部压上,而是留了四个团的后备队,这时刚好派上用场。他启用后备队,又发动了第二次进攻,这一招果然奏效,战局一下子扭转了过来,克伦威尔再次取得了胜利。当朝阳跃出大海时,克伦威尔大声说道:"让上帝高高升起,让它的敌人见鬼去吧!"在战斗中,苏格兰人大约有3000人见了鬼,1万人被俘,大批的辎重、枪炮被缴获。

在邓巴尔战役开始前,一切都似乎对他不利,但是一夜之间,他竟奇迹般地从一位占尽优势并且能干而富有经验的将军手中夺走了胜利,使克伦威尔的"神话"再次变成了现实。

一位苏格兰传教士说:"克伦威尔比魔鬼还可怕。因为圣经告诫世人,抗拒魔鬼,他就会离你而去;但是,如果抗拒克伦威尔,他则会向你迎面扑来。"他这番话看起来确实很有道理。

邓巴尔战役后,苏格兰人又恢复了原来的策略,严守城池,坚不出战,因此,一直到第二年的春天,苏格兰的战事毫无进展。无可奈何之下,克伦威尔决定冒险进攻福艾福,以切断苏格兰人的给养,迫使他们出来战斗。7月17日,克伦威尔的部队开始行动。就在克伦威尔的计划顺利进行的时候,8月1日,他得到消息说查理二世和苏格兰大军正向南进发,企图趁克伦威尔和共和政府的精锐部队正在苏格兰之机,乘虚而入,进攻英格兰,得手之后,进一步扩充实力,然后进行最后的决战,一举夺得两个王国。对查理二世来说,这是一场赌博,如果失败,他将失去立足之地。但查理二世仍决定孤注一掷。而对克伦威尔来说,这正是他求之不得的。他等待一个决战的机会已经等得太久了。他于是调头南下,尾随苏格兰人,向英格兰推进。此时其他部队在哈里森、费尔法克斯等人的领导下,也在英格兰严阵以待。

查理二世越过边界,进入英格兰。很快,他的幻想就破灭了,他并没有得到预期的支持。他的部队经过几个星期的长途行军,疲惫不堪,情绪低落,于是8月22日查理在伍斯特停下来休整。克伦威尔抓住时机与其他部队会合。这时他手下的士兵已超过3万,于是,他兵分三路,弗利特沃德和兰伯特率兵前往伍斯特的南方和西方,封锁所有通向威尔士的退路。克伦威尔向东,切断了通往伦敦的道路。伍斯特被包围了。8月29日开始炮击,但接下来的四天,克伦威尔一直按兵不动。一方面,他需要花些时间来集结足够的船只架设两座浮桥,另一方面,他也可能是在等待一个特殊的日子,一个会给他带来好运的日子——9月3日,邓巴尔战役一周年纪念日。他准备在这一天发动进攻。

9月3日清晨,一切准备就绪。这一天的战场口令是"万人之主",与邓巴尔战役所用的口令相同。当"邓巴尔的太阳"升起的时候,一场惊心动魄的战斗开始了。克伦威尔的部队和弗利特沃德的部队准备跨过浮桥,缩小包围圈,会攻伍斯特。王党军队冲出城外,企图阻止对方部队的会合,但是他们抵挡不住英军凶猛的进攻,节节败退,最后退回了伍斯特。此时查理二世已经被完全包围了,他在绝望之中率领部队向克伦威尔部队东侧的哈里森部发起了疯狂的反击,想杀出重围。查理军队来势汹汹,查理二世的图谋几乎得逞。但是哈里森部拼死抵挡,赢得了足够的时间,使克伦威尔能够调集优势兵力增援东线,这一行动奠定了胜局。战斗持续了四五个小时,其激烈程度是前所未有的。由于查理军队是背水一战,因此作战非常顽强,但是克伦威尔的部队最终占了上风,查理的部队又被迫退回伍斯特,接下来便开始了巷战。

激烈而混乱的巷战,一直持续到夜里,大街小巷,到处布满了尸体。大约有2000名查理的士兵被杀死,其余的大部分做了俘虏。查理二世乔装打扮,东躲西藏,历尽艰险,才侥幸逃脱。

伍斯特战役标志着克伦威尔的军事生涯达到了顶峰。从此以后,他再也没有率兵驰骋疆场。十年的戎马生涯,使克伦威尔从一个不谙军事的普通乡绅,成为了一个可以和恺撒、拿破仑相提并论的伟大统帅。他以自己卓著的战功在军事史上写下了辉煌的一页。

# 七、无冕之王

征服爱尔兰和苏格兰,使克伦威尔的声望和权势空前地提高和加强了,他成了国家政治生活中炙手可热的中心人物。有人这样赞颂他:"战争期间,上帝指引你创下不朽的业绩;和平时期,人们从你那儿得到有益的东西。你粉碎了压迫者,使被压迫者获得解放;你为囚犯解除了镣铐,你给穷苦的家庭带来新的希望。"这种溢美之辞反映出人们渴望建立一个能给他们带来安宁幸福的新政权而对克伦威尔寄予了无限的厚望,这也使克伦威尔"替天行道"的使命感更加强烈了。克伦威尔不仅仅是一个优秀的军人,他还是一个天生的政治家。他有着宏伟的政治抱负和高超的政治手腕,他很希望能有机会像施展军事才能那样施展他的政治才干,而形势的发展正好为他提供了这样的一个机会。当时英国政坛风起云涌,新兴的资产阶级和新贵族迫切需要一个强有力的人物来维护他们的既得利益,而克伦威尔的战功和声望,使他成了最佳人选。于是,军队的有力支持,新兴阶级的衷心拥戴,最终将他推上了权力的顶峰。

1653年4月,克伦威尔用武力解散了"残余国会",此时,克伦威尔成了国内唯一的当权者。12月,高级军官会议宣布克伦威尔成了国内惟一的当权者。12月,高级军官会议宣布然接受了这一称号。"护国主"集行政、立法、军事、外交大权于一身,拥有无限的权力,克伦威尔成了"无冕之王"。他在英国建立起了一种不是君主、胜似君主的独裁统治。正如他的对手所言,他"将自己凌驾于三个王国的王冠之上,尽管没有国王的头衔,然而他拥有的权力和威望使任何一位国王都望尘莫及。"

在此后的几年间,克伦威尔推行大规模的侵略性的外交政策。他建立了一支强大的陆军和海军,开始向外扩展英国的势力和影响,使英国从一个不起眼的、无足轻重的国家逐步成为一个扬帆四海、举足轻重的海上强国。克伦威尔也随之声威远震,成为"全世界都为之惊惧的人。"

在他富有传奇色彩的一生中,克伦威尔创造了一个又一个惊人的奇迹。如果不是上帝将他召去,这个谜一般的令人费解的天才还不知道会再创出什么样的辉煌?1658年9月3日,是邓巴尔战役和伍斯特战役的纪念日,在这个曾给他带来荣耀的日子里,克伦威尔与世长辞,结束了他非凡的一生。他留给人们的是惊叹,是迷惑,他的是非功过,也成为后人永远争论的话题。

# 华盛顿

## ——军事天才,开国元勋

白建才

在美国首都华盛顿,雄伟壮观的国会大厦与林肯纪念堂连接的东西中轴线上,有一座造型独特的建筑。它高 169.32 米,呈四方锥体,像一柄巨剑直刺云天,像一尊巨人威镇四方。这就是著名的、被尊为美国国父的乔治·华盛顿纪念塔。它从 1848 年开始建筑,历时 37 载,于 1885 年建成,是全市最高建筑。政府规定,首都所有建筑的高度都不得超过它。纪念塔内外墙壁上布满了精美绝伦的雕刻绘画,记载着华盛顿的生平业绩。纪念塔内有电梯直达顶端,供人们俯瞰首都全景。每年,来这里参观的游人络绎不绝,旅游旺季时更是川流不息。他们来自东西海岸、落基山下、阿拉斯加、夏威夷群岛;也来自广袤的欧洲平原、奔腾的黄河长江、燃烧的撒哈拉沙漠、骚动的亚马逊流域……,他们中有鬓发斑白的老人,也有天真活泼的儿童……,在这里,人们流连忘返,怀着极其崇敬的心情缅怀着这位伟人的丰功伟绩,思绪飞回美国那艰苦创业的岁月……

## 一、少年时代

1732 年 2 月 22 日,在北美大陆英属殖民地弗吉尼亚州威斯特摩兰县布里奇斯溪庄园一间古老的房屋里,一个婴儿呱呱坠地,本文主人公乔治·华盛顿诞生了。华盛顿家族曾是英国的一个望族,1657 年时其曾祖父约翰·华盛顿和他的弟弟安德鲁·华盛顿一同移居北美。乔治·华盛顿是其父奥古斯丁·华盛顿第二个妻子的第一个儿子,在兄弟 7 人中排行第三。父亲是远近闻名的大农场主,家境殷实,生活富裕。但不幸的是,乔治·华盛顿 11 岁时父亲染疾去世了,留下了一份丰厚的家业,包括大约一万英亩土地和 50 来个奴工。按照父亲遗嘱,乔治分得了拉帕哈诺克河畔的大片土地和房地。当然,这暂时还得由寡母来代管,他须得到年满 21 岁时方可继承。

华盛顿小时没有受过完整系统的正规教育。不知为什么他没有像哥哥劳伦斯那样到英国去留学,也许是由于父亲过早去世的缘故。他只是在家乡附近的学校读了几年书,学习了一些识字、写算等基本知识和技能。但他学习非常认真,作业整洁,书写工整,很难见到像有些孩子那种马虎潦草、满纸涂鸦的现象。这些作业至今还完好无损地保存在弗农山庄图书馆中。华盛顿尤其喜好数学和土地测量。当时欧洲移民在北美的荒原上拓殖,土地测量成为最重要的学科之一。他用心钻研,完全掌握了这门知识,使土地测量成为他踏入社会后从事的第一种职业。

1747年,刚刚15岁的华盛顿辍学了。由于母亲经营不善,家里债台高筑,华盛顿决心自己谋生,挣些钱来补贴家用。他把父亲留下的那套积满灰尘的老式测量仪擦拭干净,当起了辅助测量员。16岁那年,首次前往西弗吉尼亚荒原,帮助哥哥劳伦斯·华盛顿妻子的一位亲戚费尔法克斯勋爵丈量他的大片地产。他们翻山越岭,涉水渡河,测量土地,划分地亩,经常遭受狂风暴雨的袭击,大部分时间在野外露宿,依靠野火鸡和其他禽类充饥。华盛顿在这次艰苦的野外作业中的表现和他提出的关于土地测量的报告书,使费尔法克斯勋爵非常满意。费尔法克斯勋爵是当地一位很有影响力的人物,在他的大力举荐下,华盛顿被任命为库尔佩珀县政府土地测量员,时年17岁。

和几乎所有男孩一样,华盛顿在孩提时代也喜欢"习武打仗"。在他8岁那年,比他大14岁的哥哥劳伦斯在军队中谋得一个上尉的职位,随英军到西印度群岛和西班牙军队作战。他目送哥哥准备行装,奔赴战场。他目不转睛,屏息凝神聆听从战场归来的自己崇拜的哥哥讲述战斗故事。这在他幼小的心灵里留下了不灭的印象,朦胧中似乎十分向往军营生活,盼望快快长大,渴望有朝一日能弃家从军为国效力。他在和小伙伴们游戏中自任"总司令",与"小战士"们一起模拟阅兵、演习和战斗。有个男孩叫威廉·巴斯尔,是他的有力竞争者,常常想和他争夺"总司令"的"职位",但都未能如愿,华盛顿始终是小伙伴中众望所归的"总司令"。这或许是他日后临危受命,出任真正总司令的一种预示吧。

## 二、初出茅庐

华盛顿渴望带兵打仗,为国效力,就在他20岁那年,机会到来了。

美洲大陆,这块印第安人自由自在生息繁衍了几万年的美丽富饶的土地,自从1492年哥伦布发现"新大陆"以来,就成为欧洲殖民主义者拓殖瓜分的对象。到18世纪中叶,南美洲被西班牙、葡萄牙殖民者瓜分,北美洲则主要被英、法殖民者控制。当时北美洲还存在着大片大片未被征服的土地,英法殖民者都想据为己有。特别是阿勒格尼山以西,从大湖区到俄亥俄河的广大地区,幅员广袤,气候温和,土地肥沃,湖河交错,农耕渔猎皆宜,加之水运便捷,早为英法殖民者垂涎。法国人声称,这一地区是法国国王的臣民发现的,应归法国所有;英国人声称,这一地区是印第安人征服的,英国人从印第安人手中继承了所有权,应归英国所有。同时,英法两国争夺海上霸权和殖民地的斗争正愈演愈烈,两国都在磨刀霍霍,准备战争,战争的阴云已笼罩在北美大陆上空。

华盛顿的家乡弗吉尼亚州正处在和大湖区——俄亥俄流域接壤的地区,是英国将其北美殖民地向西推进的一个前哨地区,备战气氛特别明显,州总督将全州划分为几个军区,每个军区任命一少校副官长,负责组织和武装民兵。

华盛顿这时已长成一个真正的男子汉了。从小就喜欢体育活动的他,经过几年土地测量员工作的磨炼,炼就了一副魁伟结实的身材和吃苦耐劳、坚韧不拔的品性。1.88米的个头站在那里像尊铁塔。他仪表堂堂,不苟言谈,表情严肃,更显示出一股凛然正气,让人肃然起敬。在哥哥劳伦斯的推荐和自己的努力下,21岁那年他被授予少校军衔,负责统领州南部的民兵。

现在。华盛顿终于如愿以偿,成了一名军人,而且还是一名指挥员。但他颇有自知之明,知道自己的军事知识不比他的部属多多少,于是就抓紧时间学习,请哥哥劳伦斯的战友、参加过西印度群岛战役的穆斯、范布拉姆教他使枪击剑,排兵布阵。

不久,法军占领了伊利湖附近的俄亥俄河谷,弗吉尼亚总督罗伯特·丁威迪决定派华盛顿去向法军指挥官下警告书,并了解法军情况。华盛顿接受任务后立即从首府威廉斯堡出发,率领6名随从长途跋涉去执行任务。当时正值隆冬,天寒地冻,风雪交加,而且随时可能遭到印第安人的袭击。正如他在旅行报告中记载道:"从12月1日到15日,风雪连绵,只有一日稍霁。整个旅途中,无日不雨雪交加,无日不寒冷彻骨……"但他们历尽千辛万苦,克服重重困难,终于抵达伊利湖附近的法国碉堡,将警告书递交法军指挥官,并带回了法方的复函。华盛顿还详细向总督汇报了在边疆所观察到的法军的情况,并把它铅印成册,在各殖民地和英国广为散发。华盛顿的名字也随之而开始传播。未几,华盛顿被晋升为中校。

根据华盛顿带回的情报,丁威迪总督深信,法军将在春季沿俄亥俄河顺流而下,占领这一地区,决定在俄亥俄和法军作战。于是就命华盛顿先率两个连前往俄亥俄河岔口要塞。华盛顿领命后立即率军出发,沿途他们不断听到法军进犯的消息。这天,他们在行军中发现了法军的一个营地。华盛顿和同行的印第安盟友决定突然袭击,打他个措手不及。只见华盛顿率领手下人从右侧,印第安盟友亚王和手下人从左侧,悄悄向敌人逼近。华盛顿身先士卒,走在最前面,在法军发现后立即向对方猛烈开火。这场战斗只15分钟便结束了。战斗结果,击毙法军10人,俘虏 21 人,而自己只损失一人。华盛顿后来写道,他"听到子弹的呼啸,觉得那声音非常动听。"

这次战斗,华盛顿用最小的代价取得最大的战果。他在战斗中表现出英勇无畏的军人气概和机智沉着的指挥员素质使他声名大振。不久,他被提升为上校,负责指挥弗吉尼亚州志愿兵的全部作战部队。这时,他年仅 22 岁。

## 三、虽败犹荣

但是,这场战斗只是盛筵前的小吃,更大的战斗还在后面。根据情报,法军指挥官正率领 500 多名法军和 700 多名印第安人向这边反扑过来。华盛顿领导的弗吉尼亚志愿兵团只有 300 人,另从南卡罗来纳派来的一个独立连,因指挥官自恃是由英王任命的上尉而不服指挥。双方力量悬殊。华盛顿清醒地看到了这一点,在给总督的信中坚定地表示:"我随时都准备着应付优势敌军的攻击。即令敌我人数比例是 5:1,我也要进行抵抗。……只要有一线希望,我们就要战斗到底。"同时,华盛顿抓紧修筑工事和碉堡,准备迎击来犯之敌。由于华盛顿孤军深入,后勤供应不能及时跟上,大家常常忍饥挨饿,他们就把这座碉堡命名为"困苦堡"。

几天后,1000 多名法军和印第安人包围了"困苦堡",双方展开了激烈战斗。法军和印第安人在树木掩护下一边射击一边向困苦堡逼近,华盛顿指挥战友们在战壕里顽强抵抗。战斗进行了整整一天,法军始终未能得手。不巧的是,傍晚时分,突降大雨。战士们这时又饿又累,困苦不堪,一个个淋成了落汤鸡,许多滑膛枪和弹药也被泡湿无法使用。一部分印第安盟友惧于对方优势临阵脱逃。当天晚上,双方开始和谈。次日上午,华盛顿率领队伍打着团旗,携带枪支弹药撤离困苦堡。不久,华盛顿返回威廉斯堡向总督汇报了战况。州议会通过决议,对他们保卫祖国、英勇献身的精神表示敬佩,对华盛顿及其战友的表现加以表彰,并拨款 300 皮斯托尔(近 1100 美元奖给参战官兵。

是年冬,英国政府颁布法令,规定英王和英王在北美的总司令委任的全体军官地位高于各州总督委任的军官,地方部队的将、校级军官在和英王委任的将校级军官一起服役时没有任何军阶。与此同时,弗吉尼亚州总督丁威迪将州志愿兵团均改编为独立连,把团队中军官的最高级别限于上尉。华盛顿认为:作为上校,让他接受上尉的职衔有损人格,于是愤然辞职,离开了他"非常留恋的军界",回到弗农山庄。

1755 年,英国开始对法国采取大规模军事行动,揭开了英法七年战争(1756—1763)的序幕。英国政府制订了在北美的作战计划,任命爱德华·布雷多克少将为殖民地部队统帅,负责执行这一计划。

把法国人从宾夕法尼亚和弗吉尼亚边境赶走,收复俄亥俄河流域是这次作战的计划之一。华盛顿的家乡又成了备战的后方。每天,华盛顿从他的乡村别墅看到军舰和运输舰从波托马克河逆流而上,铁甲森森,寒光闪闪,隆隆炮声在周围回荡。有时他骑马到几哩外的小镇亚历山德里亚,只见成群的士兵排着整齐的队列从身边走过,军号嘹亮,鼓乐齐鸣。看到这一切,华盛顿豪气激荡,热血沸腾,多想奔赴战场,再决雌雄,一雪困苦堡之辱! 不久布雷多克将军邀请华盛顿在他的参谋部任职。这是一个既无薪饷、也无实权的职务,除了牺牲个人事业外,还要负担一大笔开支,但华盛顿看到这是一个获取军事经验的极好机会,欣然接受了邀请。5月10日,他被宣布任命为将军的副官。

布雷多克将军是位在王家禁卫军中任职40多年的老军人。他勇敢干练,谙熟常规训练,却又机械刻板,刚愎自用,拘泥于王家禁卫军的繁文缛节,加之不熟悉北美地形,这就决定了他的悲剧结局。

6月10日,布雷多克率大军从坎伯兰堡出发,向俄亥俄流域法军阵地挺进。途中山路崎岖,许多道路是临时赶修的,极不好走,部队携带大量辎重装备,行军速度极慢。一天,部队得到情报,说法军在俄亥俄河岔口的迪凯纳堡守备薄弱。同时,由于气候干旱,河流水位下降,不能通航,正在运输途中的大量援军和补给品一时无法运达。于是华盛顿向将军建议兵分两路,一路携带辎重行李照常行进,另一路挑选最精锐士兵,卸掉一切多余装备,由将军率领,轻装前进,在法国援军到达之前突袭迪凯纳堡。

布雷多克将军采纳了这个建议,从各连中挑选出1200人,组成第一梯队,由自己率领,轻装前进。但许多军官过惯了豪华奢侈的生活,仍然携带许多行李,不愿让出坐骑,在拨给他们使用的212匹马中,让出不到12匹。同时,布雷多克依然按照欧洲正规战术行事,行军速度依然很慢。华盛顿记述道:"我发现,在道路多少有些崎岖不平的情况下,他们不是奋力兼程前进,而是每遇到一个小丘,就停下来加以铲平,每遇到一条小溪,就停下来搭桥,这样,我们花了四天时间才走了十二哩。"

布雷多克将军率领的突击部队就这样以每天几哩的速度向前爬进,走了一个月,行程一百哩,终于抵达迪凯纳堡附近。

7月9日拂晓,英军开始实施进攻方案。英军营地和迪凯纳堡同在孟农加希拉河东侧,两地相距约15哩。由于两地之间高山阻隔,不便走车,英军的作战计划是先从营地附近渡过孟农加希拉河,然后沿河流西岸前进5哩左右,再重新渡河到河东,推进到迪凯纳堡。日出时分,主力部队开始渡河。只见官兵个个精神抖擞,穿着整齐的军服,全副武装,在猎猎军旗下、鼓乐齐鸣中,威武雄壮地渡过孟农加希拉河,又沿着河岸,穿过稀疏的树林,应和着《掷弹兵进行曲》的曲调,迈着轻快的步伐,蜿蜒前进。

第二次渡河之后,将军安排了进军的先后顺序,先头部队开始向迪凯纳堡前进。当他们走出河边川地,正在爬上逐渐隆起的高地时,突然从前方和两侧丛林中射出密集的子弹,英军纷纷倒地。布雷多克知道遭到伏击了,立即派主力部队前去增援,另留400人保护大炮行李。但法军和印第安人都躲在森林里向外射击,枪弹的呼啸声,印第安人的嗷嗷怪叫声和英军的哭喊声响成一片,英军乱作一团,胡乱射击,前排的士兵被后排的士兵打死。布雷多克留在战场中心,拼命想挽回战局。但他身边的将士非死即伤,他的5匹战马被打死,最后,一颗子弹穿透他的右臂,进入肺部。英军彻底溃败了。

在整个战斗期间,华盛顿表现的非常勇敢镇静。他在战场来回奔跑,传达将军的命令,这就使他成为明显的射击目标。他骑的马有两匹被打死,四颗子弹穿透他的外衣,但他安然无恙。

战斗结束了。布雷多克将军终因伤势过重死亡。一千多英军中伤亡大半,86名军官中有26名阵亡,36名受伤,士兵伤亡人数在700人以上。后来得知,参加这次伏击的法军并非其主力,其中只有正规部队76人,另有146名加拿大人和637名印第安人,总共不过855人,大大少于英军。华盛顿后来写道:"说来真是太丢脸了,我们是被一小批微不足道的敌人打败的……"但丢脸的不是华盛顿,而是布雷多克。是他墨守成规,因循欧洲陈腐的作战模式,贻误战机,使对方作好了充分的准备,是他拒绝华盛顿等人的建议,没有派人侦察,使全军遭受伏击。后来史学家将这一事件称为"史无前例的奇特胜利和史无前例的望风披靡的逃窜。"7月26日,华盛顿拖着疲惫的身子悲怆地回到弗农山庄。

这时,英法之间的战事越来越紧。8月中旬,华盛顿的身体还没有复原,就被州政府再次任命为弗吉尼亚志愿兵总指挥。华盛顿总结了两次兵败的教训,一方面加强军纪,要求修改民兵法,对不服从命令者、哗变分子和逃兵严加惩处,提高指挥官的权威,并严禁赌博、酗酒、殴斗等;另一方面加强军事训练,不仅训练正规战术,也训练"丛林战术";同时加强工事,疏通道路,以利再战。经过两年多战火的洗礼,他既尝到了胜利的欢乐,也吮吸了失败的苦汁,在成功与失败的沃壤中他成长起来了,已成长为一个年轻的但又成熟干练的指挥员。1758年,随着法军在北美的溃败,华盛顿及其所属部队乘机夺回了迪凯纳堡。法国人被赶走了,弗吉尼亚州又恢复了往日的安宁。这一年华盛顿退伍还乡。

这时的华盛顿虽谈不上功成名就,也已小有名气,论年龄,也已二十好几,婚嫁之事该当提上议事日程了。

华盛顿少年时代曾经暗恋过一位"低地美人"。后来也曾爱过几个姑娘。但因他生性羞涩寡言，未能赢得喜欢甜言蜜语的姑娘的芳心。

1758 年，正当华盛顿准备配合福布斯将军攻打迪凯纳堡时，一位美丽温柔的女性闯进了他的心田。

那天，他执勤途中应邀在张伯伦少校家进餐，席间有位妇人让他一见倾心，她就是 26 岁的寡妇玛莎·丹德里奇·卡斯蒂斯夫人。卡斯蒂斯夫人长得娇小可爱，妩媚动人，丈夫去世三年，膝下有一儿一女。她也久闻华盛顿英名，对华盛顿颇为敬佩。两人一见钟情，双双坠入爱河，谈不尽千言万语，只觉得难舍难分。当两人再次见面时，便立下海誓山盟，定下终身。翌年初，他俩披红挂彩，结缘完婚。婚后他俩恩恩爱爱，相敬如宾。华盛顿终生未育。

玛莎的到来为华盛顿带来巨额资产，使他一跃成为弗吉尼亚屈指可数的大种植园主。他开始在风景如画的弗农山庄过起了逍遥自在的田园生活。然而几年后一场暴风雨打破了他生活的宁静，命运之神把他推向一个更广阔的历史舞台，促使他投身到一场波澜壮阔的伟大斗争中去了。

# 四、投身革命

1763 年，英法七年战争以英国的胜利、法国的败北而告终，法国在北美的殖民地全部落在英国手里。战争结束后，英国政府为摆脱财政困难，不仅不感谢在战争中为它流血征战的北美殖民地人民，反而不断颁布法令，变本加厉压榨他们。英国政府先是颁布英王敕令，宣布北美阿巴拉契亚山脉以西的土地一律归英国王室所有，严禁殖民地人民在该地购买土地或定居。继而，英国政府颁布《糖税法》，宣布在北美殖民地对食糖和糖浆等征收关税，以便维持驻扎在北美殖民地的常备军。之后不久，英国政府又颁布《印花税法》，规定凡北美殖民地出版的一切报刊、广告、历书、契约、法律文件等，都必须贴上面值为半便士到 20 先令的印花税票，才具有法律效力。为保证这一法案的实施，防止殖民地人民的反抗，英国政府又颁布了《驻兵条例》，规定英军在殖民地可随意征用公房。1767 年底，英国政府又实施《唐森税法》，规定英国向北美殖民地输出的商品一律征税，所得款项用于支付殖民地的司法和行政费用。这一系列法令兴不仅给殖民地人民带来沉重的经济负担，也严重侵犯了他们的自由和立法权利。北美殖民地人民的祖先就是为了追求自由与主权，冒着九死一生的危险，背井离乡，漂洋过海来到这块荒蛮之地的。如今，他们的子孙，还有为此目的源源而来的新移民，当然视之为空气雨露，比生命还贵重。这样，一场反抗斗争不可避免要展开了。

斗争首先发端于华盛顿的家乡弗吉尼亚。1765年5月,弗吉尼亚议会在威廉斯堡开会,讨论印花税法问题。会上,青年律师帕特里克·亨利表示坚决反对印花税法,提出只有弗吉尼亚议会才有权力向本地居民征税,凡持有反对意见者就是弗吉尼亚的敌人。他发表了慷慨激昂的演说,严正警告英王乔治三世:"恺撒有他的布鲁图,查理有他的克伦威尔,乔治三世可以从他们的前车之鉴中吸取教训"①。弗吉尼亚议会的举动如战斗的号角,震撼了北美大陆,各地的斗争迅速展开。

华盛顿也出席了这次会议。早在1758年7月,在他刚刚解甲归田不久,就被选为弗吉尼亚议会弗雷德里克县的两位议员之一,开始投入政界。华盛顿生性腼腆,沉默寡言,不善言辞。他第一次出席议会时,受到热烈欢迎,议长鲁宾逊致辞,代表弗吉尼亚人民向这位为保卫家乡出生入死的功臣表示谢意。但他在起立作答时竟面红耳赤,紧张得说不出一句话来,不过,这只是他刚刚涉足政治时的情形。之后,随着时间的推移,他最终还是成长为举世闻名的政治家。

在这次会议上,华盛顿虽然没有像帕特里克·亨利那样语惊四座,发表慷慨激昂的演说,但投票支持了亨利的提案。他从自己的切身体验中感觉到,英国政府对北美殖民地的政策是荒谬愚蠢的。当他出生入死为英国战斗的时候,得到的却是不公平的回报,作为上校的他竟比不上一位英国王家上尉;当他回到弗农山庄潜心经营种植园时,遇到的是英国政府和商人的盘剥;他原准备购买西部土地,扩展种植园,却被英王的一纸敕令化为泡影;现在,英国政府又炮制一系列法令,试图剥夺殖民地人民的自由。正直善良、嫉恶如仇的他忍无可忍,也投身到反英斗争的洪流中去了。

1769年4月5日,华盛顿给友人乔治·梅森寄去一信,信中提出,"为了保卫与我们的生命息息相关的宝贵的自由,我们每个人都应该毫不犹豫地拿起武器",但他认为武器应该是最后的迫不得已的手段,建议抵制英国的商品和制成品。以"唤醒或提醒他们对我们的权利和利益给予重视。"他知道,这样做会影响他的舒适生活,但为了整个北美殖民地人民的自由和幸福,他"准备并愿意作出必要的牺牲。"他的提议得到梅森热烈的响应。他俩人经协商后,草拟了一份计划:成立一个抵制英国商品的联合会,其成员保证不进口需要纳税的任何英国商品。5月,弗吉尼亚议会开会,华盛顿提交了这一草案。议会根据该草案通过决议,保证既不进口,也不使用英国政府为增加财政收入,在美洲征税的任何货物、商品或制成品。这一决议很快得到各地响应。华盛顿率先执行,华盛顿夫人也穿起了土布衣服,由

---

① 恺撒是古罗马皇帝,被布鲁图所杀;查理一世为英国国王,在英国资产阶级革命中被克伦威尔所杀。

喝茶改为喝咖啡。

北美殖民地人民的坚决斗争给英国政府以沉重打击,迫使英国政府取消了1767年法令规定对北美殖民地所征的一切关税,只保留一项茶叶税,作为英国有权向北美殖民地征税的象征,但北美人民眼里揉不得沙子,他们要的是自主权,反对英国有征税权。斗争在继续。

1770年3月的一天,一名英国士兵在波士顿大街上公然凌辱一名北美学徒。消息传开,人们怒不可遏,纷纷聚集在英军居住的海关大楼,向英军投掷雪球、石块,丧心病狂的英军竟然向这些手无寸铁的群众开枪,打死5人,打伤多人,制造了骇人听闻的"波士顿惨案",英军的暴行激起北美殖民地人民的更大愤怒,反英情绪更趋高涨。人们开始走向有组织的斗争。波士顿率先建立了北美第一个革命组织"通讯委员会"。不久,这一组织在其他殖民地也陆续建立起来。

1773年冬,英属东印度公司3艘运送茶叶的船只抵达波士顿。12月16日夜,一群波士顿青年化装成印第安人,悄悄上船,将价值18000英镑的342箱茶叶统统倒入海中。

波士顿倾茶事件发生后,英王震怒,决心对北美殖民地人民的大逆不道行为进行镇压。英国议会通过了5项"不可容忍法令",宣布封闭波士顿港,撤销马萨诸塞殖民地的自治,取消殖民地的司法权,英军进驻波士顿等。波士顿局势骤然紧张。

在波士顿人民与英国政府严重对峙之际,华盛顿所在的弗吉尼亚的反英情绪也日趋激烈。1773年3月,被弗吉尼亚新任总督邓莫尔伯爵休会两年的议会复会,一直在关注时局的华盛顿第一个赶来参加会议。在他和其他议员的共同努力下,议会设立了一个由11人组成的委员会,负责搜集情报,与其他殖民地保持通讯和联系。翌年5月,议会再次开会,会议期间通讯委员会送来英国议会决定在6月1日封闭波士顿港的消息。弗尼吉亚议会群情激愤,一个个义正辞严,声讨英国政府的不义之举。5月24日,议会通过决议,宣布6月1日为"蒙耻日",号召人民禁食,祈求上苍保佑人民反对一切损害美州自由的行为。

弗吉尼亚议会的激烈反应使邓莫尔总督惊恐不已。次日上午,议会正在开会,他即宣布解散议会。但议员们并没有遵循他的指令,而是聚集到雷利旅馆的会议室继续开会,并通过决议,宣布封锁波士顿的法令是企图破坏整个北美州的权利和自由;对一个殖民地的进攻就是对所有殖民地的进攻;号召人们停止使用包括茶叶在内的东印度公司的一切商品;命令通讯委员会与其他同类组织联系,商讨是否每年召开北美殖民地的大陆会议,讨论为保护各殖民地的共同利益所应采取的措施。

几天后,弗吉尼亚议会又收到波士顿来信,建议各殖民地成立总同盟,与英国停止一切贸易。此时仍留在威廉斯堡的华盛顿等25名议员经过一番争议,一致决定,8月1日举行弗吉尼亚议会全体代表大会,并建议召开北美联合殖民地的大陆会议。

6月1日,在英国正式封锁波士顿港的这一天,华盛顿遵照议会决议,禁食并到教堂为波士顿人民祷告。之后,他又在威廉斯堡逗留了数日,便返回弗农山庄。这时,整个英属北美殖民地上空,乌云翻滚,惊雷阵阵,华盛顿无心眷恋舒适安逸的田园生活,在家小住几日,便赶往费尔法克斯县,主持召开了居民会议,决定在7月18日召开全县大会。7月18日,会议如期举行,华盛顿被推举为会议主席。会议通过由华盛顿主持起草的决议,强调要坚持殖民地的自治权、征税权和代表权,警告英国政府,其各项政策实际上是在逼迫殖民地人民铤而走险,取消殖民地人民的祖辈们要求自己及其后代依附于英国国王的盟约,建议各殖民地最紧密地团结起来,互相合作。会议选举华盛顿代表全县出席弗吉尼亚全体代表大会。

8月1日,弗吉尼亚首府威廉斯堡骄阳似火,酷热难耐。第一次弗吉尼亚全体代表大会在这里如期举行。也许是被代表们谴责英国政府暴行的激烈情绪所感染,一向沉稳的华盛顿在这次会议上显得异常激动,他慷慨激昂地在大会上宣布:"我准备召募一千名士兵,自己出钱供养,并亲自率领他们前去解救波士顿。"他的壮语豪情赢得了代表们的如雷掌声。大会通过了与费尔法克斯县决议案内容相近的决议,并选举华盛顿等7人前往费城出席第一届大陆会议。

9月5日,第一届大陆会议在当时北美大陆最繁华的城市费城木工礼堂内的一个大房间开幕,英属北美13个殖民地中,除佐治亚代表因其总督阻挠未能参加外,其余12个殖民地的代表共55人出席了会议。这是北美殖民地人民的代表第一次聚集在一起,共商反对英国殖民压迫的大计。他们中有家产万贯、富可敌国的大种植园主、工商业者,也有学富五车、才高八斗的学者;有能言善辩的律师,也有文笔犀利的记者,真是群英荟萃,人才济济。他们都是些声名赫赫的人物,许多人过去彼此只闻其名,并不相识。今日得以相聚相识,大家都十分高兴。同时,大家也都十分清楚肩负的使命,对涉及北美殖民地300万人民及其后代的一系列重大问题进行了极其严肃认真的讨论。

会议是秘密进行的,开了51天。10月14日,大会通过了第一个公开性决议《殖民地权利宣言》。宣言列举了殖民地人民享受生命、自由和财产的天赋权利以及作为英国公民的权利,谴责了英国政府的高压法令。10月18日,通过了成立大陆联盟的决议,决定从12月1日起,禁止从英国进口商品;从12月1日起停止奴隶贸易;禁止进口和消费外国奢侈品;从1775年9月1日起停止向英国、爱尔兰和西印度群岛出口商品。

在这次会议上华盛顿显得十分活跃。他没有很高的演说才能,不擅长做那些滔滔不绝妙语如珠的演说，只是被人称为"一位还过得去的演说者"。但在会议期间他广泛结识各方名士，常常趁会议间歇来往于各代表住地，与他们交换看法，通过积极地社交活动来施加他的影响。51 天的会议，他在自己的住所只进餐了 7 次。那位口若悬河常常语惊四座的演说家帕特里克·亨利在回答谁是会议上最伟大的人物的提问时毫不犹豫地说："如果你指的是广博的见闻和健全的判断力，那么，华盛顿上校无疑是会上最伟大的人物。"华盛顿以其巨大的影响力，使会议通过了与其政治主张完全一致的决议。

## 五、临危受命

第一届大陆会议结束后，马萨诸塞的紧张局势继续发展。英军司令兼马萨诸塞殖民地总督盖奇派兵控制了波士顿隘口，并下令搜缴各地的枪支弹药。马萨诸塞人民不屈服于殖民当局的压力，开始组织训练民兵，搜集储存军火。

这时，为了捍卫殖民地人民的自由权利，支持马萨诸塞人民的正义斗争，弗吉尼亚各县人民也开始组建和加强民兵组织。华盛顿曾担任弗吉尼亚民团的上校指挥官，又有丰富的作战经验，在弗吉尼亚人民眼里是当然的军事权威。因而华盛顿一从费城回到弗农山庄，各县民团就纷纷邀请他给予指导。人民对他寄予了殷切的希望和无比的信任。一家报纸发表的一首诗写道：

> 尽管盖奇手持明晃晃的利剑，
> 查尔顿统领加拿大军队，
> 勇敢的华盛顿将下达命令，
> 我们定使他们哀号溃退。

1775 年 3 月 20 日，春意盎然，北美大地一派勃勃生机，弗吉尼亚第二届议会在里士满开会，华盛顿代表费尔法克斯县出席了会议。会议决定，成立一个由华盛顿参加的委员会，负责建立一支有效的、训练有素的民兵队伍，并决定参加第一届大陆会议的代表仍将代表弗吉尼亚出席即将召开的第二届大陆会议。华盛顿意识到：请愿、抵制英货等手段均已失去效力，为了捍卫殖民地人民的自由和权益，诉诸武力的时刻就要到来了。因此他表示：一旦形势需要，他会立即将弟弟约翰·奥古斯丁正在招募和训练的一个连队投入战斗。他在给弟弟的信中恳切地说："必要时我愿把我的生命和财产献给这个事业。这是我的全部意愿。"

4 月 18 日夜，北美殖民地英军司令盖奇命史密斯中校率 800 英军奔袭距波士顿 20 英里的康科德，收缴在那里储存的民兵军火。但当英军于次日拂晓偷偷抵达距康科德尚有 6 英里路程的列克星敦时，遭到已经得知消息的当地民兵的激烈抵

世界名将正传

抗。由于民兵力量薄弱,当场被打死8人,打伤10人,余者四散而去。上午7时左右,英军抵达康科德。这时,教堂的钟声响了,早已严阵以待的民兵向英军射出了复仇的子弹。他们隐蔽在石墙、树林、房屋等障碍物后面,向穿着鲜红色服装的英国"虾子兵"射击。各地民兵闻讯也赶来参加战斗。在民兵的猛烈打击下,英军付出死伤200多人的代价,只得撤回波士顿。

列克星敦的枪声标志着英国对北美殖民地人民武力镇压的开始。英王乔治三世早已看不惯北美人民的"叛逆"行为,多次叫嚣"必须用战斗来决定他们是隶属于这个国家还是独立",要用武力予以镇压。列克星敦的枪声也吹响了北美人民武装反抗英国殖民压迫的号角。美国独立战争开始了。

列克星敦的枪声再次震撼了华盛顿的心。面对着已经开始的战争,他万分痛心。他在给友人的信中写道:"一想到同室操戈、兄弟相煎,一想到一度幸福和平的美州平原或者流血成河,或者成为奴隶的栖身之所,我就伤心不已。这真是可悲的抉择!但是一个有德性的人在面临这样的抉择时还能有什么犹豫呢?"华盛顿毫不犹豫地做出了抉择。

1775年5月10日,第二届大陆会议在费城举行,华盛顿身着崭新的上校服装出席了会议。由于整个会场只有他一人身着戎装,显得格外鲜亮耀眼,犹如一颗闪烁的明星光彩夺目。

在这次会议上,由于与会者大多数尚不赞成独立,经过激烈争论,通过了一个《橄榄枝请愿书》,表示仍忠诚于英王,但谴责了英国议会,要求英王同意殖民地摆脱英国议会不称职的管理。同时,发布了《关于拿起武器的原因的公告》,宣布"我们为我们的敌人所迫而拿起武器,我们要不顾一切危险,使用武器来维护我们的自由,一致决定宁可做自由人而生,不愿当奴隶而死。"会议决定各殖民地组成一个邦联,选举华盛顿为军事委员会主席,组建大陆军。

6月15日,大陆会议经过争论,一致投票推举华盛顿为大陆军总司令。来自马萨诸塞的约翰·亚当斯激动地说:"就他作为一名军官的才干和经验而论,就他的独立家财、巨大的才能和整个卓越的品格而论,他胜过全邦联中的其他任何人。他能赢得全美州的赞同,并且把所有的殖民地团结起来,共同奋斗。"

第二天上午,华盛顿获悉选举结果后思潮翻滚,既激动,又不安。他深知自己能力的有限和这副担子的沉重。这副担子担着北美殖民地300万人民及其后代的命运。或是自由,或为奴隶,成败系于一身。他为此而惶恐不安。但是既然命运已将这副重担托付己身,惟有竭尽全力,尽职尽责。他在给爱妻的信中写道:"我向你最庄严地保证,我并没有去谋求这一职务,而且我曾竭尽全力避免担任这一职务,……因为我意识到,就我的能力而言,实在难以胜任此重担。……但是,既然某种命运安排我担任这一职务,我也就希望我担当起此项重任乃上天有意要我完成某种有意义的使命……。"

6月20日,华盛顿坚定地从大陆会议主席手中接过了委任状。第二天,费城大街人声鼎沸,人们都赶来为奔赴前线的华盛顿送行。华盛顿这时正当盛年,高大魁梧的身材加上雍容华贵的举止,给人一种威风凛凛、气宇轩昂的感觉。人们从他的身上似乎看到了胜利的希望。因此,当他骑着高头大马从人群前经过时,赢来的是一片震耳欲聋的欢呼声。

# 六、首战告捷

1775年6月21日,北美大陆军总司令华盛顿率领随从离开费城,奔赴战斗最前线——波士顿。队伍刚刚走了20英里,就收到来自前线的一封急件。急件说,6月16日,波士顿3000民兵攻占了可以俯瞰波士顿城的邦克山,次日英军猛烈反扑,民兵顽强抵抗,使英军在付出伤亡1000多人的代价后才占领了邦克山,民兵方面的损失不足450人。华盛顿看完信件,激动地高叫:"国家的自由现在万无一失了!"这是因为,邦克山战役是英军和北美军队之间的第一场正式战斗,从这场战斗中他看到了北美人民的斗争勇气和巨大潜力。他对战争的前途充满了必胜的信念。

7月初,华盛顿抵达波士顿城外的大陆军司令部,正式接管了军队的指挥职务。他手持指挥刀,在各位将军的陪同下,检阅了列队迎接的民兵队伍。随后,便迫不及待地策马到前方哨所观察敌情,详细了解敌我双方情况。

摆在华盛顿面前的形势是十分严峻的。5月下旬,英国三位久经沙场的老将——威廉·豪将军、亨利·克林顿将军和约翰·柏高英将军——率11000名装备精良、训练有素的军队赶来增援。他们沿波士顿建立了强大的防线,控制着从陆路进入波士顿的隘口,一门门大炮虎视眈眈地对准北美军队,仿佛随时都准备反扑过来。北美大陆军方面,虽然有14000余人,但由于是来自几个殖民地的志愿民兵组成的,各自为政,缺乏训练,纪律松弛,装备恶劣,弹药不足。营房的面貌形形色色,士兵的服装五花八门,堂堂的普特南将军只戴着一顶破旧的便帽,营房周围粪便遍野。这哪里是什么军队,这是地地道道的乌合之众啊。华盛顿决心首先整顿部队,增强其战斗力。

首先,整顿组织。他将大陆军划为若干个团,每个团由来自一个殖民地的官兵组成。各级军官均有军衔标志,以示区别;

其次,整顿纪律。制订各项规章制度。根据新规定,将淫荡妇女逐出军营,严

禁士兵抢劫,违者将遭鞭刑。对贪生怕死、贪污公款者予以惩处;

再次,解决军需供应。他向大陆会议主席致函,要求尽快提供经费,解决军需困难。他认为,给士兵们配发统一服装,有助于将他们团结起来,打破各殖民地间的界限。为解决士兵统一服装问题,他根据过去在边疆作战的经验,建议采购一万套猎装,认为这样既经济,又解决问题。

经过整顿,大陆军面貌焕然一新,于是他就着手军事部署,加强防线。鉴于英军防守阵地坚固,又有海军的有力支援,华盛顿决定切断波士顿市区与乡村的联系,造成市内生活困难,以迫使英军出城作战。但英军并未贸然出战,而是企图用持久战的方法拖垮这支组建不久、没有受过正规训练的军队。尽管华盛顿多次派军袭击英军,试图诱逼敌人出战,但英军坚守不出,仅以炮火还击。华盛顿感到,久拖不决,对大陆军不利,因此召集军事会议,主张对波士顿发动进攻。但一些将领担心力量不足,反对这一计划。这样,大陆军和英军在波士顿前线呈僵持状态。到1776年2月,后方给大陆军送来大批军火,并派10个民团赶来增援,大陆军一时实力大增,华盛顿的进攻计划终于得以通过。

3月2日晚,黑夜沉沉,万籁皆寂。突然,震耳欲聋的响声打破夜空的宁静,大陆军的炮弹呼啸着飞向英军炮兵阵地。英军炮队立刻猛烈还击,一时间。炮声隆隆,天摇地动。波士顿城内正在沉睡的英军被炮声惊醒,以为大陆军打进来了,吓得乱作一团,哭爹叫娘。其实,此时大陆军正在炮战的掩护下抓紧行动,准备抢先占领多彻斯特高地。

3月4日晚8时,在炮战的掩护下,2000名大陆军和300辆满载建筑材料的马车神不知鬼不觉地登上了多彻斯特高地,立即奋力紧张地开始修筑工事。当晚,华盛顿亲临高地检查监督。次日凌晨,当英军从睡梦中睁开眼睛时,两座巨大的堡垒已矗立在多彻斯特高地上。

多彻斯特高地的丢失使英军处于大陆军炮火的打击之下。为挽救危局,豪将军决定夺回高地,派2500名英军由水路从东面进攻多彻斯特。

对比,华盛顿早有准备。他一面派军增援,一面命普特南将军作好准备,一旦多彻斯特高地受到攻击,即以4000精兵攻击波士顿市北面。

3月5日晚,英军开始行动。但天不作美,正当英军乘船上海之间,风暴来临,汹涌的波涛使英军的运兵船急剧地颠荡于海面之上,无法靠岸。一连几天,风暴喧啸肆虐,使豪将军的计划无法实施。与此同时,大陆军却不断向城内发炮轰击,并扬言很快准备发动总攻,波士顿城内一片混乱。

3月17日,自觉守城无望的英军急急如丧家之犬撤离了波士顿,大陆军迅速占领该城,翌日,华盛顿乘着他那匹高大的骏马进入市区,广大军民欢声震天。大陆军经过长达 10 个月的围困,克服重重困难,终于恢复了这座"革命第一城"。它大长了北美军民的志气,大灭了英军的威风。3 月 25 日,大陆会议一致通过决议,表彰华盛顿以及所有大陆军官兵的英勇行为,下令铸造印有波士顿光复者华盛顿头像的金质奖章,以纪念这次战役。

# 七、纽约失守

波士顿战役后,华盛顿预计英军下一步可能进攻北美殖民地的中心要地纽约,于是亲赴纽约,调兵遣将,加强防务。

不出华盛顿所料,英军下一步作战目标果然是要夺取纽约和哈得逊河,将北美殖民地切为南北两部分,然后一举歼灭华盛顿率领的大陆军,扑灭北美人民的反英烈火。6 月下旬,从波士顿撤出的英军重新集结,会同英国政府出钱雇佣的德意志黑森军和不伦瑞克军,总兵力达 30000 人,分乘上百艘战舰,劈风斩浪,浩浩荡荡,向纽约港开来。

就在华盛顿率大陆军秣马厉兵,严阵以待,准备迎头痛击来犯之敌时,从费城方面传来了令人万分激动的消息:7 月 4 日,大陆会议通过《独立宣言》,庄严宣告,北美殖民地解除对英王的一切隶属关系,成立独立自由的美利坚合众国。华盛顿曾经是英王忠顺的臣民,直到第二届大陆会议召开时,华盛顿及大多数代表仍把北美殖民地视为大英帝国的"孩子"。但事态的发展表明,英王并不疼爱自己的"孩子",而是要处心积虑地绞杀他们,剥夺他们的自由与主权。现在,不甘屈辱、忍无可忍的"孩子"终于站起来了,长大了,成熟了,建立了自己独立的国家。这怎能不让人欢欣鼓舞,激动万分!7 月 9 日晚 6 点正,遵照华盛顿的命令,驻扎在纽约前线的美军以旅为单位,宣接了《独立宣言》。华盛顿在命令中宣布:现在,我们已是为自己的国家而战,"祖国的和平与安全已完全有赖于我们作战的胜利了……"

到 8 月上旬,英军舰只正陆续抵达哈得逊湾。此前,英军曾派人致书华盛顿,声称只要大陆军放下武器,与英国实现和解,便能得到英王的宽恕,但遭到华盛顿严辞拒绝。英军见劝降不成,便着手用兵。

8 月 22 日凌晨,纽约长岛上空传来隆隆炮声和滑膛枪的射击声。9000 名英军在亨利·克林顿将军指挥下向布鲁克林高地发动进攻,但在遭到美军零星抵抗后即停止了前进。8 月 27 日晨,调整了战略部署的英军兵分左、中、右三路,再次向美军发动进攻。经过一天鏖战,美军虽然守住了布鲁克林高地,但伤亡惨重,参战的 5000 名美军中死伤和被俘者达 2000 人。

此时,长岛美军仍处于数倍于己的英军的包围之中,英军正在频繁调动,企图一举吃掉美军,局势相当严重。华盛顿本想坚守长岛,和英军决一死战,但又看到双方力量悬殊,美军已疲惫不堪,坚守长岛已不可能。于是立即召集军事会议,决定放弃长岛,退守纽约。29 日夜,在华盛顿周密细致的安排下,美军安全顺利地撤至纽约。

美军撤至纽约后,形势并未好转。部队士气低落,开小差者与日俱增,这使华盛顿感到非常失望。他清醒地看到,英军的战略意图是,利用其优势兵力,将美军困在纽约,逼其决战,一举歼灭,或分割成数块,分而歼之,以尽快结束战争。美军现在的人员、装备皆不如英军,必须避免与英军决战,最大限度地保存实力,"在我们这方面应该坚持防御战;除非必要,在任何情况下都应避免采取大规模行动。"因此,毅然决定撤出纽约。

# 八、飞兵奇袭

美军撤出纽约后,英军穷追不舍,美军节节败退,一直退至新泽西州特拉华河西岸才停了下来。

再说英军,自从长岛战役以来,攻城掠地,所向披靡,一直把美军赶过特拉华河。只是由于河流湍急,又无任何渡河工具,才停止了追击。这时英军以为,美军已一败涂地,濒于瓦解,无力再组织有效进攻。于是那位得意洋洋的指挥官康华利将军,在特伦顿留下三个黑森团和一支龙骑兵,自己则告假回国欢度佳节,重享天伦之乐去了。他打算来年再全歼这股美军残敌。

华盛顿看到,袭击英军的时机已到。英军屡胜生骄,势必麻痹轻敌,疏于防范,这正是出其不意、攻其不备的极好机会。同时,英军战线漫长,兵力分散,首尾不能相顾,如击其一部,它在仓促之间难以增援。再则,现在也必须打一个漂亮的胜仗来鼓舞士气。奇袭特伦顿的计划在他胸中酝酿成熟了。

1776 年 12 月 25 日,圣诞之夜,华盛顿率 2400 人,携 20 门小炮,在夜色的掩护下开始偷渡特拉华河。部队刚刚开始渡河,突然天降大雪,北风怒号,大雪纷飞,给渡河造成极大困难,直到凌晨 4 点全部人马才过了河。然后部队立即冒着风雪向特伦顿方向奔去。美军尽管衣衫单薄,缺鞋少袜,冻得开裂的脚在雪地上留下了斑斑血迹,当晚就有两名士兵被冻死,但心中充满了复仇雪耻的烈火。翌日上午,就在狂欢了一夜的黑森雇佣军和英国龙骑兵还在温暖的被窝里酣睡的时候,特伦顿街头突然响起了激烈的枪声。华盛顿一马当先,率领部队一鼓作气突入特伦顿主街——国王大街。英军被美军的突然袭击打得晕头转向,四散溃逃。美军官兵在华盛顿指挥下奋勇追杀,将英军指挥官拉尔上校打落马下。走投无路的英军见主帅落马,大势已去,纷纷缴械投降。战斗结束了,美军仅以死伤数人的微小代价,取得了歼敌近千人的辉煌战果。华盛顿兴奋地高喊:"这是我们国家的一个光荣的日子!"

特伦顿之战只是北美独立战争中的一场小战役,它并未改变英攻美守的总态势。但它打破了英军不可战胜的神话,极大鼓舞了美国军民的斗志和必胜的信心。同时,它也表明华盛顿避免与英军主力决战,保存实力,分散英军兵力,集中优势兵力打歼灭战的方针是正确的。这种战略战术后来在不少国家的民族解放战争中得到应用。

特伦顿战役后,华盛顿将部队撤回特拉华河西岸稍加休整,即抓住有利时机,再渡特拉华河,追歼残敌。当英军大军赶到,企图围歼美军时,华盛顿巧施金蝉脱壳计,避实就虚,奔袭普林斯顿,取得了歼敌400余人,而自己只损失30余人的又一胜利。这两次战役结束了美军自长岛战役以来一直被动挨打的局面,在一定程度上扭转了战争形势。华盛顿开始积极主动地打击英军,派出军队,配合各地民兵,不断袭扰敌军,伏击英军的粮草征集队,切断其供应渠道,使英军不得不龟缩在城镇里。

## 九、兵败费城

1777年5月底,美国独立战争已进入第三个年头。经过两年战火的洗礼,年轻的北美大陆军开始走向成熟。这一天,华盛顿率领经过几个月休整的美军,离开风景如画的莫里斯城冬营,转移到距英军据点纽不伦瑞克不远的米德尔布鲁克安营扎寨。几乎与此同时,蛰伏了一个冬天的豪将军也率大军浩浩荡荡进驻纽不伦瑞克。双方在新泽西的山川间周旋,都想寻机歼灭对方。这种"猫捉老鼠"的"游戏"玩了一个月,豪将军引诱华盛顿决战不成,无功返回纽约,决计进攻费城,诱敌决战。在他看来,华盛顿不会对自己临时首都的安危坐视不管。果然,华盛顿将部队开赴费城附近,决心拦截英军对费城的进攻。

7月24日,豪将军率15000大军,乘230艘舰船驶出纽约港,开赴费城。8月25日,豪将军所部从切萨皮克湾登陆,然后,兵分两路,缓缓向美军驻地推进。

这时,美军正驻防在布兰迪温河北岸。华盛顿以查德浅滩为中心阵地,命沙利文将军率军据守阵地上游的右侧高地,形成右翼,阿姆斯特朗少将率军驻扎阵地下游,形成左翼。

9月11日晨,英军发起进攻。豪将军重施长岛战役的伎俩,派克尼普豪森率军一部从正面发动佯攻,主力则由康华利勋爵率领,向西北方向迂回17英里,渡过布兰迪温河,绕至美军右翼,从背后包抄美军。

这天中午,华盛顿正指挥美军抵抗英军的正面进攻,沙利文将军派急使来报,康华利率英军主力正沿河向上游运动,企图渡河包抄美军右翼。华盛顿闻讯,急命沙利文将军率军堵截。沙利文仓促迎战,经不住居优势兵力的英军的猛烈打击,很快败下阵来。正面佯攻的英军此时乘机发动猛烈进攻,美军力不能支,只得撤离阵地。此役美军损失1100多人,英军损失600余人。

布兰迪温战役失利后,通往费城的门户洞开。华盛顿认为,如美军能在战场上击败英军,费城无需防卫;如美军无法战胜英军,费城终难守住。大陆会议遂决定放弃费城,迁都兰开斯特。9月26日,康华利勋爵率英军敲锣打鼓开进费城。

临时首都的陷落给美国军民的心中投下了巨大的阴影,但华盛顿却非常冷静。他清楚,战争的胜负不在一城一地的得失,只要假以时日,坚持不懈,终会收复失地。当务之急是要寻找机会教训教训敌人,刹刹他们的嚣张气焰。

10月的一个深夜,大地一团漆黑,伸手不见五指。华盛顿正率军向英军驻地日尔曼顿疾驶,准备给目空一切的英军再来一次"特伦顿式"的教训。由于道路崎岖难行,部队到达日尔曼顿附近时已是黎明时分。这时华盛顿十分焦急,担心偷袭计划落空。说来也巧,不一会儿,突然天降大雾,这位虔诚的基督徒大喜过望,不由得连连感谢上帝,叫道:"天助吾也!"

美军的突然降临再次使英军乱作一团,在美军的猛烈打击下英军开始后撤。正当华盛顿以为稳操胜券之际,形势急转直下,沙利文将军率领的先头部队开始向后奔跑,美军后方也传来密集的枪声。美军士兵以为遭到英军包围,立即开始溃逃。华盛顿阻挡不住,只得组织有秩序的撤退。正在溃退的英军立即反扑过来,追击美军。美军马不停蹄,一直奔逃了20英里才收住脚。是役,英军死伤500多人,美军损伤600多人。

此役本来胜券稳操,为何突然逆转?原来,由于大雾弥漫,沙利文将军指挥的右路军和格林将军率领的左路军相遇,误以为是英军,当时子弹也已打尽,只得仓惶逃跑。后方的炮声也是美军敌我不辨互相对射的结果。一场浓雾使美军转胜为败,华盛顿为此嗟叹不已。

奔袭日尔曼顿未能像特伦顿一役那样出奇制胜,但它再次表现了美军敢打敢拼的精神,使英军从此对美军刮目相看。对与美国结盟一事摇摆不定的法国外交大臣维尔臣认为:"拉起一支部队,一年之中提高到这种水平,这已说明了一切。"

# 十、屯兵伏吉

就在奔袭日尔曼顿后没几天,北方前线传来了捷报。

这年 6 月,英将柏高英率 8000 大军从加拿大南下,欲与豪将军会师阿尔巴尼,然后合力攻取费城。华盛顿闻讯后,即派军驰援负责北方防务的斯凯勒将军。斯凯勒采取诱敌深入的战略,使英军虽然长驱直入,连克数镇,最终却陷入北美的荒野丛林,和美军的包围之中,进退维谷,不能自拔。10 月 17 日,被围困在萨拉托加的柏高英率 5700 余名英军向美军投降。

萨拉托加大捷是美国独立战争的转折点。它大大削弱了英军的实力,加强了美军的力量,双方力量对比发生了有利美军的变化,从此,美军由战略防御转入战略进攻。

严酷的冬季到来了。连连遭受打击的英军的情绪就像这冬季的气温一样降到冰点以下。豪将军一反往日的骄横,率英军主力龟缩在费城,拒不出战。美军由于兵力所限,尚不足以向费城发动进攻,华盛顿就把部队拉至距费城 18 英里的伏吉谷进行休整,并监视费城英军的动静。12 月 18 日,华盛顿率军冒着风雪向伏吉谷进发。看着眼前走过的将士一个个衣衫褴褛,神形憔悴,赤裸的双脚在踏过的雪地上留下殷殷血迹,华盛顿不由得一阵阵心痛。到达伏吉谷后,眼前一片荒凉,没有现成的营房可供宿营,他们只得砍伐树木,搭起木棚,以供栖身。部队缺吃少穿,缺衣少药,挨冻受饿。华盛顿日后回忆这段艰难的经历时感慨地写道:"我们可以说,在尚未失传的历史书籍中,找不到一支军队像我们这支军队一样遭受着这种闻所未闻的艰苦环境,而且,还自始至终一贯地以忍耐和刚毅的精神来忍受这种艰苦。那些士兵,衣不蔽体,夜无毡毯,脚无鞋袜,赤脚行军,从他们脚上滴下的血迹就可以找到他们的行踪,他们身上几乎没有粮食,……"

时光流逝,转眼间冬去春来,万物复苏。伏吉谷里,欢声笑语,战马嘶鸣,矫健的雄鹰在空中自由自在地盘旋翱翔,潺潺溪水唱着欢快的歌儿奔向远方。美军经过一个冬天的休整训练,克服重重困难,战斗力空前提高。他们人人精神振奋,个个斗志昂扬,准备迎接新的战斗。

1778 年 2 月 6 日,一直犹豫不决的法国终于和美国签订同盟条约,成为国际上第一个承认美国独立的国家。喜讯传来,举国同贺。华盛顿在伏吉谷举行盛大军事检阅和庆祝游行。这意味着,法国将站在美国一边,介入英美战争。胜利的曙光不远了。

# 十一、尾大不掉

这年夏天,豪将军因萨拉托加一役遭受责难,英国政府将其调离回国,由亨利·克林顿继任。6 月 18 日,克林顿率英军撤出费城,渡过特拉华河,退向纽约。华盛顿闻讯,决定利用英军撤退之机给予重创。

6 月 24 日,华盛顿召集军事会议,指出英军行进缓慢,首尾长达 12 英里,且美军人数超过英军,可以对英军进行一次袭击,但遭到副司令李将军的反对,未达成一致意见。27 日,英军已退至蒙默思县,距进入山区只剩 12 英里路程。华盛顿决心在英军进入山区之前给予一次打击。他命李将军率 6000 美军于次日晨进攻英军左翼,自己率主力部队进攻右翼。次日晨,李部完成了对敌人的包围,但刚刚交火不久,李将军即命部队后撤。华盛顿闻讯,怒不可遏,大声责问他为什么后撤,李回答说担心美国军队顶不住英国人的刺刀。华盛顿更加愤怒,厉声骂道:"你这该死的胆小鬼!你从来就没有试过他们!如果你没有决心把这件事做到底,那你就不应做它。"这时,英军追杀过来。华盛顿当机立断,迅速排兵布阵,进行堵截。双方打到天黑,英军力不能支,在夜幕下溜之乎也。

这一战因李将军置华盛顿的命令于不顾,临阵退却,贻误战机,使美军险遭厄运,李为此而遭到军事法庭的审判,被解除军职。

这一战虽未能重创英军,却使英军再次看到美军的实力。之后,克林顿率军仓惶逃至纽约,挖壕筑垒,加强工事,小心防守,生恐遭到美军袭击。看到这一切,华盛顿百感交集,由衷地感谢上苍的圣恩。

克林顿退守纽约后,不甘就此罢休。经过几个月的检讨反省,他决定改变战略,避开北部美军主力,利用英国海军优势运兵南下,攻击美国南部地区,使美军南北不能相顾。

1779 年 12 月 26 日,克林顿偕康华利将军率 8000 大军乘船南下,直奔南部重要港口城市查尔斯顿,准备攻占南卡罗来纳。翌年 2 月,英军抵达查尔斯顿港,开始包围城市。

早在头年,华盛顿根据英军调动情况,即派北卡罗来纳旅增援查尔斯顿,以防英军进攻卡罗来纳地区。现在得知英军已包围查尔斯顿,立即写信给驻守南卡罗来纳的本杰明·林肯将军,让他必要时毫不犹豫撤出该城,不可死守。但林肯置若罔闻,千方百计调兵死守。不久,英军完成对查尔斯顿的包围,断绝了它与外界的一切来往。5 月 12 日,5500 美军向英军投降,查尔斯顿落入敌手。

查尔斯顿陷落后,大陆会议不顾华盛顿的反对,任命盖茨将军为南方军队司令,率军驰援南方。8月16日,盖茨所部美军与康华利所率英军在卡姆登激战,美军大败,损失2000多人。盖茨负咎被撤职,华盛顿遂派格林将军去南方收拾败局,指挥抗敌。

# 十二、决战约克

就在英军骁将康华利在南方纵横驰骋之际,华盛顿正在筹划着一场决定性战役。

一年前,罗尚博率法国远征军来到美国,华盛顿多次和罗尚博协商进攻纽约。在他看来,只要攻占纽约,战争即可结束。但罗尚博认为双方力量悬殊,时机并不成熟。之后,华盛顿反复考虑,修订了进攻纽约的计划,决定挥师南下,歼灭康华利部,解放南方各州。

于是,华盛顿采取声东击西的战略,一面摆出要进攻纽约的架式,在新泽西修建大部队营地,修筑起可烤制上万块面包的炉灶,并伪造一些法国舰队将北上配合美法联军攻打纽约的文件,一面加紧南下的准备。8月20日,华盛顿率军渡过哈得逊河,迅速向南方驰去。

这时康华利所部英军正驻扎在弗吉尼亚的约克敦。约克敦位于约克河口南岸,东临切萨皮克湾。8月30日,法军舰队抵达切萨皮克湾,封锁了约克河河口,切断了康华利的海上退路。英国海军闻讯急来救援,被法军打得大败而逃。不久,美法联军也赶到约克敦附近,完成了对约克敦的陆上包围。

对约克敦的攻击开始了。美法联军首先通过挖掘堑壕接近了英军防线,然后安置重炮,不分昼夜向约克敦轰击,炮弹准确地落在英军阵地上,许多工事被摧毁,英军司令部也遭到严重破坏。炮弹所至英军非死即伤,损失惨重,人心惶惶。

康华利看到,自己已成瓮中之鳖,负隅顽抗,只能招致更惨重损失。援军迟迟不至,突围毫无希望,败局彻底注定。他绝望了。10月17日,就在柏高英将军在萨拉托加战役投降四周年的这一天,康华利将军也下令击鼓,要求停战谈判。两天后,联军举行了隆重的受降仪式。华盛顿骑着高头大马,气宇轩昂,站在美军前面。英军奥哈拉将军代表称病的康华利来到华盛顿面前,脱帽致礼,双手递上指挥刀。华盛顿命他将指挥刀交给曾在查尔斯顿受过英军侮辱的林肯将军。随后,8000名垂头丧气的英军从昂首挺胸的美军面前走过,乖乖地向林肯将军放下了武器。

约克敦战役结束了。当英国首相听到一支英军主力被歼的噩耗,犹如万箭穿胸,不由得张开双臂呼喊:"上帝啊!一切都完了!"与此相反,整个美国都沉浸在胜利的喜悦中。美国人民感谢华盛顿将军,感谢自己的英雄儿女,由衷地为他们欢呼,为他们自豪。大陆会议下令,在约克敦竖立一根大理石柱,以纪念这次伟大的胜利。

从列克星敦的枪声到约克敦战役的结束,美国独立战争已进行了6个半年头。6年来,华盛顿作为美军总司令,率领美军北战南征,吃尽千辛万苦,历经荣辱兴衰,不知流了多少血汗,献出了多少生命,终于把一个衣衫褴褛、目无纪律的散兵游勇、乌合之众式的队伍磨炼成一支能征善战,敢打敢拼的正规军。约克敦一役,断英军一臂,大伤其元气,迫使英国政府回到谈判桌上,正视美国独立的现实。此后英军再也不敢轻举妄动,双方实际上已经停止了重大军事行动。美国独立战争已接近尾声了。华盛顿及其战友,用自己的血水、汗水和泪水,为美国独立谱写了胜利的凯歌。

# 十三、拒戴王冠

和平即将到来了。与之相伴随的是军队中的不满情绪日益加剧。战争时期,大陆会议由于财政困难,经常拖欠美军官兵的薪饷。这使大家多有不满。但为了国家的主权与独立,也由于华盛顿的竭力劝阻和设法筹措,最终得以化解。现在,大家担心,一旦和平到来,部队解散,政府拖欠他们的津贴、薪饷、抚恤金就会化为泡影,他们就会成为一文不名的穷人。他们本来就不富裕,更不愿意雪上加霜,他们理所当然应获得属于他们的一份。但大陆会议过于软弱,甚至不能满足他们这合理合法的起码要求。他们对大陆会议失望了,渴望有一个克伦威尔式的人物接管政府,加强中央权力,他们愿意给这样的人戴上王冠。

1782年5月的一天,刘易斯·尼古拉上校给华盛顿寄来一封言辞恳切的信,说目前美国社会的种种弊端,包括军队和老百姓已经遭到的和将要遭到的一切不幸,都是由于现存国家体制造成的。当今世界上的各个大国无不实行君主统治,从历史的角度看,王权统治也是惟一公认的统治形式。他希望华盛顿义不容辞地担负起合众国国王的责任。

华盛顿看过信后,感到十分震惊。这位下属的主张和自己所信奉的民主共和思想差距竟是如此之远!是自己的行为有什么过失而引起了他的误会!他回忆这几年,当大陆会议一次次授与他统帅全军、任免官职、独断专行的大权时,他每次都坦诚地表示,决不贪恋权力,一旦战争结束,便将解甲归田。他毫无贪恋权力的野心。况且,美国大多数人民主张共和,反对王权,如果逆民心而动,必遭人民的唾弃,损坏自己的声名,且有可能把美国重拉回到血泊中。想到这里,他再也坐不住了,当即拿起鹅毛笔,痛斥了尼古拉的胡思乱想,发自肺腑地写道:

"如果你重视你的国家,关心你自己或者子孙后代,或者尊重我,那么,我恳求你,从你的头脑里清除这些思想,而且决不要让你自己或者任何别人传播类似性质的看法。"

但是,对政府不满的岂只尼古拉上校一人。他们看拥戴华盛顿不成,决定自己动手。他们派代表向大陆会议递交请愿书,表示如果正义得不到伸张,部队将采取果断坚决的行动。他们呼吁召开军官大会,要求"给政府颜色看"。一场反政府的政变正在酝酿之中。对此,华盛顿忧心如焚。为了缓解矛盾,他召开了军官会议。在会上,不善言辞的他发表了真挚感人的演说,揭露某些阴谋家企图利用军队的不满来剥夺美国的自由,将美国"淹没在血泊中",希望军队不要玷污往日战争中赢得的尊严的荣誉。最后,他老泪纵横、声音悲怆地说道:"为了这个国家,我不光熬白了头发,如今又发现视力也不行了"。这一番话深深打动了在场的人,大家的眼睛湿润了。华盛顿对祖国的无限挚爱、对自由的执著追求,使他把金灿灿的王冠打落在地,使美国避免了一场反政府的风波和内乱。

1783 年 9 月 3 日,英国终于在承认美国独立的巴黎和约上签了字。战争终于结束了。华盛顿和全国人民一样,百感交集,激动万分,沉浸在欢庆胜利的喜悦中。12 月 23 日 12 时正,安纳波利斯的大陆会议厅里座无虚席,水泄不通,厅里厅外挤满了观众。华盛顿的辞职仪式正在这里隆重举行。只见华盛顿站了起来,庄重地把大陆军总司令的委任状交给大陆会议主席,然后面向观众,发表了简朴的演说。目睹这位声名显赫功高盖世的伟人的风采,听着他那情真意切坦白朴实的话语,回想他几年来出生入死兢兢业业为国家所做的奉献,在场的人无不为之热泪盈眶,对他更加敬重。在人们热烈的掌声和欢呼声中,华盛顿与大陆会议的代表,与和自己并肩战斗的战友、部属一一亲切拥抱,然后大步退出了会场。24 日晚,圣诞前夜,华盛顿回到了阔别 8 年多的弗农山庄。

# 十四、就职总统

华盛顿解甲归田后,在波托马克河畔他那豪华气派的弗农山庄里过了一段非常舒心惬意的日子。

华盛顿是美国著名的大种植园主。他的庄园规模宏大,沿波托马克河长 10 英里宽 4 英里的范围皆属于他的地产。他的住宅宛如宫殿一般,据说超过当时英国农村最大的农舍 20 倍。舍内窗明几净,富丽堂皇,紫檀木家具古色古香,银色餐具熠熠发光。在这样优美舒适的环境中,刚刚凯旋归来的前大陆军总司令意满志得,心情极为舒畅。长达 9 年的鞍马劳累南征北战使他心力交瘁疲惫不堪,现在该是享受自己久已盼望的快乐宁静的生活了。他每天带着仆人骑马巡视自己的农场，在自己的葡萄架和无花果树下乘荫纳凉，有客人来访时便拿出葡萄美酒陈年佳酿盛情款待，和他们在烛光下畅叙痛饮。华盛顿待人亲切热情，当时许多人慕名前来拜访，弗农山庄一时间门庭若市，宾客盈门，打破了往日的宁静。来访人员形形色色，既有达官显贵，也有不速之客，华盛顿一律热情接待。一次，一位旅行家来拜访时患了感冒，咳嗽不已。华盛顿悉心照料，亲自给他端汤喂药，使他很快痊愈。后来旅行家回忆起这件小事时，仍然感动得热泪盈眶。

然而，外面的局势并不平静。1786年秋，马萨诸塞州一位在独立战争中战功赫赫，被授予上尉军衔的退伍军人丹尼尔·谢司揭竿而起，带头反对起他曾经为之浴血奋战的国家来。他率领1500多名满腔怒火的负债农民，包围法院，袭击法庭，打开牢房，释放囚犯，建立政权，提出纲领。起义得到广大贫苦农民和城市平民的响应，队伍很快发展至15000人。起义持续了一年多，后在州政府的全力镇压下失败。

美利坚合众国刚刚诞生10年即爆发这样一场大规模起义，并非偶然。它暴露了美国政权体制的弊端。这时的美国尚在蹒跚学步，国家实行邦联制，各州拥有主权，邦联政府甚至无权向各州征税，其财政收入由各州摊派。这就导致了国家财政困难，货币贬值，各州各自为政，关税不一，英国乘隙倾销商品，工业品价值不断上涨，农产品价格低落，使许多农场主负债累累，倾家荡产。谢司起义便是在这种背景下爆发的。

曾经为合众国的建立出生入死、荜路蓝缕的前大陆军总司令华盛顿，面对这种局势怎能不忧心如焚！他清楚地认识到，问题的根源在于中央政府过于软弱，无力维护国家的整体利益。必须建立一个强有力的中央政府，能在整个联邦雷厉风行地运用自己的权力。否则，"我们作为一个民族，其灭亡指日可待。"他不断向社会名流、政界要人写信、阐述自己的看法。华盛顿的呼吁获得了广泛的响应。1787年2月，邦联议会决定召开全国各州代表会议，修改《邦联条例》。

1787年5月25日，风和日丽，万木葱笼，各州代表会议在费城独立厅隆重举行。华盛顿作为弗吉尼亚州代表出席了会议，并当选为会议主席。

对于要否参加这次会议，华盛顿曾颇有番犹豫。他曾公开声明过不再重返政坛，如若出席，担心别人说他出尔反尔。言而无信。但这次会议事关国家民族的前途命运，其重要性可想而知。他思虑再三，决定以国家民族利益为重，再度出山。到达费城那天，举城沸腾。但见彩旗飘扬，礼炮轰鸣，华盛顿在宾夕法尼亚州州长米夫林等达官显贵的陪同下，由一队轻骑兵护送，缓缓策马入城。所到之处，人们热烈欢呼，盛况空前。华盛顿的眼睛湿润了。人民没有忘记他，人民欢迎他啊！

9月17日，经过三个多月的激烈争论，会议胜利结束了。在这次会议上，尽管各州代表在许多问题上意见不一，唇枪舌剑，争论不休，但在华盛顿杰出的组织、主持下，最终达成了妥协。会议通过了宪法草案，华盛顿第一个在草案上签了字。根据宪法草案，美国实行联邦制，联邦权力大于州权，各州不再拥有主权；实行三权分立原则，行政、立法、司法三权分立，互相制衡；行政权归总统。翌年6月，宪法被获准生效，人类历史上第一个总统制资产阶级民主共和体制确立。1789年2月4日，选举团一致选举华盛顿为美国首任总统。4月30日，华盛顿就职仪式在纽约联邦大厦参议院会议室前面的阳台上隆重举行。只见华盛顿身穿深褐色服装，腰佩钢柄指挥刀，脚穿白色长筒丝袜和银色鞋扣皮鞋，气宇轩昂，出现在阳台上。阳台下，成千上万的观众欢声雷动。华盛顿右手贴胸，不断向欢呼的人群鞠躬致礼。宣誓开始了。参议院秘书奥蒂斯举起放在桌上的《圣经》，华盛顿把手放在摊开的《圣经》上，然后一字一顿地宣誓："我谨庄严宣誓：我将忠诚执行合众国总统职务，我将竭尽所能，坚守、维护和保卫合众国宪法。"他语速缓慢，声音低沉，但吐字清晰。誓毕，他又恭恭敬敬弯身吻了一下《圣经》。这时，主持仪式的大法官举臂高呼："合众国总统乔治·华盛顿万岁！"但见屋顶会旗一展，刹那间，钟声激荡，礼炮齐鸣，群众的欢呼声再次如春雷滚滚，响彻云霄。嗣后，华盛顿向国会发表就职演说。当晚，纽约上空火树银花，五彩缤纷，纽约市民载歌载舞，弹冠相庆，把美国第一位、也是世界第一位民选总统的就职典礼推向最高潮。

乔治·华盛顿，这位波克托马河畔的普通公民，曾叱咤风云的前大陆军总司令，现在一跃成为美利坚合众国的最高领导人、第一公民。根据宪法，总统既是国家元首，也是政府首脑、军队总司令，拥有无上权力，身系国家安危，成为举世瞩目的焦点。但这个总统该怎么当？没有前车之鉴。华盛顿知道，他正在走一条前人从未走过的路，他的所作所为将成为后人的前车之鉴。他决心凭着对民主共和原则的坚定信念，凭着对国家的无限忠诚，踩出一条路来。

华盛顿上台伊始，首先面临组阁问题。政府该如何组成？宪法中没有明确规定。据此，华盛顿发挥其创造力，根据国家的实际需要，首先设立了专门处理外交的部门，定名为国务卿办公室，又设立了陆军部、财政部，任命托马斯·杰斐逊、亚历山大·汉密尔顿、亨利·诺斯克分别任国务卿、财政部长和陆军部长，任命约翰·杰伊为最高法院院长，埃德蒙·伦道夫为司法部长，将美国"第一流的人物"都网罗进了政府。

华盛顿既然手握人事大权，前来谋求一官半职的亲戚朋友也就纷至沓来。华盛顿深知人事任命的重要性，认为若有失公正，就会导致政府的覆亡。因而惟才是举，不以个人好恶亲疏取舍。一次他一个侄儿希望当总统的伯父能给自己安排一个检查官的职位,立即遭到拒绝。华盛顿诚恳地对他说:"百眼巨人的眼睛正注视着我,为朋友或亲戚提供被人视为特殊化的过失将无一能够遮掩过去。"

华盛顿秉公执政,建立了美国第一届联邦政府。政府官员各司其职,井井有条,华盛顿颇为满意。

1789年10月的一天,天高云淡,风清气爽,华盛顿乘坐他的四轮马车,在少许人员的陪同下,从纽约出发,到东北部各州巡视。

这是华盛顿就任总统以来的首次出巡。任职刚几个月就把国事梳理的有条不紊,华盛顿心里十分高兴。他春风得意。时而驾车飞奔,时而缓缓徐行。他极目远眺,但见茫茫草原,风吹草低见牛羊;巍巍群山,层岭尽染披锦绣。他不由得暗暗赞叹祖国的美丽河山。然而,他最关注的还是沿途的经济状况,不断询问了解有关情况。就这样他穿州过县,迎来送往,既感受了总统的显赫,也了解了各地的民情。

这天,车抵马萨诸塞州。在欢迎的人群中,惟独不见州长亨科克的影子,一问,原来他并未把联邦总统放在眼里,故称病不出。华盛顿心中甚是不快。他看得出,虽然通过了联邦宪法,建立了联邦政府,但有的州仍然不肯低就,想和联邦一起坐大。这是关系到国家长治久安的一个原则问题。于是决心教育一下这些人。当晚,州长举行欢迎宴会,华盛顿拒绝出席。这使亨科克非常尴尬,意识到问题的严重,只得致函道歉,请求会见。在获准后冒雨来到总统下榻处,拜会了总统。此事一时传为佳话,那些恃权自傲的人再也不敢小瞧联邦总统了。

正当华盛顿踌躇满志,向国会提出并实施他的建立国防、发展经济的施政纲领时,他的内阁却发生了裂痕。

财政部长汉密尔顿和国务卿杰斐逊虽然都是美国首届一指的精英人才,但两个人在治国理念、性格秉赋方面却存在着很大的差异。前者主张加强联邦政府权力,发展工业,保护关税,后者酷爱平等自由,反对加强中央权力,主张将美国建成一个宁静的农业社会;前者精明能干,衣冠楚楚,后者才华横溢,懒散拖沓。这样,两人经常围绕国家的财政经济等问题激烈争论,"像两只公鸡一样,天天在内阁里斗。"天长日久,政府内外,围绕两人形成两大派,一曰"联邦党人",一曰"民主共和派"。

对于这两派的争论,华盛顿起初并不见怪,也不压制,而是仔细倾听双方意见,采纳正确的部分,然后居中调停,努力维护内阁的团结。后来,两派的争论逐渐升极,发展至利用报刊互相攻讦。华盛顿一贯为人正直坦诚,光明磊落,厌恶党派之争,因此,对他的左臂右膀之争日渐反感。这时,他的首届任期将尽,遂萌生退意,逃离政治的纷扰,重享悠闲的田园生活。

1792年春,华盛顿私下向他的几位阁僚分别表达了不再连任的愿望。他指出这首先是真正贯彻民主共和原则的需要。如果自己连任终身,这和君主政体又有什么区别呢? 同时,自己年老体弱,精力不支。但他的想法遭到强烈反对。几位阁僚尽管治国理念各异,但要求华盛顿连任的愿望相同。他们反复劝说华盛顿以国家民族利益为重,打消卸任的想法。杰斐逊在一封长信中言辞恳切地说:"全联邦的信任都集中在你身上。只要你掌舵,就无人能出来鼓动和领导任何地方的人民起来暴动或参加分裂运动。只要你留任,南北方就会保持统一。"汉密尔顿激动地说,总统的卸职将是"目前降临于祖国的最大的不幸。"在众人的竭力劝阻下,华盛顿放弃了引退的意念。1792 年 12 月,他再次被选举团全体一致推选为美国第二届总统。

华盛顿再次宣誓就职后不久,就遇到一件重大而又棘手的事,此事的解决直接影响了他晚年的声誉。

1793 年 4 月的一天,一匹快马飞奔而来,信使给正在弗农山庄的总统送来一封急件:英法开战了。原来,法国人民在美国革命胜利的鼓舞下,于 1789 年 7 月爆发革命,推翻了封建专制制度,建立共和国,把国王路易十六推上了断头台。英国统治者对此极为仇视,组成反法同盟,进行武装干涉。英法"七年战争"后仅 30 年,两国再次刀兵相见。

这是美国立国以来遇到的第一场重大国际冲突。一边是共和制的法国,它曾和美国并肩作战,为美国的自由独立作出了贡献;一边是君主立宪的英国,它曾是美国的母国,也是美国的仇敌。在这两个国家的冲突中该作何抉择? 华盛顿面临一场严峻考验。

华盛顿清楚,自己的左臂右膀杰斐逊和汉密尔顿对英法的立场迥异,如果此事处理不好,既危及美国国家利益,也会导致内阁的分裂。于是当即给杰斐逊和汉密尔顿写信,定下"严守中立"的基调。之后迅速返回费城,召开内阁会议,确立了"中立"方针,并发表了"中立宣言",表示与交战双方均持和平关系。

华盛顿此举完全符合美国的国家利益。美国刚刚独立,如卷入战争势必滞缓经济的恢复发展,给人民带来无谓损失;同时鉴于政府内存在明显的两派,易造成政府危机。但这一政策很快遭到亲法派的猛烈抨击。法英两国也大为不满,都千方百计破坏美国的中立政策,企图把美国拉到自己一方参战。法国公使热内在美国到处活动,武装船只,招募志愿兵,英国则不断袭击和法国进行贸易的美国商船,强迫美国船员加入英国海军。

对此,华盛顿深明大义,毫不动摇,采取措施,果断处理。他一面取消热内的外交特权,要求法国将其召回,一面派约翰·杰伊赴英谈判,解决两国争端。杰伊赴英后,经过几个月的艰苦谈判,签订《杰伊条约》。

但是,《杰伊条约》在美国掀起轩然大波,反对该条约的浪潮一浪高过一浪。反对者认为,条约把美国的一切权力都拱手让给了英国,是美国的耻辱。但华盛顿为了避免与英国开战,卷入战争,最终签署了该条约。

《杰伊条约》签署后,反对派把愤怒情绪转移到华盛顿身上。他们开始对华盛顿无端攻击,称他是"政治伪君子","一个傲慢的专制君主。"甚至有人恶意中伤他当年之所以能当上总司令,是因为他乃一个十足的脓包,大陆会议无须担心他会成为暴君。

这使华盛顿伤心不已。更使他难过的是,有人竟以加入他的内阁为耻。早在他第二届任期刚刚开始后不久,他的左臂右膀杰斐逊、汉密尔顿不顾他的一再挽留,先后离他而去。现在,他的内阁中只能寻找一些二流演员表演了。一想到几年来经历的风风雨雨,他就黯然神伤。自己为国家的独立自由与和平耗尽了心血,现在却似乎落得个威信扫地!一生最看重声誉的这位老人现在伤心透了。总统的宝座对他已毫无吸引力。他退意已决,归心似箭。他随即拟就一篇告别演说辞,赤诚地坦白道:"在我离开你们的时候,我的手是干净的,我的心是洁白的。"1796年9月19日,美国一家普通报纸《美国广告日报》很不显眼地发表了经汉密尔顿修改的这篇告别演说。

1797年3月4日,美国第二任总统约翰·亚当斯宣誓就职。就职仪式结束后,华盛顿如释重负,顿感一阵轻松,迈着平静的脚步走出众议院礼堂。在众人簇拥下回到寓所。当晚,费城各界社会名流为华盛顿举行了规模盛大的欢送宴会。华盛顿的政治生涯看来结束了。

# 十五、重掌帅印

1798年盛夏的一天,骄阳似火,酷热难耐,告老还乡已一年有余的华盛顿正在庭院的葡萄架下乘凉品茶,邮差匆匆送来两封忽件。华盛顿打开一看,是当今总统亚当斯和陆军部长麦克亨利的来信,他们是就国家面临的新的危急局势向华盛顿讨教的。其中麦克亨利的信中写道:"你可以看出,战云密布,越来越浓,我们的航船很快就需要有它的久经考验的舵手了。你愿意……担任全军的统帅吗?我希望你愿意,因为只有你才能把大家团结起来,同德同心,共同对敌……"

原来,《杰伊条约》签订后,法国视之为美英结盟,不断劫掠美国船只,美法关系日渐紧张。美国政府为了避免与法国冲突,派代表团赴法谈判。但法国外长塔列朗非但不正式接待美国使节,还私下派了个代理人向他们索取巨额贷款和贿赂,遭到拒绝。此事在美国传开后舆论大哗,反法情绪迅速高涨,美国政府也准备与法国开战。但身兼军队总司令的总统亚当斯却不懂军事，只好求救于老将军华盛顿。

华盛顿阅信后一时间热血沸腾，强烈的责任感驱使他当即写了回信，坚决表示："只要祖国要求我为击退入侵者而效力，我决不会把年龄和退休当作借口予以推辞。""我的整个一生都在为祖国效劳，在有生之年，只要我确信祖国同意并需要我牺牲自己的安逸和宁静，我就决不会在这生死存亡的关头追求安逸和宁静。"7月4日，美国参院一致通过总统亚当斯的提名，任命华盛顿为中将总司令。华盛顿欣然受命。

1798年冬，年近古稀的华盛顿不顾天寒地冻，驱车来到费城，安排招募军队事宜。在这里忙碌了一个多月，处理完军务后，才返回弗农山庄，欢渡圣诞节。

新的一年到来了。令人惊心动魄的18世纪翻开了它的最后一页。法美矛盾也随着新年的到来开始缓解。战争的阴云消失了。亚当斯总统下令停止组建军队。老将军华盛顿重掌帅印后还未来得急披挂出征、重显当年神威，就"失业"了。这似乎令人有点遗憾。但它对国家、对人民是一幸事，这也正是老将军所祈求的。

# 十六、英名永存

1799年7月的一天，康涅狄格州州长特朗布尔给华盛顿寄来一信，说根据联邦党人的协商，为防止亲法国的民主共和党人上台，希望华盛顿再次出山，竞选下届总统。来信人真是太不了解他们的首任总统了。如果华盛顿眷恋总统职位，他会一再要求引退吗？华盛顿一生重名，为了国家安危，他可以不顾年老体迈，放弃宁静生活，重掌帅印。但为了党派之争，让他重登"龙椅"，作人们攻击诽谤的靶子，他是决不会干的。于是当即回信予以拒绝。

1799年12月12日这天，天气异常寒冷，但华盛顿仍像往常一样出门去视察庄园。第二天早晨醒来，他觉得嗓子有些疼痛，但没有在意。当晚休息时秘书利尔劝他吃些感冒药，但他谢绝了。

14日凌晨，华盛顿病情加重，呼吸困难，全身发颤。天亮后请来医生多方抢救，皆无效。当晚约10点多钟，华盛顿的心脏停止了跳动，享年67岁。

华盛顿逝世后，举国哀悼。他们为失去自己的开国元勋、失去一位功高盖世的伟人无比悲痛。享利·李在美国国会发表的悼词中称他为"战争时期第一人，和平时期第一人，同胞们心目中第一人，一位举世无双的伟人"。伟人离去了，但他的英名永存。高高耸立的华盛顿纪念塔就是他永远不朽的丰碑。

# 苏沃洛夫

## ——博学多才战绩辉煌的俄罗斯统帅

穆渭生　赵万省

苏沃洛夫(1730—1800)俄国著名军事统帅。出身于贵族家庭,15 岁参加谢苗诺夫近卫团。经过七年战争(1756—1763)后,任苏兹达尔步兵团团长。他根据实战经验编写步兵操典,反对流行的普鲁士军队那种"花架子"训练方式,提倡从实战出发进行训练。先后参加过俄波战争(1768—1772)和俄土战争(1768—1774),成为一名出色的指挥官。1770 年晋升为将军。1774 年参加镇压普加乔夫领导的农民起义。在 1787—1791 年俄土战争中,成功地保卫了黑海北岸的俄国领土。1794 年残酷镇压波兰民族起义,晋升为元帅。后任南俄军总司令,着手按照他在《制胜的科学》一书中的原则训练军队,强调速度和机动性,提倡白刃战和发挥准确的火力。但不见用于朝廷。1797 年因反对保罗一世推行普鲁士军制,被革职回乡。1799 年 2 月再度被起用,指挥俄奥联军在意大利北部与法军作战,接连获胜,反对法国大革命的人为之欢呼不已。但当他正准备入侵法国时,却奉命越过阿尔卑斯山驰援瑞士境内的俄军。当时,人困马乏,大雪封山,陷入绝境。他激励部队,击退追兵,胜利突围。1800 年 1 月晋升为大元帅。奉诏回国后,再度遭贬谪,终于郁郁而死。

# 一、怪癖的少年

1742 年 6 月,莫斯科城外近郊。

莫斯科河的支流亚乌扎河波光闪烁,弯曲绵延的河岸两旁,是起伏不平的原野。近处的农庄果园里,苹果缀满枝头,樱桃点染红晕。农田里小麦碧绿,刚刚开始抽穗。旷野上杂草丛生,灌木葱茏。远处的乡村教堂塔顶,灰色的小木房子。在树林掩映和阳光照耀下,明丽如画。

这是一个礼拜日的午后。从莫斯科河上游吹来的潮湿西风,一阵又一阵掠过原野。青灰色的云团在天空中迅速积聚,蓝天和阳光一点一点地退缩。远方的云间传来沉闷的雷声。

波克罗夫卡村的乡间土路上，出现了两位少年骑手。前面马上的少年身材瘦弱，两眼碧蓝，鼻子尖尖，衣着华鲜整洁；跟随其后的同伴，褐色睫毛，面带雀斑，穿一身贱民服装。一眼便可看出，这是一对少年主仆。

乌云吞没了最后一缕蓝天。又一阵狂风吹过，天空中一道闪亮，随即是一声霹雳。稀疏的雨点落了下来，打在路面的浮土上，溅起小小的土花。两匹马被土腥气一呛，打起了响鼻。

12 岁的少爷亚历山大·苏沃洛夫仰望天空，神情亢奋，举起马鞭叫道："我的部队要进攻了。士兵们，风雨无阻。叶菲姆，跟我冲锋！"他催动坐骑，迎着风雨疾驰而前。

叶菲姆抹了一把雨水，不紧不慢地跟在小主人后面。这个锅炉工的儿子，与他的小主人同岁，但想的却不大一样。风雨天骑马乱奔，真是瞎胡闹。回去还要自己烤衣服。

小苏沃洛夫从树林折返回来，人马精湿。"叶菲姆，你又违抗我的命令。像你这样懒，将来肯定当不上将军。"叶菲姆故意打了个喷嚏，"我想当甘尼巴尔那样的仆人。可我不是黑人，你也不是彼得大帝。"

叶菲姆说的"黑人"叫阿布拉姆·彼得罗夫·甘尼巴尔，是彼得一世皇帝（1682—1725 年在位）的仆人和义子。半年前他刚被叶莉扎维塔女皇（彼得一世之女，1741—1761 年在位）提升为将军。早在孩童时，甘尼巴尔就与苏沃洛夫的父亲是好朋友。现在，他更是苏沃洛夫家的贵客了。

电闪雷鸣，风助雨势。小苏沃洛夫身上发冷。"叶菲姆，现在冲回庄园去。你能跑在前面，发给奖赏。"

"奖什么？"叶菲姆挺起身子。

"面包和果酱，加上烤肉。"

"我想再要一点蜜酒。"叶菲姆两脚一磕马身，向前猛冲。

"我还没有发令。看我抽你的屁股。"

泥泞的土路上，疾速的马蹄声，伴着少年的大叫和笑声，在风雨中传开，与天空的雷声相应和……

1742 年 10 月 23 日，沙皇近卫军普列奥布拉任斯基团的中尉瓦西里·伊万诺维奇·苏沃洛夫，来到谢苗诺夫斯基近卫团的士兵办公室，为自己未成年的儿子进行入伍登记。小苏沃洛夫被编入该团八连。

根据彼得大帝时的规定，所有的贵族子弟都要服兵役，并且禁止晋升对军事基础一无所知的人为军官。地位显赫的朝廷权贵们在遵守这一诏令条文的同时，仍然不忘寻求特权。他们在自己的孩子出生不久或年龄尚幼时,就到近卫团中为其登记,编入士兵名册。对于这种"预授"军衔的贵族特权,讲究实际的老苏沃洛夫自然不会放弃。但是,他首先考虑的是儿子的体质太弱,不大适合做军人。他迟于"常规"为儿子选择谢苗诺夫斯基团,多半是因为该团驻地正好就在自己家的对面。

位于亚乌扎河畔的普列奥布拉任斯基村和谢苗诺夫斯基村,是沙皇的两个近卫团的驻地。彼得一世"亲政"之前,就是在这里度过了他的少年时代。酷爱军事游戏的彼得,与身边的小伙伴们——贵族、马夫或奴仆的儿子,终日在一起挥舞着木枪木刀,修筑土堡,演习攻城略地。"娃娃兵"与彼得情同手足,他们长大后,于1689年被编为两个团队,分别以其宿营地命名。

这两个以皇村命名,最初由宫廷侍从、贵族子弟、少年兵马夫、御用饲鹰猎人等组成的少年游戏兵团,就是俄国近卫军的起源。到后来,两个团队中不仅军官是贵族,而且士兵也主要来自贵族子弟,实际上是为非近卫军的正规部队培养骨干。

小苏沃洛夫天生体弱,个头矮小。瘦削的身骨和面相,既不匀称也不漂亮。但是,他天生好动爱玩,性情活泼,有着灵敏机智的天赋。当家里来客人时,他就坐在一旁,倾听大人们的交谈议论。老苏沃洛夫有空也给儿子讲俄罗斯历史、彼得大帝的故事。当小苏沃洛夫自己能够读书时,父亲书房里的历史和军事图书,引起了他的极大兴趣。在一本本书籍里,小苏沃洛夫找到了心目中的英雄:马其顿的国王亚历山大、罗马统帅凯撒、迦太基名将汉尼拔、敢于冒险的查理十二世、欧根亲王……在父辈一代的影响下,他对彼得大帝更是无限崇拜。这些名垂史册的军事统帅们,激发起他童年的理想之翼,在战争艺术的天地里开始了最初的遨游。

尽管老苏沃洛夫时常担忧儿子的身体和前途,但是公务家事缠身,使他无暇多加过问。儿子的勤学令父亲喜在心头。但儿子身上那种与年龄不甚相称的刚强自立性格,又让父亲觉得是行为乖张。

小苏沃洛夫急于使自己的体格健壮起来。他打棒球、练游泳、洗冷水浴、玩军事游戏,在狂风暴雨中骑马奔驰,天寒地冻仍穿着单薄衣服锻炼。因此时常搞得感冒患病。在家人和邻居眼中,小苏沃洛夫是个有"怪癖"的孩子。

小苏沃洛夫的祖父伊万·苏沃洛夫,是个门第古老但并不显赫的中等贵族,曾担任过沙皇近卫团的总司书,替年轻的彼得一世签署过命令。1708年,他的儿子瓦西里出生后,是彼得一世亲自为其举行洗礼。伊万·苏沃洛夫死于1715年。

瓦里西·苏沃洛夫这个彼得一世的义子长到14岁时,被选定担任勤务兵。沙皇的勤务兵地位并不低微卑下,这个地位可以增长阅历。俄国历史上不少著名人物,如缅希科夫、波将金、鲁缅采夫等都干过这个差事。瓦西里·苏沃洛夫在沙皇御前既当勤务兵,还当翻译。他在语言方面天赋非凡,能熟练使用好几种语言。多年以后,他在语言方面的博学和才能,还受到女皇叶卡捷琳娜二世的称赞。彼得一世驾崩后,瓦西里·苏沃洛夫开始在近卫军中服役。近30岁时,他晋升为中尉。在人们眼中平凡无奇,一生庸碌无为的瓦里西·苏沃洛夫,在叶莉扎维塔女皇当政时期,官运开始亨通。到老年时,他已是身居高位,有上将头衔,还获得过三枚勋章。瓦西里·苏沃洛夫身材矮小,其貌不扬,只有一双碧蓝的眼睛,显示出内在的聪明睿智。他尽心于家事,勤俭节约到了悭吝的程度。他的家财虽然算不上富有,但很殷实。在三个县里有他的庄园,拥有300名男性农奴。他的妻子叶芙多基娅,是位宫廷秘书官的女儿。她为丈夫带来的嫁妆,是一套石砌的住宅。婚后的叶芙多基娅,为丈夫生儿育女,操持家事。不幸的是她未能长寿,于1774年病逝。

小苏沃洛夫在小康家境和严父教养下度过了少年时代。他住的那间小房陈设简单。木床上铺着硬垫子和皮枕头,窗前一张桌子,摆放着书籍和地图。睡床上方有一尊圣像,给这俭朴的小屋增添了纯洁而虔诚的气氛。

母亲去世时,小苏沃洛夫15岁。悲伤不已的父亲决定让儿子留在家中。12月11日,他给留守莫斯科的谢苗诺夫近卫团递交了一份书面保证:小苏沃洛夫离队到1746年1月1日为止;在此期间,自理生活,学完军事条令规定的课程和全部军事操练内容;每隔半年,向团部报告一次课程学习成绩。根据这份文书,小苏沃洛夫学习的课程有算术、几何、三角、炮兵学、工程学、外语等。

小苏沃洛夫继承了父亲的碧蓝眼睛和语言天赋。除了俄语,他会法语和德语。正式进入近卫团服役之前,他已学会了当军官所必须掌握的一切知识。他钻研过莱布尼茨的哲学原理、阅读了普卢塔克的历史著作和恺撒的回忆录、学习了地理学、研究过奥地利军事家蒙特库利科的《论军事艺术》。文化课程和外语学习,是在父亲的亲自指导下完成的。

# 二、近卫军士兵

1747年12月,苏沃洛夫离开莫斯科,带着自己的两个农奴叶菲姆·伊万诺夫和西多尔·科亚夫列夫,前往彼得堡去正式服役。作为贵族子弟,无论会有多么远大的前程,都必须从近卫团当士兵开始起步。

初到彼得堡,苏沃洛夫对一切都感到惊奇。冰冷宽阔的涅瓦河、华丽的皇宫和雄伟的要塞、收藏珍奇的博物馆,涅瓦大街两旁荷兰和法国式的建筑……这些笼罩在深冬蒙蒙雾气中的美妙风光,与他从小看惯的莫斯科相比,别是一派新景象。

苏沃洛夫住在叔父亚历山大·伊万诺维奇的军官宿舍里。伊万诺维奇在1748年新年时晋升为奥布拉任斯基团的上尉。但他对军事和公职,既无大志也不热情,整天忙于家事和教育儿子。大多数近卫军人与他一样敷衍职责，平庸度日。

谢苗诺夫斯基团的驻地在首都郊外，营区很大，住房宽敞。许多士兵都带着家眷，置备有自己的住宅和菜园。家境阔绰的贵族士兵还有私人马车，遇到繁重的公差活儿，就让自己的农奴去干。

新年之后，苏沃洛夫穿上缀有下士臂章的绿军服，开始了日复一日的操练和值勤。他首先难以适应的就是戴假发、扑香粉。这种从普鲁士军队学来的讲究，如同妇女的化妆打扮一样，繁琐而别扭。

苏沃洛夫身材瘦弱，貌不惊人，但却有一股倔强争胜的干劲。对于从小就倚仗父辈的贵族少爷习气，他极为反感。他的步枪总是保养良好，队列训练、操枪和敬礼动作规范利落。有一次，他被派到皇宫御花园值勤，正好遇见女皇在散步。

苏沃洛夫向女皇致礼，动作英武潇洒。女皇不由得停下脚步，询问他的姓名。当彼得一世的女儿知道面前这位下士的父亲就是他父皇的义子时，便掏出一枚银卢布赏给下士。

"回禀陛下，队列条令上禁止士兵在站岗时收受钱物。"苏沃洛夫下士恭敬而严肃地报告道。女皇天蓝色的目光显出赞许之意。她面容白皙，嘴唇俏薄，华贵温雅，是纯粹俄罗斯气质的女性。"好样的，我的孩子，你很懂规程。"女皇把银币放在下士脚边，"等换岗时把它拿去吧！"

"慈母女皇陛下，衷心感谢您的恩赐！"苏沃洛夫下士心情显得很激动。尽管他还只是一名下士，然而对于沙皇制度和沙皇本人的忠诚，已经是他从父辈那里继承来的道德情感。

在彼得大帝死后的三十七年中，俄国先后发生了五次宫廷政变。出身王侯的世袭老贵族与彼得一世时提拔起来的平民出身新贵族，相互争权夺利，插手干预皇位继承。被扶上宝座的沙皇，都是胸无大志的昏庸之辈，精神懒散而贪图享乐。因而宫廷宠臣佞官得以专权弄柄，导致了国势衰弱政事混乱的局面。

女皇安娜·伊凡诺夫娜（彼得一世的侄女，原普鲁士库尔兰公爵的遗孀，1730—1740 年在位）当政时，懒于国事，奢侈挥霍，由她从库尔兰带回的贵族比隆执掌大权。比隆贪婪而残暴，蔑视俄罗斯的制度和文化。"比隆暴政时期"，俄国的政治、军事、外交开始转向普鲁士化。安娜女皇死后无嗣，在国际反普鲁士势力法国和奥国支持下，近卫军拥立叶莉扎维塔·彼得罗芙娜为女皇。彼得一世的女儿废除了比隆苛政，并宣布恢复其先父在位时的政策和传统。至此，政局才稍趋稳定。

然而，贵族中的亲普鲁士派势力依然存在。加之女皇又指定其外甥彼得·费多罗维奇为继承人，就使普鲁士派可能东山再起。彼得·费多罗维奇的父亲是普鲁士公爵,他本人又在普鲁士长大,非常崇拜腓特烈二世(1740—1786年在位),极端仇视"该死的俄国"。

女皇叶莉扎维塔只具有彼得一世的血统,却没有继承其父的治国才能和革新精神。她在年近40岁时,将军国大权托付给亲信大臣,自己像个青春少女一样,热衷于舞会和娱乐,无止境地讲究服装、首饰和珍宝。光是服装一项,她就有15000件之多。宫廷里舞会和演出接连不断,狂喝滥饮、调情猎艳、温语缠绵。对女皇的曲意奉承和赞颂之词,不绝于耳。

宫廷中盛行的沉湎逸乐之风首先影响到贵族子弟组成的近卫军。苏沃洛夫吃惊地发现,士兵擅离职守、酗酒斗殴的地主习气司空见惯。军官们拉人情寻靠山以图升迁,才疏学浅而尸位素餐者比比皆是。父亲时常讲的彼得大帝时的严明军纪和忠于职责,已是凤毛麟角。

苏沃洛夫计划从平凡枯燥的训练和值勤开始,首先做一名模范士兵,靠自己的努力奋斗,成为像他所崇拜的那种伟大人物。他认真操练,学习条令,从不逃避勤务职责,总是以极大的热忱去完成每一次任务。他节俭用度,余下的钱都用以购买书籍。

近卫军的士兵,在社会地位和执行公务上,是与非近卫军的军官平起平坐的。他们可以参加宫廷舞会,有可能受命出国或被差遣到全国各地去。苏沃洛夫下士作为团队的优秀士兵,参加过海军军舰的下水典礼,被抽调担任过女皇出行时的护卫队。他自愿到皇家陆军总医院去值班。医院里由于管理人员的贪污克扣和懒惰渎职、设施简陋、护理粗劣、污秽混乱,伤病士兵的悲惨状况,令人不忍卒睹。亲眼看到来自农奴的普通士兵的医疗待遇后,在苏沃洛夫心中,奠定了日后对军队中大小医院所持的严厉批评态度。

在一年多的服役生活中,苏沃洛夫下士勤勉尽职,时刻保持着良好的军人姿态。对于他在操练时的规范表现以及战斗序列指挥中显示的才能和创造精神,营长索科夫宁少校大为赞赏:"老弟,你是好样的。看得出来,你对战斗部署的学习。比尉官们都要强。"1749年12月,苏沃洛夫被提拔为营长的常任传令官。

1751年6月,苏沃洛夫晋升为中士。1752年初,他因声誉甚佳和懂得外语,作为信使被派往德累斯顿和维也纳,在国外逗留了八个月。这使他有机会提高德语和法语水平,还学会了意大利语。后来他担任团长时,军官名册上登记着通晓三门外语。

1753年,老苏沃洛夫时运通达。12月18日,在女皇生日这天,他被提升为陆军院(统帅机构)的少将委员。他对于彼得大帝及其思想的忠诚,受到了女皇的高度赞扬。这时,他那位24岁的儿子,还是近卫军普通士兵,过着训练值勤,吃粗饭、睡干草的平凡生活。

1754 年 4 月 25 日,根据女皇把优秀近卫军人派到非近卫军中担任军官的"口谕",苏沃洛夫等 175 名近卫军人被提升为军官。5 月 10 日,陆军院任命苏沃洛夫中尉到英格曼兰团任职。

# 三、第一次参战

1754 年 4 月到 1756 年底,苏沃洛夫由近卫军中士(相当于中尉)晋升到了少校军衔。在中等贵族军人中,提升速度算是比较快的。这一时期,他先后担任过步兵军官、监督军需的粮秣主任和军务主任等职。朴实勤恳的苏沃洛夫少校,急于想在实际工作中干出一番成绩。这种时机很快就随着七年战争(1756—1763)来到了。

1748 年,普鲁士王国从奥国夺取了富庶的西里西亚,一跃而成欧洲大陆的军事强国。敢于冒险的腓特烈二世雄心勃勃,1756 年又与英国结盟,得到军费上的援助,更加公开地图谋夺取邻国的土地。1756 年 8 月,普鲁士先发制人,以 100000 大军占领了萨克森国。其矛头是指向奥国。腓特烈二世想利用敌对各国的战略分歧,逐个击破。地大而落后的俄国,是其计划中的最后较量者。

普鲁士的崛起,成为俄国向波罗的海水域扩张的劲敌。1757 年 2 月,俄奥两国结盟,俄国承诺出兵援奥。俄国的战略目标是夺取波罗的海南岸的东普鲁士。是年 5 月,俄军越过波兰,兵锋直指东普鲁士首府哥尼斯堡。由于普军主力正与奥军作战,俄军的进展比较顺利。但是,由于俄军总司令斯捷潘·阿普拉克辛元帅忧心国内政局,行动迟疑缓慢,贻误了战机,使普军得以调整部署,迎击俄军。

8 月 30 日,占优势的俄军在格罗斯—耶格斯道夫村地区遭到普军的突然袭击。激战数小时后,俄军损失很大,几乎溃不成军。危急时刻,32 岁的鲁缅采夫上将不待命令,指挥一个旅穿过树林,攻击普军侧后,以猛烈的白刃冲击扭转了战局。

此役胜利,为俄军打开了通向哥尼斯堡的道路,然而,阿普拉克辛却下令撤退。秋季的道路泥泞不堪,俄军的物资损失比打了败仗还惨重。阿普拉克辛因此被撤职问罪,死在受审之中。

俄军参战之后,苏沃洛夫少校在波罗的海岸边的港口麦麦尔,负责军需供应。他通过战报、伤兵和信使,关注着前线战况。1758 年,他担任麦麦尔城防司令,并负责在里夫兰和库尔兰为前方组建预备营。由于出色地完成了任务,他在 10 月晋升为中校。

1759 年 8 月,俄奥联军与普军在奥得河畔的法兰克福相遇会战。俄国上将萨尔蒂科夫指挥联军,利用库涅斯多夫村一带岗峦起伏的地势构成防线,使普军适宜于平坦开阔之地的楔形攻击战术难奏其效。轻敌自信的腓特烈二世,遭到俄军鲁缅采夫师的顽强抵抗和联军骑兵的包抄攻击,全线溃败,自己也险些被俘。

在这次会战中,苏沃洛夫中校在费莫尔伯爵指挥的第一师担任值勤官。当会战接近尾声时,费莫尔放下望远镜叫道:"军官先生们! 胜利了!"站在一旁的苏沃洛夫立即说道:"我若是总指挥,现在就乘胜进军柏林。这样,战争就能早日结束。"

然而,盟国之间的战略分歧,迟滞了联军的进一步行动,使得腓特烈二世绝处逢生。俄军由于伤亡过大和粮秣耗尽,只得撤回国内休整过冬。

1760年4月,俄军出兵偷袭兵力空虚的柏林,守军不战而降。但是,由于普军数万之众从萨克森回师援救,俄奥联军在占领柏林三天之后,又匆忙撤出。

此年4月,已获中将军衔的老苏沃洛夫,受命前往驻外部队中担任"军粮司主管"。这项工作需要廉洁正直而孜孜不倦的人。老苏沃洛夫没有运筹帷幄的指挥才能,却在军需供应方面表现出很强的组织能力。他获得了一枚勋章,并受封为枢密官。

1761年,俄国企图对普鲁士进行最后一战并将其彻底击败。总司令布图尔林元帅将主力调往西里西亚,与奥军协同作战。另一路辅攻方向由鲁缅采夫指挥,攻击波罗的海岸边的要塞港口科尔堡。

苏沃洛夫中校编在贝格少将指挥的轻骑兵军团,第一次直接参加战斗。他率领一支哥萨克骑兵,以游击战的方式骚扰敌军。这种突袭要求疾驰猛冲,快速机动。苏沃洛夫的军事指挥才能,在初露头角时,就表现为进攻战术。

9月间,普军12000人在普拉滕将军率领下,出现于鲁缅采夫的后方,赶来增援困守中的科尔堡。与此同时,贝格将军指挥俄军增援鲁缅采夫。10月中旬,两支援军在兰得斯堡地区遭遇,发生激战。为了切断普军前进之路,苏沃洛夫带领一个骑兵连,夜行军40俄里,烧毁了瓦尔塔河大桥。随后,在攻击戈劳尔城的普军时,他身先士卒,冲锋在前,因战马倒地而跌伤。不断地从侧翼袭扰敌军,是苏沃洛夫在七年战争中的主要战斗经历。而骑兵部队的快速机动性,奠定了他日后战术原则思想的一个方面。

初冬时节,科尔堡的一部分普军利用浓雾天气突围而走。12月16日,留下的3000名守军久困断饮,被迫投降。俄军终于夺取了这个具有重要战略地位的海上补给基地,然而战争却已临近结束了。12月25日,叶莉扎维塔女皇驾崩,亲普的彼得三世一上台,立即与他崇拜的腓特烈二世停战议和,同意放弃俄军的全部占领地。普鲁士再一次绝路逢生。而俄军在这场战争中人财空耗,一无所获。

女皇驾崩前,老苏沃洛夫正在新占领的哥尼斯堡(今加里宁格勒)担任总督。

彼得三世下诏免去了他的职务,另行派他到遥远的西伯利亚任职。这实际上是一种体面的流放。老苏沃洛夫回到彼得堡后,拖延未行,并参与了1762年的"六月政变"——野心勃勃的皇后叶卡捷琳娜·阿列克谢耶芙娜在以奥尔洛夫兄弟为首的近卫军拥护下,杀夫夺权,登上皇位。

# 四、步兵团条令

1762年8月,苏沃洛夫中校奉命从哥尼斯堡返回首都,谒见了新女皇叶卡捷琳娜二世(1762—1796年在位)。女皇把自己的一幅画像赐给了他。回到家中,心情激动的苏沃洛夫在女皇画像旁题词:初次谒见为我铺平了获得荣誉的道路。

8月26日,晋升为上校的苏沃洛夫被派往阿斯特拉罕步兵团担任团长。七个月后的1763年4月,他又奉诏调任苏兹达尔步兵团团长。这支团队组建于彼得一世时期,已有半个多世纪的历史,久经战阵,功绩显著。在刚刚结束的七年战争中,也是参战最多的团队之一。苏兹达尔团的徽号是金色盾牌上站着一只头戴公爵宝冠的白色雄鹰。团徽分别佩戴在军官胸前和士兵的绿色呢帽上。

这时的苏沃洛夫上校,头发已显稀疏,削瘦的脸上因饱经风霜而皮肤粗糙,过早地刻上了皱纹。他不喜欢跳舞和打牌,在热闹的娱乐舞会上,在高谈阔论和津津于轶闻艳趣的社交场合,总是感到窘迫不安。与34岁的实际年龄相比,他的面容显老得多。但是,处事的深思熟虑,以及对职责的热忱精神,却要比其他军官更为出色。

苏沃洛夫在早年的刻苦学习和钻研中,对彼得一世颁布的步兵操典和条令领会至深。他分析过北方战争(1700—1721年)的全过程,对步兵、骑兵、水兵的基本军事操练和技能了然于心;对滑膛燧发步枪的射击效果、步兵的白刃冲击、骑兵的全速猛攻和大刀斩劈尤为注重,对于野战时的战斗队形变换,火炮的轰击威力、诸兵种的协同行动勤加思考。彼得一世对俄国军事制度的改革和战术革新思想,为他的军旅生涯,奠定了坚实的思想基础。

但是,在当时的俄国统治集团中,围绕着稳定军队、提高战斗力、军队效忠沙皇、更有效地进行战争诸多问题,形成了保守和创新两派势力。十八世纪中叶以后的国内局势和对外战争,对俄国的军事思想产生了深刻的影响。为了镇压农民起义和进行领土扩张,俄国需要一支强大而可靠的军队。然而,俄军士兵主要来自农奴,终身服役,生活待遇低劣,训练粗野而惩罚严酷。叶卡捷琳娜二世执政后强化农奴制度的政策使军队的官兵关系——实质上是穿军装的贵族与穿军装的农奴的关系空前恶化。侵略扩张性的对外战争,又使军队士气普遍低落。

当时的欧洲各国中以普鲁士军队为最强。军官一律由贵族担任,士兵由强征的农民和约占半数的外国雇佣兵混编组成。由于成份复杂,士气不高,因此靠残酷的棍棒纪律来约束士兵。军事训练极为严格,并且特别注重形式。腓特烈二世要求把士兵训练成为盲目服从命令的机械人。作战时,普军常采用"机动战略",即在战场外围进行机动,造成威胁敌军后方的态势,争取不经会战而迫使敌军退兵或投降。当必须进行决战时,除与其他各国一样采用线式战术外,还使用楔形编队的"斜形攻击法",力争首先攻破敌军较弱的侧翼,再投入主力形成两面夹击之势。这种战术,后劲锐盛,对付单纯采用线式战术的敌军,多能制胜奏捷。腓特烈二世用此战术,在同奥军作战中,获得过辉煌胜利。

而俄军在七年战争之前,武器装备和战术指挥,都落后于普军。七年战争中,俄军战略上是进攻。但在历次会战中却是处于防御地位,等待敌军来进攻。当敌军退却时,又不实施追击。因此不能够全歼敌军,往往打成两败俱伤或得不偿失的消耗战。也就是在实战的经验和教训中,一些反对墨守旧规,勇于创新的将领看出,普军的"机动战略"以及适用于平坦地形的楔形攻击正在过时。尤是鲁缅采夫发挥彼得一世积极进攻的战术原则,首先使用散兵阵和纵队形,以有效的火力打击敌军,并采用密集的刺刀冲锋实施进攻,成为崭露锋芒的革新派代表人物。

苏沃洛夫对鲁缅采夫的勇敢精神和指挥才能十分敬佩。他自己在贝格将军麾下进行的"游击战",突出快速、机动的攻击,与传统军事原则对比鲜明。实战锻炼、博览群书、熟悉士兵,这些因素使得具有批判精神和务实作风的苏沃洛夫在担任团队指挥官后,开始探索从实战出发,对部队进行全面的军事素质训练的创新之路。

苏沃洛夫为自己的团队制定了专门的条令,名为《团的建设》。从连长到班长,人手一册。条令详细说明了各分队的学习内容和学习方法。在规定的训练内容中,主要是队列训练和士兵"操练法",要求从易到难,学深学透。苏沃洛夫指出,战斗中士兵起决定性作用,因而平时训练极为重要。为了带出一支模范团队,苏沃洛夫时常组织演习,演练战斗队形的纵横交换,合拢和展开;拉出营房进行长途行军;演练围困要塞的攻坚战。他最注重的训练项目是贯穿冲击和白刃拼搏。

当时的步枪杀伤力只有60步到80步远。在决定胜负的最后关头,白刃拼杀具有头等重要的意义。而当时风行于欧洲各国军队的普鲁士训练方式,是以密集的火器射击代替白刃战。这是因为雇佣兵难以胜任白刃战。苏沃洛夫不盲目照搬普鲁士模式,刻意训练部队进行以冷兵器为主的进攻型战术,表现出从实际出发的军事思想和独特的军事教育手段。贯穿冲击和白刃拼搏,有利于养成士兵的勇敢精神和坚强意志。

1764 年，俄军中颁布了比比科夫的《步兵团团长工作细则》。其内容在一定程度上恢复了彼得一世的军事制度。但与《苏兹达尔团条令》相比，仍显逊色。为了把新兵尽快训练成真正的士兵，俄军中盛行野蛮的杖笞和鞭打。士兵被看作是没有个性，没有自觉性的战争机器的零件。

苏沃洛夫在自己的团队中强调严格纪律和绝对服从。对于违纪行为，在给予必要惩罚的同时，还要让士兵明白所犯的过失。用适当的惩罚唤起士兵的自尊心，并培养下级军官爱护士兵的道德感。苏沃洛夫教给农奴出身的文盲士兵们一些祈祷文，让他们参加基本的宗教仪式，用淳朴的习俗教育感化士兵。他厌恶殷勤献媚、徇私拍马、攀亲靠友谋求举荐升迁的庸俗作法，在军中开展竞赛，用表彰奖励、提拔晋升的方法，激发军官和士兵的荣誉尊严之心。"任何人都有自尊心。"这是苏沃洛夫对待士兵的真挚情感。

1765 年 6 月，苏沃洛夫带领苏兹达尔团队从驻地拉多加镇急行军赶到距首都 30 俄里的红村，参加遵照女皇谕旨而举行的野营集训。这是俄军历史上首次多兵种协同演习。参加演习的共有三个师和一个轻便军团。苏兹达尔团编在轻便军团中。

6 月 19 日下午 4 时，一声号炮，阅兵式开始。所有团队排成横队。叶卡捷琳娜二世在野营总部的将帅们陪同下，检阅部队，44 门火炮齐鸣，"乌拉"声震耳欲聋。

在第二天的演习中，苏兹达尔团担任女皇率领的"攻方"前锋队，攻击"守方"的侧翼。在整个演习过程中，苏兹达尔团表现出来的机动灵活与行动快速，证明其军事素质已远远超过了别的团队。7 月 1 日，演练结束，苏兹达尔团又以急行军返回拉多加镇，途中没有丢下一个病号。

从 1763 年到 1768 年，苏沃洛夫在和平环境中，担任苏兹达尔团团长五年之久。他同士兵一起荷枪操练、野外演习、风餐露宿，以始终不渝的热情和兢兢业业的模范行动，训练出了一支优秀团队，也赢得了士兵们的尊敬和爱戴。

# 五、锋利的战剑（一）

1768 年 9 月，苏沃洛夫晋升为准将。他急于到战场上去建立功名。叶卡捷琳娜二世的对外政策，则为他提供了纵横驰骋的用武之地。早在十六世纪中期，统一的俄罗斯国家形成之后，俄国贵族和商人就迫切希望掠夺新的土地、农奴和财富，急于夺取具有战略和贸易双重作用的陆海通道。但当时俄国扩张的直接目标，还是邻邦的土地。到彼得一世时，俄国就以争夺海洋水域即打通出海口为目标了。彼得一世说过"俄国需要的是水域"。他通过二十余年的战争，打败瑞典，夺取了波罗的海沿岸的大片土地,取得了通向西欧的捷径。在南方,俄国需要控制黑海和土耳其海峡,以便进入地中海,进而控制巴尔干地区。而这一扩张目标,是由彼得一世事业的继承者叶卡捷琳娜二世来实现的。在她执政的对外政策中,打败土耳其夺取黑海出海口和兼并波兰,占着优先的地位。

波兰王国是俄国西邻,地处欧洲中部的奥得河与维斯瓦河流域,气候温和,雨量充沛、土地肥沃。南有苏台德山和喀尔巴阡山,森林广大。波兰美丽富饶,而且南临黑海,北依波罗的海,战略地位尤为突出。到十七世纪上半叶时,波兰版图有近百万平方公里,仅次于俄国而居欧洲第二位。

但是,波兰国内的封建割据局面和贵族共和政体与欧洲其他国家的中央集权相比,显得落后而衰弱。此外,波兰国土平原莽莽,无险可守。民族构成复杂与宗教派别众多也易成为外国势力干涉和入侵的可乘之机。

俄国与波兰之间,历来存在着民族矛盾、宗教矛盾和领土争端。1763 年 10 月,波兰国王奥古斯特三世驾崩。为了控制波兰,沙俄与同怀觊觎之心的波兰西邻普鲁士结盟,准备以武力来干涉波兰内政。1764 年夏天,波兰国会举行国王选举会议。俄军 50000 人开进波兰,进逼华沙施加压力,并以数十万卢布收买大贵族。结果,使俄国女皇的情夫斯坦夫斯拉夫·波尼亚托夫斯基当选为新国王(1764—1795年在位)。随后几年中,俄国又强迫波兰议会实行宗教权利平等,并保证不经俄国允许不得擅自改革国家制度。

1768 年初,一部分反对国会向俄国让步的波兰贵族,在南部波多利亚的巴尔城组织起贵族党,宣布废黜傀儡国王,以武装行动反抗俄国干涉。贵族党人的武装同盟,得到法国和土耳其的支持与援助。由于这场反俄运动与宗教问题相纠缠,又引起了乌克兰人和哥萨克人反抗波兰贵族地主的起义。

为了镇压波兰贵族党人,也为了防止农民起义波及俄国,叶卡捷琳娜二世又一次下令俄军开进波兰。1768 年 11 月苏沃洛夫准将接到命令,进军斯摩棱斯克。次年 5 月,苏沃洛夫被任命为旅长,统率三个团队待命。8 月初,贵族党人逼近华沙。苏沃洛夫奉命进军,在华沙和卢布林之间,追歼贵族党人的骑兵游击队。9 月初,苏沃洛夫到达卢布林。这里靠近奥地利边境,满布森林、沼泽、城堡和修道院,交通不便。贵族党人在此地有精良的骑兵,直接威胁着正与土耳其人作战的俄军的后方。贵族党人的骑兵游击队,作战灵活,出没无常。而同样长于游击战术的苏沃洛夫采用的对策,主要是突然奔袭。

1770 年新年时,苏沃洛夫晋升为少将。他亲自指挥一个由步、骑、炮兵组成的混合旅(3500 人)。4 月初,在卢布林西南的桑多米尔哨所附近,苏沃洛夫指挥俄军,歼灭了 300 名贵族党骑兵。俄军在卢布林地区的一连串胜利,使苏沃洛夫荣获了一枚圣安娜勋章。

1771年3月,俄军在攻打贵族党人据守的山区城堡时,遭受挫折,苏沃洛夫也中弹受伤。他领悟到俄军还缺乏攻打坚固堡垒的作战经验。4月18日夜,4000余名波兰骑兵和步兵攻击克拉科夫城,俄军被迫撤退。苏沃洛夫闻讯后,夜行军赶到前线,调集了3000名官兵,立即实施反击,一举夺回克拉科夫,并追击敌军到一座山区古镇。5月10日早晨,双方摆开阵势。波兰人占据山脊,居高临下。苏沃洛夫大胆地采用骑兵散兵线攻击战术,只用半个多小时,就摧垮了敌方阵线,歼敌500余名。

尽管苏沃洛夫指挥巧妙,常常以几百人的小分队追歼数倍于己的贵族党人,并将其击溃。但他总觉得不是正正经经地打仗。他希望到南方广阔的战场上去与土耳其人作战。然而陆军部却让他在复杂而混乱的波兰战区呆了三年多时间。

1772年5月,害怕俄国独占波兰的奥国和普鲁士,也对波兰进行武装干涉。俄国因为正忙于同土耳其交战,遂在8月与奥、普达成瓜分波兰的协议。俄国占领了白俄罗斯和拉脱维亚地区共42000平方公里土地和上百万人口。年底,苏沃洛夫少将奉命回到彼得堡,并得到了盼望已久的新任命,前往南方鲁缅采夫的第一军团去报到。

1768年,土耳其政府插手干涉波兰事件,引起了俄土战争的爆发。战争一开始,双方主攻地区是波兰南部的霍亭。土耳其人想打到华沙与波兰贵族党人会合。俄军则要在霍亭堵截土耳其人。

俄国第一集团军于1769年秋天由鲁缅采夫元帅指挥。1770年6月,俄军沿普鲁特河左岸南下,鲁缅采夫充分发挥了主动进攻和迅速突击的战术,连续战胜优势的土耳其军队。三个多月时间里,俄军控制了德涅斯特河与多瑙河之间的广大地区。

1771年,俄国第二集团军攻占了整个克里木半岛。次年,两国进行谈判。由于俄国的条件苛刻,未能达成协议。土耳其人虽然控制着亚速海、黑海和东地中海的制海权,但其政治经济比俄国更野蛮落后。奥斯曼土耳其帝国称霸的时代毕竟已过去了。

1773年2月,女皇命令鲁缅采夫打过多瑙河去,对土耳其施加军事压力。然而,第一集团军兵力不足40000人,发动攻势力不从心。鲁缅采夫将部队分成三个军团,决定在宽大的正面实施渡河。为了迷惑土军,苏沃洛夫少将受命对多瑙河右岸的土尔土卡伊要塞进行侦察奇袭。

土军在右岸的保加利亚,以鲁什楚克、锡利斯特拉两座要塞和舒姆拉为鼎足之势构成防御。土尔土卡伊位于两座要塞之间。土耳其军队的骨干是常备步兵,习惯于依托要塞工事作战,主动出击较少。另有战时召集的民团骑兵,人数众多,集团冲锋。但土军的武器装备比较陈旧,战斗时不讲队形,也不熟悉线式战术。

5月6日,苏沃洛夫少将来到多瑙河左岸的一座小镇。镇子西面是南流汇入多瑙河的阿尔杰什河。在这一地段,多瑙河面宽达千步以上,河岸陡峭。对岸的土尔土卡伊要塞和战舰上的大炮,可以封锁附近的河口和渡口。

土尔土卡伊的守军有4000人,火炮20门。围绕要塞小城设置着三处营地都配备有大炮。而苏沃洛夫指挥的俄军只有1500人和7门火炮。他决定夜间渡河,进行突然袭击。

5月9日深夜,俄军快到达敌岸时,土军才发现,随即开炮拦截。但夜幕下的炮火缺乏准确性。俄军步兵登岸后,以纵队形发起攻击。在短兵相接的夜战中,俄军的刺刀大显威风,土军很快就全线崩溃。俄军缴获6面军旗、16门火炮和19艘战船。苏沃洛夫下令烧毁小城,然后胜利返回左岸。这次成功的奇袭,使他荣获一枚二级乔治十字勋章。

俄军退走后,土军又陆续开到土尔土卡伊,重新构筑工事。指挥官是英勇善战曾任麦加总督的费祖拉—穆罕默德,统领着4000余名精兵。

鲁缅采夫命令渡河的俄军围攻锡利斯特拉要塞。为了牵制土军兵力,6月17日,苏沃洛夫受命再次袭击土尔土卡伊。这次他指挥的部队增加到3000人,配备15门火炮。是夜,风雨交加,苏沃洛抱病指挥战斗。俄军在大炮掩护下,渡河登岸,掷弹兵连冲在前面,如同尖刀,两翼是猎骑兵。步兵冲上高地后,展开成方阵队形。先头俄军与土军激战数小时后,苏沃洛夫率预备队渡河增援。在顽强的反冲击中,土军指挥官费祖拉—穆罕默德被击毙。刹那间,土军便溃败逃散了。俄军夺取了土军的全部火炮和35艘船只,两次突袭土尔土卡伊,土军伤亡800余人,俄军伤亡200余人。

俄军大部队返回左岸,在右岸只有吉尔索沃一个据点。鲁缅采夫把坚守任务交给了苏沃洛夫。俄军只有3000人,苏沃洛夫下令加固城堡,构筑新工事。9月初,苏沃洛夫指挥俄军击退了上万名土军步骑兵的围攻。这场守御战成为俄军1773年中的最后一次胜利。不久,鲁缅采夫命令俄军退回左岸,进入冬季营房休整。

1774年3月,苏沃洛夫晋升为中将。由于国内爆发了普加乔夫起义(1773.6—1774.9),沙皇俄国急于抽调兵力去镇压,迫切希望与土耳其停战。为此,俄军决定发动夏季攻势,迫使土耳其政府就范。俄第一集团军55000人与正面的100000土军对峙。鲁缅采夫派兵分别攻击鲁什楚克、锡利斯特拉,并向舒姆拉方向推进。

6月9日,苏沃洛夫指挥的8000俄军,与土军40000名步骑兵在舒姆拉东面的科兹鲁扎城外遭遇。两军之间隔着一片绵延9俄里的森林。次日,土军主力布设在城外一片高地上。苏沃洛夫以猎骑兵和掷弹兵为第一线,骑兵为两翼,两个团为预备队。开战之后,俄军以刺刀顶住了土军骑兵的疯狂冲锋。然后投入预备队以方阵向前推进。苏沃洛夫命令炮兵猛轰土军兵营,亲自率领骠骑兵向土军占据的小山岗冲击。迂回前进的步兵也越过障碍冲入土军阵地。土耳其军队的特点是一旦失利便溃散逃命。这一仗,土军损失千余人和29门大炮,再没有力量组织反击了。

7月下旬,苏沃洛夫接到女皇的诏令,调他到莫斯科去对付普加乔夫农民起义军。哥萨克叶美连·普加乔夫领导的农民起义不到半年时间,就从叶克河波及到伏尔加河流域草原地区、乌拉尔地区和西伯利亚地区。1774年3月,起义军发展到50000人,围困奥伦堡,火烧喀山城,进逼察里津。贵族和地主们丧魂失魄,纷纷逃向莫斯科。

沙皇政府对起义军的第一次讨伐失败后,立即组织起第二次讨伐。农民起义军英勇奋战,但因为军事素质低,武器差,内部分裂等原因,不久便走向低潮。8月24日,苏沃洛夫到达讨伐军总司令帕宁上将的驻地,接受了起义地区各省军政大权的委托证书,立即去接管军队。9月16日,当苏沃洛夫到达起义地区的雅伊克镇时,普加乔夫已被起义军叛徒出卖,交给了雅伊克警备司令西蒙诺夫上校。9月21日,普加乔夫被押往莫斯科。1775年1月1日,他被沙皇政府以极刑处死。

# 六、多事的南方

1775年夏天,苏沃洛夫经历了极大的痛苦和欢乐。7月15日,父亲病逝。8月1日,女儿出生。苏沃洛夫的妻子瓦尔瓦拉·伊万诺夫娜出身于莫斯科的名门望族,父亲是普罗佐罗夫斯基公爵。这门亲事是老苏沃洛夫生前选定的,孝顺的儿子对父亲的选择完全同意。婚礼是在1774年1月举行的。从相貌上看,两人并不怎么般配。44岁的苏沃洛夫矮小瘦弱,24岁的公爵小姐面颊红润、身材匀称,堪称美人。然而,由于公爵生活上阔绰挥霍,公爵小姐的嫁妆并不多。苏沃洛夫家中数不尽的金银财产,光"男性"农奴就有2000名之多。此外,在注重军职的显赫贵族中,苏沃洛夫的少将军衔和累累战功,就是一份令人满意的"聘礼"。

老苏沃洛夫永远不会想到他给儿子选择的婚姻是留给儿子的一场感情灾难。公爵小姐智力一般、性情急躁、作风轻浮、不惜金钱,像叶卡捷琳娜二世时代所有轻佻浅浮的贵族妇女一样。她的这些秉性品质,与苏沃洛夫的学识渊博、思想深邃、勤俭节约、生活严肃都是格格不入的。

　　1768—1774 年俄土战争的结果,是库楚克——凯纳尔吉和约:土耳其承认克里木汗国"独立";俄国夺取了亚速夫、刻赤、厄尼卡列、金布恩以及第聂伯河与布格河之间的大片土地,兼并了北高加索;俄国商船取得在黑海航行并通过达达尼尔海峡的权利;土耳其向俄国赔款 400 万卢布。这是俄国"南进"的一场重大胜利,虽然距控制黑海,进入地中海的目标尚差很远。

　　失败的土耳其政府对克里木汗国的"独立"自然不愿善罢干休。1775 年 7 月,一支土军在克里木半岛的卡法登陆,黑海沿岸的局势变得紧张起来。为了遏止土军,1776 年,俄军重兵集结于克里木和亚速海东岸的库班河边界地区。俄国既要保持对克里木的控制权,又不愿事态扩大到爆发战争的地步。这便需要一位经验丰富的军事指挥官。女皇的宠臣格里戈里·波将金上将推荐了第六莫斯科师师长苏沃洛夫中将。

　　1776 年 12 月,苏沃洛夫到达亚历山大罗夫要塞,接任共有 20000 人的克里木军指挥权。此后一段时间,自尊心极强的苏沃洛夫与顶头上司、优柔寡断的普罗佐罗夫斯基中将相处得并不融洽。1777 年 6 月,心情烦闷的苏沃洛夫患寒热病,获准短期休假,回到波尔塔瓦的家中与妻子和女儿娜塔莎共享天伦之乐。

　　1778 年 1 月,苏沃洛夫被派往库班地区担任军长。当时的库班警戒线就是俄土两国的边界。苏沃洛夫巡视了这里的兵站和要塞,建议沿库班河北岸 500 余俄里的地段构筑防御体系,加强俄军的阵地。3 月 23 日,鲁缅采夫元帅任命苏沃洛夫为克里木军军长,仍兼库班军指挥职务。5 月至 6 月间,苏沃洛夫先后向库班军和克里木军下达命令:加强军事训练。保证后勤供给,改善士兵日常生活。这是他在多年的军旅生活中逐渐总结出来的治军原则和具体方法。他作为杰出统帅的声望,很大程度是建立在对普通士兵的爱护之上。

　　1779 年,叶卡捷琳娜二世向奥地利皇帝约瑟夫二世提出结盟反对土耳其的建议,得到对方热烈响应。女皇宠臣波将金时任黑海沿岸新边疆区总督,准备利用英法之间的矛盾,远征波斯的里海地区。1780 年 1 月,苏沃洛夫奉波将金的秘令,来到阿斯特拉罕,着手作远征的准备。然而,由于国际形势的迅速变化,波将金的远征计划难以实施。苏沃洛夫在荒僻的阿斯特拉罕呆了两年多。

　　1782 年,俄土关系重新紧张起来。苏沃洛夫又被调到克里木——库班地区。沙俄政府在这个新吞并的边疆区要确立新的臣属关系,又要防卫边界。在苏沃洛夫心目中,他指挥的军队不仅要保卫俄罗斯边疆,还要维护现行国家制度。作为贵族阶级上层中的一员,苏沃洛夫对于"恶人暴动"——普加乔夫起义以及不肯臣服的克里木鞑靼人和库班诺盖人,都会予以坚决镇压。1783 年,俄国宣布将克里木和库班地区并入自己的版图。从里海到亚速海的边境地区,由高加索军军长波将金负责管辖。

1784年夏天,苏沃洛夫开始担任莫斯科费拉基米尔师师长。1785年,他又调任圣彼得堡师师长。1786年9月,女皇降旨晋升苏沃洛夫为上将。是年底,他又担任叶卡捷琳娜军团第三师师长。1787年3月,陆军院院长、陆军元帅波将金授权苏沃洛夫兼管守卫波兰边境的一部分军队,并在赫尔松军兼职。这样一来,苏沃洛夫成为从西南的波兰边境到东南的塔夫利达,即第聂伯河两岸广阔地区所有部队的司令官。

4月,叶卡捷琳娜二世南下克里木巡视,并与奥皇约瑟夫二世会晤。在一系列的双边外交活动中,俄奥关系尤为重要。俄国积极准备,要与土耳其重开战端。由女皇宠臣波将金元帅负责黑海地区的防务,组织第聂伯河地区的后勤补给。新编成的叶卡捷琳娜军团由波将金元帅指挥。乌克兰军团由鲁缅采夫元帅指挥。苏沃洛夫负责克里木地区的防务,真正成为波将金手中的一把利剑。而波将金元帅则很大程度上成为苏沃洛夫在尔诈我虞的官场上的有力靠山。

就在苏沃洛夫官阶不断晋升,军权不断增大的这几年中,他的婚姻却日益走向破裂。由于丈夫过着辗转不定的军旅生活,瓦尔瓦拉·伊万诺夫娜婚后的生活极不舒心。在颠簸的旅行途中,她曾两次流产。不适应克里木的气候使她患过寒热病。年轻漂亮,在富裕舒服中长大的伊万诺夫娜,难耐与丈夫分离的寂寞,与别人发生了私通关系。这对心地纯洁而坦率自尊的苏沃洛夫而言,是个沉重的打击。他无法原谅这种堕落不忠行为,于1779年9月向宗教法庭递交了离婚申诉书。但是,由于女皇出面干预和劝慰,苏沃洛夫与妻子暂时和解。

1784年,苏沃洛夫与妻子最终决裂。瓦尔瓦拉·伊万诺夫娜是他一生中惟一爱过的妻子,也是伤透了他的自尊心的女人。这个没有坚定道德观念的女人,一再背叛婚姻和家庭的圣洁性。苏沃洛夫断然拒绝了女皇的多次出面调解,与妻子分手,从此开始了独身生活。叶卡捷琳娜二世时期是货真价实的"淫荡时代",宫廷中盛行着"自由"风尚,许多"戴绿帽子"的丈夫,害怕招惹女皇和她的宠臣,对妻子的放浪行为宁愿佯装不知。但是,苏沃洛夫无法与此苟同合污,他宁愿独身到老,而且至死也未同妻子和解。

8月初,定居在莫斯科的瓦尔瓦拉·伊万诺夫娜生下了儿子阿尔卡季。怨恨恼羞的苏沃洛夫拒绝承认这个儿子。

# 七、锋利的战剑(二)

1787 年 8 月,土耳其帝国在英、法、普的支持下,向俄国宣战。9 月 2 日,在黑海的金布恩海域巡逻的俄舰,遭到土耳其舰只的袭击。战争首先从海上打响。

金布恩是第聂伯河与布格河河口湾金布恩沙嘴上的一座土耳其旧要塞。弯曲狭长的沙嘴伸向海中,封锁着两条河口。天气晴朗时,可以清晰的望见北面 20 俄里之外的陡峭海岸和奥恰科夫要塞。金布恩要塞因为地下水位很浅,并不坚固。但却可以阻挡土军舰只进入第聂伯河,又是俄军赫尔松基地的屏障。

战争打响后,苏沃洛夫上将指挥的金布恩俄军共有步骑兵 4000 余人,火炮 90 门。俄军分两线配置,前轻后重。9 月中旬,土军对金布恩的两次进攻,都被伊万·列克少将击退。10 月 12 日拂晓,土军的 22 艘舰船上 600 门火炮先向金布恩轰击,随后 5000 名精兵登上沙嘴向俄军阵地冲锋。土军进入火炮射程后,苏沃洛夫下令开火,并令第一线部队出击,将土军赶向海边。但追击的俄军受到土军舰只上的炮火拦截,溃退回来。苏沃洛夫在第二次反击时,被土军炮火打伤胸部,失去知觉。他一苏醒过来,立即又投入战斗。

在土军强大火力轰击下,俄军退入要塞。黄昏时分,苏沃洛夫集中全体官兵和赶来增援的近千名骑兵,发起第三次反击。夜幕降临,土军舰只受到俄军要塞火炮轰击,遭受重创,开始后撤。俄军三路反击,与土军精兵在狭窄的沙嘴上混战拼杀。土军失去舰船炮火支援,背水而战,陷入被动。俄军骑兵踩着死尸向前猛冲劈斩,土军退到齐腰的海水中,高喊"投降"和"饶命"。

激战中,苏沃洛夫左臂又被打伤。他包扎起伤口,跨上战马,大喊道:"把土军赶下大海!"经过九个小时恶战,土军丢下 4500 具尸体,狼狈败退而去。俄军伤亡只有 450 余人。这一战规模并不大,却是俄军要塞防御战的杰出范例。使土军的作战计划,一开始就受挫。苏沃洛夫受到女皇的慷慨奖赏:圣安德烈高级勋章和绶带。

波将金元帅的战略目标是土军的奥恰科夫要塞。它位于布格河口右岸,可以威胁乌克兰南部和克里木半岛。俄军若攻下它,可以保证黑海舰队的后方安全,并可使第聂伯河舰队进入黑海,还可抽调出兵力用于巴尔干战场与奥军协同作战。1788 年 6 月,俄军 50000 人、攻城炮 180 门,渡过布格河,从陆上包围了奥恰科夫。同时,俄舰队袭扰其沿海,准备长期围困。在围攻的三路俄军中,苏沃洛夫指挥左翼。他主张从海陆两面实施强攻,但未被波将金采纳。

7 月底的一天,土军 2000 余名步骑兵从要塞出击。苏沃洛夫率兵迎击土军并将其逼回要塞附近。他想乘虚冲击要塞,三次拒绝波将金的退兵命令。但最后因颈部受伤,被迫退回。由于伤势很重,苏沃洛夫被送回金布恩治疗,最终没能参加攻克奥恰科夫的战斗。

一直拖到 12 月,波将金才决定强攻。12 月 17 日,20000 名俄军兵分六路,经数小时残酷的浴血恶战,终于攻下了奥恰科夫,歼敌 13000 余人、缴获 310 门火炮。从此,俄军可集中兵力用于巴尔干战场了。

1789 年春天,两支俄军合编为南方集团军,由波将金统一指挥。为了保持联系,俄奥两方各派出一支部队,相距 50 公里驻扎。奥军 18000 人由科布尔亲王指挥;俄军 10000 人由苏沃洛夫上将指挥。

土军统帅部的作战计划中,包括派出牵制部队到福克沙尼方向,各个歼灭科布尔亲王和苏沃洛夫的部队,切断俄奥两军的联系。6 月下旬,多瑙河下游地的土军主力大举北进。同时,另有 30000 人由奥斯曼巴夏指挥,进抵福克沙尼,逼近科布尔亲王的奥军。科布尔亲王立即向苏沃洛夫求援。

7 月 27 日,苏沃洛夫率 5000 俄军,16 门野炮,一昼夜行军 50 公里,增援奥军。由于科布尔亲王军衔高,为避免共同制定作战计划时发生争执,苏沃洛夫未与他亲自会面,只是在攻击前几小时将计划书面通知他。

福克沙尼是瓦拉几亚和摩尔达维亚之间交通干道的枢纽。土军占据了有利的地形:北面是难以通行的森林,东面是两条无法徒涉的河流。苏沃洛夫计划俄奥联军分两个集团,分三路成纵队形,在行进间强渡普特纳河,向福克沙尼实施攻击。

7 月 31 日深夜,俄奥联军渡河后,俄军在左翼列成六个方阵,奥军在右翼列成九个方阵,向土军阵地推进。奥斯曼巴夏率 3000 名精骑迎战联军,攻势凌厉,但被联军的近距离齐射击退。土军依托森林顽强抵抗。联军从两侧迂回绕过森林,直扑土军。接近福克沙尼时,苏沃洛夫命令骑兵在前,接近敌方战壕时,投入掷弹兵和猎骑兵,步兵继后。经过十个小时激战,土军向南溃逃而去。联军占领了土军兵营。此役歼敌 1500 余人,缴获 12 门火炮。

福克沙尼得胜后,联军没有乘势扩大战果。土军又很快恢复了元气。9 月上旬,俄军包围并炮击土军要塞伊兹梅尔,但迟疑未攻。波将金迂回宾杰拉的行动也显得缓慢。于是,土军集结了 100000 兵力,发动新的攻势。首先攻击的方向仍是联军的结合部。9 月中旬,土军主力逼近奥军驻守的福克沙尼。科布尔亲王再次向苏沃洛夫求援。这一次,联军 25000 人同六倍于己的土军对阵。科布尔亲王主张防御为上;苏沃洛夫坚持先敌进攻。为了制定详细计划,苏沃洛夫亲自带人侦察地形。土军没有料到俄军会迅速增援,在雷姆尼克河与雷姆纳河之间,分三个营区驻扎。9 月 21 日夜晚,联军偷渡雷姆纳河,隐蔽接敌。次日清晨,毫无戒备的土军遭到联军突然攻击,立刻乱成一片。土军统帅尤素甫巴夏听到消息,惊得连咖啡碗也掉了。他命令 5000 骑兵赶去支援遭受攻击的第一营区。

俄军刚控制土军兵营,增援的土军骑兵便蜂涌而来。俄军改变队形,用交叉火力迎击挥舞着弯曲大刀的土军骑兵。少数突入俄军阵地的骑兵立刻被刺刀击毙。

奥军攻击土军第二营区。2000 名土军骑兵猛冲俄奥联军的衔接侧翼。奥军七次冲击,均被土军打退。苏沃洛夫派出两营俄军支援奥军。双方激战到中午,土军锐气受挫,稍向后退却。联军未予追击。战场上出现短暂的停火。

土军第二营区旁的高地上,配置着强大的炮兵。下午一时,土军的优势骑兵部队,轮番冲击奥军。苏沃洛夫闻报后,指挥俄军猛攻土军的炮兵阵地,迫使土军弃阵而走。接着,俄军在全速攻击中展开队形,炮兵掩护,骑兵向奥军坚守的阵地靠近,迅速接连成一条战线。苏沃洛夫派副官通知科布尔亲王,同时发起最后攻击。于是,联军炮兵集中火力打击土军营区和森林,压制住土军火炮。联军骑兵冲入土军队列之中,互相砍杀。随后投入攻击的俄军步兵,刺刀闪亮,"乌拉"声震动大地,压向土军。拼杀激战十余个小时后,土军全线溃退,败局已定。死于战场和淹死在雷姆尼克河中的土军有 10000 余人,联军缴获 80 门大炮,上百面军旗。雷姆尼克会战打乱了土军方面的全部作战计划。不久,波将金攻取了宾杰拉和黑海岸边的阿克尔曼,控制了整个摩尔多瓦。

雷姆尼克河的胜利,使苏沃洛夫获取了新的荣誉;奥皇封他为神圣罗马帝国伯爵;女皇封他为雷姆尼克伯爵,并奖赏嵌有宝石的勋章和佩剑、肩章、戒指。苏沃洛夫盼望已久的圣乔治一级勋章也在其中。在这次会战中,苏沃洛夫上将表现了惊人的指挥艺术:全面估计敌我态势,行动果断迅速,出敌不意,以非主力的 25000 人打败了敌方的十余万大军。

1789 年 7 月法国大革命爆发后,英、普、俄等国开始勾结,准备武装干涉法国革命。俄国女皇希望以有利形势结束对土战争。计划打到多瑙河右岸去,迫使土耳其停战议和。而土军则依托沿多瑙河的一系列坚固要塞,作战略防御。

在这些要塞中,多瑙河下游临近黑海的伊兹梅尔地位最重要。它控制着多瑙河下游,威胁俄军侧翼和后方。这里集结着数万精锐土军,如果歼灭其便能大大削弱土军的战斗力。这座要塞由德、法专家援助建成,异常坚固。俄军若能攻克,定会威震欧洲各国。

要在陆上取胜,俄军必须首先在黑海上打败土军舰队。黑海舰队司令乌沙科夫上将奉命出击,于 7 月至 9 月间,先后在刻赤海峡和多瑙河口外进攻土军,牵制其海上力量。但是,波将金的地面部队行动缓慢。再加上奥国在 9 月底单方与土停战签约,使俄军失去了良机。

直到 10 月下旬,俄军才开始围攻伊兹梅尔。土军据城而守,俄军难以得手,便准备放弃围攻撤兵。此时,波将金将指挥全权交给了苏沃洛夫。12 月 13 日,苏沃洛夫到职,立即下定决心强攻,并迅速进行攻城的物资准备和模拟攻击演练。

伊兹梅尔南有 500 米宽的多瑙河,东西两面是湖泊,极不利于攻击。要塞筑在高坡上,东、西、北三面有 7 公里长的护墙,修建有 7 座炮台。护墙外是 10 米宽的壕沟。土守军共有 35000 人,火炮 265 门。整座要塞以靠多瑙河的南面防御为最薄弱。

攻城的俄军有 31000 人,火炮 600 门。还有一支多瑙河区舰队,有小型舰船 200 余艘,舰炮 400 余门。俄军兵力处于劣势,但攻击火力占优势。在战前的全体将官会议上,苏沃洛夫说:"我决心一定攻下伊兹梅尔,不然就死在要塞城下。"他的攻击计划是,将部队分为三个集团九路纵队,从东、西、南三方面同时进攻,在南面投入 2/3 的兵力和 3/4 的火炮。

12 月 18 日,苏沃洛夫致书土军司令,劝其投降。土军司令穆罕默德·艾多兹回答:"天可塌,多瑙河水可断流,伊兹梅尔决不投降。"当天,俄军频繁发射信号弹,烦扰土军。21 日,俄军开始炮击要塞。22 日凌晨 3 时许,俄军隐蔽进入攻击阵地。5 时 30 分,九路纵队同时开始攻击。土军猛烈开火,顽强抗击,并主动发起反冲击。

激战三小时后,俄军以惨重代价打破要塞外城,双方展开更残酷的巷战。黎明的曙光照亮拼死相搏的战场时,俄军已完全压倒了土军。土军司令带领 2000 余名精兵,死守最后的石头堡垒。俄军用大炮轰破堡垒大门,发起白刃冲击。土军司令被刺刀击毙。

下午 4 时,战斗结束了。土军阵亡 26000 人,被俘的 9000 人几乎全是伤兵。俄军伤亡有近 10000 人,650 名军官中有 400 人伤亡。这一战基本上决定了俄土战争的结局。土耳其人和敌视俄国的人,大为震惊。苏沃洛夫一举成为名声赫赫的将领了。

# 八、血染的权杖

1791 年 4 月,苏沃洛夫上将奉女皇之命,前往靠近瑞典和芬兰的边界地区视察防务。随后又负责西北边陲的防御工事建筑。伊兹梅尔之战的英雄,在勾心斗角的宫廷中遭受谗言讥讽,并显然受到女皇的冷落。

1791 年夏天,在攻克伊兹梅尔时崭露头角并接替苏沃洛夫任要塞司令的库图佐夫少将,两次打败土耳其陆军。乌沙科夫上将两次打败土海军。1792 年 1 月,俄土两国签订了雅西和约:土耳其承认俄国合并克里木,宣布放弃格鲁吉亚,整个黑海北岸纳入俄国版图。沙俄控制黑海的目标实现了。下一步目标就是巴尔干、地中海和中亚地区。

1792 年下半年,土耳其又在边境地区调兵遣将,俄土关系又趋尖锐紧张。11 月 10 日,女皇降旨委任苏沃洛夫为拥有广泛权力的南方军队总司令,坐镇第聂伯河口的赫尔松。这时,他管辖的部队有 70000 余人,存在着纪律涣散、缺乏训练、医院简陋、卫生糟糕和开小差现象。苏沃洛夫一方面着手整顿军纪,加强训练,改善士兵生活及医疗条件,一方面要同克扣军饷的现象作斗争。尽管已是 62 岁高龄,苏沃洛夫仍然性情急躁,同时又目标坚定,始终不渝。他盼望着奔赴战场。俄国同土耳其和波兰之间的战争随时都会发生。作为君主主义者,苏沃洛夫认为波兰人反抗俄国的民族斗争是对俄国的一种威胁。他密切注视着波兰事态的发展。

1793 年 1 月,俄国与普鲁士故伎重演,以武力第二次瓜分波兰。俄国抢占了乌克兰、白俄罗斯和立陶宛的一部分,共计 25 万平方公里的波兰土地和 300 万人口。

波兰大贵族面对强权侵略,采取不抵抗政策。这时波兰成为只有 20 余万平方公里土地和 400 万人口的小国。俄、普军队可在波兰随处驻扎,沙俄驻波兰大使成为波兰政府的太上皇。波兰人民困苦不堪,反抗的怒火终于燃成一场争取民族独立的大风暴。

波兰的部分进步小贵族和新兴资产阶级,积极地奔走呼吁,鼓动起义。1794 年 3 月,起义之火首先在克拉科夫点燃。领导人是波兰民族英雄塔代乌士·科希秋什科(1746—1817)。他出身于小贵族军官之家,青年时留学法国,深受启蒙学派思想影响。后来又参加过美国独立战争,因功勋显著而晋升为将军。1784 年,他在波兰军中任军团长,因反对国王向俄国投降而辞职出国。1794 年 2 月,他又秘密回国,组织反俄起义。3 月 24 日,科希秋什科率领军民在克拉科夫广场宣誓:"不胜则亡。"4 月 4 日,起义军首战告捷,在克拉科夫北面的腊茨瓦维采打败俄军,歼敌 3000 人,夺得 20 门大炮。4 月 17 日,华沙市民举行起义,经过两天战斗,解放了首都,并活捉了俄国大使。科希秋什科进入华沙后,立刻着手组织军队。起义军颁发文告,宣布减轻劳役,制裁贵族地主,部分地取消农奴身份,优待参加起义的农民等,受到农民热烈欢迎,队伍迅速壮大。

8 月 7 日,俄国西部边境地区军队总司令、老元帅鲁缅科夫先斩后奏,派苏沃洛夫前往波兰指挥俄军镇压起义。8 月 14 日,苏沃洛夫率 4500 人,急行军赶往波兰,并于沿途收编了几支团队,到达布列斯特时,已组成了有 11000 人的大军。与此同时,普鲁士和奥国也出兵波兰,普军向克拉科夫和华沙进发。奥军则占领了卢布林。波兰起义军三面受敌,军事形势极为险恶。

10月10日,在玛契约维采之战中,波兰起义军陷入俄军包围之中,多次冲杀都未能突出去。科希秋什科多处负伤,坠马被俘。苏沃洛夫闻讯后,指挥俄军进攻华沙。11月初,在华沙郊区的普拉加,30000名起义军同配备有86门大炮的25000名俄军进行了最后一场血战。由于起义军内部分裂和指挥不力,激战数小时后,普拉加被俄军攻陷。11月6日,俄军进入华沙。历时八个月的波兰民族起义失败了。

华沙陷落后,俄军对波兰人民进行了野蛮报复。仅在华沙的布拉格区,就有8000名军民惨遭杀害,2000人被抛入维斯瓦河淹死。起义军民的鲜血染红了河水,尸体遍地,血腥扑鼻。

俄国女皇叶卡捷琳娜二世降旨:封苏沃洛夫为波兰总督,并晋升为元帅。65岁的苏沃洛夫得到了他梦寐以求的元帅权杖。这本是在攻克伊兹梅尔要塞之后应该得到的奖赏。

1795年10月,俄、普、奥三国签订协议,彻底瓜分了波兰。俄国占领了立陶宛、库尔兰和西白俄罗斯共12万平方公里的波兰土地。波兰灭亡了。这时,能够指挥俄军"迅速制胜"的苏沃洛夫已无用武之地了。叶卡捷琳娜二世下旨,将他召回彼得堡。

# 九、制胜的科学

1795年4月29日,苏沃洛夫宠爱的女儿娜塔莎,在女皇出面作媒下,嫁给了32岁的陆军中将尼古拉·祖博夫。其兄普拉东是女皇的宠臣。苏沃洛夫的战功和声誉,使他女儿的身价大大提高了。但是,体格健壮并嗜酒的新郎,与文弱娴雅的新娘,形成了明显的对照。苏沃洛夫对自己的女婿很快就感到失望了。

1796年1月中,女皇几次召见苏沃洛夫。然而,在宫廷宴会和舞会上,苏沃洛夫的坦率、尖刻和讥讽权贵,鄙视虚浮的言行,决不会讨得女皇的欢心。女皇对付他的一贯作法,就是打发他离开首都去干苦差事。3月,苏沃洛夫元帅前往西南地区担任指挥官。俄国西部和南部分别驻有三支大军,由苏沃洛夫元帅、鲁缅采夫元帅和列普宁公爵指挥。这时的鲁缅采夫已入垂暮之年,俄军中再没有人可以和苏沃洛夫相匹了。他指挥的战役,取得了一连串的胜利;他获得了俄国的全部勋章,有伯爵和公爵的爵位。尤其是他的博学和钻研精神,是所有高级军官中罕见的。

苏沃洛夫通过研究欧洲战争的历史和总结俄国的军事经验,从四十余年的军旅生涯的实践中,形成了自己的军事思想和原则。他是俄国军队"进攻战略"思想的集大成者,无论是战略还是战术,都以"进攻"为核心。当听到奥地利一位将军称他为"进攻将军"时,苏沃洛夫回答说:"'进攻'是我心爱的原则。但我也向后看,然而不是为逃跑,而是为了进攻。"

苏沃洛夫的进攻作战思想首先以歼灭敌方军队为目标。对于攻击城堡,他反对长久围困,主张以强攻迅速夺取。其次是集中优势兵力去专注于一点,而不要分兵把口分散力量。在强攻奥恰科夫和伊兹梅尔要塞时,苏沃洛夫就极其清楚地表现了这一重要思想。再次是乘胜追击以扩大战果。"没有砍倒的树还会再长",因此要毫不留情,不顾疲劳,追击敌人直到歼灭为止。

1796 年,苏沃洛夫把自己编写的《制胜的科学》发给部队。这是为官兵而写的一部简明的教科书。其内容的第一部分是写给军官的,名为"战斗规则";第二部分是写给士兵的,名为"口头训令"。这本手册要求每个士兵要明白自己的军事动作的用途;要养成基本的军人品质即自信力,每个士兵都应有良好的身体和军事素质。

苏沃洛夫指出,没有在书斋中打胜的战争,没有实际的理论只是空话。他总结自己的战术思想为三条基本的原则:第一是"目测",就是要善于判断敌情和地形,及时下定决心;第二是"快速",军事行动要有高度的机动性和突然性,速度和突然性可以代替数量,一分钟可以决定战斗的结局;第三是"猛攻",全力以赴,特别要敢于拼刺刀,死神在勇士的马刀和刺刀面前也会退却。

苏沃洛的战术思想并没有完全突破线式战斗队形。但他勇于采用纵队形和散兵线,进攻时的样式机动灵活富于变化,特别是惯于寻找敌方的薄弱侧翼实施攻击。他的军事思想深受鲁缅采夫的影响。而苏沃洛夫的陆军作战原则又被海军上将乌沙科夫运用到海战之中,获得"舰队的苏沃洛夫"之称。

苏沃洛夫以极大的热忱将自己的治军思想和具体原则付诸实施。他明白女皇派他到南方来的意图:准备进攻革命的法国。叶卡捷琳娜二世认为资产阶级革命是对专制制度的致命威胁,所以准备公开加入反法同盟。苏沃洛夫在他的司令部驻地图尔钦小城时刻关注着意大利境内意、法之间的战事。他预料到在意大利节节胜利的法国人必将成为俄军的新敌手。

1796 年 11 月 6 日,叶卡捷琳娜二世驾崩。于是,沙俄与英国之间订立的共同反对法国革命的军事计划——由苏沃洛夫统率 60000 大军进攻法国,便未能付诸实施。

新沙皇保罗一世(1796—1801 年在位)登基之后,虽然对其母在世时严禁他过问国事耿耿于怀,但在仇视法国革命上一脉相承。只是由于俄国因连年战争搞得财政困难,政局不稳,迫切需要喘息,才决定推迟参加对法战争。

1797 年初,保罗一世颁布了从腓特烈二世 1760 年军事条令中抄袭来的俄军新条令。普鲁士式的军事训练又重回俄军之中:士兵穿普鲁式军服,戴假发辫,训练机械加上棍棒纪律。保罗一世不仅要"从头开始"改造俄军,还要按照军营面貌来组织国家生活。于是,在苏沃洛夫元帅身上,对皇帝的忠诚和对军队前途的忧虑,产生了巨大的矛盾冲突。让他放弃自己千辛万苦建立的军事思想和原则,这与他的天性格格不入。他从新条令中一下子就闻出了"普鲁士气味"。使士兵头上生虱子的假发和磨破双脚的瘦皮靴,这是他一贯深恶痛绝的东西。学习屡屡败于自己手下的普鲁士人那一套腐朽的东西,这比什么都令苏沃洛夫难受。

由于连连违犯保罗一世的新条令,苏沃洛夫受到沙皇两次通告全军的训斥。于是,他写了辞职报告。而保罗一世则于1797年2月6日降旨令他退职,到偏僻的诺夫哥罗德省属于他的领地康昌斯科村居住。5月5日,苏沃洛夫到达康昌斯科村。他的行动受到监视。保罗一世在遥远的首都,也未忘记从精神上折磨这位倔犟的已无权无职的元帅。

一个月后,苏沃洛夫的女儿祖博娃伯爵夫人带儿子来到父亲的流放地。陪伴苦闷忧郁的父亲。两个月后,天气渐冷,女儿返回彼得堡。苏沃洛夫不胜悲凉,常常痛哭失声,身体已日渐衰弱。这时候,出现了一些落井下石的小人们,编造各种理由向他敲诈钱财。他那些因效命沙场流血负伤屡建奇勋而获得的奖章、珍宝和钱财,令那些贪婪之徒眼红心馋。

# 十、远征意大利

1798年7月,法国年青将军拿破仑·波拿巴率军远征埃及,准备再向叙利亚进攻。这一行动威胁到英帝国的东西交通线,又与土耳其发生直接冲突。沙俄是不愿法国染指地中海和土耳其的。是年底,英、奥、俄、土等国组成第二次反法同盟,由英国出钱,俄、奥等国出兵。

法军的战略方向在意大利北部。法军是在大革命风暴中诞生的新军队,士兵主要来自摆脱封建奴役的农民,在质量上占明显优势。作战方法上,也抛弃了"机动战略",重视集中兵力进行决战,采用密集的纵队与散兵线结合的战术。在革命战争中涌现的以拿破仑为代表的年轻将领,指挥法军像狂风一样,连连击败墨守陈规的普鲁士和奥地利军队。

奥地利军队在意大利和瑞士战场连吃败仗。奥皇弗朗茨致信俄皇保罗一世,请求组织俄奥联军,并指名要苏沃洛夫担任统帅。1799年2月6日,保罗一世召回流放中的苏沃洛夫。虚荣而骄横的沙皇虽然同意了奥皇的请求,但仍密诏格尔曼中将监视苏沃洛夫。

3月9日,苏沃洛夫元帅到达维也纳。奥皇赐封他为奥军元帅。4月15日,苏沃洛夫到达意大利北部的瓦雷吉奥接管了联军指挥权。然而,俄奥两国的各怀异心和指挥上的不相统属,已为后来的军事行动埋下了不利因素。

当时,占领意大利北部和瑞士的法军有十多万人。意大利北部的谢勒尔军团73000人向波河北面的支流阿达河一线机动,想利用天然屏障组织防御,与从意大利中部北上的麦克唐纳军团(44000人)会合,歼灭俄奥联军。

联军共有80000余人。其中40000奥军分散执行守备任务,可机动兵力是48000人。苏沃洛夫首先训练联军的协同作战能力。他特别强调白刃战、夜间行军和纵队突击,并组建炮兵预备队,改进后勤补给方法,建立移动的弹药和粮食仓库。战前约有十天的强化训练,使联军掌握了战略主动权。

意大利北部是法、瑞、奥及亚平宁半岛的咽喉,北有阿尔卑斯山,南有亚平宁山,波河从平原中部谷地流过,南北两面注入的几条支流,构成易守难攻的防线。对于曾在草原上打败土耳其人,在森林和沼泽地区打败波兰人的苏沃洛夫元帅来说,这里是新的战争环境。

联军从4月中旬展开攻势。时值春天雨季,道路泥泞,但有利于达成突然性。苏沃洛夫的攻击目标是米兰。阿达河是必经之地。河两岸地形西高东低,水深不能徒涉。法军利用有利地形,在100多公里的宽大正面设防,没有留下预备队。联军4月25日进至阿达河东岸。苏沃洛夫决定在50公里的正面实施突击。主攻方向是法军防御薄弱的中部,以26000人对法军8000人,形成局部的绝对优势,并有13000人为预备队。

4月26日早上,联军在北侧翼首先打响。巴格拉季昂少将以3000俄军牵制优势的法军达十二小时。是夜,联军主力架设浮桥。翌日拂晓发起突然强渡,一举打破法军防线。同一天,联军南侧翼也强渡成功。法军指挥官莫罗将军急忙调集三个师于中路迎击联军。苏沃洛夫命令奥军两个师、三个哥萨克骑兵团、以及预备队的两个师歼灭该部法军。但因预备队渡河受阻,延误了时间,使法军得以撤走。强渡阿达河一战,法军损失7000余人,联军自损2000人。在宽大正面强渡江河是俄军战史上第一次。

4月28日,联军向米兰挺进,次日占领该城。5月26日,联军又攻占都灵。一个多月时间,基本上控制了意大利北部。法军主力转移到沿海的战略基地热那亚。由于俄奥之间的战略分歧,给了法军一个月的喘息时间。6月上旬,法军完成了新的进攻准备。仍然是南北两路夹击联军。

这时,苏沃洛夫可使用的机动兵力有50000余人。他决定以17000兵力牵制从热那亚北上的25000人的莫罗部,以30000人先歼灭从佛罗伦萨方向北上的麦克唐纳部 35000 人。6 月 17 日,两军在波河南支流提多涅河遭遇后,麦克唐纳退守东面的特勒比亚河。苏沃洛夫下令联军成三路纵队,在行进中投入战斗。6 月 18 日,联军进入攻击,意在将法军压迫到波河边歼灭之。麦克唐纳在特勒比亚河左岸顽强抗击,同时得到 10000 援兵的增援,终于顶住了联军的强大压力。傍晚,法军退守到河右岸休整。

次日早上,法军渡河反击。双方激战一整天,于下午各自退出战斗。三天战斗中,联军歼敌 11000 余人,自己伤亡 5000 余人。

6 月 20 日,苏沃洛夫得知法军已于夜间转移,急令联军分两路追击,在靠近波河的皮阿琴察再歼法军 7000 余人。6 月 22 日,联军留下 10000 兵力继续追击麦克唐纳,其余部队转向去歼灭莫罗部。但莫罗打败联军的牵制部队后,看到形势不利,已向热那亚撤退。

由于联军内部战略上的一再分歧,苏沃洛夫立即歼灭莫罗的计划被迫推迟。而法军却得到新的增援,并由茹贝尔将军接替莫罗指挥。法军计划从热那亚和瑞士南北攻击苏沃洛夫,由茹贝尔担任主攻。

8 月 11 日,茹贝尔挥军从亚平宁山区向下率先发起攻击。当发现联军已在诺维北面平原上集结时,便停止下山,先头部队则在山脚高地作防御准备,等待后继大军。

针对变化的情况,苏沃洛夫立即改变计划,主动发起攻击。先以次要主力 27000 人攻敌左翼,用积极的攻击态势吸引法军主力。8 月 15 日拂晓,战斗打响后,法军果然以为左翼为联军主力,调动后续部队和右翼兵力加强防御。上午 10 时许,法军被牵制于左翼,预备队也使用殆尽。这时,联军主力 38000 人向法军右翼发起猛烈攻击。激战到傍晚,法军害怕被包围歼灭,主动撤出战斗。苏沃洛夫准备次日早晨开始追击,但因奥方停止后勤补给,计划告吹。这次战役,法军损失 16000 人以及全部火炮和辎重,指挥官茹贝尔将军阵亡。联军损失 8000 余人。至此,意大利境内的法军主力基本上被歼灭,无力再组织起新的攻势。

# 十一、阿尔卑斯山

诺维会战之后,奥、英两国坚持要苏沃洛夫指挥的俄军转向瑞士战场。这样,联军在意大利北部的胜利就为奥、英所有,并可进一步削弱俄国的力量。而保罗一世却未识破其中用心,反而认为这样有利于意、瑞境内两支俄军会合,而后经由瑞士进攻法国本土,从而取得反法联盟的主宰地位。

苏沃洛夫反对俄军撤走,主张先肃清法军残部,并建议联军主力向德国南部集结,然后从意、德、瑞三个方向同时进攻法国本土。但是,他的建议被否决了。1799年8月,苏沃洛夫接到奥皇从维也纳送来的一份书面命令。命令经保罗一世签署,指令苏沃洛夫越过阿尔卑斯山至瑞士与李姆斯基——科尔萨科夫的那个军会合,尔后从那里展开对法国的进攻。

当时瑞士境内由马塞纳指挥的法军有88000人。奥军原有59000人,其中36000人已转移到法国南部,只有20000余人仍留在瑞士东部。俄、奥两军分布在长达160公里的战线上。而苏沃洛夫的20000名俄军远在200公里外的阿尔卑斯山之南。苏沃洛夫的计划是瑞士境内联军和他的部队分别从南北方向对法军实施向心攻击,在瑞士南部围歼马塞纳。

9月8日,俄军从意大利北部亚历山大里亚地区出发,六天行军150公里,到达阿尔卑斯山麓的塔维尔诺。由于奥方未能按原计划在此地准备好粮秣弹药和骡马,俄军被耽误了一周时间。这便使苏沃洛夫的计划丧失了战机。

9月21日,俄军抄近道快速翻越阿尔卑斯山。前进道路上的军事要地都在法军的控制之下。24日,苏沃洛夫指挥俄军攻击法军一个旅守卫的圣哥达山口。山崖陡峭,寒风刺骨,俄军以正面攻击及侧翼迂回,夺取了山口,打胜了远征瑞士的第一仗。

圣哥达山口有一条路直下山间小河里斯河,河上架有高75英尺的轻便拱桥,名叫"鬼桥"。曲于连日降雨,河水齐腰。俄军攀上陡峭的岩坡,迂回到桥头,猛扑鬼桥。法军抵挡不住,将鬼桥拆断后撤。俄军士兵冒着弹雨,用腰带和绶带绑扎好圆木架通鬼桥,冲向对岸。同时,敢死队也涉水强渡,向法军发起白刃冲锋。冲过鬼桥后,俄军沿大道连续追击,占领了阿尔特多尔。这里有一座小型粮草库,俄军得到了急需的补给。

圣哥达大路已到尽头。再向前就是荒凉光秃的罗斯希托克雪峰。这时,从北面的施维茨方面不断传来炮声。为了加快进军速度,俄军只得沿着牧人和猎手踩出的小径鱼贯而行。黄昏时分,登上山巅的官兵靴子全部破烂不堪。饥肠辘辘,浑身发抖的俄军,稍事休息和用餐,冒着凛冽的朔风,下到木登河谷。9月29日,到达木登塔尔村后,苏沃洛夫才获悉瑞士境内的俄奥两支部队已于三天前被马塞纳歼灭。同时,也发现自己陷入优势的敌军包围之中:前进之路已被马塞纳堵住。后撤之路也被列库尔布切断。而且,弹药和粮食消耗几尽,没有任何方面的支援。俄军陷入了"濒于灭亡"的绝境。

经过木登塔尔的路只有一条。向西北是施维茨,向东北是格拉鲁斯,都有法军横堵着。马塞纳已夸下海口,要生俘苏沃洛夫。

9月29日,苏沃洛夫召开军官会议。他分析道:"向施维茨进攻已不可能。马塞纳的兵力有 60000 人，而我们只有 20000 人。往意大利退却是耻辱的败退。我们处于绝境，无人来援助。只能寄希望于上帝和英勇的士兵们。我们面临世界上最艰险的困难。"69 岁的苏沃洛夫元帅痛苦地闭上双眼，双膝跪地。与会的将领们深受感动，大家拥抱元帅，齐声起誓要战胜敌人。苏沃洛夫摊开地图："我们要向格拉鲁斯进发，在那里设立据点。"俄军决定奋力突围，摆脱困境。

苏沃洛夫将部队一分为二：主力 14000 余人东进，在格拉鲁斯方向打开缺口；后卫 7000 余人在施维茨方向牵制法军主力。9 月 30 日，俄军开始突围。后卫部队在罗森贝格将军指挥下拼死抵抗，打败法军的多次攻击，并生俘了列库尔布。马塞纳也差一点当了俘虏。饥饿不堪的俄军士兵在敌人尸体的背袋中找到了救命的面包、干酪和烧酒，吃了一顿饱饭。罗森贝格坚持到 10 月 1 日夜晚，急速向东追赶主力。

俄军主力占领格拉鲁斯后，稍事休整，等待罗森贝格到来。苏沃洛夫望着自己衣衫褴褛、粮弹缺乏的部队，决定绕道而行，向莱茵河谷转移。10 月 4 日，后卫部队与主力会合。10 月 5 日夜，俄军开始翻越潘尼克斯山。狭路蜿蜒，山高谷深，大雪封顶，狂风怒号。士兵们顶着风雪艰难行进，几千人抱着枪坐在冰冻的峡谷斜坡上向下滑溜。几十名士兵落入山涧送了命。在山坳里，还得趟过冰冷刺骨的河流。早在意大利时，苏沃洛夫的身体已垮了。他尽力支持着。在最后的行军中，由两名身体强壮的哥萨克士兵扶他坐在马背上行走。

10 月 8 日，俄军跳出法军的包围圈，从瑞士边境到达莱茵河谷。这次向瑞士进军历时 16 天，20000 人的部队损失了 1/4。苏沃洛夫眼含热泪，望着自己的士兵们一个个衣不蔽体，两脚赤裸，消瘦疲惫……

瑞士远征结束后，苏沃洛夫在国内成为传奇式人物。10 月 28 日，保罗一世下令授予苏沃洛夫全俄军队大元帅的荣誉军衔。苏沃洛夫内心在为失望的瑞士战局而苦恼。国外的人们也视他为胜利者。在德国和捷克的城市里，人们热烈欢迎他、歌颂他、赞美他。

但是，苏沃洛夫大元帅的身体已是逐日衰弱。从布拉格到波兰的克拉科夫，曾中途停下来治疗。勉强赶到科布林就病倒了。他浑身长满了斑疹和水泡，是躺在担架上被抬到科布林的。从彼得堡传来愉快的消息：要为苏沃洛夫大元帅举行最隆重的欢迎仪式，御用马车队来迎接他，军队夹道列队，擂响战鼓，欢呼"乌拉"。这个消息使苏沃洛夫的心情好了许多，决定缓速前行。

然而，在 1800 年 3 月 20 日，一道诏书犹如晴天霹雳：为他准备的一切欢迎安排被取消了。反复无常的保罗一世对苏沃洛夫反对他采用普鲁士军制耿耿于怀，指责苏沃洛夫在指挥过程中曾违犯了他的规章法令。4 月 20 日，奄奄一息的大元帅到达彼得堡,住进亲属家里。

阳光明媚的 5 月,彼得堡的树木长出了嫩绿的叶片。苏沃洛夫没有得到进宫谒见沙皇的诏令,也不许他接待任何人。1800 年 5 月 18 日,为沙皇制度和农奴制俄国南征北战近半个世纪的苏沃洛夫在寂寞中悄然病逝。时隔不久的 1801 年 3 月 12 日,暴戾恣睢的保罗一世在他的儿子亚历山大同情默许的宫廷政变中被弑杀。

苏沃洛夫病逝之后,他的部下、朋友和许多敬仰他的人们,将他的骨灰护送到墓地安葬。诗人杰尔查文为苏沃洛夫大元帅的病逝写诗哀悼:"狮心鹰翼已长往,今后征战谁统率?"综观俄国军事史,苏沃洛夫是影响最大的伟大统帅之一。恩格斯也曾评价"直接的进攻"是苏沃洛夫的独创精神。苏沃洛夫一生中所指挥的绝大多数战役均获得胜利,远征意大利是他军事生涯和指挥艺术的顶峰。但他一生中指挥的战役规模都不很大,直接指挥的作战部队最多不过 70000 人;作战的敌方波兰和土耳其均是弱敌;在意大利北部虽然同革命法国的军队作战,但却未能与当时最杰出的军事统帅拿破仑直接对阵较量。

1800 年 5 月,拿破仑指挥法军再次出征意大利。6 月 14 日,法、奥两军在马伦哥村决战,优势的奥军一败涂地。法军重新占领了意大利北部。苏沃洛夫在此地的胜利化为乌有,第二次反法同盟完全失败。

# 库图佐夫

——击败拿破仑的英雄统帅

杨 军

库图佐夫是俄国历史上著名的军事统帅和军事家。他所处的 18 世纪中叶至 19 世纪初叶,正值俄国社会、政治大变革时期,社会动荡,战争仍频。在 50 余年的戎马生涯中,库图佐夫屡建战功,声名赫赫。他一生中最辉煌的功绩,是在 1812 年俄国卫国战争中,统率俄军打败法国拿破仑"大军"的入侵,加速了拿破仑军事生涯的结束和拿破仑帝国的覆灭,并因此而为后人所敬重仰慕。

## 一、少年立志 投笔从戎

米哈伊尔·伊拉里奥诺维奇·库图佐夫,1745 年 9 月 16 日出生于俄国彼得堡的一个名门望族。他的家族在俄国历史上曾显赫一时,先人在俄国中央集权建立和巩固时期,在政府和军队中担任要职。母亲早逝,库图佐夫是在祖母的抚育下长大的。他的父亲是一位高级军事工程师,有教养且富于同情心,由于博学多才,人称"活书本"。他经常注意培养孩子的学习兴趣,激发他强烈的求知欲望。然而,对这位未来统帅影响最大的是一位本家亲戚——海军上将伊万·洛吉诺维奇·库图佐夫。年幼的库图佐夫在母亲去世后的一段时间里寄居在这位亲戚家里,饱览了家中丰富的藏书,很快掌握了法语和德语。由于父亲和海军上将亲戚的安排,1757 年,年仅 12 岁的库图佐夫踏入了炮兵工程学校学习。虽未成年却思想早熟,聪明能干,很快成为在校学生中的佼佼者。

库图佐夫在工程兵学校学习的这段时间,接受了正规的基础训练,为成长为未来的统帅做了充分准备。1759 年 12 月 10 日,校长、炮兵总监鉴于他"修业勤奋,外语及数学成绩俱佳,且对工程学颇多爱好。因此根据学校推荐,特令擢升其为工兵军一级技术员"。并被留校任教,辅助军官教授其他学生。其间勤学不辍,阅读了大量军事学术、军事历史和哲学方面的书籍。

当时俄国与普鲁士正在交战,俄军取得的一系列辉煌胜利,都鼓舞着、吸引着血气方刚的库图佐夫。他产生一种强烈愿望:要去体验军队的战斗生活,并立志献身军事事业。经他多次恳求,1761年6月,库图佐夫被派往驻守彼得堡的阿斯特拉罕步兵团任连长——从此便掀开了他50余年漫长坎坷的军旅生涯的序幕。

## 二、浴血沙场　初露锋芒

　　库图佐夫一出校门便投身于频繁出现的军事事件当中。当时俄国和普鲁士之间七年战争(1756—1763)尚未结束,这场战争是18世纪中期最大的事件。欧洲列强纷纷卷入了这场战争。英国和普鲁士为一方,法国、奥地利、瑞典、俄国等国为另一方。双方参战国在战争中各求所需,俄国则意在打败普鲁士,以消除对自己国境安全的隐患。库图佐夫虽未去战场拼杀,但他却极为关注战争的进程,仔细研究历次重大交战。他的许多军事学术观点,在很大程度上受到俄军与当时西欧最强大的普军作战经验的影响。同时,命运似乎对这位未来元帅很是青睐——库图佐夫所在的这个团,隶属于俄国当时著名将军苏沃洛夫。苏沃洛夫带兵有他自己的一套:真正以仁慈之心对待士兵,真正和士兵同呼吸、共命运。库图佐夫看到了部队生活的新面貌和当时鲜见的战斗训练。他几乎把全部时间和精力用在下属中间,训练他们列队、操枪,率领连队参加全团的野外演练,无论春夏秋冬、阴晴雨雪从不间断。他深信苏沃洛夫的一贯原则:"训练多流汗,战时少流血。"每当训练和演习结束,库图佐夫常常可以看到苏沃洛夫把斗篷铺在篝火旁,然后坐下来和士兵们一起休息,无所不说,还不时地说些俏皮话,或者开玩笑。返回营房后,苏沃洛夫还要教士兵的孩子们学习,亲自教孩子们识字。库图佐夫明白了:为什么士兵们那样爱戴和信任苏沃洛夫,为什么他们跟着他赴汤蹈火也在所不辞。他懂得,这些士兵是不可战胜的,因为他们所受的训练,无论是俄国军队还是外国军队都无可比拟。苏沃洛夫也发现了库图佐夫的才干,对他亲近备至,并让他懂得俄国军队的力量在于士兵;要根据战争的需要进行训练,使士兵在和平时期也如置身于战争之中……苏沃洛夫的教诲,库图佐夫在此后数十年的征战生活中时刻牢记并付诸实践。

　　库图佐夫任连长约一年。1762年3月,他被任命为雷瓦尔省省长的副官。他对从政不感兴趣。第二年便又到驻波兰的俄军中任职,随后又参加了新法典编纂委员会的工作。在此期间,他结识了不少当时先进的社会活动家,开阔了眼界,更好地了解了俄国的现实和国家的政治经济情况。新法典编纂工作结束后,库图佐夫又回到军队,参加了一些小规模的战斗,但对军事才干的增长无济于事。他自己也承认"尚未理解战争"。其后俄土战争的爆发,才真正对库图佐夫成长为统帅产生了重大影响。

18世纪后半叶,俄国因生产力的发展,急需大力扩大与加强同外部市场的经济联系。为争夺黑海的出海口,俄国与得到英法支持的土耳其矛盾日益尖锐。土耳其不但掌握着全部濒黑海低地、克里木和高加索沿岸地区,而且还威胁着俄国的南部地区。1768年,土耳其在西方列强的怂恿下对俄国宣战,战争一直持续到1774年。这是库图佐夫军旅生活的重要阶段。

1770年,库图佐夫被调到和土耳其作战的鲁缅采夫指挥的集团军内任军作战处处长,他非常庆幸能在杰出统帅指挥下作战,表现出非凡的参谋才能,出色完成了侦察敌情、现场勘察、拟制兵力部署图、组织行军等等工作,并亲身参加了俄国历史上著名的坑凹墓地战斗、拉尔加河战役和卡古尔河战役,出生入死,拼杀在最前线。由于库图佐夫在拉尔加河战役中英勇机智,战功卓著,被晋升为一级少校衔作战处处长,深为鲁缅采夫所赏识。

然而,库图佐夫的博学多才、英勇善战,加上他激烈抨击在当时俄军中被奉为至尊的普鲁士军事体系,招致了在俄军团司令部中占据几乎所有职位的普鲁士军官的忌恨。一天,库图佐夫突然被毫无道理地调离了鲁缅采夫的集团军。原来,他的一个"朋友"向鲁缅采夫报告说,库图佐夫在闲暇时曾模仿总司令的举止和步态,博得同事们哄堂大笑。元帅的度量非常狭小,觉得自尊心受到了伤害。碍于库图佐夫出色的工作成绩和卓越的战功,鲁缅采夫没有给他处分,只是把他调到斯摩棱斯克步兵团了事。然而这件事却给库图佐夫心中留下了深深的烙印,以致于他换了一副性格:由热情开朗、待人宽厚继而变成一个城府很深、疑心重重、孤独怪癖的人。从此他再也不相信任何人了。

即便如此,库图佐夫认为鲁缅采夫是一位坚决、果敢,同时又是一位谨慎细心的统帅。在他的指导下,库图佐夫初步"懂得了战争"。他从鲁缅采夫那里学到了一条基本的军事艺术原则:在武装斗争中不是靠数量,而是靠本领取胜。

1772年,库图佐夫奉调克里木集团军,在独立支队内任营长。一次,他率部抗击土耳其的登陆部队。激战中,库图佐夫高举军旗,身先士卒,率领全营冲锋陷阵,英勇厮杀,不幸身受重伤,子弹从他的左太阳穴射入,从右眼穿出。子弹穿透了颅骨,但并未伤及大脑。医生们认为他伤势严重,无法医治。但库图佐夫却活了下来。女皇叶卡捷琳娜也亲自过问库图佐夫的伤事,并准予他到国外就医。库图佐夫在国外一年有余,他游历了德国、英国和奥地利,所到之处,除治病外,还注意了解西欧各国军队的军事艺术状况,结识了许多欧洲著名学者和先进人物。

1777年,库图佐夫回国,受命到当时闻名遐迩的苏沃洛夫元帅麾下任职,使他再一次有机会全面学习苏沃洛夫的治军方法。库图佐夫成为苏沃洛夫的得力助手,被委以防卫克里木沿岸地区的重任。在此后的6年里,库图佐夫踏踏实实地接受了苏沃洛夫一整套部队训练与教育方法,深刻理解了苏沃洛夫"制胜之科学"的最重要原则,领略了苏沃洛夫战略和战术要旨。导师对他这位天才的学生十分器重。根据他的请求,库图佐夫被提升为上校,并被任命为长枪团团长,后又被任命为骑兵团团长。和鲁缅采夫相比,苏沃洛夫对库图佐夫的影响更大,库图佐夫继承了苏沃洛夫的坚定信念,即俄国军队的主要力量蕴藏于兵士之中,关怀爱护兵士,赢得他们的信任和爱戴,就能使他们在战争中发挥最大的勇敢顽强精神,夺取战斗的胜利。这一点在他以后的军事行动中得到切实体现。

1778 年 5 月,库图佐夫与当时著名军事活动家比科夫中将的女儿叶卡捷琳娜·伊里伊尼奇娜结为伉俪。妻子经常伴随他转战沙场。他们生有 1 个儿子 5 个女儿。

1782 年,37 岁的库图佐夫晋升为少将,出任新的轻步兵兵种——猎兵军军长。库图佐夫指挥猎兵军 5 年,这一时期是陶冶统帅高尚品质的重要阶段。他注意在平时战斗训练中培养士兵养成积极主动、机智灵活的战斗作风,且时时关心士兵的生活和健康,严惩玩忽职守、对部下傲慢无礼的个别军官。

1787 年,土耳其向俄国重新挑起战端。库图佐夫指挥自己的军担任了守卫沿布格河走向的俄国边界的任务。在攻打奥恰科夫要塞时,土军偷袭布格河猎兵军,两军发生激战。库图佐夫在率部冲锋时身体中弹。子弹打穿头部,几乎是从第一次负伤的部位射入的。医生断定他活不到天亮。但是,库图佐夫又一次顽强地活了下来。只是右眼开始失明。枪伤刚刚痊愈,他又投入新的战斗。

在俄土战争最后阶段,库图佐夫起的作用越来越大,他承担了越来越重的任务,成为俄军的著名军事长官之一。他卓越的统帅才能在准备和实施强攻伊兹梅尔要塞的过程中表现得尤为突出。

1790 年,战争仍在继续。俄军虽然打了许多胜仗,但仍未取得预期战果。位于多瑙河上的伊兹梅尔要塞具有极其重要的战略意义,谁控制了伊兹梅尔,谁也就控制了多瑙河。俄国能否巩固已经取得的成果,完全取决于伊兹梅尔之战的结局。俄军决定攻取坚固的伊兹梅尔要塞,迫使土耳其尽快缔结有利于俄国的和约。

伊兹梅尔要塞屹立在陡峭的河岸上,构筑非常牢固。它高墙耸立,堡垒密布,护城河水既宽又深,用高低双层炮火封锁了通往要塞的所有交通要道。驻守要塞的由 3.5 万名土耳其精兵组成,并可得到其他要塞兵力的支援。当时多雨的秋季已经来临,俄军疲惫不堪,减员严重,而土军自恃要塞强固,准备充足,拒不投降。

攻打伊兹梅尔要塞的重任又非苏沃洛夫莫属。库图佐夫协助元帅制定攻击计划,积极训练军队,提供物质技术保障。一切准备工作就序。

1790 年 12 月 11 日夜里 3 时,第一颗信号弹划破夜空。俄军对伊兹梅尔要塞展开猛烈攻击。库图佐夫指挥的第6纵队从左翼,经基利亚门实施突击,夺取伊兹梅尔最坚固的支撑点之一——新堡垒。当部队冲到壕沟时,即遭土耳其人疯狂抵抗而前进不得。这时,库图佐夫带领士兵跳进堑壕,猛攻敌人的壁垒和五角堡,两次攻上城墙均被敌人击退,俄军损失惨重。在这关键时刻,库图佐夫把预备队中的猎兵和掷弹兵集中起来,亲自率领他们实施第三次冲击,猛攻五角堡,用刺刀杀开一条血路,突入要塞。不久,苏沃洛夫和库图佐夫两支部队在伊兹梅尔广场会师——伊兹梅尔要塞终于被俄军攻破。

伊兹梅尔的战斗,深深地震撼了库图佐夫。他在给妻子报平安的信中说:

"很久没打过这样的仗了,真令人毛骨悚然。昨天傍晚,当看到自己还活着,而这座可怕的城市已经落入我们的手中时,我特别高兴。可是,晚上回营后,却像是落入了荒漠。我没有问营中的任何人是死了还是活着,我的心里血泪并涌。

"整个夜晚就我一人,而且有那么多麻烦事……比如清运城里的大约1.5万具土耳其官兵尸体,恢复城内秩序……。

"我无法集合起一个军,几乎没有军官活下来。"

苏沃洛夫对库图佐夫在战斗中的表现大加赞赏。他说:

"他表现出高超的作战艺术和非凡的勇敢精神。他冒着敌人的炮火,克服一切困难,爬上城墙,夺取了五角堡。当在优势敌人的压制下前进受阻时,他身先士卒,临危不惧,制服了敌人,在要塞里巩固下来……他虽在左翼,但却是我的主要助手……"

在伊兹梅尔城下,库图佐夫得到了儿子死亡的噩耗,这使他震惊不已,悲痛万分——那是他6个孩子中惟一的男孩。但性格坚强的库图佐夫经受住了命运的打击,依然平静地处理军中事务,参加了争夺多瑙河各个渡口及黑海沿岸城堡的艰苦战斗。

伊兹梅尔战斗胜利后,库图佐夫声威大振。他被擢升为中将,荣获三级乔治勋章,并被任命为伊兹梅尔要塞司令,统辖部署在德涅斯特河和普鲁特河之间的全部军队。

1791年,苏沃洛夫被派赴守卫俄国芬兰边境,库图佐夫成了能承担继续进行俄土战争任务的主要将领。新任命的联合集团军司令列普宁上将在很大程度上要依靠库图佐夫,时常请库图佐夫出谋划策。

土耳其失去了伊兹梅尔要塞后,伺机进行反扑,妄图将其夺回。库图佐夫采取有力措施加固要塞,同时缜密地组织侦察,查清了敌人的兵力和企图。继而采取了极其大胆的、深思熟虑的决定:与其固守,不如先发制人,在土耳其军队进犯之前,对伊兹梅尔附近出现的两股土军予以各个歼灭,不给他们以会合进行联合作战的可能,结果大败土军。总司令列普宁对库图佐夫在战斗中运用灵活机动的战术,采用各种不同战斗队形,给敌人以毁灭性的打击做了这样的评价:"库图佐夫将军的聪颖和机智不是我用一切赞美的语言所能表达的。"

俄军在攻占伊兹梅尔之后取得的胜利,再次轰动俄国舆论界。库图佐夫受到人们的交口称赞。

1791年,土耳其战败求和,俄土战争结束。库图佐夫对土耳其多年战争实践,使他取得了丰富、全面的战斗经验,锤炼了作为军事长官的优良素质,掌握了更精深的军事知识。

俄土战争的结束,标志着库图佐夫生平事业一个重要时期的完结。此时,库图佐夫已成为具有渊博军事知识和战斗经验,能解决复杂的战略、战术任务的高级军事领导人。

## 三、身处逆境　孤寂落寞

1792年11月,智勇双全的库图佐夫将军出人意料地被沙皇叶卡捷琳娜二世任命为驻土耳其特命全权大使。十八世纪末,英、法、普鲁士和俄国在土耳其的利益错综复杂地交织在一起,使得出使土耳其是一件极为困难的工作。但他出色地完成了这一重任。使许多极为复杂的问题顺利获得有利于俄国的解决,并大大改善土耳其同俄国的关系。他还成功地抵制了西方列强针对土耳其对外政策散布的敌视俄国的影响,使俄罗斯国威大振。

1794年9月,库图佐夫回国后被任命为陆军武备学校校长,担负起为俄国军队培训军官的重任。库图佐夫曾多次亲自授课,竭力把渊博的军事知识传授给学员,充分表现出他是一位有才干的军事教育家。第二年,他还兼任了驻芬兰陆军司令。库图佐夫经常视察部队,组织领导构筑工事,参加旨在改善俄国和瑞典关系的外交活动。1797年,库图佐夫奉命前往柏林执行外交使命,仅用两个月时间,就使普鲁士站到俄国一边反对法国。后奉命担任立陶宛和彼得堡督军。因主张在俄军中实施进步改革,反对使俄国军队走上曾被打败的、当时已落后了的普鲁士军队走过的道路,为沙皇所不容,无缘无故地命他交出彼得堡督军的职务。库图佐夫受到不公正待遇,感到莫大屈辱,被迫离开彼得堡。1802年初,独自回到故乡沃伦省戈罗什卡村,实际上,这是对他的一次放逐。他在那里住了三年有余。

为打发孤独难捱的时光,他从事农业生产,又买了一所硝石厂,经营大麻纤维和碳酸钾,但那离他所向往的驰骋沙场、建立功业的愿望毕竟太远了。他给妻子的信中流落出悲观失望的情绪:

> "这里的情况如此之糟,使我对工作和改善经营毫无兴趣。有时由于绝望,真想了却一切,顺从上帝的意志。
>
> "我在年轻时代所经历的一切艰难险阻和身上的处处创伤,看来全都枉然了。思想上的苦闷使我百无聊赖,一事无成……"

此时库图佐夫不仅精神无所寄托,战时负伤的伤口隐隐作痛,旧病复发,因风湿而变形的双腿艰难地支撑着肥胖的身躯,被子弹打中的那只眼睛完全失明了。一个无所作为、面临贫困的被彻底忘却的人所特有的忧郁之感笼罩在库图佐夫的心头。他想起无论声望、地位,还是财产都胜过他的苏沃洛夫,被贬逐到荒僻的小村庄,在孤寂凄清中了却伟大统帅辉煌的一生,不禁悲从中来,更感前途黯淡。似乎库图佐夫的军事生涯就此终结,然而时来运转,库图佐夫东山再起的机会来了。

## 四、远征奥地利　初胜拿破仑

18世纪90年代,法国资产阶级革命胜利,动摇了欧洲的封建制度。1805年以前,欧洲的封建国家先后两次组织反法同盟,都被拿破仑统帅的强大军队所打败。1805年,拿破仑在英吉利海峡沿岸集结军队,宣称要进军英国。英国急忙拼凑起包括英、俄、奥三国在内的反法同盟。根据同盟国的作战计划,集结在多瑙河沿岸的俄奥联军向法国推进。

战争迫在眉睫,一个十分尖锐的问题摆到沙皇亚历山大一世的面前:派谁来统帅派往奥地利的俄国军队?沙皇历数俄国军中统帅,都无一能胜任,于是就像保罗一世被迫请出苏沃洛夫一样,亚历山大迫不得已想起了被黜的库图佐夫将军。

库图佐夫和他的老师、上司苏沃洛夫有着相同的命运:他们都遭到诬陷、迫害、贬谪;当没有战争时,他们就被忘记;而当战争来临,君主及其宠臣们都无能为力时,他们又被想起。

库图佐夫似乎从来没想到这些。他生平中一个重要时期来到了:他第一次率领俄军出国远征,并第一次同小他24岁、但却威震欧洲的拿破仑在疆场上相遇。

库图佐夫抵达彼得堡后即被任命为波多利斯克集团军司令官。然而出师伊始，库图佐夫就被置于尴尬的境地：虽然他被委以重任，但却不赋予他一个在国外作战的军队司令官所应有的实权——他隶属于奥地利军队总司令，且沙皇亚历山大不止一次地要求他"无条件服从奥军总司令的命令。"制定战略计划，也不要库图佐夫参加，只能遵命沿着规定的行军路线仓促向奥地利挺进。

然而，奥军统帅早在战争一开始就犯了一个严重错误：不待所有部队集结完毕就命令匆忙集中的兵力向巴伐利亚、意大利北部和蒂罗尔挺进，这就使在总兵力少于联军的拿破仑能在其选定的方向上取得数量上的优势，并将联军各个击破。同时，俄军的运动路线过长，它必须穿过整个加里西亚、奥地利，然后进入巴伐利亚的乌尔姆地区与奥军会合。

拿破仑利用奥军所犯的错误，在莱茵河两岸调动和集结军队，试图在库图佐夫军队到达前消灭突前过远的奥军麦克集团。奥军统帅为了弥补这一疏漏，多次要求俄军加速前进，险恶的环境和高强度的急行军。使俄军士兵疲惫不堪，病号大增。强行军给俄军带来新的困难：步兵快速前进，炮兵、骑兵、辎重却远远落在后边。军队的火炮、马匹和弹药告急，库图佐夫多次为此和奥地利政府交涉，对方反应冷漠。

1805 年 10 月中旬，俄军越过巴伐利亚边界，进抵因河，行程一千多公里，在布劳瑙城附近停止前进，结束了为时近两个月的长途跋涉和艰难历程。

还有几日行程，俄奥两军便可会师。但战略形势急转直下——拿破仑在乌尔姆以重兵对麦克集团实现迂回包抄，并迫其投降。会师的对象已被消灭，俄军成了与拿破仑军队对阵的惟一力量，并且处境十分艰难：右侧是多瑙河滔滔巨流，左侧是高耸的阿尔卑斯山，后方直到维也纳没有任何预备队。俄军总数不超过 5 万人，而法军却有 15 万人。此时，奥军总司令向俄军提出了不可能实现的要求：力避失败，完整无损地保存部队，不同拿破仑交战，但也不准他前进一步。库图佐夫冷静地分析敌我形势，清楚认识到：惟一的出路是把部队从布劳瑙地区撤出，以便与俄国后续开来的布克斯格夫登集团军会合。

拿破仑军队紧紧尾随追赶撤退的俄军。大部分兵力沿布劳瑙大路挺进。小部分兵力向萨尔茨堡推进，以便从右侧包抄俄军。最终目的是想把俄军压向多瑙河边，围而歼之。

在有奥地利国王参加的军事会议上，库图佐夫分析形势，认为只有沿多瑙河谷退却，利用特劳恩河和恩斯河等水障，消耗敌人的力量，然后将部队调至多瑙河左岸，构筑坚固防御工事，阻止敌人渡河，并争取时间组织积极的战略进攻。

在秋季恶劣的天气里，饥寒交迫的俄国士兵在被大雨冲毁的道路上前行。同盟国奥地利答应供给的炮弹、粮草、被服等等,库图佐夫一样也没有得到,更别说军事上有帮助——俄军陷入孤立无援的境地。但在这种危急的情况下,奥地利皇帝弗兰茨却要求保卫维也纳,亚历山大又一次支持了他,要求库图佐夫"同奥地利将军们同心同德。"但库图佐夫拒绝保卫维也纳,因为在当时的条件下,这是俄军力所不能及的事。

法军紧紧追随在俄军后面。巴格拉季昂指挥的俄军后卫和缪拉指挥的法军前卫在恩斯河渡口相遇。法国士兵、元帅和拿破仑本人都第一次看到,他们面前的军队既不同于奥地利人,又不同于普鲁士人,也不同于意大利人。第一阵枪响过后,俄国人非但不跑,反而端着刺刀转入反冲锋。法军被击退了。这样,关于法军不可战胜的神话第一次被打破了。

就这样,库图佐夫以巴格拉季昂为后卫,采用机动灵活的战术打败了追击的敌人,使俄军安然北撤。只要渡过多瑙河,然后炸毁桥梁,俄军就到了安全地带,法军的一切毅力都将会付之东流。

拿破仑也看到了这一点,他决定派莫捷隐蔽过河,夺取桥梁,在克雷姆斯附近截击俄军。

此时,俄军的处境相当危险:莫捷在河北岸拦截,而拿破仑的主力正步步逼进南岸。出路只有一条,即抢在莫捷之前到达克雷姆斯附近。库图佐夫当机立断,命令部队加快行军速度,超过莫捷。

俄军在库图佐夫的率领下,以超人的努力强行军。后卫刚刚到达北岸,法国的猎骑兵就踏上桥头。就在这时,大桥"轰隆"一声塌落河中。

拿破仑慌了——他不仅放走了库图佐夫,而且把莫捷这支孤军留在了北岸。库图佐夫抓住时机,命令米洛拉多维奇和多赫图罗夫从正面和翼侧向莫捷发动进攻。莫捷终于带着残兵败将逃走。多瑙河北岸的敌人被消灭了。

至此,拿破仑围剿俄军的计划成为泡影。在从布劳瑙到克雷姆斯史无前例的退却机动行军中,俄军在库图佐夫的运筹帷幄下巧妙地和拿破仑周旋,不是停下打后卫战,就是一撤再撤,最后胜利渡过多瑙河,在法国皇帝眼皮底下击溃莫捷军队,在全世界面前出了他的丑。

库图佐夫这次机动行军从 1805 年 10 月 25 日开始至 11 月 22 日结束,持续了近一个月,俄军行进 400 多公里。结果使俄军摆脱了被合围的危险,取得了战略上的胜利,它表明:法军轻易取胜的时代已经过去了。同时,这次行军作为战略机动的出色典范载入军事学术史册。

经历了长途行军之后,驻扎在克雷姆斯疲惫不堪的俄国士兵们头一次埋锅造饭,头一次安安稳稳躺下休息。他们虽然摆脱了拿破仑的合围,但仍然没有实现与从俄国赶来的布克斯格夫登集团军的会师。此时,拿破仑岂肯善罢甘休,又开始实施新的更为狠毒的计划。

多瑙河上的桥梁在两军交战中毁灭殆尽,只有位于维也纳附近的塔博尔斯克桥尚完整无损。一条大路与此桥相连直通茨奈姆。而库图佐夫只有经过茨奈姆才能与布克斯格夫登集团军会合。拿破仑命令自己的元帅们立即占领维也纳,不惜任何代价夺取大桥,抢在库图佐夫之前到达茨奈姆,同时向俄军发动猛攻。

塔博尔斯克桥被法军设计谋轻易夺取。

拿破仑的前卫向茨奈姆前进。他命令主力从正面进攻北岸的俄军,同时分兵在克雷姆斯附近渡过多瑙河,从背面进行夹击。俄军面临覆灭的危险。

在这关键时刻,库图佐夫命令巴格拉季昂率 5000 名士兵昼夜兼程,迎头阻击法军前卫并坚持到俄军主力到达茨奈姆。

在一个风雨之夜,巴格拉季昂率领部队出发了。他们穿山林,越沟壑,涉泥泞,走小路,终于在拂晓前抢先赶到预定地点,做好了迎击法军的准备。与此同时,库图佐夫也行动起来,饥饿的士兵扔掉了锅中没有煮熟的饭,鼓起最后的力气,向茨奈姆前进,迎接从国内来的预备队。

巴格拉季昂在申格拉伯恩附近的阵地上截击敌人。此时他得知,在他前方的奥地利伯爵诺斯蒂茨叛变了,放过了法国军队,使巴格拉季昂的部队暴露在法军面前。

此时,法国人展开进攻队形,冲向申格拉伯恩。但法军将领缪拉在获悉俄军主力离巴格拉季昂阵地不远时,就犹豫了。他不敢进攻库图佐夫的军队,便要了个花招:以法军的停止进攻换取俄军撤离奥地利。库图佐夫假意应允,把聪明的法国元帅诱进了他自己设的陷阱中。库图佐夫在向沙皇奏折中写道:"根本没有想要接受条约。我坚持过 20 小时再做答复,同时继续撤退,走出距法军两天的路程。"

拿破仑得知此事后,气得暴跳如雷,痛骂缪拉一通,一边命令他立即进攻俄军,一边驰往申格拉伯恩亲自督战。

法军前卫 3 万余人向巴格拉季昂 5000 人的部队猛扑过来。法军依仗人多势众,从两翼夹击俄军,并以一次比一次更猛烈的攻势向中央进攻。巴格拉季昂率部顽强抵抗,且战且退。战斗一直持续到深夜。俄军发起反冲锋,同数量上占优势的敌人展开肉搏,以阻断通往茨奈姆的道路,使库图佐夫统率的俄军主力安全撤退。

深夜,拿破仑确信继续进攻是徒劳的,遂命令停止射击。巴格拉季昂击退了包围的法军,用刺刀杀开一条血路冲了出来,追赶上已经远去的库图佐夫。俄军终于抵达茨奈姆。

库图佐夫拒绝了奥地利皇帝弗兰茨要他同拿破仑作战的要求,继续撤退,终于与布克斯格夫登集团会师了,并在奥尔米茨附近占据了有利阵地。此时,他的兵力有8.6万人,另有8万名奥地利军队正向他靠拢。俄军在库图佐夫的领导下已脱离了危险。

# 五、兵败蒙羞 "光荣流放"

库图佐夫的大踏步撤退使拿破仑的法军背上了沉重的包袱:占领了维也纳和奥地利半壁河山,大量的部队被用于保卫城市和漫长的交通线,兵力高度分散。拿破仑此时手中总共只有5万机动兵力,而且决战就在眼前。相比之下,俄军占有绝对的优势,这使得沙皇亚历山大的虚荣心迅速膨胀起来,产生了亲自统帅军队的念头。但是他既想给自己戴上战胜拿破仑的桂冠,同时又对名闻天下的拿破仑怕得要死,他不敢统率俄国军队和联军,却施展出惯用的两面手法:任命库图佐夫为总司令,而实际上是他亲自指挥;同时任用头脑不清、屡败于拿破仑手下的奥地利将军维依洛特尔为自己的顾问。亚历山大的用意很明显:胜了,他就是英雄;败了,责任归库图佐夫。

亚历山大召开军事会议,提议进攻拿破仑的军队。几乎所有的人都随声附和,跃跃欲试想和敌人交战。只有库图佐夫一人反对进攻。他建议不与拿破仑作战,而是继续向有粮草保障的地区撤退。库图佐夫深知:尽管拿破仑的现有兵力比联军的兵力少,但他能抢在奥地利军队到达之前把分散的各军集结起来,而俄军由于离开了奥尔米茨的有利阵地,必将再次陷入困境。因此,俄军必须继续撤退,以赢得二三周的时间。届时,从意大利赶来的8万奥军已到达,联军的力量得到加强,而被迫实行追击的拿破仑将被彻底削弱。

亚历山大对库图佐夫的意见不屑一顾。仍旧决定进攻,这正中拿破仑的下怀。拿破仑知道追击撤退了的俄军会拖垮法军的,他需要交战,他想在联军预备队到达之前打败联军。

联军在秋季泥泞的道路上缓慢地前进着,经过三昼夜的行军才到达奥斯特利茨。

奥斯特利茨的西南部有一片由湖泊和渔塘组成的水网地带,它与利塔河相连,形成许多隘路。普拉秦斯高地位于整个战场的中央,毫无疑问,它决定着交战的结局。

拿破仑通过自己的谍报人员,对联军准备进攻的情况和计划早已了如指掌。他在左右两翼中部署极少的兵力,在中央,即普拉秦斯基高地却集中了大量兵力。他的意图很明显:在实施翼侧防御的同时,进攻普拉秦斯高地,从正面对联军实施中央突破。

尽管库图佐夫仍旧是总司令，但亚历山大实际上剥夺了他的作战指挥权，而让维依洛特尔来指挥。而维依特洛尔却不研究实际情况，也不侦察敌情，仅仅依据自己的偏见写出了关于奥斯特利茨交战的书面命令。

维依特洛尔拿着俄国沙皇和奥地利皇帝批准的书面命令来到库图佐夫的司令部。他召开了军事会议。啰啰嗦嗦地宣读了这份命令。大多数与会者明白，这份命令根本行不通。库图佐夫独坐一隅，一语不发。此时，他比联军中的任何人都更明白眼前危险的局势。但他却无力与两位皇帝，与他们的待从、维也纳朝廷的奥地利将军们抗争，他被排斥于军队的领导之外。把惟一希望寄托在俄国士兵的无比勇敢上，寄托在他在战斗中能通过自己的正确决定挽救局势。而库图佐夫有可能指挥的仅仅是五个纵队中的一个纵队。

12月12日清晨，联军自左翼发起攻击。他率领士兵占领了普拉秦斯基高地，开始准备交战，按照书面命令，他们应该继续前进。但库图佐夫认识到高地的重要性，对维依洛特尔的要求不予理睬。

拿破仑在自己元帅的簇拥下，正站在奥斯特利茨原野的另一端，按兵不动，等待时机。在俄军离开普拉秦斯基高地之前，他不敢贸然发动正面突击。在这隆冬雾气蒙蒙的早晨，双方就这样相互对峙着。

亚历山大一世对库图佐夫的行动极为不满，他急驰到普拉秦斯基高地，把第四纵队驱赶下高地。当俄军放弃高地正向下离去的时候，拿破仑向俄军发起了猛烈攻击，库图佐夫的先头部队被击溃了，法军占领了高地——中央被突破。库图佐夫竭尽全力阻止部队溃散，却无法挽回颓势。他自己也负了伤。手执战旗、和他一起冲锋陷阵的女婿蒂森豪森也被打死。库图佐夫带着一个旅且战且退，试图摆脱敌人的突击，然后转入防御。

拿破仑突破中央之后，全力对付俄军的两翼。巴格拉季昂所在的右翼还在激战，打退法军的多次进攻，损失惨重；左翼是俄军主力布克斯格夫登指挥的三个纵队。库图佐夫派人给他送去立即撤退的命令。这个命令如被执行，就能保存下大部分俄国军队，交战的结局也会大不相同。但蠢笨自负、对形势一无所知的布克斯格夫登却没有执行，继续实施无用的进攻——奥斯特利茨惨痛的一幕发生了：溃败的俄军从磨坊的坝上突围，但磨坊中炮起火，道路被阻塞；士兵们从桥上过利塔瓦河，但桥"轰隆"一声塌落；士兵们涌向池塘与湖泊上尚未冻坚的冰面，冰层塌陷，溺死者不计其数。此时，法军在高地上架起数十门大炮，向被封锁在各条隘路上和水中挣扎的俄军将士们开炮。

深夜，当脸部受伤的库图佐夫、多赫图罗夫和巴格拉季昂集合残部准备再战时,两个皇帝和他们的侍从正在找酒喝呢。第二天早晨,安安稳稳睡了一夜的亚历山大启程回国了。

也是这天早晨,老人库图佐夫在奥地利一户农民的小木房里失声痛哭。朋友们试图安慰他,给他回忆说,在战斗最激烈的时候,他负了伤,并亲眼看着蒂森豪森死去,他仍然镇静自若地指挥战斗。

"昨天我是统帅,"库图佐夫强忍悲痛,回答说。"而今天我是父亲……"

库图佐夫不单是为自己的亲人阵亡而痛哭,他更伤心痛哭的是在奥斯特利茨阵亡的数万名俄国士兵。

库图佐夫心中的创伤长久不愈。因为奥斯特利茨的失败而带来的种种指责时常折磨着他。后来,人们都知道了失败的责任在俄国皇帝,而不是库图佐夫。但这样一来,亚历山大一世更加痛恨库图佐夫了。他把库图佐夫调离军队,任命他为基辅督军,当时被人称为"光荣的流放"。

库图佐夫本人对奥斯特利茨的惨败是问心无愧的,战役结束后十天,他在给妻子的信中写道:"你一定听到了有关我们不幸的消息。我可以告慰你的是,虽然我严于律己,但对己无可非难。"

# 六、俄土重开战　将军出奇兵

十八世纪下半叶的俄土战争虽以俄国胜利而告终,但并没有解决两国的尖锐矛盾。土耳其帝国不甘心丧失自己往日的威风,它伺机找到一个同盟者,勾结后以便向俄国卷土重来,夺回割让的克里木,争夺黑海沿岸地区及其主要据点。拿破仑瞅准这一时机,千方百计鼓动土耳其撕毁和约,发动了对俄战争。

俄国军队越过德涅斯特河后,两月之内接连攻克土耳其许多重要要塞后抵达多瑙河沿岸地区。接着,俄军的任务是攻占土耳其在多瑙河左岸的全部要塞,然后渡过多瑙河并在河右岸发起攻势,迫使土耳其政府议和。然而战事既开,进展缓慢。为改善事态,维护沙俄帝国的荣誉,沙皇亚历山大一世不得不勉强委任库图佐夫为摩尔达维亚军队主力军的司令。尽管库图佐夫在奥斯特利茨战役中失利,但在全军乃至全国仍享有崇高的威望。摩尔达维亚军队中的将军、军官以及士兵都很了解他、敬重他。惟有总司令官——七十五岁的普罗佐罗夫斯基元帅既寄希望于库图佐夫,却又嫉妒这位老将军的过人才干和指挥才能,担心自己在军中的威望会日益下降。因而不听库图佐夫的劝说,在较少的兵力和缺少炮火攻击的情况下就强攻坚固的布拉伊洛夫要塞。结果要塞未攻下,俄军损失过半。这样一来,库图佐夫与总司令的关系更加紧张。普罗佐罗夫斯基却以攻打要塞失利为借口,向沙皇大进谗言。库图佐夫被排挤出摩尔达维亚军队,被任命为立陶宛总督——这是他又一次"光荣的流放"。

俄土战争已进入第五个年头,多瑙河俄集团军司令已撤换4个,他们战绩平平,哪一个也没有什么惊人的举动。这期间国际形势的发展,使得法国拿破仑军队入侵的威胁已迫在眉睫。这场即将爆发俄法战争关系到俄国的生死存亡,因此必须尽快结束同土耳其的战争,打破拿破仑想拉土耳其做他的军事伙伴的图谋。沙皇亚历山大一世环顾朝野众将帅,也只有库图佐夫具有足够的知识和才能与土耳其作战,挽狂澜于即倒。因而,尽管亚历山大一世对库图佐夫有积怨,1811年4月又被迫起用库图佐夫为多瑙河集团军总司令。

此时,多瑙河战区的形势对俄军已极端不利:摩尔达维亚军队有一半被调往西部边境,防御拿破仑的入侵。库图佐夫统辖下的军队总兵力只有4.5万人,且分散在一千余公里的战线上;而土军的兵力已达8万人,集结于一地,对付俄军的中央,要在如此不利的情况下取得胜利,如果再使用过去的打法难以奏效。库图佐夫审时度势,想出一个大胆新颖的奇策:先将自己的军队撤回多瑙河北岸集结,形成一个强有力的拳头,引诱敌土军攻打鲁什丘克要塞,然后集中兵力全力以赴,进行决定性进攻,彻底消灭敌人。这是他不盲目照搬苏沃洛夫和鲁缅采夫的作战方法,力争在新的更加复杂的条件下采用的新战略。

奇策既定,库图佐夫进行了一系列异常紧张的准备工作:架设桥梁,补给弹药,储备粮草,并坚持不懈地进行军事训练,并耍了一个迷惑敌人的花招——派代表和土军开始议和谈判,以便为俄军的进攻争取时间。

一切准备就绪。6月30日夜库图佐夫率主力在一夜之间秘密渡过多瑙河,登上右岸并在鲁什丘克以南4公里的拉兹格勒大路附近占领了阵地,准备和土军决战。

值得注意的是俄军的阵地是一片开阔高地,右翼有陡峭的河岸和灌木作屏障,左翼是开阔平原。面对4倍于俄军的强大敌人,库图佐夫背向多瑙河部署军队,似乎是犯了兵家的大忌,冒了很大风险。一旦失利俄军就有被全歼的危险。库图佐夫也知道这个阵地不是很有利,但他认为,打仗阵地固然重要,但起决定作用的是有坚韧不拔精神的士兵和用兵有方的司令官。库图佐夫依据自己丰富的作战经验和多年对土耳其军队的深刻了解,将直接进入阵地的骑兵、步兵、炮兵分三线组成,纵深配置,机动灵活。

7月2日凌晨,俄军打退了土军骑兵试探性的攻击。7月4日清晨,激战正式开始。敌人70门大炮向俄军的正面全线开火,接着,土军骑兵、步兵在炮火掩护下急促冲击俄军的中央和两翼,接连发动了五次冲击都被英勇的俄军将士击退。土军扔下了许多尸体和伤兵，躲进了筑垒工事。土军总司令又派出 1 万多名精锐的骑兵以排山倒海之势扑向俄军左翼，并从一二两线边缘突破，企图从后方包抄俄军。然而，库图佐夫早有先见之明，迅速将留在鲁什丘克的军队投入战斗，把土军骑兵驱赶到远离要塞的地方。部署在三线的所有俄军骑兵调转马头突入后方的土军骑兵。土军骑兵四面受敌。战斗开始出现转折，俄军转入全线追击。一直追到土军营地附近，然后遵照库图佐夫的命令返回鲁什丘克。激战持续了近 12 个小时，虽然土军 4 倍于俄军，但仍以彻底失败而告终。土军伤亡 4 千余人，俄军损失不过 500 人。

鲁什丘克战斗是俄土重开战火五年中首次大规模的野战战斗，虽然敌我兵力众寡悬殊，但由于库图佐夫深谋远虑，善于运兵，仍取得辉煌胜利。

土军虽遭受重创，但并未被歼灭。土军司令凭借坚固的堡垒和众多的兵力，重整旗鼓准备再战。库图佐夫深知凭借俄军微薄的兵力，短时间的准备去攻打土军营垒，只能是以卵击石，削弱俄军的力量而不能取得有决定意义的战果，甚至会葬送俄军。因此库图佐夫做出完全出人意料的决定：撤出鲁什丘克地区，炸毁要塞，然后将军队撤出多瑙河左岸。命令一出，许多将士大为不解，甚至指责库图佐夫优柔寡断，胆小如鼠。他们没有想到，主动放弃鲁什丘克，是库图佐夫经过深思熟虑的一次战略机动，目的是将战场移至多瑙河左岸，以期在那里消灭土军。

土军总司令更没预料到库图佐夫会来这一招，轻信了俄军撤退是软弱表现的说法，于是立即派兵乘虚而入鲁什丘克，宣布大获"全胜"。土耳其苏丹奖赏了总司令，拿破仑也为此兴奋异常。此时，库图佐夫却在加紧构筑工事，调整部署，等待土军的到来。

果不其然，在苏丹要求"打败俄国人"，拿破仑要求早日"活捉库图佐夫"的催促下，土军总司令率主力 7 万人中的 5 万人渡过多瑙河，向俄军阵地进发。而把大本营——包括 2 万士兵、旗帜、粮草、军火等留在南岸。库图佐夫见调虎离山，时机成熟，便在一个漆黑的秋夜里，命令马尔科夫将军在远离土军的多瑙河上游率 7 千人渡河占领对岸，对土军大本营实施突袭。土军被这突然袭击惊呆了，抱头鼠窜，俄军俘虏土军士兵 2 万多名，并缴获火炮、弹药、粮食等全部辎重，损失不过死 9 人，伤 40 人。库图佐夫出奇制胜的这一招，从根本上改变了整个战略形势。紧接着，库图佐夫调集俄军将土军的主力重重包围。土军断粮 8 天，人马损失 2/3 以上，其余被困的 1.2 万人被迫投降。

土耳其要求和谈，但法国竭力阻止土耳其和俄国签定和约。许诺说，如果继续打下去，拿破仑将于近期率"大军"攻打俄国，而且出师必胜，以至谈判拖延半年之久。由于库图佐夫的坚持不懈和外交才干，终于克服重重困难，于 1812 年 5 月 28

日,即拿破仑入侵俄国前一个月,签订了对俄国有利的布加勒斯特和约,条约规定土耳其不得与拿破仑结盟,避免俄法战争爆发后,俄国腹背受敌的危险。

虽然库图佐夫率领俄军在对土战争中战绩辉煌,但由于亚历山大一世对库图佐夫怀有恶感,再次撤销了他在军队中的领导职务。库图佐夫又回到了戈罗什卡村自己的庄园。

## 七、法军入侵　东山再起

土耳其对俄战争的失败,使拿破仑利用土耳其打击俄国的计划成为泡影。但拿破仑称霸欧洲的野心并未削弱,他一面采用外交手段和俄国签订和约蒙蔽世人,一面向俄国边境调集部队,组建法国和包括西欧各附庸国军队在内的60万"大军",以排山倒海之势,于1812年6月24日不宣而战侵入俄国——俄国卫国战争开始了。

俄国此时处于孤立无援的境地:拿破仑经过历次战争,几乎征服了除英国以外整个西欧大陆,而俄国与英国的同盟关系早已断绝;俄国曾将希望寄托在盟国普鲁士身上,但它虽然维持表面的独立,实际上已成为法国的附庸。而在俄国西部边境地区,和60万拿破仑军队对峙的,只有约20万俄国士兵,且分别由巴克莱和巴格拉季昂两位将军统领。敌人在数量上占有明显优势,迫使俄军不得不从业已形成的局面中寻求出路。而解脱目前困境的惟一的办法是:巴克莱和巴格拉季昂的两个集团军沿向心方向撤退,尽快联合起来。

交战初期,沙皇亚历山大一世不断干涉军队的作战方案,贻误战机。拿破仑趁机占领了一个又一个城市,竭力阻止两军团的会合,然后将其各个击破。经过一个多月的奋战,8月3日,两军团终于在斯摩棱斯克实现了期待已久的联合。这是1812年卫国战争中的重大事件。8月16日,法军向斯摩棱斯克开进,妄图一举攻占该城。俄军在坚守斯摩棱斯克两天,打退了敌人的多次攻击,最后被迫撤退了。

然而,沙皇亚历山大一世过多干预和未确立对军队的统一指挥所造成的不协调日益严重,并导致了巴格拉季昂和巴克莱的意见分歧,两人势不两立:巴格拉季昂坚决反对撤退,而巴克莱认为只有撤退才能不断削弱拿破仑。但俄国士兵再也不愿后撤了,他们急欲和法军交战。由于退却而产生的不满情绪在部队中滋长,内部出现了混乱,而法军气势咄咄逼人,形势十分严重,急待采取果断措施。

沙皇亚历山大一世在这紧急关头惊慌失措,束手无策。他知道,俄国处在生死存亡的关键时刻,急需一位能力挽狂澜统管全部武装力量的统帅,同时善于解决极为重要的、与战争密切相关的重大国家问题。此人非库图佐夫莫属。

历史再一次将库图佐夫推上波峰浪尖。此时他已是68岁的老人了。

拿破仑入侵俄国的消息，库图佐夫是在他的戈罗什卡村庄园听到的。纵然没有人召他前往，但作为一个真正的爱国者，对这次战争他是有准备的，可没想到来的这么突然。他此时没有时间去考虑个人的恩怨，他甘心情愿把自己的全部精力和多年的作战经验贡献出来，保卫祖国，摆脱奴役。他换上戎装，乘车直奔彼得堡。

库图佐夫应邀参加紧急召开的内阁秘密会议，商讨对敌事宜，沙皇也于当天降旨库图佐夫："鉴于形势危急，朕委任您组建军队，保卫彼得堡。"由于军队兵力有限，彼得堡和莫斯科都急需组建民兵，库图佐夫当选为总司令，并投入紧张的组建和训练当中。每到夜晚，他都把自己关在房间里，在战争形势图前一坐就是数小时，全神贯注地研究军队的行动。

前方战事愈来愈紧，急需一名统辖全军的总司令，来协调在广阔空间各自为战的各个集团军。亚历山大一世考虑了三天，最终给库图佐夫写了一封信：

> "米哈伊尔·伊拉里奥诺维奇：
>
> 您在军队中的崇高威望，您对祖国的真诚热爱，您屡建奇功的丰富经验，使您有权赢得这一信任。在选择您担当此重任之际，我请求上帝保佑您旗开得胜，马到成功，不负众望。
>
> 亚历山大谨启。"

亚历山大一世重用库图佐夫显得无可奈何，他从内心深处痛恨库图佐夫，甚至不想在宫廷里听到"库图佐夫"这几个字。他在给姐姐叶卡捷琳娜的信中写道：

> "我在彼得堡发现，大家都坚决拥护库图佐夫这个老头子任总司令。这是众望所归。我由于了解这个人，开始反对任命他。罗斯托普钦8月5日写信告诉我说，整个莫斯科都希望库图佐夫统率全军，因为巴克莱和巴格拉季昂两人均不胜任此职。况且，巴克莱在斯摩棱斯克城一再失误。人心所向，我只得听之任之，只好起用库图佐夫为总司令。迫于形势，我无法做出别的抉择。只能根据大家的呼声做出选择。"

亚历山大为一旦作战失利好推御自己的责任，便在任命库图佐夫为总司令时，转托一个特别委员会物色总司令人选，而该委员会一致同意库图佐夫。同时，亚历山大任命贝尼格森为参谋长，以便在必要时接替库图佐夫。

拿破仑在得知库图佐夫的任命时，意味深长地说："这可是一只'北方老狐狸'!"库图佐夫在得知拿破仑的反应后,谦逊地说:"我将努力向这位伟大统帅证明:他说得对!"

库图佐夫在市民的热情欢送下离开彼得堡去正在向莫斯科撤退的军中赴任。

然而,他刚一到任,就与仇视他的参谋长贝尼格森发生了冲突。贝尼格森认为自己是惟一能与拿破仑相匹敌的统帅,而如今库图佐夫却不公正地夺走了总司令的职务。数十个曾与巴克莱作对的阴谋家,现在一齐把矛头指向了库图佐夫。库图佐夫清醒地认识道,除拿破仑外,自己在司令部也有许多敌人。尽管如此,他对俄国军队的英勇顽强、对这场战争的胜利深信不疑,他在给妻子的信中说:"我找到一支士气高涨的军队,它有许多优秀的将军……我满怀信心……我想我们能取胜。"他一面有计划组织部队继续向后撤退,一方面积极准备预备队,为随时转入反攻创造必要的条件。最后,在莫斯科附近的博罗季诺,法军的优势已不明显,可以通过会战进一步消耗其兵力。在这里,库图佐夫部署并指挥了著名的博罗季诺会战。

博罗季诺位于莫扎伊斯克以西约12公里,莫斯科以西120公里,科洛查河左岸。附近的新斯摩棱斯克大道经莫扎伊斯克通往莫斯科,是俄军主要的交通线和退路。往南还有一条老斯摩棱斯克大道经乌提察森林通往莫扎伊斯克,地势起伏,多丛林,可以隐蔽地配置军队和实施预备队的机动。俄军在博多季诺以东占领阵地,正面为科洛查河,右翼临莫斯科河,左翼直至乌提察森林。库图佐夫在这里布置了一个以支撑点为骨干的,有一定纵深的防御体系。第一集团军防守右翼和中央,由巴克莱统一指挥;第二集团军防守左翼,由巴格拉齐昂指挥。部队成三线配置:第一线为步兵,第二线为骑兵,第三线为预备队。2/3的兵力兵器集中在右翼,牢牢控制新斯摩棱斯克大道。库图佐夫试图利用博罗季诺阵地的布置及工程设施定能可靠地掩护通向莫斯科的各条主要道路,并使拿破仑在北有河流、南有森林的战场上无法机动其军队,迫使法军在对其不利的地形上交战——即在狭窄的战线地段进行正面突破。

参加这次会战的俄军有12.5—13万人、640门大炮,法军13—13.5万人、587门大炮。俄军在炮兵方面,特别是大口径炮方面略占优势。

9月5日中午,法军主力到达瓦卢耶瓦。拿破仑决定首先攻占俄军左翼阵地前沿突出部的舍瓦尔丁诺多面堡——它防碍法军后续部队与主力靠拢,并对法军主力翼侧构成威胁。拿破仑出动4万人、186门大炮,攻击俄军1.2万人、36门大炮,双方争夺激烈,鏖战至深夜,最后俄军被迫放弃舍瓦尔丁诺多面堡,撤回主阵地。这次战斗是大会战的前哨战。库图佐夫通过这次战斗赢得了在博罗季诺阵地完成防御工事的时间,查明了法军的主力正好针对俄军中央和左翼,并相应地作了调整,加强了左翼兵力。

9 月 7 日晨 5 时,隆隆的炮声拉开博罗季诺会战的序幕,双方展开激烈的炮战。法军在猛烈炮火的支援下,对俄军正面中部的博罗季诺村发起了进攻。俄军向后退却,渡过科洛查河。这时,法军的主攻方向指向俄军左翼,双方激战最为激烈的要属争夺巴格拉季昂棱堡的战斗。俄军在 6 小时内打退法军七次进攻。第八次,拿破仑调动了 4.5 万人和 400 门大炮来对付俄国人在一公里半阵地上的 2 万人和 300 门大炮,库图佐夫派部队前去增援,而巴格拉齐昂不待援军到达,即率领全军反击,和法军展开激烈的白刃战。他本人身负重伤,部队随即陷入混乱。法军乘机占领了巴格拉季昂棱堡——第一兵团处境险恶。

在这危急时刻,库图佐夫果断命令普拉托夫指挥的哥萨克骑兵部队和乌瓦罗夫指挥的第一骑兵军偷渡科洛查河,迂回到法军左翼实施奇袭,两支部队立即出发。

在争夺巴格拉奇昂棱堡的同时,拿破仑命令一支部队渡过科洛查河,攻击俄军正面中部的拉耶夫斯基炮台。俄军拼死抵抗。法军占领谢苗诺夫村以后,拉耶夫斯基炮台即暴露在法军三面炮火的围攻之下。拿破仑集中 3.5 万人、近 300 门大炮准备最后夺取炮台。恰在这时,库图佐夫派出的骑兵部队突然攻击法军左翼。这出乎拿破仑意外,打乱了法军的部署,使得法军对拉耶夫斯基炮台的最后攻击推迟约 2 小时。在此期间,库图佐夫重新部署了兵力,用第二、三军加强了俄军的中央和左翼的防御。

14 时许,拿破仑下令对拉耶夫斯基炮台再次发起攻击,炮台几度易手。最后法军绕到炮台后方,迫使俄军撤到第二、三道阵地固守。

在这关键时刻,拿破仑的元帅们请求他把最后的预备队——近卫军投入战斗,以争取最后胜利,但拿破仑没有同意,他不敢拿他的军队的核心去冒险。他最终放弃了已攻占的俄军阵地,将军队撤回出发地。至此,博罗季诺会战结束。

库图佐夫在向亚历山大一世报告博罗季诺会战结果时说:"26 日发生的战争,是当代所有的著名的交战中最残酷的一次浴血奋战。我们完全守住了阵地,敌人却逃回到他们原先向我们发起冲击时的阵地。"

博罗季诺交战对拿破仑来说是一次空前的得不偿失的消耗战。拿破仑后来曾写道:"在我一生的作战中,最令我胆战心惊的莫过于莫斯科城下之战。作战中,法军本应取胜,而俄军却博得了不可战胜的权利。"俄军却在这次会战中增强了战胜敌人的信心,同时也显示出库图佐夫高超的战略思想和善于最大限度杀伤敌军,为以后交战保存实力。

博罗季诺会战,使拿破仑妄想"速战速决"占领俄国成为梦想,改变了 1812 年卫国战争的进程,为战争最后胜利奠定了基础。

俄军在博罗季诺会战中给拿破仑以重创,自己也损失惨重,但从总的兵力对比看(俄军主力约5万余人,法军近10万人),俄军转入反攻的条件尚不具备,而且沙皇政府也不能采取有效措施征集兵员,补充武器、弹药和给养,于是库图佐夫采取了在当时是惟一正确的决定:即俄军主力经莫扎伊斯克撤到莫斯科,以保存实力,积聚力量,然后再彻底消灭侵略者。他写道:"这场战争并不仅是为了赢得几次战役的胜利,其整个目的在于彻底歼灭法军。……因此,我决定撤退。"

## 八、撤兵莫斯科　功成一世名

俄军撤离莫扎伊斯克,向莫斯科退却。法军在后面不紧不慢、一步不落地尾随。

越是接近莫斯科,库图佐夫的危机感也就越重。作为军队的统帅,一个严峻的问题摆在他面前:撤到莫斯科怎么办?是在它的城下进行决战,守至最后一兵一卒呢?还是弃城不战,保存实力,以谋求最终战胜敌人?其实,具有远见卓识的库图佐夫当听说斯摩棱斯克失陷后,就预感到"莫斯科的大门被打开了。"他深知以当时俄军的损失惨重、缺少预备队的实际情况要武装保卫莫斯科,再打一场流血战斗只是无谓的牺牲。他现在惟一要做的是如何说服司令部的其他军官放弃坚守莫斯科。

9月13日,库图佐夫在菲利召开了军事委员会。不出所料,放弃莫斯科的决定在司令部引起激烈争执。部分将军主张放弃莫斯科,而参谋长贝尼格森一贯对库图佐夫嫉贤妒能,看出沙皇是不得已才启用库图佐夫,因此千方百计竭力阻挠贯彻库图佐夫采取的一切措施。这一次更是纠集一些将军。有恃无恐地指责库图佐夫放弃莫斯科是害怕拿破仑,根本不是什么战略转移。双方意见完全相悖,会议一时陷入疆局。一双双眼睛注视着库图佐夫,等待着他的最终决定。

库图佐夫坚信:战争的结局最终取决于俄国人民和军队渴望胜利的意志,取决于俄国所拥有的军事潜力。只要有军队在,有人民的支持,就最终能打退侵略者,收复失地。即使我一时不被人理解,被沙皇误解又算什么呢?时间紧迫,不能再犹豫了。于是库图佐夫沉稳地站起身来,语气舒缓而坚定地说:"丢掉莫斯科就是保卫俄罗斯。我认为,首要的天职是保存军队,并和前来增援我们的军队靠拢,我们放弃莫斯科是为敌人挖掘坟墓……什么时候军队存在并有能力抗击敌人,什么时候就有赢得最后胜利的希望。但是,军队一旦被消灭了,莫斯科乃至整个俄国将断送。因此,我命令撤退。"

将军们的争吵平息了,默默地散去了。他们低着头,谁也不看谁一眼,各自返回自己的营地。空荡的大厅只留下库图佐夫一个人,谁也不知道他是如何度过这一夜的。把莫斯科交给敌人,是俄国人民和军队最难以容忍的悲剧,同时也是作为统帅的库图佐夫痛心疾首的局面——当不仅要决定自己的命运,而且要决定千千万万人的生命,决定人民和国家的命运的时候,这位统帅的内心充满了痛苦。有人说从他的房间不时地传出竭力压抑着的痛哭声。

要放弃莫斯科的消息在俄军中引起了一阵骚动。许多人根本不相信撤退的命令。更有人说这是背叛。

库图佐夫自作主张放弃莫斯科,使沙皇政府产生了疑虑。内阁召开了专门会议,提出下列意见:

"内阁认为应致函总司令查明:第一,他应将召开委员会讨论不经任何战斗而将莫斯科让给敌人的决议书呈送上来;第二,今后他应及时呈报有关他采取的措施及其行动的全部材料。"

亚历山大一世甚至对彼得堡的命运忧心忡忡,气忿地写信给库图佐夫:

"倘若敌人得手将大军调往彼得堡,威胁兵力不足的首都,届时您将承担全部责任。因为您所统领的军队,只要采取坚决果断的战斗行动,是能转危为安的。要记住,您还应该对灾难深重的祖国失掉莫斯科承担全部责任。"

不过,沙皇的惶恐和忧虑是多余的,对拿破仑来说,莫斯科是他望眼欲穿的目标。他希望在莫斯科迫使俄国签订和约。既使这样,库图佐夫感到:他和沙皇之间时起时落的冲突达到了危机的程度。只要一决定放弃莫斯科,他这个老帅将永远被逐出军队。但是,他已顾不得这些了。

9月4日拂晓,俄军在莫斯科街道上开始撤退。他们横穿市区。沿着寂静的街道行进。没有人知道部队要撤到哪里去。库图佐夫对此是严格保密的,他必须充分运用自己的军事机智来隐蔽俄军的行动,欺骗拿破仑,使他对自己的意图产生误解。即使对自己的司令部,库图佐夫也不能泄露真实意图,因为司令部的人,除少数几个指挥官外,他一概信不过。他曾开玩笑地说:"统帅所睡的枕头也不应该知道统帅的思想",他必须提防贝尼格森之流随时会泄露他的任何机密,以致出卖最核心的军事秘密。这样做也使库图佐夫陷入尴尬的处境:他不仅不能向沙皇、人民和军队解释自己的决定,说明自己是无罪的,而且使自己在遭到沙皇指责时无法为自己辩护,也给贝尼格森一伙进行恶意中伤提供了更多的口实。

莫斯科的居民，一部分出了城，其他或是集中在沃罗比约夫山上和克里姆林宫内，准备参加保卫莫斯科的战斗，或是呆在家里等待战役的开始。留下的人都确信，军队要坚守莫斯科，不让敌人进城。但是，要放弃莫斯科的消息还是传到了他们的耳朵里。大批大批的人蜂拥着跟在军队的后面，人们放弃了家园，携儿带女、搀老扶弱，逃出城去。城里只留下了数千名来不及撤走的伤员，街上一片凄凉景象。

最后一支部队通过了莫斯科。库图佐夫来到多戈米洛夫斯卡亚哨所，准备从城外绕过莫斯科。他无法面对眼前的残酷现实。对传令兵说："给我带路，不要碰上任何人。"

天色越来越昏暗。在空空如也的莫斯科上空，回荡着教堂的钟声。法军已分批开进了莫斯科城。当卫兵将这一消息告诉库图佐夫时，他正把手撑在膝盖上，陷入了深深的沉思，似乎在等待着什么。

这时，著名的游击队员菲格涅尔大尉来到他面前，向他报告说，他的命令已经执行。在菲格涅尔的住宅里，准备执行统帅密令的人都已到齐，引火物也都准备好了。

菲格涅尔说："拿破仑进城的第一夜，莫斯科就会燃烧起来。"

原来，俄军准备放火烧毁莫斯科城，留给敌人的将是一片废墟。

库图佐夫拥抱了菲格涅尔，并低声说："莫斯科将成为波拿巴的最后一次胜利。"

拿破仑率领司令部的全部人马，来到库图佐夫曾经站立过的波克隆山。他得意洋洋地说："终于到了，这座名城！"确实到了，他多少年来梦寐以求的一生中最大目标终于达到了：莫斯科就在他的脚下。他此时俨然是战局的主人，以一个胜利者的姿态站在波克隆山上，在他个人的辎重车队中，有数辆得到特别保护的马车，车上载着他准备竖在克里姆林宫内的个人雕像和价值连城的帝徽。

法军兵分几路，潮水般涌进了莫斯科，拿破仑自己则住进克里姆林宫，安安稳稳地做起胜利者的美梦来。

突然，他被一阵阵"噼噼啪啪"声音惊醒。窗户上映照着血色的火光。拿破仑翻身下床。赤着脚，半裸着身子冲到窗前，他被眼前的景象惊呆了：莫斯科市区一片火海，风卷着火球在城市上空翻腾咆哮起来。他赶快穿好衣服，布置灭火。但一切都来不及了。他不由得惊叹道："这是多么可怕的情景！这是他们自己放的火。多少漂亮的建筑被付之一炬！多么大胆的决策！这是些什么样的人！"

莫斯科大火整整烧了一星期。从多罗戈米洛夫斯基城关到梁赞大道，凡法军行经的各条街道几乎都烧了起来。莫斯科几乎全部被毁。火灾过后，法军趁火打劫,闯入空无一人的住宅、商店、仓库,抢夺珍宝、油画、衣服等。他们毫不顾忌拿破仑——他们的"雷神"的到来。这使拿破仑感到震惊,他下达了一道又一道命令,结果无济于事。拿破仑看着来回乱窜疯狂抢劫的士兵,一种不祥的兆头涌上脑海:"库图佐夫和他的军队现在哪里?"他开始担心起来。下令部下查明库图佐夫的下落。

此时,库图佐夫默默地望着被莫斯科的火光染红的天陲。辎重车辆和人群从他身边经过。九月的寒风送来了阵阵糊焦气味和火灾的灰烬,也吹拂着统帅的满头白发。此时此刻,谁也不知道他脑海里想的是什么,他的心里翻腾着什么样的感情,他将怎样统率军民为拯救俄国而战。伟大的统帅仍和往常一样不动声色。然而,正是在元帅不动声色中,俄军又成功地实行了一次名扬战争史册的机动行为。

俄军在退出莫斯科的第二天,沿梁赞大道行军30公里。从博罗夫斯克渡口渡过莫斯科河。根据库图佐夫的指示,部队突然调头西进。9月19日,部队以强行军奔上图拉大道,并在波多利斯克地域集结。三天后,已踏上卡卢加大道,并在红帕赫拉附近安营扎寨。停留五天后,部队又沿卡卢加大道进行了两次转移,渡过纳拉河,最后进驻塔鲁季诺。

放弃莫斯科以及随后进行的极其英明的机动行军,从根本上改变了整个战略形势,是库图佐夫统帅艺术的顶峰。

库图佐夫统帅天才的全部实质和丰富多彩的内容,通过这一系列行动得到了最鲜明的体现。他理解战争的本质,善于预见战役的过程。他相信自己的人民和军队的力量,摸透了敌人的意图,并与之进行针锋相对的斗争。他通过出色的机动和组织有序的行军,取得了有利的战略地位。他机动灵活,严守秘密,成功地掩盖了自己的意图。他英明果断,谨慎小心,珍惜官兵的生命,力争以小的代价换取胜利。他不顾自己的生命和康宁,以坚韧不拔、始终不渝的气概实现自己的决策,不愧为勇敢、无畏、忠贞为国的光辉典范。

库图佐夫的撤退,是为了赢得时间和空间以发动决定性攻击而实施的机动。在鲁什丘克是这样,在克雷姆斯是这样,在博罗季诺也是这样。他的统帅艺术的实质,就是当所有有利因素都在敌人方面时,在战场以外实行广泛的战略机动,由防御转入进攻,然后消灭敌人。只有现在库图佐夫完成了向塔鲁季诺的惊人的机动行动,造成了对法军的实际威胁的时候,人们才明白,统帅是对的。

现在,人们都想起了库图佐夫说过的话。他说:"我放弃莫斯科,是为了使拿破仑走向灭亡",法军在莫斯科就像水中的海绵,水吸足了,力量也耗尽了。人们想起,库图佐夫在苦口婆心地说服大家的时候曾经说,他放弃莫斯科是为拯救俄国,而俄国的希望在于俄国人民,他曾许下诺言,要像去年对付土耳其人那样,迫使法国人吃马肉。但在当时,大家对库图佐夫的这些话充耳不闻,而这些话确实是具有先见之明的。

现在,人们都明白了,如果一开始就沿卡卢加大道撤退,就会使俄军陷入被夹击的境地;而沿其他道路撤退,在战略上也无利可讲。但是沿梁赞大道实施机动,就可以利用两翼地形的掩护,使俄军在渡过莫斯科河以前摆脱危险。这样,还可取向托尔马索夫和奇恰戈夫集团军靠拢之利。显然,俄军出现在卡卢加大道上,就切断了拿破仑进入俄国南方各省和从图拉、布良斯克取得武器补给的路线,使拿破仑在斯摩棱斯克方向的主要运输线处于被动挨打的地位。

拿破仑尽管向各条大道派出部队,想摸清俄军主力的行动方向,但他却一无所获。甚至有两个星期摸不清库图佐夫的军队究竟在什么地方。将近十万之众的军队突然在敌人的眼皮底下消失了。恐怕在军事史上也找不到这样的先例。等拿破仑彻底搞清楚库图佐夫的意图时,为时已晚——1812 年战争进程中的转折开始了。

## 九、战略大反攻　大败拿破仑

俄军开进塔鲁季诺地区后,便打开了与俄国南方各省直接联系的局面。那些省可以给军队提供兵力、马匹和其他各种必需品。这次机动也保证了主力集团军与托尔马索夫集团军和奇恰戈夫集团军之间的联系。而且,它给俄军的展开和游击队的活动开辟了广阔的局面;同时,它不仅使拿破仑驻守莫斯科的军队陷入被动挨打的局面,更使拿破仑与大后方的军队乃至与巴黎保持联系的重要交通命脉——莫斯科到斯摩棱斯克的整个交通就不得安宁。

但沙皇亚历山大及其追随者看不到这些。亚历山大只知道拿破仑稳稳地占据莫斯科城,通往彼得堡的道路畅通无阻,而俄军却在塔鲁季诺“按兵不动”,便不管战略形势对俄军有利与否,坚持要库图佐夫与拿破仑交战,甚至还想与拿破仑缔结和约。但库图佐夫依然我行我素,与沙皇之间的关系日趋紧张。沙皇虽对库图佐夫怀恨在心,但在战争处于关键阶段的时候,他下不了决心将深受军民爱戴、颇具才干的库图佐夫赶走。

拿破仑在克里姆官独自徘徊着,窗外秋雨绵绵,风卷起火灾后留下的灰烬,漫天飞舞。街道上弃置着一堆堆破碎的家什;天空中黑云低垂,笼罩着焦土般的莫斯科空城。一向惯于靠赔款、征税和掠夺过寄生生活的法军,一旦军队的供应中断,就连正确利用莫斯科尚存少量的储备品都不会。不少部队由于饥饿,经常为在莫斯科划分抢劫区域而展开争斗,士兵们纪律松弛,开小差者与日俱增,军队逐渐在瓦解。而且严冬即将来临,全军已缺粮断草,士气大落……听着属下的报告,拿破仑感到有些窒息。他感到自己成了俘虏,成了被烧毁的莫斯科的看守人——而这一切是年迈的库图佐夫迫使他这样做的。

为摆脱眼前的困境,万般无奈之下,他放下皇帝至尊的架子,派洛里斯东去库图佐夫的司令部议和。

洛里斯东的来意库图佐夫早有预料。他自然不会与拿破仑媾和的。他的表现颇具元帅风度且富于戏剧色彩:他文质彬彬、礼貌客气地接待了洛里斯东,收下他带来的两封信——一封是给亚历山大的,另一封是给他本人的。库图佐夫接过信,放在身边的桌子上,就与这位使者谈起天气、音乐和巴黎的女人来了。

洛里斯东忍耐不住了,直接了当地建议库图佐夫看一看拿破仑给他的亲笔信,库图佐夫拆开信,把信看了看,就又谈论起巴黎的女人和他访问过的巴黎来了。洛里斯东实在忍不住了,便坦率说明,拿破仑建议结束战争。

"结束战争?"库图佐夫舒了口气,意味深长地说:"要知道,我们是刚刚开始这场战争……"库图佐夫没有拒绝谈判,但他拒绝做出任何承诺。库图佐夫打算以谈判拖延法军留在莫斯科的时间,从而使自己的军队得到更充分的休整。

就这样,洛里斯东一无所获空手而回。拿破仑明白:非撤退不可了。但是,他对自己的元帅们却说,不是撤退而是向俄军进攻,不是逃出俄国而是到斯摩棱斯克和第聂伯河去过冬以便来春再战。他不但没有急于退出莫斯科,而且还频频举行阅兵式。

库图佐夫预见到将来再次与敌人交锋,并为此积极进行准备。

塔鲁季诺附近的纳拉河河流不深,却河岸陡峭。凭借陡峭的河岸,俄军在这里大兴土木,修筑工事,在正面和两翼都修筑了钝堡和棱堡。

为了开展积极的进攻行动,库图佐夫将第一西方集团军和第二西方集团军合在一起,由他统一指挥。同时采取果断措施,铲除巴克莱、贝尼格森、罗斯托普钦等反对派,使他能按部就班地做好部队决战的准备工作;补充俄军在博罗季诺会战中损失的部队,按兵种建立预备队,使俄军步兵总数已达 8 万人。

组建民兵,开展游击运动,游击队常使法军不得安宁。分驻在各村的法军常因住房起火而被惊醒。他们一跑出来,就被游击队击毙。法军大部队行动时,不是桥梁被毁就是道路阻塞;辎重车队经常被抢,护送部队几乎无能为力。

……

一天,库图佐夫登上纳拉河陡峭的河岸视察,对陪同他的军官们说:"现在再也寸土不退了,该着手干一场了。好好检查一下武器。要记住,整个欧洲和可爱的祖国都在注视我们呢!"

俄军在塔鲁季诺站稳了脚跟,力量壮大,不仅使拿破仑寝食不安,也使沙皇亚历山大一世心里感到惶恐——库图佐夫处理军事问题方面的威望和作用越来越突出。他想限制总司令的权限,取消法规赋予他的对战区临近各省的直接指挥权,便向大臣委员会提议在尽量靠近元帅所在地之处建立一个特别委员会,而库图佐夫的一切决定须同这个委员会商定。虽然这个企图最终未能实现,但沙皇想尽量限制库图佐夫的活动,使其仅限于解决军事问题的用心暴露无遗。

库图佐夫竭力迫使拿破仑军队放弃莫斯科,采取的办法不是照直进攻,而是利用游击队的骚扰活动和组织封锁等手段,让法军在城里欲往不能。俄国军队的力量增加了。从防御转入决定性进攻的时刻已经来到了。

10月18日拂晓,库图佐夫命令哥萨克团对其防线正面的拿破仑前卫部队进行突然袭击,打响了战略反攻的第一仗。敌营垒遭到打击后顿时一片混乱。俄军插入敌后,迫使法军撤退,战斗在傍晚前结束,法军死伤2.5万人,被俘1000人,损失大炮38门和几乎全部辎重。塔鲁季诺营地一片欢腾气氛。胜利大大鼓舞了俄军的士气,他们竭尽全力,以图尽快将敌人赶出俄国国土。

这天夜里,俄军从一封被截获的信件中得知,拿破仑打算尽快放弃莫斯科。当司令部参谋将这一消息告诉库图佐夫时,这位老人哽咽起来。他跪在床上,转身朝着圣像小声说:"上帝啊,我的主啊! 你终于听从了我们的祈祷。从现在起,俄罗斯得救了……"他意识到严峻的时刻已经到来:部队将面临对敌主力进行一系列大规模交战的考验。

法军的战败在某种程度上说是库图佐夫向拿破仑抛出的一封挑战书。拿破仑已经预感到前景不妙:征服俄国计划的破产和战争的失败不仅使他在军事上威信扫地,同时也使他在政治上一败涂地——因为放弃莫斯科不可避免地将导致放弃俄国,接着便要放弃他已征服的西欧各国。现在摆在他面前惟一能走的路也只有一条,这就是撤出莫斯科。他气急败坏地说:"我们去卡卢加! 谁在路上碰到我们就叫谁倒霉!"

于是拥有十万之众的法军放弃了莫斯科。随军运载大批掠夺的财物——几乎每个军官都有一车,这些由四万辆大车组成的庞大的辎重队伍绵延数十俄里,行动迟缓。拿破仑为摆脱库图佐夫的追击,采取一系列军事计谋,并派人送信给库图佐夫,再次提出和约条件,请求元帅"采取措施,使战争的进程能按条款的规定安排"——这一切都是为自己军队摆脱目前困境创造条件。但这些狡猾的勾当,也没能蒙蔽库图佐夫雪亮的眼睛,他从法军俘虏中得知拿破仑及随从人员和近卫军丢下全部辎重在波兰军队的掩护下向小雅罗斯拉韦茨逃去。

小雅罗斯拉韦茨是莫斯科南边的一座不大的城市,它之所以使拿破仑感兴趣,是因为它是通往卡卢加的要冲,从这里还可进而挺进斯摩棱斯克。

10月23日,法军前卫部队到达该市。

库图佐夫得到报告,立即调兵遣将,进行围堵。10月24日拂晓,多赫杜罗夫部队也抵达小雅罗斯拉韦茨。他们在卡卢加大道两旁设伏,阻击拿破仑的前卫部队。多赫杜罗夫抽调三个猎兵团去攻击只有两营的法军。凌晨,法军被逐出城,撤向附近的卢扎河。这时法军后续部队赶到,与俄军又展开激战。库图佐夫也在不断增调兵力,双方部队展开殊死的浴血巷战,这场战斗越打规模越大,越打越残酷。至15时许,法军被打出了城市。

拿破仑赶到交战地点,抽调两个师的兵力,协同其他部队突入市内,重新占领城市。当天下午,俄军主力部队也赶到这里,他们分别占据卡卢加大道两侧的阵地。

城市在继续鏖战中,库图佐夫立刻赶到作战部队。同时代的人回忆道:

"他身处敌人的枪林弹雨之中,人们好心地劝他离开这里,他没有听从身边人的劝告,一心想亲眼识破拿破仑的意图,因为这是有关扭转整个战局的大事。在卫国战争的历次交战中,他从来没有像在小雅罗斯拉韦茨交战中这样如此长时间地置身在敌人的枪林弹雨之中。"

拿破仑得知俄军主力已抵小雅罗斯拉韦茨后,便对自己的元帅们说:"这将彻底改变形势。"他终于明白了:通向卡卢加的大门如今已紧紧关闭。

小雅罗斯拉韦茨交战,使争夺战略主动权的斗争达到顶点。它在1812年卫国战争的史册上占有极其重要的位置。交战的结局注定了战争的下一步进程,并注定了拿破仑军队的厄运。两军虽然仍在对峙,但库图佐夫对胜利已深信不疑。因为他的主要目的——将自己兵力集结在拿破仑退却的路上——已经实现。

拿破仑彻夜未眠。这位伟大的统帅感到难受,因为这是他平生第一次决定逃跑。他知道,他没有光彩的出路了,剩下的只有一条可耻的路——沿着完全被毁坏的斯摩棱斯克大道逃跑。

拿破仑企图尽快突出重围,到达有粮草储备、又可使法军得到新锐兵力的斯摩棱斯克。为了加快速度,拿破仑有意在行军中尽量避开与俄军的接触,以免丧失时间。这一切全在库图佐夫意料之中,并采取一切措施以阻击法军的退却。11月3日,俄军在维亚济马给逃路的法军以重创,法军死伤6千余人,被俘2.5万人。加之游击队频繁的突袭,法军从此一蹶不振,威风扫地。

拿破仑终于在11月2日到达斯摩棱斯克。那些疲惫不堪,伤亡过半的各军在一周时间内,陆陆续续进城。1812年严冬比往年提早近一个月,天下大雪,气候寒冷,法军没有过冬的准备,沿途冻死了不少。人数由退出莫斯科的10万人锐减到只剩5万余官兵,大部分兵团只剩下一个番号。马匹大批饿死病死,大炮也大量丢

世界名将正传

失。拿破仑打算在这里补充粮食,休整部队,但这里储备的粮食,早已被先行到达的饥饿的法军自己抢劫一空。眼看在此无法立足,无奈之下,拿破仑决定继续向西撤退。士兵中慌乱和瓦解情绪像"传染病一样在军中蔓延扩散",撤退几乎变成了狼狈逃窜。

库图佐夫谨慎而又信心百倍地指挥俄军进行追击。俄军士兵顶风冒雪,在业已到来的冬季严寒中追击敌人,也受尽了艰难与困苦。他号召士兵说:

> "我们在这些天里,在到处都取得辉煌胜利之后,剩下的任务就是迅速追击敌人。只有这样,才能使敌人梦寐以求的俄国土地成为埋葬他们尸骨的巨大坟场。因此,我们要穷追不舍、毫不懈怠。冬天、暴风雪和严寒就要来临。但是你们,北方之子,难道还怕这些吗?我们的钢铁胸膛无所畏惧,无论是严酷的天气,还是凶残的敌人,都吓不倒它;它是祖国的铜墙铁壁,它将一切敢于来犯之敌碰得粉身碎骨。"

但是,库图佐夫一方面要求士兵们不怕困难,另一方面想方设法减轻他们的痛苦,给军队供应了短皮大衣、面包、肉、甚至酒。

库图佐夫时刻关注逃窜法军的动向。当得知拿破仑为使部队在居民点得到休息,把军队划分成单独的、相互无法支援的纵队后,库图佐夫便不失时机利用这一弱点,决定攻击在路上拉得过长的法军纵队,使其无法合拢,切断其从斯摩棱斯克到克拉斯内,以及从克拉斯内到奥尔沙的退路,以便各个击破。结果使拿破仑军队遭到来自四面八方的突击,溃不成军。拿破仑企图用自己的近卫军和法军残部反扑,但大势已去。

拿破仑率领着残兵败将向别列津纳河急奔。他以为,一过别列津纳河,就脱离了危险区。没想到在南方作战的奇恰戈夫集团军早已封锁了各个渡口。巧的是鲍里索夫渡口以南还有一个渡口未被占领。拿破仑一面在那里实行佯渡,一面又在鲍里索夫以北斯图焦卡附近找到一处浅滩,涉水过了河。一周后逃到波兰的斯莫尔贡。尔后,拿破仑将部队交由缪拉指挥,自己逃回巴黎。

库图佐夫打败拿破仑,总共用了3个月的时间。1812年12月22日,到达维尔诺后,受命全权向人民和军队宣布:"这场战争以全歼敌人而结束"。

拿破仑逃走后,俄国境内的法军残部继续退却,库图佐夫则继续追击。12月中旬法军渡过涅曼河,退出俄国。几十万"大军"只剩下2万余人。

沙皇亚历山大一世来到军中。库图佐夫以非常隆重的礼节迎接了他。沙皇到向他颁发了俄军的最高奖赏——一级乔治十字勋章。

世界名将正传

# 十、出师远征　英名不朽

法国侵略军被赶出俄国领土,俄军推进至西部国境线。

"俄军是不是立即打出去?"在这个问题上,俄国统治集团内部发生了尖锐矛盾。库图佐夫不反对打出去,但希望充分准备,给俄军以必要的喘息时间。在沙皇亚历山大的坚持下,俄军终于在1813年1月13日越出国界,向西欧进军。库图佐夫在致全军的号召书中写道:

"不要高枕于英雄业绩之上,我们现在将奔向远方,越过国界,竭尽全力把敌人战败在他们自己的土地上。"

横渡涅曼河前夕,俄军只有10万人左右,而位于对岸的拿破仑军队总计有7万人,基本兵力集中在东普鲁士和华沙。俄军从三个方向上转入进攻:科尼斯堡、但泽方向,普沃茨克方向和华沙方向。

俄军在东普鲁士方向法军的基本兵团(麦克唐纳和约克军)实施了突击,占领了大片土地,使拿破仑无法利用这一地域的人力和物质资源。当地居民兴高采烈地迎接俄军。1813年1月,俄军攻占了麦克唐纳元帅驻守的科尼斯堡——东普鲁士强大的支撑点。普鲁士国王由依附于拿破仑转向沙皇亚历山大。随后俄军在奥得河岸展开对法军的大规模作战,并占领了普鲁士首都柏林。

为解放波兰国土,俄军兵分三路,渡过涅曼河,向维斯瓦河挺进。占领普沃茨克,对驻守华沙地区的敌军构成威胁。1813年2月,俄军进入华沙。

然而,斗争再度复杂起来,拿破仑纠集的军队赶到易北河,企图转守为攻,并逐个歼灭分散的盟国军队。库图佐夫命令在各个方向上行动的俄军和普军联合起来,并向德累斯顿集中。他随部队一起行动,并把自己的司令部移到了本茨劳城。

激烈的战斗在广阔的战区展开。库图佐夫作为总司令殚精竭虑,体力和脑力长时间处于极度紧张状态。再加上充满艰难困苦的远途跋涉,难免不损伤库图佐夫的精力和健康。这位年近古稀的老人在给亲人的信中,经常地讲述他的痛苦、疲倦、疾病和忙碌:"我需要安静地休息,我疲倦至极,很久以来我再没有得到过安静地休息了。"临终前他在给妻子的第二封信中说:"有多少事等待我操劳,说真的,我得活下去呀。"

以沙皇的弟弟康斯坦丁亲王为首的参谋人员的倾轧仍旧折磨着他。他痛苦地呻吟道:"当我的状况如此恶化的时候,我以耶稣基督的名义请求得到珍重……"

前线的形势日益紧张,库图佐夫的病情不断恶化,但他没有向病魔屈服。4月8日,库图佐夫批准了下一步作战计划;4月10日,他高瞻远瞩地预见到形势必将进一步恶化。他写信给沙皇,说明必须尽快向易北河以西集结军队,同时着手解决将丹麦和挪威从拿破仑军队的铁蹄下解放出来的问题。

1813 年 4 月 17 日,库图佐夫离开盖脑,奔赴德累斯顿。途中元帅走下轿式马车,改为骑马。这一天天气潮湿多风,库图佐夫只穿着平时的一套制服,因而受了风寒。第二天不得不在本茨劳停留。库图佐夫偕同司令部人员下榻在一幢二层的小楼房,他虽然身患重病,仍继续指挥着军队,用他那微弱的、几乎难以听清的声音下达各种命令。可是,病情迅速恶化。4 月 28 日 21 时 35 分,元帅库图佐夫与世长辞了。

在他死前不久,沙皇亚历山大一世曾来探视。这位从登基当上皇帝的第一年起就开始迫害库图佐夫的伪君子,现在却假仁假义地向一个临近死亡的人请求宽恕。

"陛下,我原谅您,但是俄国会原谅您吗?"元帅这样回答道。

库图佐夫生前负债累累,以至临终前还为此忧虑不安。即就在他死后,债主们不断登门向其家属追缴欠款,而且沙皇拒绝了元帅遗孀希望得到帮助的请求。

库图佐夫的遗体经防腐处理后收殓在锌制灵柩中,于 5 月 8 日掩埋在波兰本茨劳以西的一座小山上。第二天运抵彼得堡。本茨劳和彼得堡的全体市民涌上街头为伟大的俄国统帅送终。1813 年 6 月 25 日,库图佐夫被隆重地安葬于彼得堡喀山大教堂内。后来,在大教堂的前面为库图佐夫建起一座纪念碑,一直保存至今。

七年后,在本茨劳市广场上,一座大型纪念碑揭幕落成。纪念碑上镌刻着:

"库图佐夫元帅率领战无不胜的俄国军队到达此地,但就在这里,死神终止了他的光荣事业。他拯救了自己的祖国,开辟了欧洲解放的道路。他的英名永存。"

总司令的死讯被封锁了几天,但驻奥得河和易北河的俄军却总以为元帅仍在领导着全军,继续向西进攻,完成他未竟的事业。

库图佐夫度过了五十多年的戎马生涯,从担任一名地位低下的准尉军官开始,经历了所有军队指挥岗位。他身经百战,屡建功成:因为参加拉尔加河战役、卡古尔河战役和伊兹梅尔战役,因为实施布劳瑙至茨奈姆的撤退行军,而获得多枚勋章、丰厚奖赏和将军军衔;因为在多瑙河打败土耳其人和签订了布加勒斯特和约而获得伯爵和公爵爵位;因为博罗季诺会战而获元帅军衔,因为追击和歼灭拿破仑大军而获得斯摩棱斯基的封号。他的一生也几度沉浮,历经坎坷,毁誉不一。但作为一名军事统帅,其天才的指挥才能是举世公认的。他以其孜孜不倦的实践活动,把俄国的军事艺术推向一个崭新的、更高的发展阶段。

# 东乡平八郎

## ——旧日本帝国海军的偶像

于赓哲

东乡平八郎（1848—1934）是日俄战争期间联合舰队司令。现在的人们对他已经知之甚少，然而，假若时光倒流到本世纪前半叶，你会看到旧日本帝国军队对这个名字是如何顶礼膜拜。他借日俄一战而成名，生前备受尊崇，身后享尽哀荣，日本历代名将，无能出其右者。

东乡使日本最终彻底战胜沙俄，从而一跃成为世界强国。他领导的日本海军也成为屈指可数的强大海军之一。但东乡的巨大成功使日本海军固步自封，沉溺于胜利的喜悦之中而不得自拔，战略战术思想停留在东乡平八郎时代，最终导致了在太平洋战争中的覆亡，这也是早已入土的东乡平八郎始料未及的。

提笔描述一个日本军人令人颇为踌躇，但东乡平八郎作为一个海军将领确实有值得称道的才华，因此，还是让我们以一颗平常心来看待本传的传主吧。

## 一、萨摩少年

夏日的鹿儿岛宁静而美丽。在没有飓风的日子里，海上总是刮来清新的海风，拂过低矮的丘陵，掠过稻田和乡村，吹散炊烟，将母亲呼唤孩童的声音捎向远处。

一个约摸八九岁的孩子向自己家飞奔而去。他的手里拿着一把锋利的小刀，另一只手提着用柳枝串起的几条鲫鱼，脸上带着抑制不住的笑容。

孩子的母亲东乡益子正在家中忙碌着。这是一个武士家庭，孩子们的父亲东乡左卫门实友是萨摩藩藩士[①]，益子的娘家是藩士崛与三卫门家。武士的家庭从小教育孩子们"忠孝"，要求他们一举一动要符合武士道的规范，就是在家里也不能嘻笑忘形。因此，那个孩子——东乡平八郎（此时名为仲五郎）跑进家门时先收敛起笑容，对父母鞠躬后才脱鞋走进来。母亲和三个哥哥招呼他吃饭。孩子毕竟

---

① 藩士：幕府时期诸侯属下。

是孩子,仲五郎忍不住举起手中的鱼,得意地对母亲说:"妈妈,这些鱼可烤来吃。"

益子微笑着问:"这都是你抓的吗?"

"是我用小刀在溪水里劈杀的呀,"仲五郎越说越兴奋,"有过路的大叔大婶说:'手脚多麻利呀,刀子又快又准,真了不起'!妈妈,他们称赞我了不起呢!"仲五郎满心以为母亲会为此高兴。

孰料益子一下子直起身子,目光也变得严厉起来,孩子们都怔住了。

"武士当以沙场破大敌为荣!"益子呵斥道:"如果斩杀几条小鱼便得意洋洋,将来能成大器吗?"

小仲五郎顿时羞愧难当。数十年后,已是元帅的东乡平八郎与人语及此事时说:"这对我触动很大。"正是从这一天起,东乡平八郎开始以武士的标准要求自己,养成了宠辱不惊、泰山崩于前不变色的个性。

武士道的思想就这样渗透到这位萨摩少年的头脑中。武士道,脱胎于中国传统的儒教思想,强调君臣、父子、兄弟、夫妇、朋友五伦,严格长幼尊卑之分;特别光大了儒教"忠孝"的情操,"士为知己者死",惟主公马首是瞻,强调无条件服从命令;崇尚"义勇",卑视贪生怕死者,以战死沙场为荣。与此同时,武士道对儒教中"仁义"的教诲视若无睹,残忍成为美德,无怪乎受了这种教育的人会犯下"南京大屠杀"的暴行了。

东乡平八郎1848年1月出生于鹿儿岛,这里是日本强藩——萨摩藩治所。东乡出生时,正是日本社会酝酿大变革的时代。日本此时正处于幕府时期,昏愦的幕府对内实行残酷专制,对外采取闭关锁国的消极政策。根据幕府十七世纪的"锁国令",日本除与中国、朝鲜、荷兰保持一定贸易外,断绝了与其他国家任何形式的往来。可是到了十九世纪,日本的国门再也挡不住强大的西方资本主义国家了。

1853年7月,美国海军准将伯利按美国务院指令,率"萨斯奎汉那"号等四艘蒸汽战舰驶进江户湾,强迫幕府接受国书。次年2月,伯利舰队再度驶入江户湾,这次他带来七艘战舰和一千名士兵,强迫幕府签订了《神奈川条约》,允许美舰停靠日本港口,派驻领事,享受贸易最惠国待遇。此例一开,英、俄、荷等国纷纷强迫幕府签订类似条约,锁国时代一去不复返了。

东乡的家乡萨摩藩实力强劲,始终与幕府保持距离。早在1838年,萨摩便以"富国强兵"、"殖产兴业"为口号开展近代化改革,摒弃锁国令,了解、接触西方;发展商业,改革财政;建立近代化工业,改革军队。可谓开风气之先。

开国之后,西方人带着他们的产品涌入日本,对日本下层平民的生活产生冲击,他们趾高气扬的举止也令人侧目。

1862年9月,15岁的东乡平八郎听说了一件大事:在神奈川的生麦村,几个萨摩武士遭遇几名英国水手,双方发生冲突,武士们杀死一名英国人,打伤了另外几个。消息传开,包括东乡家在内的许多武士、平民都感到高兴。但是,这股高兴劲很快被忧虑所替代。"英国能善罢甘休吗?"许多人都这样想。虽然有豪侠之士激动地宣传"英夷不足为惧",可是一想起以当年幕府之强尚且屈服于美国,萨摩藩又何以对抗号称"日不落帝国"的英国呢?东乡深为家乡命运忧虑。

果然,第二年6月,英国政府正式照会幕府,要求日本赔款道歉,交出凶手。8月,拥有数十艘蒸汽战舰的英国东方舰队驶进鹿儿岛湾。

在此之前,萨摩藩早已战云笼罩。藩主岛津久光决心与英夷一决高低。他下达动员令,修筑炮台,添置火炮,储备粮食,同时下令征兵,16—45岁的男子都在征募之列。

这纸征兵令决定了我们这位传主的生活道路。16岁的少年有那个年龄特有的幻想,剧烈变革的社会使青年人面前出现无数崭新的道路,然而,出于对家乡的责任感,东乡决心应募,当一个现代武士。

告别父母时,益子语重心长地对东乡平八郎说:"记住你是武士的后代!"

16岁的少年走出了家门。

萨摩藩的军队,是诸藩中较为近代化的军队,他们拥有较为先进的后装膛火炮和滑膛枪,而且部队编制、战术、军衔、服饰都仿照西方国家。

东乡参军后如鱼得水,枯燥、紧张的生活在他眼中乐趣无穷。军人的自豪感支配着他的行动。当时大战在即,训练夜以继日,东乡平八郎珍惜每一分钟,在整个步兵联队中训练成绩名列前茅,引起众多军官瞩目。

训练仅仅数月,英国东方舰队便兵临城下。

东方舰队向岛津久光下达最后通牒,重申要求交出凶手,遭到拒绝,大战势不可免。

东乡所在部队被布置在港口附近的制高点上,任务是一俟敌兵登陆,即刻发动反击,驱敌入海。从这里可俯瞰整个港口,远方海面上影影绰绰的一群黑点便是敌舰。

8月15日晨,英舰起锚升火,逼近港口。萨摩方面没有像样的战舰,只能等待敌舰驶入炮台射程。

几十艘庞大的英舰喷吐着黑褐色的煤烟,排成单纵队,杀气腾腾而来。东乡平八郎生平第一次见到如此庞大的舰队,不禁为其雄壮的气势所折服,以至忘记了那是敌人。

英舰队在炮台射程外完成了阵型演变,纵队变成斜向横队,以侧舷向敌,那样便于集中火力。

终于，海面上似响起一声闷雷，英舰开火了。炮台立即开始"咚、咚"地还击，海面上腾起无数水柱。英方只有一艘军舰在射击，它从容不迫地校正弹着点，一个远点，又一个近点，炮弹越打越准，其它英舰保持静默，等待它发出准确的射击目标。

终于，英舰开始齐射了。大炮轰鸣，似阵阵滚雷掠过海面，东乡和伙伴们似乎能感受到那灼人的火焰。

坚固的炮台渐渐不支，它发出的炮弹不时命中敌舰，但它的大炮一门接一门地哑了，黑色、紫色的烟雾笼罩在周围，炮手们无法看清海面，而英舰发出的炮弹却穿过浓烟四处开花。炮台渐渐沉寂下来。

英舰掉转炮口，向海岸诸制高点射击。炮弹在东乡和伙伴们周围呼啸，弹片撕裂着人体，血肉横飞的场面令人窒息。东乡并不恐惧，但清醒地意识到："我们输了。"

指挥官下令各部队撤离暴露的阵地。

英舰并未乘势派遣陆战队登陆，而是游弋在港口附近，炮击鹿儿岛市区。兵工厂被夷为平地，市区多处起火。藩主岛津久光终于下令投降。英舰在条件得到满足后离去。

战败的耻辱使东乡没齿难忘，但对他触动最大的还是近代化大舰队的赫赫威力，从那时起，东乡便暗下了从事海军事业的决心。

## 二、会当长风

胸怀大志的东乡平八郎不知是否意识到，他正处于日本历史上变革最剧烈的年代，这个时代又给他提供了怎样的机遇。

幕府自被迫开国以来，本来就不高的声誉已跌至谷底，越来越多的日本人意识到：不推翻幕府，日本就无法生存下去。

当时的日本诸藩，以最早开始近代化改革的长州、萨摩两藩为最强。他们都拥有近代化兵工企业和新式军队。两藩构成"倒幕（府）派"主体。他们积极与天皇沟通，以"尊王攘夷"为口号，加强在京都地区的势力，有计划、有步骤地开始了倒幕活动。

1864年，幕府发动对长州藩的讨伐。由于在此之前，长州藩在与英、美、法、荷联合舰队的冲突中损失惨重，不得不暂时向幕府投降，幕府就势收兵。

幕府心知肚明：长州只是暂时屈服罢了，不彻底击垮它是无法维持统治的。第二年，幕府再度"征长"。这次非但遭到萨摩等强藩的公开反对，军事上更是遭受惨败。长州藩的近代化军队——"奇兵队"以少敌众,屡败幕府军队。第二次"征长"宣告失败。12月,一桥庆喜就任德川幕府将军。

庆喜上台后,对外投靠法国,对内则演出了一场"奉还大政"的闹剧。在谋士策划下,庆喜于1867年阴历10月14日向天皇辞去"征夷大将军"职位,假意"奉还"大政于天皇,自任"诸侯会议"主席,以图继续把持大权。

以西乡隆盛、大久保利通、木户孝允为首的倒幕派根本不买庆喜的帐。他们借天皇名义秘密下达"讨幕密敕"。阴历12月9日,萨、长两藩发动政变,宣布"王政复古",名义上恢复幕府以前天皇号令天下的状况,实际上是成立了以天皇为首的资产阶级政府。新政府将此消息通告各国驻日公使。

政变发生时,德川庆喜逃出京都,在大阪纠集军队,以"清君侧"为名,讨伐京都。1868年阴历1月中旬,在京都西南的鸟羽、伏见两地,双方发生大规模战斗。仅有5000人的倒幕派军队士气高昂,指挥得当,一举击溃15000人的幕府军,庆喜逃回大阪。至第二年夏,倒幕军获得彻底胜利。由于1868年是戊辰年,故而史称戊辰战争。

戊辰战争为日本变法自强扫清了道路。

东乡平八郎并未参加鸟羽、伏见战役,因为此时他已进入海军服役。

1866年,萨摩藩开始组建海军。舰船由国外购入,人员则从陆军中抽调。

东乡平八郎十分兴奋,认为这是实现抱负的良机。他似乎已经看见自己驾驶着高大的战舰,劈波斩浪、奋勇前进。

东乡来报名时,主官恰是曾经带过他的教官,他对东乡抱有好感,因此很快批准了他的要求。

当东乡平八郎换上白色的海军服时,他暗自激励自己:"东乡,加油干!"

萨摩海军初建时规模很小,总吨位不过千余吨,主力舰船是几艘木壳铁肋的炮艇。但无论如何,它毕竟是日本最早的近代化舰队,东乡在海军里心情舒畅,训练十分起劲,而且为人沉稳、果断,很有人缘。很快,东乡被提拔为分队长,在炮舰"春日"号上服役。此时东乡年仅18岁。

戊辰战争爆发后,萨摩海军奉命在江户湾执行封锁任务,拦截幕府运输船只,策应陆军作战。虽然海军在战争中作用有限,但东乡表现十分优异,受到上下瞩目。

明治维新开始后,日本逐步实行中央集权制,消除地方势力;大力发展近代工业;扶持商品经济;改革教育制度;建立文官制度;改革官僚体制。日本走上了资本主义道路。

明治政府以"富国强兵"为己任。所谓"强兵",就是建立一支强大的西方化、近代化的军队。日本自古以来就有对外扩张的野心,因此一支强大的海军是必不可少的。

1871年8月,明治政府在原水户藩所办的"石川岛造船所"的基础上,创办了海军兵工厂,负责生产、修理海军舰艇及武器。至1878年,萨摩藩的"鹿儿岛造船所"被合并。另外,在幕府所办"横须贺制铁所"基础上,成立了横须贺海军工厂,形成了炼钢、炼铁、蒸汽缸、铸造、船台、船渠成龙配套的体系。至1880年,日本人终于在无外籍人帮助的情况下造出了第一艘国产军舰"磐城"号。

近代化的大舰队需要大批专业人才。选送青年出国留学成为日本培养人才的捷径。明治维新伊始,陆军便派人前往德国(普鲁士)留学,海军则把人员送往英国。

1871年,东乡平八郎被选中赴英留学。

欧洲是当时日本人景仰的地方。日本人是善于学习的民族,喜欢模仿先进民族的一切,包括政治体制、生产方式乃至于风俗习惯。因此,东乡一行对"世界文明的中心"——欧洲也是无限憧憬的。

但东乡明白:"此次赴英,决非游山玩水。国家用外汇送我辈留学,是为了让我辈尽快回国效力。"因此,虽然富丽堂皇的白金汉宫、庄严的威斯敏斯特大教堂、壮观的大笨钟令东乡暗自惊叹,但他还是很快将注意力放在了学习上。

在海军学院里,日本学生接受航海、导航、船舶制造、武器、战术、气象、测量、后勤诸多方面的教育。同时,英国皇家海军重视实践,因此学员们花费大量时间参观舰艇、港口,观看军事演习。

1874年夏的一个清晨。正在朴茨茅斯参观港口的日本学员们,意外地看到了一群身穿海军制服,脑后拖长辫的中国清政府留学生。

这是日本人未来的对手。

1873年11月,琉球群岛一些渔民避海难流落到台湾,被高山族人误为海盗而杀死。日本政府借题发挥,准备侵略台湾。

日本地处弹丸小岛,资源贫乏,自古就有对外扩张的欲望。公元七世纪曾企图趁高丽、百济、新罗三国之乱侵略朝鲜半岛,白江口一役遭唐朝水师迎头痛击。明万历年间,日本再度侵略朝鲜,当时的实际统治者丰臣秀吉毫不掩饰其醉翁之意:"以我日本刀剑之锐利,不难征服大明长袖之国!"以当时中日两国实力对比尚且如此,更不用说值此日本羽翼渐丰、而清朝却日益衰落之时了。

1874年4月,日本政府任命西乡从道为"台湾蛮地事务都督"。5月,西乡从道率3艘军舰、4000名士兵登陆台湾,大肆烧杀,然后驻扎下来,准备"屯田开发"。消息传来,清政府立即质询日本驻华使节,申明台湾系中国领土,不得侵犯,日公使则辩称台湾乃新发现的"生番地",谁发现即可占有。中国政府不能接受这种理论。后来英国居中调停,加上日本感到军事实力尚不足,因而在索取50万两白银后,日军撤离。

此事公开暴露了日方战略企图。中日双方意识到战争不可避免,同时决定大力发展海军。清政府也向英国派出留学生学习海军。东乡所看到的,正是他们中的第一批,内有刘步蟾、林曾泰、林永升等。

东乡与同伴们望着中国留学生,一言不发。很快,中国留学生们也看见他们,双方颔首致意。在这个晴朗的夏日清晨,在喧嚣的朴次茅斯军港码头上,两群日后势必为敌的东方人相互对视着,心照不宣。

就这样,中国人成为日本人的"同学"。与敌人同窗共读,双方都承担着很大压力。大家都发奋刻苦,似乎要先在这英国皇家海军学院里一较高低。

东乡很崇拜纳尔逊等海军名将。他在学习中认真钻研各国海军战略战术,注重基础理论。在留学期间,他的思想渐成体系,这些思想指导着他的一生。比如,他高度重视日常训练,提出著名口号:"一门百发百中的炮,胜过百门百发一中的炮。"训练成绩关乎士气,是取胜之关键。另外,东乡高度重视指挥艺术,喜欢出奇制胜。

英国留学的时光,把东乡塑造成一个果敢坚毅、学识丰厚的海军军官。如同羽翼渐丰的日本海军一样,东乡像一只凶猛的猎鹰,即将乘长风一飞冲天了……

# 三、侵华干将

自1874年台湾事件以后,中日双方互为假想敌,展开了一场军备竞赛。

1875年,中国率先向英国阿姆斯特朗公司订购320吨和440吨铁制战舰各二艘,命名为"龙骧"、"虎威"、"飞霆"、"策电",随后又购入440吨级战舰7艘,分别命名为"镇东"、"镇西"、"镇南"、"镇北"、"镇中"、"镇边"、"海镜清"。

而日本则向英国订购三艘巡洋舰,命名为"扶桑"、"比睿"、"金刚"号,其中"扶桑"号排水量3777吨,3650马力,拥有280毫米炮4门,150毫米炮4门,鱼雷发射管2座。"比睿"、"金刚"号排水量2284吨,2500马力,拥有170毫米炮各2门,150毫米炮各4门,鱼雷发射管各2座。

两国相比,日方所购舰在吨位、航速、适航性、火力方面压过了中方。

至 19 世纪 80 年代,在洋务派的坚决要求下,以慈禧太后为首的清政府统治者终于决心大力发展海军——尤其是北洋水师,借以拱卫京津,对外宣扬"天朝国威"。

清政府斥巨资在德国购买两艘大型铁甲舰,排水量均为 7335 吨,6000 马力,航速 14.5 节,各有 305 毫米巨炮 4 门,150 毫米副炮 2 门,鱼雷发射管 3 座。此二舰在当时世界上是屈指可数的一流军舰,在远东地区更是无可匹敌。两舰于 1885 年回国服役,分别命名为"定远"、"镇远"号,成为北洋水师核心战舰。

虽然日方在英国订购了"浪速"、"高千穗"号巡洋舰,但无可否认的是:在军备竞赛第二阶段,中方压倒了日方。

1878 年,东乡平八郎完成学业,回到海军继续服役。

1884 年,在担任"天城"号舰长期间,东乡受命先后赴上海、福州观察中法战况,对清廷的腐败和清军的懦弱有了感性认识。但东乡心存疑问:"据说北洋水师是与众不同的部队,应该不像这些清军一样无能。什么时候能见识一下呢?"

这个机会终于来了。

1886 年夏,清政府为了进行战略震慑,派遣"定远"号访问日本长崎。日本海军大部分中、高级军官都赶去参观。东乡平八郎与上村彦之丞、野村丞等人同行。

所有的日本人都被"定远"号宏伟的气势所震撼,那高大的舰身和"亚洲第一"的巨炮令日本海军人士自叹弗如。

上村等人一边参观一边惊叹:"这样的巨炮一炮足以击沉一艘巡洋舰!"

"6 英寸的装甲真令人无可奈何啊!"

惟有东乡一言不发。

第二天,本来不是参观日,但东乡还是硬拉着上村、野村等去港口。

看来看去,"定远"号还是那个样子,上村很不耐烦了。

东乡这时开口了:"北洋水师金玉其外,败絮其中。"

"何以见得!"

"诸君请看那里!"

大家顺着东乡的手指看去。

"定远"号舷侧副炮管上,赫然晾晒着士兵们花花绿绿的短裤、汗衫,在阳光暴晒下懒懒地随风摆动。

"人比武器更重要。只此一端便可以说北洋水师不是纪律严明的部队。这样的军队无论拥有多么先进的武器也是徒劳的。"东乡不慌不忙地阐述着观点。

大家你看看我，我看看你，不约而同地说："东乡君的话有道理！"

回顾甲午战史，想到东乡的这一番话，每每令人掩卷长叹。

但无论如何，"定远"号长崎之行还是强烈刺激了日本的民族情绪。狂热分子鼓吹扩军备战；海军要求增加军费；就连小孩子们都玩起了"打定远"的新游戏。

针对"定远"、"镇远"，日本海军订购了"松岛"、"桥立"、"严岛"号巡洋舰，由于舰名都是著名风景区，因而号称"三景舰"。三景舰共同的特点是"小舰扛大炮"，排水量均为 4278 吨，仅相当于"定"、"镇"的一半稍强，却各配备 320 毫米巨炮一门，冀图以此击穿"定"、"镇"装甲。

1886 年，日本国产"葛城"、"大和"、"武藏"号巡洋舰下水，其主要性能指标不亚于中方在英订购的"超勇"、"扬威"号。

1889 年，日本在英订购的快速装甲巡洋舰"吉野"、"秋津洲"号抵达长崎。日本海军实力大增。

与此同时，中方也添购了"致远"、"靖远"、"经远"、"来远"号巡洋舰，国产的"广甲"、"广乙"、"广丙"、"平远"号的性能也达到国际水准。

至甲午战前，中、日双方海军实力都已跃居世界一流海军之列。中方拥有北洋、南洋、福建、广东四支舰队，总吨位 83900 吨，舰船 78 艘，鱼雷艇 24 艘。日方拥有常备舰队和西海舰队，总吨位 61373 吨，舰船 31 艘，鱼雷艇 24 艘。

虽然在舰艇数量和总吨位上逊于中方，但日方主力战舰舰龄新、航速高、速射炮多，总体实力已超过中方。

1891 年，北洋水师提督丁汝昌，"定远"号管带刘步蟾曾上疏清廷，指出日方实力增长迅速，要求购置新舰备战。此时慈禧却另有打算：她担心北洋水师实力过强，会使洋务派在朝中的势力"尾大不掉"，因而对丁、刘的建议置之不理。更甚的是，就在中日战争箭在弦上、一触即发之时，她还挪用海军军费扩建颐和园。

而日本方面已从政治、外交、军事、财政上做好了对华战争准备。

1894 年春，朝鲜全罗道、忠清道爆发"东学党"起义，很快波及半岛南部。朝鲜政府无力弹压，遂向宗主国——中国求援。

日本政府意识到：这是发动对华战争的良机。于是日本海军陆战队于 1894 年 6 月 4 日在仁川港登陆，开入汉城。6 月 8 日，清军 1500 人在牙山登陆。日方闻讯增兵，不几日驻朝日军便多达 12500 人。

东学党被平定后，清政府建议中日双方同时撤军，而日方却提出"中日共同改革朝鲜内政"，遭到拒绝。7 月 12 日，日本向清政府发出断交通知。与此同时，清廷内部"帝"、"后"党争不止,军事准备不足,直到看到断交通知,方才着手备战。

此时,日方已完成战备。日本海军主力编成联合舰队,由伊东祐亨中将任司令。东乡平八郎大佐被任命为"浪速"号巡洋舰舰长。

7月23日,日本在朝发动政变。推翻闵妃集团,扶植大院君集团。同时对陆海军发布作战命令,中日甲午战争爆发了。

1894年7月25日,东乡平八郎指挥的"浪速"号会同"吉野"、"秋津洲"号由佐世保军港出发,前往朝鲜半岛牙山海域。

午前7时许,日舰发现两艘清军巡洋舰"济远"号和"广乙"号。日方以"吉野"号打头,冲向清舰。

"济远"号管带方伯谦出发前领受的任务是在这一海域掩护运输船队,不意在此受到攻击。众寡不敌,清舰多处中弹,方伯谦见势不妙,调头便逃,"广乙"号无奈也随其逃跑,但不久即被击中搁浅。

就在"吉野"马上追上"济远"号之时,"济"舰后主炮发炮命中"吉野"舰首,"吉野"顿时航速大减。

正当此时,"浪速"号和"秋津洲"号发现两艘运输船开来,于是高速迎上,看清是运送中国陆军的"操江"号和"高升"号。

"秋津洲"逼近"操江"号,船上清军胆小如鼠,立即挥起白旗。日军士兵登上"操江"号,升起了日本国旗。数百名清军乖乖地当了俘虏。

东乡平八郎指挥的"浪速"号逼近"高升"号。

"高升"号船主是印度支那公司,代理商是贾金麦迪逊公司,总吨位2134吨,船籍英国,船长是英国人托马斯·莱达尔·高惠悌,船上有水手64名,此时正受雇于清政府,向牙山运输清陆军1100人及一批武器、弹药,带队将官名叫高善继。

东乡平八郎欺"高升"号是运输船,决心俘虏它。此时是午前9时。

"浪速"号向"高升"号船首方向发射四发炮弹,令其抛锚。船长高惠悌吓得立即遵命停船。

此时船内的中国官兵不知出了什么事,纷纷涌上甲板,一见是日舰靠近,顿时群情激昂,跑下舱房取出武器。

东乡平八郎本欲与"高升"号接舷,不料看见中国陆军士兵们手持步枪,对"浪速"号做瞄准状。东乡急令本舰停船。

满载着中国陆军士兵的运输船与全副武装的日本巡洋舰虎视眈眈地对视着。

东乡平八郎以为凭"浪速"号上那2门260毫米大炮足以慑服中国士兵,于是派人见大尉乘舢板去"高升"号劝降。

此时"高升"号上的中国军官正在质问船长高惠悌为何停驶,高惠悌回答:"我船没有武器,也没有支援……"

高善继勃然大怒:"你对我等视若无睹吗? 我等手中没有武器吗?"

高惠悌看看身旁中国士兵手中的步枪,低下头不再做声。

正在此时,人见大尉登上"高升"号,用英语向高惠悌询问船籍,并命令高惠悌"跟随我舰前进",高惠悌表示从命。

高善继手握军刀,不离高惠悌左右,无奈不懂英语,只能对日本军官怒目相向。

人见大尉不敢再做停留,乘舢板返回"浪速"号。东乡平八郎用旗语向"高升"号下令:"跟随我!"

高惠悌惴惴不安地下达"起锚"的口令。

高善继猛然明白他要干什么了,"唰"地一下将军刀架在高惠悌颈上:"不许你跟随日舰!"

船长双腿打颤,哆嗦着说:"如不从命,'浪速'号一炮即可击沉我船。"

高善继目眦欲裂:"我等宁死不降!"

丰岛海战距今已一百余年了,高善继已在战斗中以身殉国。凭一艘运输船与敌巡洋舰对抗,可谓"不智",可是甲午之战的败北,不正是由于清政府和清军中惜命的"聪明人"太多了吗? 如果人人坚强如同"高升"号上的官兵一样,国家、民族何以蒙羞?

船长无奈只得向"浪速"号发出"不能从命"的信号。东乡对左右说:"此船上的清兵看来已有必死的决心了。"于是他命令对"高升"号发出"弃船"的信号,这意味着开火。一军官提醒东乡:"此船是友邦英国的商船,击沉它恐怕引起英方不满。"东乡转过头狠狠地说:"船上难道不是敌国的士兵吗? 谁让它出现在交战水域呢?"

信号兵报告:"'高升号'发出信号,要求我舰派舢板接其船长、水手。"

东乡面不改色:"告诉他们'不行'。"

"浪速"号的桅顶升起红旗。一枚460毫米口径的鱼雷带着啸声扑向250米外的"高升"号。

中国士兵看见日舰开火,纷纷用步枪对"浪速"号猛射。步枪子弹对巡洋舰的装甲无可奈何,可这毕竟是一千名勇士惟一的抗敌手段。

那枚鱼雷紧贴船头掠过。东乡一面斥骂鱼雷手无能,一面下令主炮开火。

260毫米炮弹轻而易举地击断"高升"号,残船带着一千多名中国将士沉入大海,海面上只剩下勇士们愤怒的吼声,久久不散。

东乡平八郎和参谋们站在舰桥上,望着海面上大片的油污和具具浮尸,默默无语。

除了东乡,所有人都断定:"击沉英国商船,无论上面是否有中国兵,都是个大麻烦。"

"说不定东乡舰长会因此遭撤职呢。"几名军官窃窃私语。

东乡本人此时心情怎样呢? 他在事后未曾详述,我们无从得知。但能肯定的是:东乡决不会为屠戮上千名中国士兵感到不安,武士道早已使他和所有日本军人习惯了血腥味。

东乡平八郎平静地对众人说:"此事由我负责,诸位不必担心。"

当三舰回到佐世保时,击沉、俘虏清船的消息迅速传开,日本人欣喜若狂。而伊藤博文内阁闻听东乡平八郎击沉英国商船,不禁骇然。此时日英关系正处于微妙关头,日本亟待与英磋商废改不平等条约,英方正欲借日本之力与列强在远东抗衡。这个节骨眼上击沉英船,造成英人伤亡(仅船长和少数船员获救),不啻是一种疯狂举动。

"东乡平八郎太混账!"外相陆奥宋光在内阁会议上愤愤难平。几乎所有内阁大臣都赞成惩罚东乡。

首相伊藤博文沉得住气,待众人把话说完才发表意见:"日清已经开战,有许多更重要的事需要诸君处理,此事由我负责向陛下解释。"

会后,伊藤和外相委派法制局长官末松谦澄前往佐世保军港进行调查。

东乡平八郎辩解说:"英国商船在日清开战后仍为中方输送兵员,本身将自己置于日本敌对方中,应视同为清军用舰船。另外,我舰开火前多次劝降,无奈由于清兵向我开枪,无法靠近,不得已击沉该船。"东乡又针对人们担心此事导致日英交恶而发表意见:"此船为中国政府所雇用,是纯粹的商业行为,并非中英政府间的合作,因此与英国政府无直接关系。另外,英国难道会仅为一条商船而与日本断交吗?"

伊藤博文和陆奥宋光在听取了末松谦澄汇报后都认为东乡讲得有道理。于是,伊藤授意末松写了一份歪曲真相的"调查报告",内中将日军描绘成仁义之师,一而再、再而三地欲保全"高升"号,无奈清兵肆意滋事,"浪速"号不得不将其击沉。英籍船员并非为日舰炮火所毙。而是被清兵枪杀云云。伊藤带着这样的报告入宫晋见天皇。他为天皇宽心道:"英国需要日本,一如日本需要英国,两国结好势在必行,英人能分清孰轻孰重,不至为了区区一条商船与我交恶。"天皇被说服,末了还夸赞了东乡一句:"东乡干得好!"

果不出所料,英国正急需与日结成战略伙伴关系,牵制沙俄在远东的发展,于是强咽下"高升"号这枚苦果,悄悄地了结了此事。

这次事件之后,东乡平八郎在海军内的知名度大大提高。

丰岛海战后,中日甲午战争全面展开。8月1日,日本政府正式对华宣战,日本陆军进攻驻牙山清军,清军提督叶志超、副提督聂士成率先溃逃,开清军"见敌即退"之先河。此后战局一发不可收拾。9月16日,平壤陷落,战火开始移向中国境内。

陆军攻克平壤的第二天,东乡平八郎经历了他平生的第一次大海战——中日黄海大战。

9月17日,日本联合舰队在黄海大东沟海面游弋,寻找北洋水师主力。

联合舰队主力由"松岛"、"严岛"、"桥立"、"千代田"、"比睿"、"扶桑"、"赤城"七舰组成,司令伊东祐亨以"松岛"号为旗舰,伊东是日本海军创始人之一,是东乡的老上级。海军军令部长桦山中将乘改装炮舰"西京丸"随行。

东乡平八郎的"浪速"号与"吉野"、"高千穗"、"秋津洲"号共四舰组成游击舰队,与主力舰队策应配合。

午前10时,日舰队在远方地平线上发现煤烟,伊东司令下令舰队以战斗队型向冒烟处开进。不一会儿,望远镜中出现了军舰桅杆,一根、两根、三根……从数目上看,必是北洋水师主力无疑。所有军官都激动地发抖,那种感觉既不是高兴,也不是害怕,完全是一种战前的亢奋。

几乎同时,北洋舰队亦发现日本舰队。

北洋舰队由"定远"、"镇远"、"经远"、"来远"、"致远"、"靖远"、"济远"、"平远"、"超勇"、"扬威"、"广甲"、"广丙"共12舰组成,提督丁汝昌坐镇"定远"号。

概观双方舰队,数目上旗鼓相当。北洋舰队特点是巨舰大炮,日方特点是航速高、速射炮多。

双方展开战阵,舳舻相衔,斩浪前行,一场世界历史上第一次蒸汽舰队大战拉开了帷幕。

战斗的过程,想必诸位读者耳熟能详,在此不再赘述。要提及的是东乡在战斗中的所作所为。

在接敌过程中,东乡平八郎镇定如常,而其他军官、士兵则神色紧张,脸色铁青,炮手们手发抖、声发颤。东乡安慰大家说:"战前的紧张再正常不过了,待会儿炮声一响,也就顾不得紧张了。"

12时20分,双方接火。游击舰队奉令脱离主力,依仗高航速迂回攻击北洋舰队右翼。正在激战中,游击舰队发现主力舰队弱舰"扶桑"、"比睿"号正遭到北洋舰队围攻,于是调头增援。游击舰队四舰都是快速型舰只,北洋水师对此没有思想准备,被打了个措手不及。巡洋舰"超勇"号先后被"吉野"和"浪速"号击中,轮机舱爆炸,旋即沉没。

"浪速"号上响起一片声嘶力竭的"万岁"声,东乡也高兴得脸通红。

游击舰队在此役中左突右冲,穿插迂回,扰乱了北洋舰队既定战术,使本方主力舰队得以从容攻击中方"定远"、"镇远",为赢得此役立下汗马功劳。

纵观整个战役,日方指挥得当,机动灵活,战斗人员军事素质高。反观北洋水师,由于丁汝昌开战即负重伤,因而指挥不力;战斗人员士气低落,素质较低。激战正酣之际,北洋舰队"福龙"号鱼雷艇逼近"西京丸"号,距离数十米处施放一枚口径 460 毫米的鱼雷,以如此之距离,"西京丸"必沉无疑,就连乘坐该舰的日方海军军令部长桦山中将看见鱼雷逼近,亦仰天长叹:"啊,吾事毕矣!"孰料鱼雷手定深错误,这枚鱼雷竟从"西京丸"号舰底穿过,在另一舷侧冒出水面,"西京丸"得以逃离战场。北洋水师官兵素质之低可见一斑。

北洋舰队致败的另一原因是怯敌惧战。"济远"号管带方伯谦重施丰岛故伎,开战之际转身逃跑,并撞伤友舰。整个战役中,清军火炮命中率大大低于平日训练水平,原因是炮手及军官胆怯畏死,技术动作变形。虽有"致远"舰、"来远"舰在邓世昌、林永升指挥下殊死力战,无奈独木难撑大厦,本舰沉没,以身殉职。

午后 5 时 30 分,双方脱离接触。中方损折"超勇"、"扬威"、"来远"、"致远"四舰,"广甲"号负重伤退至大连湾。日方旗舰"松岛"号和改装炮舰"西京丸"负重伤,但没有军舰沉没。

黄海一役,北洋舰队元气并未大伤,因为"定"、"镇"犹在,尚可一战。但清政府却被此战吓破了胆,从此北洋舰队一味"避战"以求"自保"而致最终不保。


9 月 23 日,东乡平八郎的"浪速"号和"秋津洲"号奉命赴大连湾一带侦察。东乡在这里发现了 17 日身负重伤的"广甲"号。

"广甲"号和"广乙"、"广丙"号本是广东水师舰只,战前临时编入北洋舰队。"广乙"号在丰岛海战中已被击沉,这一回噩运降临在"广甲"号上。

"广甲"号舰身伤痕累累,乘员死伤惨重,轮机和主炮都已不堪使用。大部分人员已上岸,只有少数水兵在坚守岗位,等待增援。

东乡看见"广甲"号后,和"秋津洲"号一左一右迫近"广甲"。

"广甲"水兵眼见敌舰气势汹汹而来,自己已以不能逃脱,但又不愿当阶下囚,毅然放火焚毁了军舰。

东乡的行动算是给黄海大海战划了一个句号。

中日甲午战争最终以日本胜利、腐败的清政府签订丧权辱国的《马关条约》而告结束。日本海军在战争中扮演了开路凶犬的角色，它不但截断了清军海上运输线，而且彻底歼灭了北洋水师。日方心腹大患"定远"号被击沉，"镇远"号和北洋舰队残部在威海卫被俘。"镇远"号铁锚被摆放在上野公园，借以显示皇军的"赫赫军威"，直至1945年日本投降，此铁锚才重返中国，此乃中华民族历史上至痛之一页！

东乡平八郎指挥的"浪速"号虽不是主力舰，但在屡次战斗中十分活跃，"功绩"显著，东乡平八郎开始崭露头角。

"一将成名万骨枯"，东乡踩着无数中日士兵的枯骨向事业的巅峰前进着。

# 四、风云激荡

日本的胜利，引起老牌帝国主义国家——沙俄的严重不安。沙俄觊觎中国东北已久，只是苦于时机未到。不曾想半路杀出个程咬金，日本逼迫中国清政府在《马关条约》中割让辽东半岛和台湾、澎湖列岛，沙皇心中不禁"醋海翻腾"。

沙俄决心干涉。

它试探列强态度。德国一直欲与俄结好以对抗英国，欣然同意加入干涉行列，法国不愿得罪沙俄，也同意参加，英、美等国则反应冷淡。

沙俄觉得手中牌已经很大了，于是在1895年4月23日——《马关条约》签署一周后——和德、法三国驻日公使向日本外务省递交照会，称如果日本占据辽东，则会威胁北京，亦使朝鲜之独立有名无实，进而妨碍远东和平，因此日方必须将辽东半岛归还中国。德国公使还特别指出：日本媾和条件过分，有损列强在华利益，列强为此不惜一战。

仿佛为了证明此言非虚，沙俄太平洋舰队出现在日本神户和指定交换和约批准书地点——中国烟台。

日本政府陷入恐慌之中，甲午战争已使日本国库空虚、兵困马乏，实力不足与三国一战。日本政府想借其它列强之力与三国对抗，无奈就连与日本关系最好的英国也不愿惹麻烦，日本陷入孤立无援的状态。

从4月底至5月初，日本接连召开御前会议和内阁会议，经过反复讨论，确认除接受还辽要求外，别无他法。5月13日，明治天皇颁布诏书，宣布将辽东半岛归还中国。1895年11月8日，中日在北京签订《交还辽东半岛条约》，在索取三千万两白银后，日本无可奈何地从辽东撤回了军队。

日本全国上下,如丧考妣,眼见到手的肥肉被夺走,焉能不心痛?日本政界人士痛感日本国力、军力还不够强大,无法成为真正的世界强国。而且通过此事可以断言:日俄必有一战。因此日本政府便以俄国为假想敌,大力扩充实力。

1896年,投资1400万日元的八幡大型炼铁厂建成,归属国营,加上民营的月岛钢厂和大阪铸钢公司,日本钢铁年产量达10万吨以上。

日本政府颁布《造船奖励法》,规定国产铁壳船吨位超过700吨的,每吨补助12日元,超过千吨的,每吨补助20日元。这样大大刺激了国内造船业发展。这个措施本意是发展国产军用舰艇,但直至日俄开战,日本海军主力舰还都是英国造。

日本还加紧建设国防科研队伍。

此时沙俄正稳步发展其在远东的势力。凭着干涉"还辽"定为了对付日本,俄军可"到达有遭受侵略危险的地点",俄定了为了对付日本,俄军可"到达有遭受侵略危险的地点",俄军舰可驶入中国港口。密约还规定沙俄可在中国修筑西伯利亚大铁路支线——中东路,并派兵护路,使沙俄控制了中国东北北部。

沙俄见进展顺利,不禁踌躇满志,竟梦想将中国东北变成"黄俄罗斯"。

同时沙俄又把手伸向朝鲜。通过一系列政变,1896年2月,沙俄将朝鲜政府中的亲日派驱走。6月,日俄签订《关于朝鲜问题的协议书》,规定双方在财政、军事诸方面共同控制朝鲜,这就是说沙俄将日本已叨到嘴上的肉又硬给抢走一半。

日本方面对俄一让再让。这倒不是日本人良心发现,而是实力不足,还要韬光养晦。这段时间里,日本一直未曾放松准备。

在外交上,日英同盟的结成是日本外交的一大胜利。英、日一直有所勾结。日本是想靠上英国这棵大树与沙俄对抗,英国是打算借日本之手牵制沙俄,以便英全力与德对抗,这也是其传统大陆政策的延伸。

本来日本国内伊藤博文、井上馨等元老派对与英结盟心存疑虑,总觉得不如与俄维持现状,不料1901年9月伊藤赴俄遭到冷遇,使他意识到只有日英结盟一条路好走。1902年1月30日,日英在伦敦签订《日英同盟协定》,这下使日本在未来对俄战争中少了后顾之忧。

在军事上,日本实力增长迅速。有了中国赔款做后盾,日本陆军由甲午时的7个师团增至13个师团。海军到1903年已有舰艇113艘,总吨位265000吨,主力舰队按六·六方案(六艘战列舰和六艘装甲巡洋舰)编成。日本还研制了一批新式装备,计有31式速射炮、30式村田步枪、下濑火药、伊集院信管等。

我们的传主——东乡平八郎正在仕途上稳步上升。

1899年1月,52岁的东乡被任命为佐世保镇守府司令。所谓镇守府,相当于海军军区,属一级行政机关。东乡上任后,常乘舰在朝鲜半岛至台湾岛之间巡视,详细记录该地区各季节的气候、风向、潮流、海雾。为什么东乡如此关注此地呢？原来他认为未来日俄海战主战场一定在这一地区。他还发现，位于朝鲜半岛南端的镇海湾是个天然的深水港，是大舰队理想的驻泊地。后来的战争一一证实了东乡的判断。

1900年5月，东乡又荣任常备舰队司令，这是每一个海军军人企望的显职。

这一年，中国爆发了轰轰烈烈的义和团运动，引起列强恐慌。英、美、日、德、俄、法、意、奥组成八国联军，自大沽口登陆，攻打北京。

东乡奉命率常备舰队开赴大沽口。此番八国联军共纠集35艘军舰，内有俄舰6艘。东乡平八郎并不关心与义和团的作战，他知道大刀长矛是无法抵御枪炮的。他最感兴趣的是俄国舰队，眼睛总是盯着他们，并且若有所思。

义和团被镇压后，常备舰队回国。在接风宴上有人问东乡："你对俄国舰队有何观感？"

"不如想象中可怕。"东乡平静地说。

"噢，此话怎讲？"大家洗耳恭听。

"我眺望俄国舰队，觉得他们谈不上军纪严整、训练有素。他们用军舰运输补给，证明他们轻视军舰本职功能，徒然耗费精力，战端一开，难以保障战斗力。另外这也证明俄国在远东运输能力不足。"

想到东乡曾一眼窥破北洋水师实力，在座的人都对东乡的分析点头称是。

1901年7月，因镇压义和团有功，东乡被授予旭日大绶章。

10月1日，东乡改任舞鹤镇守府司令，这无异于降职，怎么回事呢？恐怕还是海军内派系斗争的结果。

祸不单行，就在这一年，东乡最敬爱的母亲东乡益子病逝，东乡沉浸在巨大悲痛之中。


# 五、日俄开战

沙俄借口镇压义和团于1900年出兵侵占中国东北全境。此后便赖着不走，一再增兵，并侵入朝鲜北部，在龙岩浦建立军事基地。

日本方面反应强烈，在1903年4月21日召开的日本政界要人会议上，日本决定与俄交涉，寸步不让，不惜一战。

此时沙俄陆军总兵力为207万人，海军分太平洋舰队和波罗的海舰队，总吨位80万吨。日本陆军总兵力20万人，海军总吨位26万吨，总体上看，日方处于绝对劣势，但由于俄能部署在远东的兵力有限，双方在这一地区倒也旗鼓相当。

1903 年 12 月,日俄谈判破裂。日军着手进行战时编制。

12 月 28 日,海军舰队改编为第一、二、三舰队,其中第一、二舰队组成联合舰队。

在确定联合舰队人选时,海军大臣山本权兵卫颇费苦思,按理说,日高壮之丞和柴山矢八是元老级人物,深孚众望,是理想人选,但山本总觉得沉稳果断的东乡平八郎更合适。经过反复思量,山本力排众议,任命东乡平八郎中将为联合舰队司令。

此时的东乡正在潜心研究沙俄。他不但了解俄军现状,还对俄军历史和著名将领进行了钻研,掌握俄国军事思想和将领个性。在刚被任命为舞鹤镇守府司令时,有人议论说东乡这辈子走到仕途尽头了,他听了也不为所动,依旧进行他的研究。

山本权兵卫是将东乡请到东京私邸,当着伊东祐亨海军军令部长的面任命东乡担任联合舰长司令的,东乡十分感激山本的信任,同时也感到责任重大。

东乡上任后立即着手拟订对俄作战计划。此时联合舰队拥有 6 艘战列舰、6 艘装甲巡洋舰、12 艘巡洋舰和其它一些舰船,共计 152 艘。而俄太平洋舰队拥有 7 艘战列舰、4 艘装甲巡洋舰,10 艘巡洋舰,加上其它舰船共 74 艘。虽然联合舰队稍强于俄太平洋舰队,但俄国远在西欧还有一支更强大的波罗的海舰队,开战后,这支舰队必将驰援远东,如果两支俄舰队会合,其实力将大大超过日方,因此惟有乘波罗的海舰队还未到达远东时便将太平洋舰队彻底歼灭,而后腾出手来对付波罗的海舰队,以求"各个击破",东乡战略思想已定,便开始考虑如何消灭太平洋舰队。

目前太平洋舰队以旅顺口为基地,另有一支分舰队驻海参崴。

消灭这支舰队的速度要快,同时己方还不能蒙受大的损失,这令东乡绞尽脑汁。最终决定:以偷袭方式进攻旅顺。

1904 年 2 月,经过御前会议,日本决定对俄开战。2 月 5 日,天皇对全国国民的敕谕秘密下达至陆、海军。

"苍天佑我万世一系之大日本帝国,朕在此告尔等忠诚勇武之臣民:

"兹宣布对俄开战,期我陆海军竭尽全力,与俄交战,文武百官务必恪尽职守,为达成国家之目的而努力。

"……

"俄国自始无爱好和平之诚意,拒绝帝国之提案。韩国安全濒临危急,帝国利益将遭侵害,事已至此,帝国依靠谈判赢得和平以保障未来之愿望,已是除兵戎相见,别无他途。朕期以尔等之忠诚勇武,速恢复永久和平,以保全帝国之光荣。"

敕谕通篇强调日本"爱好和平",与俄之战实属迫不得已。

世界名将正传

日本这条小犬为了"保卫"它从别处抢来的骨头,要对沙俄这条大熊亮出爪牙了。

这篇敕谕是在尚未正式宣战时下发的,因此东乡只在有各舰队司令、舰长参加的小范围会议上宣读了敕谕。自小接受武士道教育的军官们听罢个个热泪盈眶。东乡哽咽着说:"在过去几年里,我不分昼夜与诸位一道训练,就是为了今天。殷切希望诸位继续努力奋斗⋯⋯"

按大本营会议决定,对俄作战应由海军打响。并且要求海军在不遭受大的损失的前提下歼灭俄太平洋舰队,而后迎战敌波罗的海舰队,务必胜利,以保障海上运输之安全,促进战争全面胜利。

东乡会后即向舰队下达作战令。联合舰队之第1、2、3战队和驱逐舰队共百余舰直驶旅顺口。2月8日下午5时,舰队到达西距旅顺44海里的圆岛水域。

与此同时,日第4战队(司令瓜生外吉少将)在韩国仁川港意外遭遇俄太平洋舰队巡洋舰"瓦良格"号和炮舰"高丽人"号,两艘俄舰竟丝毫不知日俄断交、大战在即。瓜生指挥第4战队的6艘战舰发动攻击,从而打响了日俄战争第一炮。

两艘俄舰均遭重创,不得已举火自焚。俄国过分轻视日军,两舰的折损验证了"骄兵必败"的老话。


圆岛水域。

东乡平八郎命令"三笠"号旗舰升起"天助成功"的信号,这个信号意思是"驱逐舰队发动夜袭"。

第1、2、3驱逐舰队负责直接攻击旅顺港;第4、5驱逐舰队前往大连湾搜寻敌舰;拥有战列舰、装甲巡洋舰的第1、2、3战队殿后。

几十艘驱逐舰如同恶狼一般,风驰电掣地扑向旅顺。

夜色阴沉,杀气笼罩着旅顺。

此时的太平洋舰队竟停泊在港外,几乎所有舰长都被斯塔尔库司令官邀请上岸,参加其夫人的"命名日"庆典。舰上水兵们有的在酣睡,有的正在进行煤炭装载作业。日俄交恶至如此地步,前线俄军如此懈怠,焉有不败之理?

晚10时半,驱逐舰队发现俄海岸探照灯光。11时左右,两艘俄舰与日本偷袭部队擦肩而过,由于毫无警惕性,竟未发现敌人。

"这不过是两条小杂鱼,我们的目标是座头鲸!"驱逐舰队指挥浅井大佐自言自语。

驱逐舰队避开探照灯光,快速逼近敌舰队。

零时20分,日舰借月光发现前面出现了小山一般黑黝黝的敌舰影。浅井下令各舰拣个头大的开火。刹那间,一枚枚鱼雷呼啸而出,辟波斩浪,撞向俄舰。

一声声巨响撕破了夜空,俄巡洋舰"帕鲁拉达"号首先中雷,轮机被毁,引起爆炸。紧接着战列舰"列特维尊"号吃水线以下中雷、数百吨海水涌入底舱。战列舰"策萨列维奇"号舵舱被毁,勉强开至岸炮台下。

东乡和幕僚们站在60海里外的"三笠"号舰桥下,眺望着远方地平线上的闪闪火光,高兴地说:"夜袭成功了!"

俄舰队此时已乱成一团,水手们有的当场毙命,有的爬上炮位却不知所措。两艘万吨级的战列舰已遭重创,其它舰船大多挂彩。

日本驱逐舰排水量均为 300—400 吨,航速高达 30 节,在众多俄舰中往来穿梭,俄炮手竟无法捕捉目标。

等到俄舰队定下神来,日本人已无影无踪了。


2月9日午前9时许,执行侦察任务的第3战队向东乡报告:"敌主力仍在港外,2 艘战列舰倾斜,5 艘军舰冒烟。"

东乡大喜,敌舰队仅有的 7 艘战列舰已有 2 艘失去战力。机不可失,时不再来,趁敌舰尚在港外,应出动主力,以求全歼。

"三笠"号悬起战旗,率第一战队(辖战列舰"三笠"、"朝日"、"富士"、"八岛"、"敷岛"、"初濑"号)和第 2 战队(辖装甲巡洋舰"出云"、"浅间"、"吾妻"、"八云"、"常磐"、"磐手"号)及第 3 战队(辖巡洋舰"千岁"、"高砂"、"笠置"、"吉野"号)扑向旅顺。

太平洋舰队此时正乱七八糟地挤在一起,看见日舰便"轰轰隆隆"地开炮射击,岸炮台也遥相呼应。但这是惊慌失措的举动,无人瞄准,也无人观察弹着点,几百发炮弹打出去,却鲜有命中者。

距敌 7500 米时,东乡下令开火。

"三笠"号的305毫米炮弹率先击中战列舰"帕派达"号,使其起火逃遁。其它俄舰也不断中弹,纷纷逃向港内,日本舰队穷追不舍。

不知不觉,日舰队进入岸炮射程,俄军大口径炮弹不断击中日舰。"三笠"号的舰旗被炸飞,7 人死亡,日本人开始陷入被动。

"与无论如何也不会沉没的岸炮台交战是不明智的。与其如此,不如撤退吧。"东乡下达了命令。

对旅顺的第一次奇袭宣告结束。俄太平洋舰队受重创,但并未丧失战斗力。日舰队的行动只能说成功了一半。

战后有人评价认为:东乡指挥不当。夜袭应投入所有驱逐舰,并力求在 8 日晚解决敌舰队。东乡的举动证明他只迷信"巨舰大炮",不信任个小灵活的驱逐舰。

在海军发动袭击的第二天——1904 年 2 月 10 日,日本才正式对俄宣战,因此俄方指责日本进行的是"不道义的战争"。

日本政府将宣战消息通报各国,并特别要求中国"保持中立",清政府唯唯诺诺,将满洲划为战区,任凭日俄铁靴蹂躏东北大地。

2 月 11 日,东乡趁雪夜又对旅顺发动第二次袭击,结果由于俄防范甚严,东乡无功而返。

开战虽击沉数只敌舰,但战略、战术目的均未达到,东乡苦恼万分。

敌舰龟缩港内,拒不出战,看来是等待波罗的海舰队。如果真是那样,麻烦就大了。

一天夜里,东乡正披着大衣坐在舱房里苦思冥想,传令兵来报:"有马良橘中佐求见。"

这个有马中佐时任"常磐"号副舰长,属海军中较为活跃的一辈,曾经通过野元舰长上书东乡,提出自己的一系列观点,给东乡留下较深的印象。

东乡立刻说:"请他进来。"说罢站起来整理一番军装。东乡处世严谨,即便在自己的舱房里,不到就寝时也决不宽衣,军装上的铜扣和皮鞋总是亮晶晶的。

有马中佐进来后,敬军礼,东乡延坐,有马一坐下便开门见山:

"卑职今日求见长官,是想向您提出建议。"

"哪一方面的呢?"

"就是关于敌太平洋舰队的。请看这张图!"有马从口袋里掏出一张旅顺港草图,上面用黑色条块代表俄舰位置,在狭窄的入港口画着几个叉。

有马解释道:"敌人不出港也没办法,索性用几条商船装上石块沉堵在入口处,封锁住敌舰队,让它想出来也不行,波罗的海舰队来了也无法汇合……"

东乡哈哈地笑了起来。有马有点儿慌了:"卑职的建议也许有点儿可笑……"

"不,不,哪里话,"东乡说:"请有马君也看幅地图。"东乡转身从保险柜中取出一个铁匣,拧开锁头,拿出一张手绘地图。

有马凑过来一看,这也是一张旅顺港图,只不过比自己的更精细,上面将港口周围丘陵标高、工事以及暗礁都标出来了。更妙的是,在入口处亦有同样的几个叉。

"原来长官早有此谋啊!"东乡、有马会心地笑了起来。

东乡早在战前即预想出多种作战方案。曾考虑到敌舰队有可能龟缩港内不出,便想出一个"沉船堵口"、困敌于港内,然后由陆军从陆上攻占旅顺、歼灭敌舰队的方案,并已获大本营同意。只不过为了保密,未曾向外透露过。有马中佐来之前,东乡正在考虑其具体实施办法。

应联合舰队要求,日本政府搜集了 5 条千吨级的轮船,其中"天津丸"排水量更达 4325 吨。这些商船满载石块,以水泥浇灌,水手被从联合舰队挑出的"敢死队员"代替。

2 月 24 日凌晨,"沉船堵口"行动开始。有马良橘中佐亲任堵口船队总指挥,在他的船队身后有五艘驱逐舰策应。

4 时 15 分,悄悄接敌的船队被岸炮台发现,俄军立即开炮射击,有马眼见无法偷袭,索性开足马力向港口最窄处冲去。俄军炮弹在船队四周激起无数水柱,弹片横飞。有马乘坐的"天津丸"触礁,"报国丸"在老虎尾半岛岸旁自沉,另三条船也未能沉在预定位置。

第一次堵口没有成功。好在敢死队员仅一人死亡。

东乡平八郎一方面下令继续袭击旅顺港,一方面要求国内再搜集商船,准备再次堵口。

正当此时,俄太平洋舰队实行了重大人事更迭:俄土战争期间的海军名将斯捷潘·马卡罗夫中将接替严重失职的斯塔尔库担任舰队司令,这就像一针强心剂一样,令旅顺的俄国陆海军将士欣喜若狂,要知道,马卡罗夫的名字在俄军心目中与胜利是同义词。他是首屈一指的鱼雷艇战术专家、船舶设计师,也是经验丰富的实战指挥官。"我们挨打的日子快到头了。"所有俄军将士都这样想。马卡罗夫上任后亲口表示要率领他们击败东乡平八郎,歼灭日本舰队,这更令人欢欣鼓舞。

马卡罗夫首先正确估计了敌我态势,认为固守待援是上策,但深藏不出又有损士气,于是他制订了新的战术原则:日舰靠近港口时,俄舰便出港迎战,但决不超出岸炮射程。

另外,他下令海参崴分舰队加强活动。这一招着实厉害,"柳立克"、"俄罗斯"、"格罗莫鲍伊"号巡洋舰时时南下朝鲜海峡,击沉多艘日本商船,日陆军补给线受到威胁,东乡只得令上村彦之丞率第二舰队去对付海参崴分舰队,同时令第三舰队补充进联合舰队。

俄军的士气如同不断添柴的篝火一样,越烧越烈。

东乡平八郎则陷入长时间的思考……

# 六、猎杀强敌

马卡罗夫中将的上任没有对外公布,因此东乡并不知道,但凭直觉判断,东乡认定敌舰队指挥官肯定易人了。

这个判断很快得到证实。

3月10日,日第3驱逐舰队在老铁山以南海域与两艘俄舰遭遇,经过一番炮战,"斯太莱库西契"号负重伤,失去航力,另一艘俄舰逃遁。日军登上"斯太莱库西契"号,俘虏全体舰员并由"涟"号驱逐舰拖曳"斯"号。

马卡罗夫得知俄舰被俘,勃然大怒,立即率装甲巡洋舰"巴彦"号和"诺维克"号追击日舰。

日本驱逐舰正拖着"斯太莱库西契"号得意洋洋地前进,不料两艘巨大的俄舰喷吐着黑烟自身后赶来,吓得日舰砍断缆绳,逃之夭夭。

万幸的是:"斯"号舰员已被转移到日舰上。审讯他们得知:马卡罗夫已经接任太平洋舰队司令。

"果不出所料啊!"东乡平八郎沉思着。

对于马卡罗夫,东乡虽未曾谋面,但可谓了如指掌。马氏在国际上久负盛名。他的名著《海战论》是东乡经常研读的一本书,透过纸背,东乡已看清了马卡罗夫的战术思想和指挥艺术特点,了解了其个性,也分析了俄海军及马卡罗夫本人的缺陷。

参谋们闻讯后心中七上八下,但看见东乡依旧平静如水,也就有了几分胆气。

东乡当即决定:立即进行第二次堵口。

这次堵口的是4艘4000吨级的商船,总指挥仍是有马中佐。

3月27日晚,堵口船队故伎重施,乘夜偷袭旅顺港,不料马卡罗夫早有防备,俄军在探照灯策应下,用岸炮冷静射击,堵口船纷纷被击沉、搁浅,"福井丸"指挥官广濑武夫少佐被击毙。

东乡总结两次堵口失败原因,认为主要是动用船舶太少。因此又向国内要求一次调拔12艘商船,大本营答复说需要较长时间的筹集。

旅顺港内,马卡罗夫想方设法修复受损舰船,并经常指挥舰队出港对日舰队进行有限的挑战,以期将日舰引入岸炮射程。

东乡也识破了对方意图,下令严禁靠近陆岸。

双方就这样对峙着。

东乡经常乘小型舰艇在海面上巡弋,观察马卡罗夫的举动。而马卡罗夫每见日舰队便亲率战列舰出港迎战,日舰撤退后,马卡罗夫还要指挥舰队沿岸巡弋示威一番,而且东乡注意到:马氏的舰队总在崂律嘴水域折返。

被敌人掌握己方行动规律是兵家大忌。

东乡的眼睛里闪烁着异样的光采。

4月10日夜,联合舰队水雷布设队司令小田喜代藏中佐被东乡叫到"三笠"号上,接受了在崂律嘴水域布雷的任务。东乡拍着他的肩说:"该你露一手了。"

4月12日夜,水雷队出动。这时天降小雨,真是天赐良机。由于下雨,俄岸炮台未能发现日本布雷舰。任务完成后,小田中佐返回"三笠"号,在东乡的海图上标出布雷地点。这次布的全是触发锚雷。

"明早用第3战队去引诱马卡罗夫,他是个脾气耿直的人,不会不来的。"东乡下达了命令。

第二天拂晓,机会意外地来到了,日本第2驱逐舰队与俄驱逐舰发生战斗,俄"可怕"号被击沉,双方巡洋舰赶来支援,战成一团。不一会儿,只见旅顺港内升起许多烟柱,马卡罗夫出动了。

马卡罗夫这次被激怒了,他以战列舰"彼得罗巴甫洛夫斯克"号为旗舰,率14艘军舰猛扑出来。出发前,有参谋提醒他港外未进行例行扫雷,但马卡罗夫正为己方军舰被击沉而恼火,根本没听他说什么。事实证明,这是一个致命错误。

马卡罗夫一出来,日本巡洋舰就后退,这回马卡罗夫再也不顾炮台掩护,穷追不舍。东乡见状,立即率拥有八艘战列舰(新自英国购回"春日"、"日进"号)的第1战队迎敌。马卡罗夫一看,自知不敌,下令后撤至岸炮射程内,引诱东乡。

日本舰队在岸炮射程外停住。马卡罗夫笑道:"东乡不过是个懦夫。"他指挥舰队在港外由东向西,趾高气扬地游弋着。

东乡平八郎站在舰桥上用望远镜紧盯着悬挂司令旗的"彼得罗巴洛甫斯克"号。他的参谋们一边紧盯着敌舰,一边在海图上推算。

终于,"三笠"号航海长釜屋中佐满面春风地来报告:"敌人旗舰就要触雷了!"

东乡依旧端着望远镜,一言不发。身旁的伊地知舰长已经按捺不住,下达了一条前所未有的命令。

"所有手头没事的人,都到甲板上观看!"

于是,军官、水兵、军乐队员、军医、厨师都跑来了,大家像看戏一样兴高采烈。

釜屋中佐大声读秒:"1,2,3……"

"彼"舰此时正笔直地向雷区前进。包括东乡在内的所有人都凝神屏息。

10时32分,一声巨响震撼整个崂律嘴海面,巨大的爆炸声伴随着浓烟、火焰,直往外喷的白色蒸汽……"彼得罗巴甫洛夫斯克"号变成了一座正在喷发的火山。

世界名将正传

日本锚雷引爆了它的火药舱。

　　仅仅一分钟,"彼得罗巴甫洛夫斯克"号便舰首朝天,沉入了大海。马卡罗夫及其幕僚31人和600名水兵一同葬身鱼腹,只有100余人获救。

　　"万岁!万岁!万岁……"整个日本舰队沸腾了,人人欣喜若狂,东乡的脸上也绽开一丝微笑。

　　击毙马卡罗夫使日本大本营欢欣鼓舞,联合舰队的士气陡然上升。而俄军方面,如同浇了一盆冰水一样,士气降到了零点。

# 七、福不双至

　　日本人乘胜又进行了第三次"沉船堵口"。

　　这次堵口规模空前,共有12艘轮船参加,然而由于风向突变,有4船未达目的地,另8条船也伤亡惨重,堵口又失败了。

　　东乡总结教训,认为:敌已加强防范,已方对港口地形不够熟悉,能出动的船只又太少,堵口作战已没有再进行之必要。

　　联合舰队现在能做的只有继续封锁海面,等待陆军从陆上攻击旅顺。

　　日俄战争初期,海上战事频频,而陆地上由于双方忙于集中兵力,至5月才发生第一次大规模战斗。当时驻朝日军第一军强渡鸭绿江,攻占九连城。第二军于5月5日在辽东半岛登陆,在南山与俄军发生激烈战斗。

　　俄军凭借地形和坚固工事固守南山,日军仰攻,已属不利,而且俄军还使用了新式武器——水冷式马克沁机枪。蜂涌而至的日军纷纷倒在机枪口下,鲜血顺着山坡向下流淌。正在一筹莫展之际,海军的炮舰前来增援,日军鼓起勇气,在炮火掩护下夺取了南山。

　　当伤亡统计数字汇报到大本营时,参谋们看着标有"死伤4400人"字样的电报直发怔,他们凭十年前甲午战争的经验,认为仅仅一战不可能有如此多的伤亡,于是回电责问第二军是否"多加了一个零"。当伤亡数目被证实后,大本营里一片肃然,所有人都感受到这种大战的惨烈。

　　5月30日,日军攻战大连湾。第二天,大本营命令第十、十一师团组成第三军,由乃木希典中将指挥,直接负责攻打旅顺。

　　而此时,联合舰队正惶惶不可终日。因为自5月12日至17日短短6天中,联合舰队接连损兵折将。

　　5月12日,48号扫雷艇触俄水雷沉没。

5月14日，"宫古"号通讯舰触俄水雷沉没。同日，"春日"号战列舰与"吉野"号巡洋舰相撞，曾在甲午海战中猖狂一时的"吉野"号沉没。

5月15日，这是损失最重的一天。战列舰"初濑"、"八岛"号触雷沉没，"龙田"号巡洋舰触礁。

5月17日，驱逐舰"晓"号触雷沉没。勤务舰"大岛"号与炮舰"赤城"号相撞沉没。

一时间，联合舰队人人自危，有人议论说这是"中了邪"。

东乡平八郎明白：此时最需要要镇静。他一方面仍然每天若无其事地在"三笠"号甲板上散步，一方面采取措施稳定人心。他首先严令禁止将军舰沉没消息外露，以免俄军知晓。另外他仔细分析了接连蒙受损失的原因：第一，自击毙马卡罗夫以来，日军内部滋生轻敌情绪，警惕性降低；第二，对俄军水雷战能力估计不足；第三，联合舰队数月征战不辍，人员疲惫，装备损耗，急需喘息时间。

东乡下令舰队整顿纪律，提高警惕。同时电告大本营，请求陆军尽快攻打旅顺，以便早日将联合舰队撤回国内休整。

看到下属们仍然满脸沮丧，东乡笑着说："这就是战争嘛，战争就是要蒙受损失。"东乡的镇静感染了每一个人。

# 八、黄海鏖战

大本营接到东乡的电报后，急令乃木希典迅速攻战旅顺。

中日甲午战争时，日军曾攻占过旅顺，可现在的旅顺已今非昔比，俄军在这里用了6年时间、花费上亿卢布修筑了众多混凝土永久工事，守军配备大批机枪、火炮，城内粮秣充足，有精锐部队35000人，另有文职军人数千人，斯提塞尔中将任要塞司令。整个旅顺变成一座军营，俄军大肆宣扬："旅顺口要塞固若金汤！"

第三军自6月26日起开始扫清旅顺口外围，7月底攻占凤凰山，从而将俄军压缩到旅顺口要塞内。

此时东乡平八郎向乃木希典提议用大口径炮对旅顺要塞进行盲射，可直接命中敌军舰。乃木同意，可是第三军没有合适的炮，东乡下令将舰炮拆下运上岸。

所谓盲射，就是隔山对敌炮击，因为旅顺周围多山，日军所到之处还无法看见旅顺。

海军重炮队由永野修身中尉率领，将几门305毫米舰炮拆下，费了九牛二虎之力拖上大白山以东高地。重炮队在地图上将旅顺口市区和港湾划分成棋盘格，计算射击距离，向每个区划内打300发炮弹，这样虽然无法直接观察山那边的射击效果,但也可确保炸遍整个旅顺。

8月7日,炮击开始。大口径炮弹带着类似特快列车的那种呼啸声越过山头,落在俄军兵营、码头、船厂、仓库、医院上,旅顺城内鬼哭狼嚎,浓烟四起。8日,重油仓库被击中起火,战列舰"列特维尊"号、"策萨列维奇"号被击中,一艘商船被击沉。太平洋舰队恐慌万分,军官们都认为:与其坐以待毙,不如拼死突围。

接替阵亡的马卡罗夫任舰队代司令的是维特格夫特少将。此人原本是参谋军官,生性优柔寡断,并非帅才。此时他正借酒浇愁,终日呆坐,军官们的建议令他心烦意乱。8日晚,远东总督阿列克塞耶夫向他传达了沙皇敕令:"太平洋舰队即刻起程前往海参崴"。这下他不敢抗命了。

8月10日黎明,太平洋舰队升火起锚,驶出旅顺港。由于时间仓促,准备极不充分:几门借给陆军的舰炮还留在陆地炮台上;整个舰队编制混乱,高航速与低航速、受伤的和没受伤的、火力强的与火力弱的杂处在一起,大大小小数十艘军舰"浩浩荡荡"地出发了。维特格夫特坐在旗舰"策萨列维奇"号上,忐忑不安。

联合舰队接到"敌舰队全体出动"的电报后,一片欢腾,敌人缩在港内数月,今天终于出来了,这正是全歼它的良机。

东乡下令迎敌。午前11时,双方接近。

若干年后,东乡平八郎对人们说:"所有人都认为对马海峡之战是决定性的,实际上真正关键的是黄海海战,我所竭心尽智的,也正是这场战斗。"

东乡所言非虚,歼灭太平洋舰队是整盘棋的"棋眼",惟有消灭太平洋舰队,才能确保迎战波罗的海舰队时取得胜利。

东乡平八郎思索良久,初步断定敌人全体出动是寻求决战。他指挥日舰队排成单纵队,欲先迂回敌侧后,断其退路,再在远海歼灭之。

但东乡的判断错了。俄舰队的目的是前往海参崴与分舰队会合,东乡截断它通向旅顺之路是毫无意义的。

双方都以战列舰打头、殿后,成单纵队相向行驶,日本舰队高速前进,直插敌后,孰料俄舰队却一点儿反应也没有,只顾前行,东乡平八郎恍然大悟:"敌舰队目的地是海参崴!"日本舰队临时转向,颠倒原顺序,以"日进"号战列舰打头,猛追远去的俄舰队。

午后1时15分,双方相距8800米,俄舰率先开炮。

日舰队航速高,很快与俄舰队并肩行驶,东乡沉稳地指挥舰队改向东北,欲压住俄舰队航向,经过一番调度,日舰队与俄舰队形成"丁"字形,引起俄舰队混乱,小型舰船干扰大舰航向。东乡见状,下令开炮,此时双方距离6000米。

俄舰队旗舰"策萨列维奇"号首先中弹,冒出黑烟。但俄海军毕竟是世界一流海军,技战术水平颇高,中弹后立即还以颜色。几发大口径炮弹击中东乡所乘"三笠"号,其中一发命中后主炮,炸死数名炮手,上来接替的炮手很快又被悉数击毙。"朝日"号、"日进"号也被击中,伤亡惨重。

日舰队不得不稍稍与俄舰拉开距离,于是维特格夫特面前出现一线生机,他命令以14节航速前进。东乡平八郎在后紧追,此时他觉得在海上全歼敌舰队难度很大,不如将其堵回旅顺港,于是他命令以15节航速赶超俄舰队。

在长达3小时的追赶过程中,双方抓紧时间进行损管、护理工作,战斗人员都用了午餐。日舰逐渐赶上俄舰队,相距7000米并行。俄舰队航速不能再高一些吗?就其主力战舰而言,航速完全可以达到18节以上,但由于俄舰队里还有一批航速低的后勤船只,再加上一部分主力舰本来就有伤,因此14节已是最高航速。

午后5时30分,俄舰队殿后的"波尔塔瓦"号开炮,日舰还击,第二轮炮战开始。海面上炮声隆隆、硝烟弥漫。

头30分钟内,日舰队损失严重,几乎所有战列舰都中了弹,"三笠"号吃水线以下和烟囱被"波尔塔瓦"号击中,"春日"号伤亡惨重,"敷岛"号的一门305毫米主炮被击毁。维特格夫特少将站在"策萨列维奇"号司令塔内勇敢地指挥战斗,一扫往日的紧张和胆怯。

东乡平八郎站在"三笠"号舰桥上观察战况,周围弹片横飞,水雾弥漫,东乡毫不为之所动。一发炮弹击中信号台,被炸死的士官的鲜血喷溅到东乡的脸上,他却连望远镜都不肯放下。

这段时间,联合舰队可谓奋力苦撑,全舰队305毫米主炮由16门减少到11门,死伤数百人。炮手们裹伤奋战,轮机兵在高温的轮机舱内赤着身子向锅炉内添煤,军乐队员站在甲板上高奏进行曲,每次击中俄舰都引得日本水兵们高呼"万岁"。

下午6时许,一枚305毫米炮弹准确命中"策萨列维奇"号司令塔。这是一颗扭转整个战局的炮弹,维特格夫特少将和16名下属被炸死,全体参谋军官和舰长负重伤。俄舰队群龙无首,像炸了营一样发生了混乱。"彼列维斯特"号上的乌赫托姆斯少将接过指挥权,无奈本舰桅杆被炸断,只能将指挥信号悬挂在舰桥上,远处的俄舰根本看不清。

东乡抓住时机,下令主力舰队"左4度调头",第5战队从北面、第3战队从东南面一齐围攻俄舰。乌赫托姆斯基少将见状大骇,命令舰队调头逃回旅顺。看不见信号旗的俄舰只能自行其事、四散奔逃。日本舰队正欲追歼俄战列舰，却被十几艘小小的驱逐舰挡住去路，此时日薄西山，东乡认为与灵活并配有鱼雷的驱逐舰夜战于己不利，于是停止追击。

这次海战没能击沉俄舰，但有效地破坏了其突围企图，俄舰大部分逃回旅顺，少数舰船流落到上海、烟台、西贡等地。

联合舰队又重新对旅顺港实行封锁。过了四天，又传来好消息：上村彦之丞的第二舰队击沉了海参崴分舰队的"柳立克"号装甲巡洋舰，击伤另外2艘，敌海参崴分舰队已基本丧失战斗力，这样，日本陆军的海上补给线终于安全了。

# 九、血雨腥风

东乡企盼已久的旅顺攻坚战终于开始了。

1904年8月19日黎明，乃木希典的第三军对敌要塞发动正面进攻。日军投入兵力五万人，士兵们在高举战刀的军官率领下高呼"万岁"，向着铁丝网、鹿砦、壕沟和混凝土碉堡冲去，可是俄军的工事极其坚固，就连76毫米的炮弹打上去都被弹了回来，更何况士兵手中的步枪呢？俄军在战斗中大量使用马克沁式机枪，把日军像割麦一样成批打倒在阵地前。战至黄昏，日军第一次攻坚宣告失败，损失15800人，营连干部更是死伤累累。

面对如此坚固的要塞，乃木希典为什么非要采取代价巨大的正面进攻呢？这就不能不谈谈乃木其人了。此君五十岁左右，满面胡须，一副纠纠武夫的模样。当年参加西南战争时①，时任联队长的乃木希典在战斗中丢失军旗，天皇没有追究其责任，乃木感激涕零，发誓为天皇不惜肝脑涂地，这次攻坚，被他视为效忠良机，乃木虽身为高级将领，但冷酷而无能，他不会寻找敌防御体系弱点，也不懂诡兵之计，只会一味蛮干，视士兵生命如粪土，以"肉弹"对付敌人的机枪。

第一次攻坚失败后，乃木命令各部队修筑工事，巩固前进阵地，同时伸手向大本营索取新的兵力、装备。

9月初，第一、二军取得辽阳大捷，使第三军少了后顾之忧。9月19日，日军发动第二次攻坚战，这次投入兵力、装备更多，战术仍是正面强攻，经过数日激战、付出巨大代价后，日军攻占了几个阵地。

此时东乡平八郎自海军角度出发，建议攻取203高地，那里可以俯瞰整个港区，设立观察所后可引导炮击，击沉所有敌舰。

---

① 西南战争：1877年明治政府平定鹿儿岛地方势力叛乱的战争。

10 月 15 日,日本海军的心腹大患波罗的海舰队起程前往远东。消息传来,日本举国为之担忧,天皇更下达敕谕,要求第三军尽快攻取旅顺。

日军开始掘壕作业,企图将前进阵地推至敌堡垒前。俄军则派出小股兵力不断袭扰日军作业,并且在修械所内制造出一种新式武器——迫击炮,这种炮由山炮改装而成,弹道弯曲并可调整,用来对付壕内日军颇见成效。日军每天都付出上百人伤亡的代价。

日本国内对乃木的愚蠢愤慨万分,纷纷指责其无能、残忍,反战情绪开始高涨,惟有天皇不为所动,这下乃木更是死心塌地地为他效劳了。

11 月 26 日,第三次总攻开始,战斗在松树山、二龙山、东鸡冠山一线打响,203 高地成为重要目标。日军工兵强行坑道作业,凿开岩石,将炸药包送到敌工事前引爆。日军组成敢死队,头缠白带猛冲猛打,宪兵在后督阵,遇退缩者杀无赦。日军的攻击一波接一波,而俄军则死守不退,双方多次发生肉搏战,有的士兵子弹打光了便手持石块冲入敌阵。在小小的 203 高地上,日军弃尸数万,其中包括乃木希典的两个儿子。远远望去,203 高地的形状因为积尸而改变,以至于日军炮队抵近射击时,不得不将炮车从尸堆上碾过,许多伤兵因此被碾死。203 高地掘地三尺都是血泥,俄军阵地正面土地上平均每平方米有三到四具尸体。

那天,高悬在 203 高地上空的太阳想必是血红色的吧？……

联合舰队自海面远眺战场,不禁悚然,东乡安慰大家说:"这样的堡垒只能这样打,别无他法"。

12 月 5 日,日军终于攻占 203 高地。第二天用 280 毫米大炮轰击太平洋舰队,由于可观察弹着点,因此命中率极高,爆炸的火光和硝烟吞噬了俄舰队,战舰一艘接一艘沉入海底,还有的则干脆驶出港口,单枪匹马挑战联合舰队,虽不免一死,但却死得轰轰烈烈。

英勇的俄国太平洋舰队覆灭了。

1905 年元旦,俄旅顺守军投降,万余人成了俘虏。日第三军共损失 59000 人,为乃木换得了天皇的嘉奖和勋章。

东乡平八郎的联合舰队自旅顺撤回日本,休整备战,以迎击波罗的海舰队。

## 十、劳师远征

日俄之战始自 1904 年 2 月,为何迟至 10 月波罗的海舰队才出发？最根本的原因还是俄国在战争初期过分轻视日本,以为凭太平洋舰队足以对付日本海军,不料几次战斗后,太平洋舰队被压得抬不起头,俄国这才手忙脚乱地开始组织波罗的海舰队远征。俄国是个腐朽的专制国家,官僚体系即便在战时也效率低下,经过漫长的准备,直至太平洋舰队马上要遭到灭顶之灾时,波罗的海舰队才从本土出发,驰援远东。

舰队司令季诺维·彼得罗维奇·罗日杰斯特温斯基中将出身贵族,曾任沙皇侍卫,颇受沙皇赏识,曾出任军令部长。在尼古拉二世眼里,他是一个精明强干的人,因此挑选波罗的海舰队司令时首先想到他。实际上,罗日杰斯特温斯基不过是个媚上的庸才,此人自小娇生惯养,脾气暴戾,为人刻薄,他的脾气坏到极点,瞧不起任何人,对任何人都用挖苦的腔调讲话,斥骂下属如用斥骂三岁小孩,当然,当他对沙皇和上级讲话时便是一副截然不同的面孔了。在官邸内,他一会儿将妻子打得钻到桌子底下,一会儿又将勤务兵打得满院子乱跑,在他眼里,每个人都很可憎。罗氏不学无术,即无统帅的气质,也没有统帅的专业技能,选中这样的一个人率舰队出征,沙皇注定自取其辱。

舰队出发时,几乎所有人都哭丧着脸,预感自己是去送死。实际上,在舰队集结阶段便有水兵蓄意破坏军舰,还有人以自伤来逃避远征。当舰队驶离本土最后一个港口——利巴瓦军港时,许多水兵都眼含热泪,与故土"诀别"。

正在航行途中,传来了太平洋舰队全军覆没的消息,俄舰队士气更加沮丧。

联合舰队刚回到佐世保军港,早已等候多时的工程师、工人们纷纷登上军舰,检查伤情和设备磨损程度。水兵们上岸休息。东乡平八郎则动身前往东京,晋见天皇。

天皇在接风宴上对东乡勉励有加,令东乡诚惶诚恐。宴会后,一向不说大话的东乡向天皇立下军令状:"一定全歼敌波罗的海舰队!"令在座所有人大吃一惊。

联合舰队各舰在数月征战中伤痕累累,在短时期内修好难度很大,船厂工程技术人员和工人分三班轮流倒,24小时不停地维修,所有军舰按战列舰、巡洋舰、驱逐舰、辅助船只的顺序按好队。日本工程师在维修过程中大胆采用新工艺手段,使许多原本需要数月才能修好的军舰仅用半个月便修葺一新。

东乡深谙"兵不厌诈"之道。根据他的命令,日本间谍前往新加坡,装扮成当地人散布谣言,说什么日本潜艇已埋伏在大西洋等待俄国舰队。潜艇在当时属于最尖端的新式武器,日本连一艘也没有,可驻新加坡的俄国领事馆的人却听信谣言,当做"可靠情报"电告国内。俄国统帅部信息不灵,搞不清日本是否有潜艇,只好又把这个消息原封不动转告罗日杰斯特温斯基,罗氏接到电报后大呼小叫,搞得幕僚们神经紧张,于是谣言像电流一样迅速传遍舰队。其实如果冷静思考便会识破谣言,以当时潜艇的续航力能从日本开到大西洋吗? 即使有这个能力,为何沿途诸港(包括新加坡)没有人见过它们?

这实际是东乡对敌实施的心理疲劳战术。

俄舰队内部议论纷纷,甚至有人说日本潜艇已经开到丹麦附近,于是俄舰队在远隔日本万里的欧洲西海岸便开始实行灯火管制和战斗值班,这种紧张情绪导致一件令人哭笑不得的事件的发生。

10月7日夜,波罗的海舰队驶经德国北部的多乌海尔班克渔场,碰上一支英国渔船队,神经兮兮的俄国人在黑暗中把船队看成日本驱逐舰队,旗舰"苏沃洛夫"号率先发难,全舰队大炮、小炮、机关枪都"咚咚咚"、"啪啪啪"地打了起来。炮手们脸色铁青、牙关紧咬,炮弹一上膛就拉绳,连瞄都不瞄;军官们翻着眼白,只顾大叫:"放!放!……"军乐队员们敲着小鼓在甲板上疯跑,似乎觉得乱得还不够。

正当此时,殿后的"阿芙乐尔"号、"德米特里·顿斯科伊"号巡洋舰驶过来了,黑暗中又被看成是"日本舰队主力"而挨了炮弹,两舰以为向他们开炮的是日本人,立即还击,双方打了个不亦乐乎。

等到误会消除,俄国水兵们才注意到一幅惨景:英国渔船被打得千疮百孔,船员伤亡惨重,几条船已经沉没,只剩船员浮在水里高呼"救命",罗日杰斯特温斯基看到不是日本驱逐舰松了一口气,竟置落水船员于不顾,率领舰队扬长而去。

这种蠢行加暴行令全世界震惊,罗氏很快成为全世界报章嘲笑和指责的对象。英国政府对俄提出抗议,并派遣一支舰队尾随俄舰队数日,弄得俄国人又紧张了好几天。

舰队长时间漂流海上,淡水、食物都得不到充足供应。由于缺乏营养,许多人病倒了,大家情绪都很低沉。罗日杰斯特温斯基为了改善伙食,下令各舰饲养牛、猪、羊和鸡鸭,这下有了新鲜肉吃,可是军舰卫生却一塌糊涂,堂堂的万吨级战列舰甲板上臭气熏天,这又引得罗氏将舰长们痛骂一顿。

当太平洋舰队覆灭的消息传来时,大家都绝望了。尽管司令官不断整饬军纪,水兵们还是日益沉溺于酗酒、赌博,舰队每靠一个港口便跑上岸找妓女寻欢做乐,一副"今朝有酒今朝醉"的模样。还有一些水兵乘机逃亡。

舰队的日常训练也很不正常,经常是演习开始而军官、士兵们还在睡觉,预备役转现役的老炮手已经忘了怎样打开炮闩;实弹射击的命中率令人绝望。就是这样一支舰队,俄国舆论还给予厚望,梦想靠拥有38艘战舰的波罗的海舰队会同太平洋舰队残舰击败日本海军。大多数波罗的海舰队水兵对此嗤之以鼻。

东乡平八郎正指挥联合舰队抓紧训练。

大部分战舰已修复完毕。舰队天天进行大规模演练,包括昼间炮击、夜间鱼雷攻击、队型变化。训练强度很大,平常一年消耗的弹药如今十天就打完,镇海湾海面上昼夜炮声隆隆。

同时,东乡对全舰队进行心理训练,要他们确信"大日本帝国天佑神助";日本舰队富有实战经验,强过波罗的海舰队;以逸待劳,日本必胜等等。这些思想广为水兵们所接受。

东乡还对第一阶段作战进行反思,总结了经验教训,明确了迎战波罗的海舰队的战术。现在最令人烦恼的是:不知波罗的海舰队要走哪条航线? 由于旅顺已被日军占领,因此俄舰队只能前往海参崴。由黄海到海参崴有三条航线:一条经由朝鲜与日本之间的对马海峡;一条经由日本本州与北海道之间的津轻海峡;还有一条经由北海道与库页岛之间的宋谷海峡。联合舰队兵力有限,不能同时把守三条海峡,可假若俄舰队由哪个不设防的海峡溜进海参崴,问题就严重了……

东乡和参谋们天天在海图上推算波罗的海舰队航向。

波罗的海舰队经过数月航行于1905年4月8日进入新加坡。水兵们很高兴,因为可以休整几天,而罗日杰斯特温斯基呢,这一路上他的脾气坏极了,太阳穴上的青筋都"突突"地跳,没人敢进他的舱房,尤其当他听说国人有人主张替换他,更是愤怒,沮丧到无以复加的地步。

舰队驶入新加坡时,岸上观者如潮,内中有日本间谍将所见电告国内。报告上说:俄国军舰甲板上都堆着煤炭,似乎很脏。舰身吃水线附近长满海蛎和水草。

东乡闻听此报立即判断出敌舰队必走对马海峡。面对半信半疑的下属,东乡阐述了理由:一、敌舰队燃料不足,舰身长满海蛎、水草必影响航速,从而加重燃料问题,因此敌人只能选择捷径,走路程最短的航线即经过对马;二、敌人看来已极疲惫,生理疲惫必影响心理,使其只注意尽快到达目的地而不知躲避危险。

过了几天有情报说敌海参崴舰队的几艘小炮艇到宋谷海峡附近活动,这非但没有迷惑住东乡,反而使他更坚信敌人必走对马。

此时,波罗的海舰队(已更名为第二太平洋舰队)驶至越南金兰湾,与后期赶来的涅博加托夫指挥的第三太平洋舰队会合,形成了一支50艘军舰组成的大舰队,彼得堡还是命令罗日杰斯特温斯基为司令。罗氏虚荣心得到满足,脸上露出少有的微笑。

可是,金兰湾再向东,可就进入危险的海域了,谁知有什么在等着俄国人呢?

俄舰队内部就走哪条航线也发生分歧。有人建议舰队绕大圈悄悄走宋谷海峡,也有人建议走津轻海峡,更有血气方刚的年轻军官提议闯进东京湾,先轰它个七零八落再说。罗氏此时却拿不定主意了,这时有参谋提醒他燃料不足,使他下定决心走对马海峡。与此同时他命令两艘轻巡洋舰先期前往津轻海峡以迷惑日本人。

此时东乡将舰队驻扎在早年看中的深水锚地——镇海湾,从这里可迅速到达对马海峡。东乡在海图上将对马海峡划分成方格,用数字命名,每个区划内都派遣巡洋舰或驱逐舰往来巡弋,日夜监视本水域,形成一个纵深达 100 海里的监视体系。同时,东乡派人去津轻、宋谷海峡设立观察哨,架起无线电天线,以防万一。日本布雷艇还到海参崴港外敷设了 700 枚水雷。

一张大网已经张开,只等俄国舰队这条大鱼自己送上门来。

# 十一、决战对马

越靠近日本,罗日杰斯特温斯基越紧张。尽管拥有 8 艘万吨级战列舰,他还是不敢相信自己的实力,尤其是 5 月 26 日在黄海海面进行的一次阵型演练中,整个舰队那乱七八糟的样子着实令他心寒,现在他惟一能做的就是祷告上帝,保佑舰队不被日本人发现而通过对马海峡。

俄舰队以 15 节航速前进着。有命令实行灯火管制和无线电静默。5 月 26 日夜,俄舰电台已能够侦听到日本电台之间的联络,大多是密码,频繁而有规律,参谋军官们判断这是日本军舰在互相通报观察结果。

夜深了,海雾渐浓,海风掠过栏杆,发出令人心悸的声响。甲板上不见人影,炮手们都和衣卧在炮位上。这是一种大战前的静寂。

罗日杰斯特温斯基坐在舱房里默默无语,似乎苍老了许多,几名参谋见了,觉得他这时是那么可怜,值得同情。

与此同时,东乡平八郎及其幕僚们也彻夜不眠。根据航程推断,俄舰队应在这两日到达预定海域,可直到现在也未接到情报。海雾严重干扰了日本巡逻舰船的活动。

前一日,曾有巡逻舰报告"发现敌舰队",可当联合舰队驶出镇海湾时又接到电报说"前电系误报",原来巡逻舰将本方巡洋舰看成敌舰了。联合舰队并未回港,又进行了一轮炮击训练。事后证明,那份误报对联合舰队快速出击起了很大作用,因为联合舰队大大小小上百艘舰要依次驶出镇海湾要花费很长时间,这次训练后舰队驻泊在港外,后来接到"信浓丸"号敌情通报后很快就集结完毕。

"信浓丸"发现俄舰队是在 5 月 27 日凌晨 2 时 45 分。当时"信浓丸"正在 203 海域巡逻。这是一艘改装巡洋舰,舰长成川揆大佐当时正手持望远镜在黑暗中搜寻。这种搜索已持续数日,可谁都不敢懈怠。

借着微弱的月光,成川舰长发现了一条大船,"这肯定不是日本船,难道……"他一下子激动起来,下令接近目标。

这条船是俄舰队医疗船"阿察尔"号,此时它已掉队,正在追赶大队,这时看见"信浓丸"号靠近,以为是友舰,便用灯光信号与之联络,这下让"信浓丸"把它看了个明明白白,根据信号判断,还有别的俄舰在这一海域。成川大佐高兴地大吼大叫:"无线电!无线电!?"

这是一封日本海军史上著名的电报:"敌舰队出现在203海域,正向东航行!"

联合舰队司令部接电后如释重负。

另一艘巡洋舰"和泉"号接到通报后也赶到203海域,借着曙光看清了整个俄国舰队,把它的航向、航速、队形、编制用电报不断报告给东乡,使东乡平八郎未及开战便对敌情了然在胸。

联合舰队刀出鞘、箭搭弦,向预定作战区域全速开进。

"信浓丸"和"和泉"号都被俄舰队发现了,但罗日杰斯特温斯基却不采取任何措施,依旧照原航向前进。根据这个俄国莽汉的秉性,也许他认为被发现是迟早的事,同时又担心过度反应会引起舰队混乱,因而摆出付"听天由命"的架式。

俄舰队此时正成双纵队,右列为第1、2战舰支队,以旗舰"苏沃洛夫"号打头,左列为涅博加托夫的第3战舰支队,以"尼古拉一世"号打头,双纵队之间是一些小型舰船,5艘巡洋舰和驱逐舰殿后。

午前9时,罗日杰斯特温斯基的望远镜捕捉到了一簇煤烟,顺着看去,发现了一支日本舰队,那是东乡事先布署在对马岛附近的第3、第5、第6战队和第4驱逐舰队,他们接到敌情通报后赶到203海域。这支日本舰队远远地与俄舰队并行,若即若离,俄"曙光"号按捺不住,开炮射击,日本人只是稍稍拉大距离,继续等待主力舰队的到来。

联合舰队于午前6时05分出发,以第1、2、4战队和第1、2、5驱逐舰队、第9、14、19鱼雷艇队的次序呈单纵队前进,边行进边进行战斗准备,甲板上的煤包被抛入大海,士官们逐个检查火炮,水兵们都洗了澡,换了新衣服,午前10时用了午餐。此时海面上风疾浪高,东乡见鱼雷艇行驶困难,便命令它们暂时脱离编队。

午后1时39分,联合舰队与先头部队会合,随即看到了俄舰队,所有人都凝神摒息,等待东乡平八郎司令的命令。

东乡平八郎身着海军礼服,腰挎一口文字吉房宝刀缓步走上"三笠"号舰桥,这个情景使人仿佛看到了特拉法尔加海战①中的纳尔逊。东乡此时怀着与年轻时的偶像一样的心情眺望着敌舰队，他似乎感受到了全舰队落在他身上的目光。东乡轻轻一挥手，一道信号旗飞快挂上桅顶，这就是日本海军史上著名的Z字旗：

"皇国兴亡，在此一战！全体将士，务必奋发努力！"

联合舰队高呼"万岁"，喊声压过浪涛，响彻云天。

午后2时02分，双方相距8500米，这已是305毫米大炮的有效射程，但东乡仍不动声色……

双方不断接近……

8000米时，"三笠"号炮术长询问东乡在哪边炮击，东乡却下达了一个不同寻常的口令："左满舵！"几乎所有人都吃了一惊，"左满舵"意味着敌前转向，这是兵家大忌，东乡司令长官究竟怎么了？！

东乡的打算是将整个舰队左转90度，由与敌相向行驶变成与敌呈"丁"字形，这样可以成功地压住敌人航向，不让他们逃向海参崴。这是东乡在汲取黄海海战教训的基础上制订的战术方案。这个方案有很大冒险性：在转向过程中，己方无法瞄准射击，而敌人正好可以逐一瞄准，各个击破，如果敌人炮术精良，完全可在日本舰队还未完成转向时便击沉所有日本主力舰。可东乡为了胜利甘愿赌上一把，而且根据情报，东乡确信敌人没有那么高明的炮手。

罗日杰斯特温斯基看到日舰转向，先是大感不解，即而高兴起来："东乡不过是个愚人，敌前转向？这是要当拖靶呀！"他下令开火，这样位于前列的战列舰都一齐开炮，拚命地打了起来。

巨型炮弹尖啸着划破天空扑向日本舰队，冲天的水柱包围了"三笠"号，日本舰队顿时陷入危难之中。

一颗炮弹击中"三笠"号右舷前甲板，打死打伤11人，一块近失弹的弹片飞进司令塔，打倒了副舰长和几名参谋，还有巴掌大的一块弹片擦伤了东乡的右脚，参谋们大惊失色，惟有东乡若无其事。

俄舰队齐射是个败招，因为这样谁也无法看清自己炮弹的弹着点，从而无法纠正误差，尽管如此，日本人还是蒙受了一些损失。

东乡一直等到距敌6500米时才下令开火。第1战队的6艘战列舰集中攻击俄旗舰"苏沃洛夫"号，第2战队的6艘装甲巡洋舰集中攻击"奥斯拉比亚"号。日本舰队的炮击刚开始由一艘军舰独自开火，修正误差，取得射击诸元后再一齐开

---

① 1805年在特拉法尔加海域，英国海军名将纳尔逊率舰队全歼法、西（班牙）联合舰队，纳尔逊本人阵亡。

炮,这样一开始便取得战果:"苏沃洛夫"号被击中起火,"奥斯拉比亚"号大桅折断,烟囱受损,火焰从舰体破洞中喷出,舰身倾斜。

俄国水兵大多数未曾经历实战,当炮弹在甲板上炸裂时,士兵们看着血肉横飞的场面目瞪口呆,军官则连推带搡地驱赶士兵去救护伤员、扑灭大火。甲板上呻吟声、咒骂声和炮声交织在一起,如同地狱一般。

罗氏看到击沉"三笠"号的意图破灭,恐惧攫住了他的心。他躲进有装甲防护的司令塔,周围挤满了舰长、幕僚和传令兵。罗氏嘶哑着嗓子下令:"北23度东,方向海参崴!"此时此刻,突围成了最大的愿望。

俄国的双纵队由于受到日舰队挤压而不自觉地变成单纵队,渐渐被迫改变航向,形成与日舰队平行的态势,在这种情况下,双方相互炮击应是胜负各半,但由于日本炮手技高一筹,因此占据主动。

日本人的305毫米炮弹肉眼看得到,这些黑色死神准确无误地扑向俄舰,由于里面装的是下濑火药和伊集院信管,因此威力巨大,甚至碰到小拉绳也能爆炸并引起大火。

东乡站在舰桥上指挥,这太危险了,幕僚们劝他进司令塔,他执意不肯。在他身后,一名参谋不断地通过传声筒向甲板下机舱里的战友们报告战况,借以激励士气,东乡微笑着,纠正他出现的口误,一副大将气派。

上天真会捉弄人。舰桥上的东乡安然无恙,而躲在司令塔内的罗日杰斯特温斯基却负了伤。

下午6时,一颗305毫米炮弹击中"苏沃洛夫"号,弹片飞入司令塔,打死打伤十余人,罗日杰斯特温斯基头部负伤倒地,鲜血染红了头发。

库伦参谋长急忙上前抱住司令官,罗氏已经昏迷,嘴里喃喃道:"北23度东,北23度东……",他还没忘突围。

"苏沃洛夫"号已经成了一艘火船,爆炸声不断,舰身倾斜。库伦参谋长下令将司令长官移至巡洋舰"厉害"号上。

此时,战列舰"奥斯拉比亚"号、"博洛季诺"号已被击沉。

俄舰队夺路而逃,联合舰队尾追而去,这一海域恢复了平静。

此时,日本巡洋舰队跟随而来,看见了一幅惨景:一艘不知舰名的巨舰漂浮在海面上,像柴垛一样燃烧着,漆黑的桅杆上爬满水兵,远望如同蚂蚁一般。日本人驶近才发现:这竟然就是日夜念叨的宿敌——敌舰队旗舰"苏沃洛夫"号!此时它已是一具空壳,随波漂荡。

出人意料的是:"苏沃洛夫"号发动了攻击!它那令人生畏的305毫米大炮已经不起作用了,惟一的一门152毫米舷炮顽强地开炮射击,俄国水兵殊死力战的精神令人惊讶。

几枚鱼雷击中"苏"号，强大的俄国旗舰战斗到最后一息，带着几百名水兵沉入大海。

至此，俄舰队已有 7 艘主力舰沉没，另有数舰负重伤。

东乡下令：联合舰队主力脱离战斗，奔赴郁陵岛以南海面。驱逐舰、鱼雷艇投入夜战！

21 艘驱逐舰和 40 艘鱼雷艇乘夜幕降临，风驰电掣，直插敌舰队。

此时俄舰队已转由涅博加托夫指挥。他刚刚庆幸摆脱了联合舰队，又吃惊地发现敌鱼雷艇来袭。他错误地下令打开探照灯瞄准，结果给日本人提供了目标，一枚枚鱼雷向着灯光扑去，海面上不时响起巨大的爆炸声，战列舰"伟大的西索伊"号、装甲巡洋舰"纳希莫夫海军上将"号、"弗拉基米尔·诺马赫"号沉没。

连连遭受重创的俄国人疲惫不堪，只盼趁夜逃出日本人的手掌。

孰料，东乡平八郎带领主力正在前面等着他们呢！

而此时，罗日杰斯特温斯基已经当了俘虏。

转移到"厉害"号上以后，罗氏又被转移到"严厉"号上。"严厉"号载着受伤的司令官形单影只地摸索前进。深夜，"严厉"号与日本驱逐舰"涟"号遭遇。

"涟"号隶属第 3 驱逐舰队，本应参加夜袭，无奈由于机械故障而掉队，也许是命运的安排，"严厉"号遭遇了这艘掉队的日本驱逐舰。

库伦参谋长断定附近肯定还有日本驱逐舰，尽管"严厉"号尚可一战，但为了司令长官的生命安全，不能冒险，他下令投降。

一块充当白旗的台布悬挂出来。"涟"号水兵登上"严厉"号甲板。在舱房里意外地发现了一个满身是血的老者，肩章上赫然缀着中将的金星。

库伦参谋长镇定地说："这是我第二太平洋舰队司令罗日杰斯特温斯基中将，请根据国际法给予他相应的待遇。"

日本士兵只顾张着大嘴傻站着，急促呼吸的样子令人联想起鲶鱼。

5 月 28 日晨，当涅博加托夫发现日本舰队主力横在前方航路上时，他的精神顿时崩溃。征求下属意见后，他下令投降。随后涅博加托夫蹒跚着走进舱房，瘫倒在椅子上，嘴里喃喃道："就这样吧，就这样吧……"

俄国的最后一线希望——波罗的海舰队覆灭在对马海峡。东乡的胜利为日本在整个战争中奠定了胜局。为期两天的海战中，俄国损失战舰 28 艘，死伤官兵11000 人，日方仅损失 3 艘鱼雷艇，死伤官兵 700 人。

日俄战争的胜利使日本独霸在中国东北和朝鲜的利益，并一跃成为世界强国。

日本国内对军队的赞誉扑面而来,做为高级将领的东乡在战后拥有了数不清的荣誉和奖赏。

1905年,东乡出任海军军令部长。

1911年6月陪同依仁亲王赴英参加英皇加冕大典。

1913年获元帅军衔。

1914年,出任东宫御学问所总裁。

1934年,被封为侯爵。

## 十二、逝者已矣

1934年,86岁高龄的东乡病逝于东京。

在此后的岁月里,东乡日益被神化,他的音容笑貌成为人们竞相摹仿的对象,当时日本正竭力扩充海军军备,已死去的东乡被看成是"帝国海军的象征",这一切恰好符合军国主义分子的愿望,于是在阴云密布的战前岁月里,东乡被摆放在神坛上,受到国民的景仰。

这种个人崇拜导致的恶果是:日本海军从思想到行动都打上了"东乡"的烙印,实际上是日本海军沉溺在日俄战争时代而不能自拔,他们因循守旧,拒绝接受新事物。

当航空兵开始叱咤长空时,日本人也开始发展航空母舰,但始终拒绝把它当成主力舰,甚至在日本航空母舰袭击珍珠港后还是如此。当美国人把战列舰降格为掩护登陆的火力舰时,日本人还将希望寄托在两艘世界最大的战列舰"大和"、"武藏"号上。

日本人很早就将美国当成假想敌,但只是简单地将美国看成另一个沙俄,对它拥有的巨大生产力视若无睹。

日俄海战由几场大战组成,日本人此后很长时间天真地幻想未来日美海战也可以毕其功于一役,对战争的残酷性、长期性估计不足。

东乡亲手将日本海军推上"世界第三"的宝座,但始料未及的是后继者们又用他的"手"为日本海军掘下了坟墓。

电影《日本海大海战》中最后一个镜头是这样的:东乡硕大的背影,由近及远,渐渐消逝在茫茫暮色中……

逝者已矣,东乡和他的时代一去不复返了,那旭日旗在别国土地上飘扬的时代一去不复返了……

# 隆 美 尔

## ——沙漠之狐

杨 锐

传说,为了躲避猎人的追杀,沙漠中的狐狸常边跑边用尾巴扫去自己的足印。

二战中,一支纳粹军队在北非的沙漠中神出鬼没。统领他们的德国陆军元帅隆美尔以其卓越的指挥才能倾倒了全世界,被誉为"沙漠之狐"。直至今日,即使是臭名昭著的纳粹身份也遮挡不住其军事天才所放射出的夺目光芒。

追踪这只"沙漠之狐"的人生轨迹,一个德国军人丰富多彩的一生便展现在我们眼前。

## 一、早年岁月

1911 年 11 月,一位德国军校校长对一位毕业生评价道:

"他身材中等,瘦弱,体格相当虚弱,但这个诚挚的年轻人性格倔强,有极大的意志力和满腔的热情……依我之见,他将会是一个能干的军人"。

这个毕业生便是后来法西斯德国的陆军元帅,著名的"沙漠之狐"——隆美尔。

1891 年 11 月 15 日,隆美尔出生在德国瓦登堡邦首府乌尔门附近的海登海姆。他父亲是当地的一位中学校长。他母亲是当地职位显赫的政府官员冯·鲁斯的女儿。

隆美尔从小偏爱机械学,想长大做一名飞艇师。14 岁时,他和朋友制作了一架盒式滑翔机,并使它飞上了天。可是,在父亲的鼓动下,他却走上了戎马生涯。

18 岁时,他参加军队,很快被选入但泽皇家军官候补生学校学习。

但泽是一个漂亮的港口城市,四处林立着宏伟的建筑。在当地的一次舞会上,一个清纯美丽的女孩闯入了隆美尔的眼帘,隆美尔严肃古板的样子也引起了女孩的好奇。女孩名叫露西,她与隆美尔很快相识并热烈地相爱。隆美尔常常按照当时普鲁士流行方式戴上单片眼镜逗得露西哈哈大笑。

军校毕业后,隆美尔被授予中尉军衔。1914 年,第一次世界大战爆发,他匆匆告别心爱的露西,作为第49野战炮团的一名排长奔赴法国战场。

在战场上,他作战勇猛,带领士兵爬过一百码带刺的铁丝网,闯进法军的主要阵地,占领了四个地堡,并凭借这些地堡打退了法军一个营的反攻。这使他获得了一枚铁十字勋章——这在全国还是第一次授予一个中尉如此的殊荣。

1915年10月,隆美尔被调任伍尔登堡山营连指挥官,整训一年后奔赴德俄激战的罗马尼亚前线。

在这里,他出类拔萃:身材纤弱的他似乎总是被一种神圣的热情所鼓舞,不知疲倦;他仿佛总能洞察敌方,知道他们可能作出什么样的反应;他的计划往往是惊人的,出于本能而又自然,很少含混不清;他有一种罕见的想象力,总能在最棘手时找出意想不到的解决方法;在危急关头,他总是身先士卒地召唤士兵跟随他冲锋陷阵,仿佛根本无所畏惧。士兵们都被他那富于魅力的个性所吸引,把他当作偶像来崇拜,并无限地忠诚于他。

1916年底,在战争的间歇,隆美尔请假回到但泽,和露西结婚。婚后不几天,他便重返前线,夫妻俩只能靠书信倾诉彼此思念之苦。

1917年9月,隆美尔又被调往一个更为紧迫的战场——意大利北部。在这个地形十分险恶的战场上,隆美尔学会了如何应付突变的局势——甚至不怕违抗上司的命令。为了出其不意地进攻敌人,他率领自己的部下,经历了人类所能经受的一切艰难困苦。他们爬越新雪初落的山梁,负载稍重一点的人很容易在那一地带陷落;他们攀登陡峭的悬崖,即便是熟练的山民也会裹足不前;他们冒着种种危险,让少数勇敢的步兵和机枪手绕到丝毫没有察觉的意大利士兵的防御工事背后,用机枪猛烈地扫射。结果,数量上占优势的意大利军队常常被打得溃不成军。

1917年12月,为了表彰隆美尔的杰出表现,德皇特授予他一枚至高无上的功勋奖章。隆美尔非常珍视这份荣耀,他总是用一根绶带把这枚与众不同的十字勋章挂在自己的脖子上,并对朋友得意地说:"你简直无法想象军官们对我的功勋奖章多么嫉妒!在这一点上根本谈不上什么战友之情。"

第一次世界大战结束后,隆美尔回到妻子身边。这时的露西已是一个仪态大方、相貌端庄、性格刚毅的成年女子了。但泽舞会上那迷人的青春时代已一去不复返。她依旧爱笑,笑声依旧又响又长,却已丝毫没有了放荡不羁的意味了。隆美尔也不再是一个体弱的年轻人,而是一个壮实的成年汉子。严峻的战争生活已把他造就成为一个刚强、坚毅的人。他用阅兵场上那刺耳的咆哮和粗鲁的举止,以弥补自己性格上的不足,夫妻俩相得益彰,生活美满。

1928年,露西生下一个男孩子。隆美尔欣喜万分,给儿子取名为曼弗雷德。

1929年10月1日,隆美尔被派往德累斯顿步兵学校任教官。"我们在战场上应该流汗,而不是流血。"隆美尔对学员们强调道。他以自己的战斗经历为示范讲解战略战术,并鼓励学员们有自己的见解,受到了学员们的热烈欢迎。

1933 年春天,希特勒上台。作为一个爱国者,纳粹的爱国口号对隆美尔产生了强烈的吸引力。但是,作为一个军人,隆美尔又对冲锋队(纳粹组织)的飞扬跋扈十分反感,故而与纳粹保持着一定的距离。

1934 年 6 月,希特勒对冲锋队进行了残酷的清洗,同时,他又向军队表示,德意志显赫的武功一定要得到恢复和发扬。此举赢得了军人们的真心拥戴,隆美尔也不例外。

1935 年,隆美尔被派往波茨坦——普鲁士军国主义的摇篮。"这标志着我已经成了新的波茨坦陆军学校一名成熟的教官。"他兴奋地在给妻子写信道:"这是绝密! 到波茨坦来吧! 不要告诉别人。"

在教学中,隆美尔特别强调身体素质的重要性。当他向学员咨询对教学训练有什么意见时,有个学员说:"清晨两个小时的体育训练太多了,我们太累,不能很好地听课。"隆美尔咆哮着把他骂走。同时,隆美尔也注重培养学生们在军事理论方面的独立思考能力。当学员在他面前引证克劳塞维茨(著名军事理论家)的讲话时,他指出:"别理会克劳塞维茨怎么说,关键是你自己怎么想!"

闲暇时,隆美尔锻炼身体、骑马,沉醉在自己的爱好中。他熟记对数表,几乎和著名的数学家不相上下,并且能够惊人地心算出任何随意抽出的 17 位根数。而且,他还努力按照自己的理想塑造年幼的儿子。

一次,他让儿子爬上游泳池边高高的跳台。

"要勇敢并不难,"他对儿子喊道:"你只要克服第一次的恐惧就行了。现在你往下跳吧,一、二……"

可是儿子并未听从命令。

"快跳啊!"

"我害怕,你知道我不会游泳。"

"不要紧,我会来救你的。"隆美尔安慰儿子道。

"可是,你穿着马靴。"儿子指着他的靴子道。

"这有什么关系。如果有必要,我会脱掉它的。"

"那你现在就把它脱掉。"儿子悻悻地说。

环视了一下四周围着的学员们,隆美尔拒绝了这个要求。于是,他的试验宣告失败。

儿子七岁时,隆美尔把他带去骑马。这事是悄悄干的,因为露西认为孩子太小,不能骑马。孩子的双脚被塞进马蹬皮带里,因为他的腿太短,还够不着马蹬。

结果,那马挣脱了缰绳,拖着一条腿挂在马蹬皮带里的孩子跑了很远。孩子的头划破了一个口子,隆美尔吓得面如土色,他在孩子手里放了一枚硬币说:"回家时,如果你告诉母亲这是从楼上摔下来的,你就能得到这枚硬币!"

回到家里,隆美尔用碘酒给儿子洗了伤口,儿子疼得放声大哭。隆美尔大发雷霆,叫他把钱还回来。然而狡黠的儿子早就把钱藏了起来。从那以后,隆美尔再也不让儿子骑马了。

"我父亲,"隆美尔之子曼弗雷德回忆道,"对我有三点希望:他要求我做一名优秀的运动员,一个伟大的英雄和一名出色的数学家。可他的三个希望都落空了。"

# 二、平步青云

1936 年 9 月,隆美尔被任命为希特勒的警卫部队指挥。当时,纳粹党在纽伦堡集会。这种正常的例行公事,使隆美尔担负着比一般安全警卫更大的责任。

一天,希特勒决定外出兜风,指示隆美尔,他的车后最多只许跟六辆车。

到了指定时间,部长、省长、将军们的汽车将希特勒公寓的马路挤得水泄不通,他们争相随驾出游。然而,隆美尔让前面六辆车通过后,便威风凛凛地站在路中间,命令其它车子停止前进。纳粹党要员们大声诅咒道:"真是无法无天!我们要将此事报告给元首。"

当天晚上,希特勒召见隆美尔,赞赏他执行命令果断。这次召见为隆美尔的晋升奠定了基础。

不久以后,另一件事又使希特勒留意到隆美尔。在波茨坦任教期间,隆美尔整理了自己的讲课稿,然后又把它们写成了一部井井有条而又激动人心的书,并把它交给当地的一个出版商。1937 年初,这本书以《步兵攻击》为名公开出版。它是当时有关步兵教程的最佳读本,受到广泛赞扬,并多次再版。

这两件事使隆美尔在希特勒眼里身价倍增,很快得到了希特勒新的任命。1938 年,他突然被晋升为元首大本营的临时司令官。元首的赏识重用,加上 9 月份希特勒在苏台德不流血的胜利,到 1938 年底,希特勒已经成了隆美尔心目中最完美的领袖了。当许多他的同行军官还在对纳粹哲学感到无所适从的时候,隆美尔的转变无疑是十分彻底的,他甚至在写给朋友的私人明信片上也要签上"嗨!希特勒!你诚挚的隆美尔"的字样。从此,他成为希特勒的忠实信徒,为希特勒的战争政策效尽犬马之劳。

现在,一个新的职务正等待着隆美尔。因为希特勒要吞并奥地利,于是决定让隆美尔到维也纳附近的一所军官候补生学校任司令官。到任后，隆美尔一家住在一所迷人的平房里，四周是一个大花园，巨大的城堡式建筑便是学校的校舍。隆美尔雄心勃勃地要把这所学校办成全德国最先进的军事学院。

尽管远离首都柏林，隆美尔依旧摆脱不了来自希特勒总理府的吸引力。1939年，希特勒两次派隆美尔去指挥他的流动司令部——一次是在3月15日占领布拉格；另一次是3月23日，希特勒乘船到默默尔的波罗的海口岸监督立陶宛"自愿归属"德国。希特勒在侵战捷克斯洛伐克一事上所表现出的超人胆识给隆美尔留下了深刻的印象，他给妻子写信道："结果好就证明一切都好，我们的这些大邻国只是对事态摆出一副恼怒的面孔而已。"

不久，希特勒又准备对波兰下手。

1939年8月25日，隆美尔就任元首司令部的指挥官。这时的德国首都柏林沉浸在酷暑的热浪之中，希特勒和外交部长里宾特洛甫一起宣布：将在次日拂晓时分进攻波兰。

然而，英国立即宣布与波兰结盟，意大利则拒绝站在德国一边宣战。最新的国际动态迫使希特勒推迟了进攻。

8月27日，隆美尔飞往柏林探问究竟发生了什么事情。

"除去有和元首同桌进餐的特权外，没有别的新消息，"他向妻子透露说："部队在焦急地等待前进的命令，然而我们军人需要的就是忍耐。意外的障碍是不可避免的，得花费一定的时间去加以清理。毫无疑问，无论元首做出什么样的决定都是恰当的。"

几天以后，隆美尔谈得更加具体了："我倾向于认为，这次进攻可能告吹，我们会像去年收复苏台德地区那样从波兰得到一小块土地，英、法和波兰的勇气实在不可小瞧。"

8月31日，隆美尔又说："等待令人心烦，但又不能不这样。我深信元首知道怎样做对我们更有利。"

几乎在同一时刻，电话来了，命令他准备行动。当天晚上，在隆美尔召集军官的火车站候车室里，电话里又传来了希特勒的命令："明天凌晨4点45分开始进攻。"

没有任何人，至少可以说隆美尔本人当时也没有意识到。9月1日德国入侵波兰的军事行动，竟然会无情地把一个又一个国家卷入了战争的漩涡，延续达六年之久，使四千万人死于非命，整个欧洲和大半个亚洲惨遭战火的蹂躏。就这样，第二次世界大战这场人类历史上空前规模的大悲剧便在希特勒的精心策划下，由隆美尔亲手拉开了帷幕。

德军势如破竹，不到一个月便几乎完全使波兰覆灭。10月5日，希特勒在隆美尔陪同下在华沙举行胜利大阅兵。隆美尔的赫赫战功得到了希特勒的高度赞扬。

## 三、魔鬼之剑

东线获胜以后，希特勒决定在西线对英法展开决战。

1940年2月，隆美尔受命前往莱茵河的巴特戈德斯贝格指挥第七装甲师。

隆美尔的到来震动了全师。他的第一个行动便是让师里的指挥官们休假，并宣布："在我自己掌握情况之前不需要你们。"随即他又解除了一位无视军规的营指挥官的职务，并勒令他在90分钟内离开军营。这一切都使全师为之肃然。

在这里，隆美尔认真地观察坦克演习，并对此进行了深入的分析。不久，他便创造出许多新颖独特的坦克战术。他命令部下编成各种大小不一的队形组织，用快速的、熟练的无线电指挥和重炮轰击的形式进行越野训练。每天晚上，他都要向所有军官作一些简要的指示，然后再处理文件，直到11点钟休息。早上6点钟他便起床，沿着莱茵河边的林阴小道慢跑，保持良好的精力和身体状态以准备投入即将来临的大战中去。

1940年5月10日清晨，德军在西线发动了进攻。

隆美尔率装甲师一马当先，冲锋在前。他们冒着暴露侧翼和后方的危险，大胆地向前推进。有时由于前进得过快，他们远远脱离了大部队，仅仅与后面的后勤补给保持着单线联系。这时，若对方采取迅速而坚决的行动便可折断这个咄咄逼人的指头。然而，正如隆美尔估计的那样，敌军过于恐慌，陷入混乱状态，根本无力采取果断行动。

为了达到军事目的，隆美尔发明了残忍而野蛮的火海战术。进军时，他往往命令士兵把沿途所有房屋迅速点燃，使得装甲师得以在烟幕的掩护下迅速前进。为了找到哪些村庄有敌军驻守，他发明了著名的烟火开屏——整个装甲师一齐开火，以引诱对方暴露自己的位置。

在迅速占领比利时之后，隆美尔率军直扑法国。

漫长的马其诺防线横亘在他们眼前。

这个坚固的地堡防线前沿是一片森林，法国人在森林里构筑了前沿工事。隆美尔命令坦克的全体成员一枪不发。一律坐在坦克外面手摇白旗迅速通过森林。法军对此不知所措，眼看着他们通过森林。

穿越森林后，隆美尔命令一个营掉转车头，迅速歼灭森林里的法军。其余的坦克则向前边的地堡群发射烟幕弹,担任突击任务的工兵则迅速上前,用喷火器烧毁一个个地堡。

很快,第七装甲师开始隆隆滚过地堡线上被炸开的缺口。前导坦克向前面的黑夜开火猛轰,其余的坦克用舷炮射击不停,把法军打得不敢抬头。

这样,法国人经营多年、自吹为"坚不可摧"的马奇诺防线被奇迹般地摧毁了。

在阿拉斯,飞速前进的隆美尔部队遇到顽强的抵抗。"当敌人的坦克一次一次冲了过来的时候,"隆美尔在手稿中写道:"每一门炮都必须迅速开火以打退敌人的进攻。我把炮兵指挥官们提出的反对意见抛在一旁,坚决地命令炮手们一炮接一炮地射向敌人。"就在这里,副官在身旁阵亡,隆美尔依旧镇定自若地指挥战斗。部下大受鼓舞,经过一天的浴血奋战,取得了胜利。

6月12日,隆美尔攻克圣瓦勒雷城,法国第九军指挥官在市政广场向隆美尔投降,他身后跟着11名英国和法国的将军。

局势到了如此不可收拾的地步,英国人感到十分恼火。法国人抽着香烟,默认了自己的失败。

一位足可以做隆美尔父亲的法国将军拍拍隆美尔的肩膀赞赏地说:"你的行动可谓飞速,年轻人。"另一个法国人则怀着病态的好奇问隆美尔指挥的是哪一个师。隆美尔告诉了他。"天哪!"这位法国人叫道:"又是魔鬼之师!最先在比利时,接着是阿拉斯,现在又到这里。它一再地切断我们的进军路线。我们可是真正领教了你们的厉害!"

6月17日,法国提出停战呼吁。希特勒命令德军迅速占领法国濒临大西洋的海岸线,直抵西班牙边境。隆美尔挥师向南疾驰。

6月18日,隆美尔在高速行进中攻克了瑟堡——那天的行程超过了220英里。这样,隆美尔在法国的闪电战到此宣告结束。在法国战场上仅仅六周的时间里,隆美尔率军共推进了350英里。他的魔鬼之师俘获97000名敌军官兵,而自己仅损失了42辆坦克。

纳粹宣传家们大肆宣扬隆美尔的战功。"他的装甲师就像一支魔鬼的舰队,"一位宣传家这样写道:"他的魔语是速度;英勇无畏是他的资本。他的故事就如一幕电影一样,正在上映之中,孤胆英雄式的作为正闪耀着迷人的光辉。他眼神中流露出的坚定和无畏深深打动了我。"

纳粹宣传部长戈培尔则拍摄了一部《西线的胜利》来夸耀隆美尔的战功。各大纳粹报刊连篇累牍地登载隆美尔的消息,他成了人们注目的中心,英雄的美誉环绕四周。

法国投降后,隆美尔驻留法国西海岸,为入侵英国作准备。

1941 年,希特勒决定放弃入侵英国的计划,转向别的目标。

一项新的重大任务正在等待着隆美尔。

# 四、驰骋沙漠

在德国西线大捷的同时,墨索里尼统治下的意大利企图趁火打劫,在北非的意属殖民地利比亚聚集大军,对驻埃及的英军发起攻击。但是,狂妄的意军很快被挫败。英军稳住阵脚后,发起反攻。意军不堪一击,节节败退。墨索里尼慌忙向老朋友希特勒求援。

1941 年 2 月,隆美尔被希特勒委任为德军驻利比亚总司令,挥师直指北非,援救意军。

世界上最大的沙漠——撒哈拉沙漠便位于北非。这里沙漠广布,气候异常炎热干燥,故而步兵作战大受限制,以坦克为主力的装甲部队才能充分发挥作用。隆美尔在北非指挥的部队主力便是第五装甲团,这是一支富于献身精神的专业化精锐部队。

他们很快便在利比亚的黎波里登陆完毕。为了欺骗英军的空中侦察,隆美尔命令部下用木头和纸板做了几百辆可以乱真的假坦克,并让卡车和摩托在这些"坦克"之间绕来绕去,而真正的坦克却悄悄地转动着履带开过了沙漠对英军发动了进攻。

英军大吃一惊,急忙后退。到 1941 年 3 月 4 日,隆美尔军队已将战线推进到离的黎波里 480 英里的地方。

3 月 19 日,隆美尔飞往柏林。第二天,希特勒召见了他,给他胸前佩戴了一枚橡树叶勋章,同时命令他守住现有的战线,不要轻举妄动。希特勒这样做是因为纳粹准备入侵苏联,无力在北非投入更多的兵力。不明内情的隆美尔大为不满,失望地飞回北非,并决心违背这项命令。

这时的英军正在迅速后退,德军迅速占领了利比亚重镇阿杰达比亚。

隆尔美命令部下稍事休整后,分北、中、南三路向昔兰尼加(利比亚东部的一个鳞茎状半岛)挺进,截断英军退路。

英军惊惶失措,对班加西(利比亚东北部的重要港口)大肆破坏一番后,仓惶后撤。

德国最高统帅部闻讯后大为气恼,勒令隆美尔停止推进。但这位善使诡计、刚愎自用的冒险家一意孤行,继续挥师东进。这时,意大利指挥官也接到停止冒进的指令,他要求隆美尔解释。而隆美尔只是咧嘴笑着说:"不论如何,没有必要在我们势头正旺之时打击战士们的士气。"意大利指挥官固执倔强，坚持服从命令，二人僵持不下。这时，德国统帅部又电示隆美尔执行命令，他看完电报后竟对意大利指挥官说，元首已给了他绝对的行动自由。意大利指挥官无可奈何，只好作罢。

隆美尔挥师展开跨越昔兰尼加的战斗，4月9日，德军攻陷梅奇尼要塞，很快包围了重镇托布鲁克。英国首相丘吉尔从伦敦发来命令，要求英军"死守托布鲁克，决不允许产生撤退之念"。隆美尔军在托布鲁克久攻不克，只好留一部继续围攻托布鲁克，另一部向南绕过托布鲁克，一直推进到埃及边境，并占领了埃及城市萨卢姆。

这一时期中，隆美尔取得胜利的原因有一点是他做梦也想不到的。在战争中他与德国最高统帅部的全部秘密通讯全都是由艾尼格马密码机传送出去的。纳粹密码专家宣称这种密码绝对安全，无法破译。然而，英国人已成功地破译了它。他们对德军统帅部的命令了如指掌，孰不料，隆美尔不止一次地违背艾尼格马电码发给他的命令。这使得不知就里的英国人如陷迷雾，处处被动。

托布鲁克是个极具战略意义的港口，供给充分的英军在此扼守，成为隆美尔的心腹之患。因为他们随时可以冲下来切断隆美尔的补给线，使他不敢轻易发动对埃及和尼罗河流域的远征。

隆美尔清楚地认识到这一点，指挥部下连连发起猛攻。然而，英军又宽又深的反坦克壕使德军坦克派不上用场；严密的防守使得德军寸步难行；猛烈的炮火使得德军伤亡惨重。隆美尔只好承认遇到了真正的对手。"英军士兵打起仗来十分惊人，他们远比我们的士兵训练有素，"他们私下给妻子写信道："就我们的现状而言，迅速用武力征服托布鲁克是不太现实的。"于是，他下令停止进攻，让部下挖壕固守，避免不必要的流血牺牲。

在阵地战方面，隆美尔颇具天才，"他是个搞蒙蔽和伪装的老手，"他的一位部将后来回忆道，"他总是干那种很少有人意料得到的事。倘若敌人认为我们在某地的兵力最强，那么你可以肯定那里恰好是我们力量最薄弱的地带。而当敌人认为某处是我们的弱点并冒险接近的时候，我们又会变得确实十分强大。'和你们这位将军打交道，我们简直不知道自己在什么地方。'——这是一位英军俘虏所发的牢骚。如果他发动进攻的同时又有佯攻伴随，敌人就总是把假的当成了真的，并把他们的炮弹全部倾泻到佯攻的地方。如果敌人根据判断，认为是典型的佯攻而采取行动的话，那么下一次的情况就很快会发生变化，他们接着又得上当。如果他们把这些进攻看成是摆样子而加以忽视，而实际上这却是真正的进攻。"

"有一次，"另一位部将回忆道，"我们把托布鲁克的敌人惹恼了，他们用炮火轰击了我们的观察哨。于是隆美尔命令迅速重架观测塔。所有的电线杆都被锯倒,一夜之间在托布鲁克周围竟出现了30余个这样的塔楼,而且都有全副武装的假人在不停地活动,不时顺着楼梯上上下下——这些假人由躲在防空洞里的士兵用绳子操纵。敌人十分疑惧,向这些观测塔发射出一连串猛烈的炮火。在以后的几天中,他们将无以计数的炮弹都倾泻向这些观测塔,有些塔楼被炮火打塌了,但许多仍伫立在那里。过了不久,英军发现了真相,放弃了原先的作法——而就在这时,我们把假人换成了有血有肉的真正的观察兵。"

在这个新的环境里,隆美尔还创造了一种新的战斗指挥风格。他喜欢把混合作战部队放在后方,让意大利高级军官及下级指挥员之间保持着一种永久的联系,然后率领指挥部的一小部分成员乘坐几辆敞篷车离开部队,后面跟着无线电流动卡车,以便和作战部和部队之间保持联系。这种做法自然会带来许多问题,因为电台在异常的气候条件下经常会失灵,电池消耗也很快。同时,由于在汽车的挡泥板上插有黑、白、红三色指挥旗,敌人很容易辨认出隆美尔的位置,他的安全也经常受到威胁。但是,隆美尔认为,这些都是次要的问题。关键是,这样他便可以在任何一个战斗最激烈的地方出现,并亲临现场指挥作战。

一旦战斗打响,隆美尔常常废寝忘食,几片面包或一份冷餐便一连维持好几天。他坚定顽强,同时他也如此要求自己的部下。一次,他发现一位部将在清晨6点半时还在慢条斯理地用早餐。于是便怒气冲冲地对那人喝斥道:"滚回老家去!"起初,达不到他的要求的指挥官人数很多,随后便发生了很大的转变。由他指挥的意大利部队也逐渐崇拜起他来了,这些士兵和军官很少看到哪一位意大利将军会出现在战场上,因而乐意看到隆美尔对那些顶撞他的脑满肠肥、无所用心的意大利将军的粗暴态度。1941年10月,德国情报局甚至得到一个对这些士兵们的调查报告。他们认为:意大利应该由像隆美尔这样有才干的德国人来领导。

1941年6月,英军实施"战斧"行动计划,对德军发起反攻。两军在沙漠灼热的高温和令人窒息的尘雾中展开厮杀。德军英勇顽强,在隆美尔指挥下挫败英军。到6月18日,英军退回原先阵地。在整个战斗中,德军损失20辆坦克,却摧毁了英军200余辆坦克。隆美尔激励士兵道:"让英国人再来进攻吧,他们将被杀得片甲不留。"

这时,隆美尔在德国国内的声誉达到了顶点。当宣告隆美尔胜利的嘹亮的喇叭声仍在帝国广播电台里回荡时,许多人认为,现在可以给隆美尔写一部完整的传记了。"我想着手写一部有长远价值的作品,"一位上校给隆美尔写信道,"它将表现我们时代一位典型的年轻将军,要把他作为后代子孙的榜样,为激励尚武精神高潮的到来提供一个起点。"

信件像雪片似地飞向隆美尔。纳粹妇女组织寄给他许多巧克力——尽管在沙漠的酷热中吃这样的食物是难以想象的。一个十岁的小女孩在新闻记录片中看到她的这位偶像后,从奥格斯堡写信给他:"⋯⋯我并不害怕像别人一样,从您那里得到冷淡的回答。对于您——隆美尔将军,我可以从心底倾吐自己的语言,我非常崇拜您和您的军队,并热切地希望您赢得最后的胜利。"

纳粹陆军统帅部则决定晋升隆美尔为上将,同时设立"隆美尔装甲兵团"。"这么年轻我就被提拔到了如此高的地位,这太令人高兴了,"隆美尔志得意满地说,"然而如果可能的话,我将在自己的肩章上添上更多的星。"

与此同时,隆美尔吃惊地获悉希特勒已入侵苏联。德军在苏联战场初期的胜利使得希特勒大喜过望。他得陇望蜀,设想消灭苏联后,南下攻占伊拉克与叙利亚,然后从东面侵入埃及,和隆美尔师在北非胜利会师。这样,隆美尔在利比亚的任务便被正式纳入了希特勒的远景规划。

6月28日,德军统帅部指示隆美尔为此拟定一个草案。"我们在俄国取得巨大的胜利。"隆美尔写信告诉露西,"或许比我们料想的还要快得多。对我们来说,最重要的是,我们必须一直坚守到俄国的战役结束。"现在他终于明白,在前一段时期内他迅速取胜的设想是多么不着边际,因为他没有考虑到进攻苏联的战役。

7月31日,隆美尔飞往东普鲁士狼穴——希特勒的大本营。希特勒高兴地接见了他,并批准了他大规模进攻托布鲁克的计划。

返回前线后,医生们诊断隆美尔患了严重的黄疸病。但他仍坚持巡视前线,加紧周密部署进攻。

这时,英军获得增援,发动了"十字军远征",企图一举消灭隆美尔军。双方力量对比悬殊,英军在战役中投入724辆坦克,此外还有200多辆坦克作后备,而隆美尔军只有414辆坦克(包括意大利军队的154辆坦克)。战斗时断时续地打了三个星期后,至12月8日,隆美尔只好下令德军收缩战线。

"十字军远征"行动严重搅乱了隆美尔的计划,但丝毫没有影响他进攻托布鲁克的决心。他决定迅速实施"仲夏夜之梦"行动计划,猛攻托布鲁克。

在德军潮水般的攻击下,英军的抵抗眼看就要崩溃。不料埃及的英军在获得大量增援后,迅速东进,对隆美尔军形成了合围之势。

这时的德军伤亡惨重,给养严重不继。尤其是汽油严重匮乏,装甲部队难以维持。为了避免被围歼,隆美尔指挥德军虚晃几招以后,向西撤去。

英军尾随而至,德军只好且战且退。在紧靠阿米达比亚的地方,隆美尔发现两个英军旅之间有一个诱人的突破口,于是马上派军冲击。在两次熟练和胜利实施的进攻中,大量英军被歼灭。英军一蹶不振,德军获得了喘息之机,到1942年1月,在的黎波里附近的布雷加港一线,德军站稳了脚跟。"暴风雨已经过去,我们重又看到了蔚蓝色的天空。"隆美尔兴奋地宣布道。

不久,希特勒给隆美尔运来50多辆坦克和二千吨航空汽油。这使德军的给养得到充分的补充。

并且,意大利间谍盗窃了美国驻罗马大使馆,并且拍摄了"黑色密码"的附件。这样,意大利和德国的密码侦破人员便可以偷听美国绝密的通讯联系了。它的宝贵价值在于:美国驻开罗的武官波尼尔·费勒斯上校拍回华盛顿国防部的报告便采用的是此密码。而费勒斯上校是一个极有洞察力的战地观察家,并始终注意着英军进攻隆美尔的计划和它对德国装甲兵团下一步行动的估计。这使得隆美尔获得了大量有重要价值的军事情报,对英军活动了如指掌。

经过一小段时间的休整后,隆美尔认为大规模反攻的时机已经成熟。他决定对英军发动突然袭击,使其措不及防。

为了保守机密,他禁止炮兵用胡乱发射的炮火对英军进行轰击,禁止所有的卡车在白天向敌方运行。与此相反,他故意让卡车运输队直到黄昏还在向西方运行,然后,在黑夜的掩护下再把车辆掉转头驶向敌军。坦克和大炮也都做了巧妙的伪装。他甚至把这一秘密瞒着柏林的最高统帅部,无线电没有发出任何讯号。对于士兵,他也只是通过那些通往前线的所有客栈的通告牌告诉他们:发起进攻的时间是1月21日上午8点30分。当这一时刻接近时,天空被建筑物的火焰映得通红,沿海岸的船只也被隆美尔有意点燃,借以迷惑英军。

发起进攻的时刻终于到了。隆美尔身先士卒,指挥在海岸公路上的战斗部队穿越布雷区。与此同时,他的部将在右翼也发起攻击,两军配合得天衣无缝。第二天早上,德军攻占阿米达比亚,英军狼狈逃窜。德军以三名军官和11名士兵阵亡及三辆坦克被毁的微小代价,击毁了299辆英军坦克和装甲战斗车,147门大炮并俘获了935名俘虏。

1月26日,隆美尔决定不顾一切地继续进攻,直指梅奇里。英军火力被一支佯攻梅奇里的德军所吸引,对于经过长途跋涉突然出现在身后的德军主力措不及防,束手就擒。

在伦敦,丘吉尔在议会中被有关北非危机的愤怒质问所包围。他自己早先炫耀的不久英军将进入的黎波里的大话现在听起来显得十分空洞可笑。现在,全世界报刊上的英雄不是丘吉尔,而是一个戴着有机玻璃眼镜,佩着功勋奖章的德国坦克将军。"我只能告诉你们,"丘吉尔对议员们说,"眼下昔兰尼加西部前线的形势很糟。因为我们的对手是一个十分大胆而又精通战术的人,若撇开战争的浩劫而论,他是一位了不起的将军……"

1月29日,德军攻占班加西。第二天,希特勒在自己的演说中高度赞扬隆美尔,并提升他为标准上将。并托人带话给隆美尔,"告诉隆美尔,我钦佩他。"隆美尔则兴高采烈地回信道:"为元首,为民族,为新的思想贡献微薄之力使我感到十分荣幸。"他再接再厉,直指埃及边境。

"在我们向埃及边境猛插期间,无论在哪里都能找到隆美尔。这位军人总是把他那奇怪而又不可思议的力量传播到官兵身上,甚至直接倾注到每一名士兵身上。人们私下里对他都直呼其名,他和士兵谈话时也直言不讳;他不和他们一道哀声叹气,然而却以诚相待;他常常言辞严厉,但也同样知道如何称赞他们,鼓励他们,知道怎样提出自己的建议,怎样把复杂的问题深入浅出地使他们容易理解。大家彼此了解,并有着沙漠特有的忠诚和友谊。士兵们了解自己的将军,并且知道将军和他们一样吃着沙丁鱼罐头。"一位随军记者这样写道。

这时,德军面临着英军的卡扎拉防线,它顺海岸而下,进入沙漠,延伸到托布鲁克以西四十英里的地方。沿着这条防线,英军埋下了一百万枚地雷,并切断了所有的理想的沙漠小道。隆美尔决定让军团迂回到南面,对英军进行侧翼包抄。他下令士兵在卡车上安装上巨大的螺旋桨,放在战线正面。让螺旋桨高速转动卷起的风沙吸引英军的火力。

进攻开始时,德军取得了胜利。但随后,隆美尔和他的士兵们便陷入了重围。因为情报部门的情报有误。在他们为隆美尔准备的地图上,漏掉了一个敌军装甲旅和四个旅群,英军仅仅上了一半圈套。隆美尔似乎也失去了对战斗的控制力,情况十分危急。幸亏他与德国空军指挥官瓦尔道取得了联系,瓦尔道派出 326 架飞机扫荡战场,局势才开始变得对隆美尔有利。

到 6 月 18 日,经过残酷厮杀的德军包围托布鲁克。

这时的托布鲁克已远不及 1941 年被围时牢固,沙暴填平了又宽又深的反坦克壕,英军士气低落,给养匮乏。

在空军火力的配合下,隆美尔军经过两昼夜苦战,终于攻克了托布鲁克。

消息传出,整个纳粹帝国欣喜若狂。一座新落成的桥以隆美尔之名命名;鲜花和贺电淹没了隆美尔家;希特勒则宣布晋升隆美尔为陆军元帅。

隆美尔踌躇满志,挥师东下。英军节节败退,直到一个污秽的小火车站阿拉曼附近才稳住了阵脚。尼罗河湿润的河风轻轻吹拂着士兵们被沙漠烈日烤得焦黑的脸庞,开罗便矗立在不远处。这是英军在尼罗河前的最后一道防线了。

墨索里尼和一批法西斯要员已经飞抵利比亚,焦急地等待着进入开罗的庄严时刻。领袖们的白马嘶鸣不已,准备美餐尼罗河畔青青的牧草。

一场惊心动魄的大战即将在阿拉曼展开。

# 五、棋逢对手

面对着德军的威胁,指挥英军的奥钦莱克将军几乎失去了信心,他开列出一张在德军占领埃及前必须破坏的项目表:电台、电报和电话系统,石油和汽油装置,交通以及动力供给系统。防御工事正在金字塔附近修建,埃及首都已宣布进入紧急状态。德国特工人员通知隆美尔,英国军队已经接管了开罗。隆美尔的威名在他本人之前启程了。他知道,厌恶英国人统治的埃及人正怀着难以抑制的兴奋心情等待着他的到来。他希望随之而来的反英骚乱扰乱英国人的后方。在他与外交部保持永久联络的特别通讯车里,一份电报发往柏林:"陆军元帅隆美尔要求在埃及尽快展开积极的策反宣传活动。"

在伦敦,英国首相丘吉尔则陷入了议员们的猛烈攻击之中。为解燃眉之急,他决定起用自敦刻尔克(1940 年)战役后一直赋闲的蒙哥马利将军取代奥钦莱克将军,任北非英军总司令。

矮小结实的蒙哥马利长着一副鸟一般的相貌,他那高昂并带鼻音的嗓音听起来刺耳而又不友善。蒙哥马利有许多方面都和隆美尔相似,两人都很孤僻,在自己同行将军中,敌人多于朋友;两人都很专横、傲慢,是缺乏文化素养的职业军人;在受到约束时,两人都是难以对付而又抗上的军官,然而在一切由他们支配时,却又是最优秀的和有独到见解的战地指挥官;两人都不吸烟,也不喝烈性酒,而且都喜爱冬天的运动和注音保持身体健康。

蒙哥马利注重与领袖保持良好的关系。他用靠近海滨浴场的舒适住所招待丘吉尔,并给他提供白兰地和美味的食物。同样,隆美尔也重视他对希特勒的忠诚以及和戈培尔的友谊。两人都挑选出类拔萃、年轻有为的军官组成自己的"军事家庭",并且都很注重自己的名誉。正像隆美尔戴着他那著名的帽子和有机玻璃风镜一样,蒙哥马利则是用带有团队徽章的不协调的澳大利亚丛林帽子来装饰自己。孩提时代的隆美尔对鸟类和动物曾有过短时间的残忍行为,他用放了辣椒的食物喂天鹅,并对它们的痛苦哈哈大笑。蒙哥马利在学校上学时,便是一个调皮鬼,还有着恶霸的名声。

然而在战场上,他们却截然不同。隆美尔是个勇武的军人,与他对垒的英军也不否认这一点。蒙哥马利则命令士兵们:"无论在哪里,发现德国人就打死他们。"这赋予了这场沙漠战争以新的特点,而隆美尔却谨慎地避免这种残忍;蒙哥马利是个行为古怪的人,而他的纳粹对手隆美尔却是一个正统的军事指挥官,并主要以随机应变的能力和深邃的战术洞察力而著称;隆美尔总是在战场上冲杀在前,身先士卒,蒙哥马利则决不会冒着生命危险走上前线;隆美尔完全依靠自己的才智,蒙哥马利则更懂得运用别人的智慧。

还有一点必须强调:在情报方面,蒙哥马利也远比隆美尔占优势。隆美尔与德军统帅部之间的许多绝密电报,几小时后便会被英国情报机关破译后送呈蒙哥马利。而此时,美驻开罗武官费尔斯已奉召回国。德情报机关通过破译他和华盛顿之间电报以获取情报的渠道便不复存在。

抵达阿拉曼的德军可以说已是强弩之末。疾病大为流行,许多士兵染病丧失战斗能力。并且可投入战斗的德军坦克仅 203 辆,英军则是 767 辆。更为致命的是,德军的燃料供应严重不足,整个装甲兵团的汽油仅够行驶 100 多英里。

面对这种情况,隆美尔决定速战速决。

1942 年 8 月 30 日晚,一轮苍白的明月挂在波浪起伏的沙漠的上空,隆美尔选择了克拉克山作为突破口,发起总攻。

殊不料,这一情报被英军获得。英军在这里密布地雷,设下圈套。德军闯入布雷区后,整个阵地被英军伞兵的照明弹照得通明透亮,英空军对德军实施了凶猛的空袭。德军死伤惨重,俾斯麦将军等重要战将相继阵亡。拜尔莱因上校挺身而出,临时担任前线指挥,带领德军拼命向前冲杀。

第二天清晨,德军终于突破到布雷区尽头。拜尔莱因上校余勇可贾,向隆美尔请命继续进攻。隆美尔鉴于德军损失惨重,犹豫不决。上午 8 点 35 分,他电告装甲师:"原地待命。"拜尔莱因争辩说,眼下放弃进攻,对那些为突破布雷区作出牺牲的士兵是一种嘲弄。隆美尔只好同意了他的看法,但却对作战计划作出了灾难性的修改。不是按原计划向东推进二十英里到达左侧那座令人生畏的阿拉姆·哈勒法山脊,再迂回过山脊从后方进攻敌人的主力,而是让全部主力此时尽快地横跨山脊。

这种进攻路线正是蒙哥马利求之不及的,他正打算在阿拉姆·哈勒法山脊彻底打破沙漠之狐不可战胜的神话。

趁着沙漠风暴,隆美尔军顺利推进到山脊下。这时天放晴了,集结在山脊上的英军坦克和大炮立即开火,轰炸机也铺天盖地而来。前线指挥向隆美尔报告,装甲兵团已经受困,并且所剩燃料只够行驶二十英里了。

9 月 1 日拂晓,隆美尔驱车前往战场时看到在这片狭窄的地段上,铺满了德军坦克残骸,许多坦克还燃着熊熊的大火。英军发起了六次轰炸。空气几乎令人窒息——硝烟灼热呛人的气味夹杂着细沙,使人无法呼吸。冰雹一般打来的岩石碎片加大了爆炸和子母弹的威力。德军被压得抬不起头来,伤亡惨重。面对这种情况,隆美尔下令装甲兵团迅速回撤。

这一决定在很大程度上延误了战机。因为德军虽伤亡惨重,但士兵们仍勇猛拼杀,已从侧翼包围了英军所谓的最后希望的防线。

蒙哥马利获悉后,兴奋地宣告:"埃及已经没有了危险。我将最终消灭隆美尔是确定无疑的。"

事实上,这次战役英军的胜利,与其说是物质上的,倒不如说是心理上的。隆美尔利用保留被占领的英军布雷区和重要的卡伦特·希梅麦特高地进一步加强了自己的防御线,使蒙哥马利的南翼受到了严重威胁。同时,英军虽牢牢站住了脚跟,但却比德军付出了更大的代价,他们损失了 68 架飞机,27 辆坦克和比德军更多的伤亡人数。然而,英军能够迅速弥补这些损失。隆美尔却无能为力,特别是此次战斗使德军消耗了 400 余辆卡车,使德军的运输工具严重不足。

这时,隆美尔的健康状况严重恶化。希特勒召他回国治疗休养,命施登姆将军暂时接替他的职务。

9 月 23 日,隆美尔动身回国之前,把有关在阿拉曼战线上必须继续加紧工作的最强硬命令交给了施登姆。他认为,由于无法对战线进行侧翼包围,蒙哥马利很可能会从正面插入。为了减少英军炮火和空中轰炸的影响,隆美尔设计了十分全面的防御系统。英军的主要攻击目标将是连绵的德军布雷区战线,所有的布雷区均无人驻守,但却布下了成千上万的地雷和陷井。这条防线的前沿将由德军战斗前哨部队守卫,每一个步兵营抽出一个连的兵力。在布雷区后面大约二千码处是主要的步兵防御阵地,后面有布局巧妙的更大型的反坦克炮,防御阵地后方作为机动后备力量的是装甲和摩托化师。

这些主要的防御地带便是隆美尔著名的"魔鬼的乐园"。大多数地雷的威力都足以炸断坦克的履带或摧毁一辆卡车。而其中百分之三的地雷具有多种毁灭性的杀伤力,或通过电线引爆,或是一触即响,接着这些地雷就像玩偶匣似地飞向空中爆炸开来,无数的钢球将飞溅到四面八方。在蒙哥马利发起进攻之前,德装甲军团埋设了 249849 颗反坦克地雷和 14509 颗杀伤地雷,加上南线上占领的英军布雷区,隆美尔的防御线上一共有 445000 多颗地雷。

隆美尔的基本战术计划是让敌军的进攻陷入他的布雷区,然后德军再从战线的北端和南端发起反攻,使蒙哥马利的精锐部队落入他的圈套。

"一旦战斗打响",他向施登姆保证说,"我将立刻放弃治疗,返回非洲。"

隆美尔回国后,形势进一步恶化。英国的情报机关接连截获德军运输船即将到来的消息,于是派出飞机和潜艇在海上等候,并将它们摧毁。德军燃料供应严重不足,士气低落。

英军司令蒙哥马利获悉这些情况,并知道隆美尔的部队无论在哪一方面都不能与他的大军匹敌。他告诉军官们,隆美尔已"告假养病",德军战斗力衰竭,军粮不足,汽油弹药短缺。英军发起总攻的时机已经到来。

"你们训练有素,眼下正是杀敌之时,"蒙哥马利动员士兵道。"向坦克开火,向德军开火吧!"

1942年10月23日,英军发起凌厉攻势。施登姆将军亲临前线指挥德军作战,不幸阵亡。10月25日,隆美尔急忙赶回前线。当他跨进司令部的汽车时,阿拉曼战役的大厮杀已进行了48小时。英军的炮声震耳欲聋。隆美尔询问为什么英军集结进攻时他们不用炮火轰击。托马将军和威斯特法尔两人解释说,施登姆将军严禁进行炮击,以免浪费炮弹。在隆美尔看来,这简直铸成了致命的大错。正因为如此,英军才能以排山倒海之势轻而易举地压过前沿阵地,占领了德军的布雷区。

英军进攻的重点在北部,他们以步兵为突击队,在浓郁的烟幕掩护下从布雷区杀开一条通路,以便坦克突破防线。在这些通道之间兀立着可作为炮兵观察所的光秃秃的28号高地。但此高地已落入英军之手。

隆美尔率军向这块高地发起了殊死的反攻,但是,数次冲击均告失败,德军反而在这块无法隐蔽的地段上,遭到英空军的无情轰炸。

此时还有一项战术措施可以运用,那便是后撤几英里,退出英军炮火射程之外,再诱英深入,使对方坦克卷入激战,以优势兵力全歼之。然而,隆美尔已无足够汽油支持实施此计划,并且德国空军此时也无力支援。

隆美尔感到心灰意冷,但他仍向指挥官们发布命令,指出此乃生死攸关时刻,任何人都必须绝对服从命令,都必须战斗到底。

很快蒙哥马利又发动了一次大规模的攻击。德军勇猛拼杀一夜,终于击退了对方的攻势。蒙哥马利被迫重新考虑战略部署。

这时德军燃料已所剩无几,并且,英空军的狂轰滥炸也使德军招架不住。隆美尔清楚地认识到:要是他的部队固守在原地,一旦英军突破防线,就会形成包抄之势,德军那时插翅也难飞了。

于是,他命令所有的非战斗部队撤到富卡防线更远的西部——梅尔沙·马特鲁地区。就这样,隆美尔神不知鬼不觉地开始了撤退。

他向希特勒汇报了这一打算,然而希特勒拒不批准,并电令他:"你可向你的部下指明,不胜利,毋宁死,别无他路!"

隆美尔只好命令前线部队继续坚守阵地。这使得很大一部分部队错失撤退良机,惨遭覆灭。到11月4日,德军南线总指挥凯塞林元帅赶来给部队打气时,前线德军只剩下22辆坦克了。

"我觉得应把元首的电报看作是呼吁,而不是一成不变的命令。"凯塞林指出。

"我认为元首的指令是绝对不能更改的。"隆美尔诚惶诚恐地说。

"但必须随机应变,"凯塞林反驳说,"元首并不愿意你和你的士兵葬身此地。"

凯塞林劝他立即电告希特勒:"就说部队损失惨重,人员剧减,不可能再守住防线。要在非洲立足的惟一机会完全取决于此次撤退的成功与否。"凯塞林同时答应亲自向希特勒电告此事。

不久,希特勒回电隆美尔,悻悻道:"既然事已至此,我同意你的要求。"

就这样,隆美尔七万人的残部开始了艰难的大撤退。

很少有这样残酷的环境,竟然在一支军队撤退时如此恶毒地消耗着它的精髓。然而,隆美尔依旧表现了身处逆境时那种惊人的狡诈。好多次,蒙哥马利的炮火还在向德军轰炸不止,可是德军早已悄然后撤,只留下数以百计的地雷阵在恭候前来探头探脑张望的英军。

虽然疾病缠身,头晕目眩,但隆美尔仍率七万德意联军,穿越了北非海岸线数百英里荒无人烟的沙漠。一路上,他们忍受着热带白昼酷热的煎熬,经受了疾风暴雨的吹打,硬挺着寒冷彻骨的黑夜。这支首尾长达60英里,由坦克、大炮以及各种载人车辆拼凑起来的队伍,一路上经常遭到无情的空袭。有好些日子,由于缺乏燃料,整个撤退行动不得不瘫痪下来,与此同时,隆美尔那些身经百战、忠诚不渝的士兵在缺水少粮的情况,仍然在为掩护撤退作着殊死的抵抗。几星期、几个月过去了,终于,突尼斯的青山丛林映入了眼帘,隆美尔才长长松了一口气。

在突尼斯,隆美尔受到了凯塞林、突尼斯德军总指挥阿尔尼姆以及意大利最高统帅部的合力排挤,只好于1943年3月称病告别了非洲。

在他离开两个多月后,北非的德军接连溃败,只好举手投降。

# 六、火中取栗

德意联军在北非彻底失败后,意大利便直接暴露在英、美盟军面前。这时的意大利国内局势也日益不稳,墨索里尼的地位岌岌可危。

希特勒急忙任命隆美尔组建一个新的集团军司令部的参谋班子,并指示他:一有紧急情况,便进占意大利。

1943年7月9日,英、美盟军用伞兵和登陆艇对意大利的西西里岛实施进攻。

7月25日,意大利发生政变,墨索里尼被囚。虽然新政府宣布不背弃德国,但希特勒根本不相信这一点。他强烈主张立即进军意大利,扶植墨索里尼重新上台。隆美尔却力主采取谨慎的行动,逐步渗入意大利。经过一番争论,希特勒冷静下来,同意了隆美尔的意见。

于是,隆美尔开始不慌不忙地把部队直接渗入意大利北部。他计划:横跨从热那亚到里米尼(意大利中部靠近亚得里亚海的重要港口城市)的意大利北部,占领一条战线,然后再把忠实可靠的德军遍布意大利。他认为,德军先应在西西里打一场旷日持久的战役,然后沿意大利的"靴形"地势(意大利在地图上很像一只斜放着的靴子)撤退北上,在横跨意大利的科森察(意大利西南部的重要城市)至塔兰托(意大利东南部的重要港口城市)之间的一系列防线上进行防御,最后再沿亚平宁山脉进行抵抗。总之,他认为:"与其在自己的国土上打仗,不如在意大利进行战斗。一定要拒战争于德国本土之外。"

7月29日,希特勒获得情报——意大利的新政权正秘密与敌人接触,停战指日可待。他急忙下令隆美尔执行秘密入侵意大利的阿拉里奇行动计划。

隆美尔对突击营的指挥官扼要交待说:"你们要对意大利人保持友好和睦,避免摩擦。"

"他们要是抵抗呢?"

"那就谈判,"隆美尔说,"如果他们向你们进攻,你们就还击。切勿使用意大利人的电话线。与后续部队一定要保持紧密的联系,使意大利人无法将部队插进来。"

德军迅速占领了意大利北部边界地区的关隘。等意军反应过来,大批德军已滚滚而来,占据了意大利北部的各战略要地。意大利最高统帅部对此非常恼怒,他们将大批军队调往北部抵挡德军,同时加紧同英美盟军接洽投降事宜。

为协调德军在意大利的行动,希特勒调凯塞林元帅指挥南部军队作战,让隆美尔专门负责指挥北部德军行动。

9月8日,意大利宣布向英美盟军投降,德国最高统帅部用电话向隆美尔和凯塞林下达代号为"轴心"的命令,让他们立即快刀斩乱麻地收拾意大利军队。

德军行动迅速,很快占领罗马和各大城市。意大利新政府要员和王室逃跑到英美盟军那里,乞求援助。

第二天,美军第五军团在那不勒斯(意大利南部的重要港口城市)南部的萨莱诺从海上进攻。从破译的美军无线电通讯密码中得知,意大利人已将战略部署泄露给敌人。凯塞林接到希特勒的直接命令:"如果有必要",边打边向北撤,向罗马方向运动。但是美军和德军防守部队一交锋便被打垮。这未免令人手痒,凯塞林决定就在当地及时吃掉敌人。

与此同时,隆美尔在北部将一切力量都投入到了海岸防线,并不再保留后备部队,准备拒敌于海面。

9月10日,隆美尔因阑尾炎住进了医院。躺在医院时,他不止一次听到了空袭警报。这使他意识到在奥地利的家也已不安全,急忙写信给妻子要她迁居外地。

凯塞林极想遏制住盟军的攻势,甚至把他们赶下海去,但这几乎是梦想。9月12日,他得到反攻的许可,但是英美盟军已经有八个师登陆,正以优势兵力压向德军的四个师。于是德军开始边撤边退。希特勒授权凯塞林一路上破坏桥梁、公路、隧道和铁路等设施,阻止敌人的推进。

这便是27日隆美尔出院时的局势。那天下午,陆军元帅凯特尔从最高统帅部打来电话,要隆美尔飞回"狼穴"(希特勒设在东普鲁士的大本营)参加会议,与希特勒讨论秋季战略。这一回凯塞林也出席了会议。

隆美尔和凯塞林向希特勒汇报了在意大利的战果:他们解除了80万意大利士兵的武装,取道北部押送了26万8千人到德国服苦役,缴获了448辆坦克、2000门大炮和50万支步枪。然而这并不是最令人叹服的战果。在拉斯佩齐亚的三条隧洞里,隆美尔的部队发现了为意大利潜艇和军舰贮藏的燃料油,共有38000桶,相当于165万加仑。正是这个意大利最高统帅部,一边窝藏着这么多的燃料油,一边说海军没有燃料,不能为船只护航,无法把给养物资运给在北非的隆美尔!在随后的几个星期里,别处也找到了更多的意军秘密贮藏的燃料油。

出席会议的戈林插话道:"我们还缴获了数百架第一流的意大利战斗机。"

"这些家伙怎么竟干得这样神不知鬼不觉呢?"希特勒吃惊道。

戈林冲动地说:"意大利和墨索里尼多年来一直在有意捉弄我们。意大利人把飞机和原料藏起来,墨索里尼怎会一无所知?真该一枪把他崩掉。"

这些话并不对希特勒的心思。他依然费尽心机,把墨索里尼从被关押的山庄里搭救出来,并帮他重新建立起政权。"真正的过失全在国王和他的将军们身上,"希特勒强调道,"他们策划这次叛变是蓄谋已久了。墨索里尼和他们不同,他是我们的朋友。"接着,他转向凯塞林和隆美尔说:"我们在意大利坚守的每一天、每一周、每一个月,对我们都是生死攸关的大事。我们必须赢得时间。因为只要把战争拖延下去,就能使对方屈服。"

然而,隆美尔不能保证的也正是时间。他建议最好的办法就是依次安全迅速地沿意大利半岛撤至罗马以北90英里的地方。

可是,凯塞林却要求在罗马以南90英里只有先前一半长的战线上进行最后的防御战。他相信至少能在即将到来的冬季守住这条防线。这一建议比隆美尔的建议显得更为乐观,并且更合希特勒的意。

然而,隆美尔指出,凯塞林的计划中有一个明显的漏洞,因为对方若在罗马的任意一边,海上或更远的北部绕过这条防线,德军就会腹背受敌。

凯塞林为自己辩护说,若北部德军严阵以待,密切配合的话,此防线必然固若金汤。故而他要求由一人统盘指挥意大利战事。

10月17日，希特勒派人请来隆美尔，让他独自指挥意大利战场的德军，但同时要求他依凯塞林计划行事，至少要在整个冬季守住凯塞林现在控制着的从加埃塔到厄托纳的防线。隆美尔则提出了强硬的保留意见。他要求在接受"意大利最高司令官"一职前，必须亲自视察凯塞林的战区，再根据实际情况制定作战计划，不同意盲目执行别人的计划。希特勒对此大为恼怒。

10月19日，希特勒决定将意大利的最高指挥权授予乐观的凯塞林。

那么隆美尔该做什么呢？他那齐心协力的参谋部又该怎么办呢？难道隆美尔该靠边站了，这对德国来说是无法理解的。希特勒此时陷入了进退两难的窘境，该给这位他自己的宣传机器鼓吹出来的神秘元帅分配什么工作呢？希特勒作出了第一个十分不当的决定，让隆美尔集团军的参谋班子原封不动，在必要时可以给他出谋划策。这虽然迎合了隆美尔的数学头脑，因为数学是一门充满了"寻求问题答案"的科学。但是对隆美尔本人而言，这不过是让他蒙受耻辱，丢尽脸面罢了。他感到自己终于被抛在了一边。

# 七、负隅顽抗

希特勒的战略顾问约德尔将军提出了解决隆美尔问题的方法。10月30日，他把德国军界年事最高、资格最老的陆军元帅、西线总司令伦斯德的连篇累牍的报告呈交给希特勒。该报告指出，自1942年8月以来，在欧洲与英国隔海相望的海岸线上，希特勒曾大肆鼓吹的"大西洋壁垒"事实上已经不堪一击。以英美盟军在西西里和萨莱诺成功登陆的实力来看，"大西洋壁垒"根本无法阻挡对方决意进行的入侵。必须尽快地彻底检查和加固海岸防御工事。约德尔的建议认为：这对隆美尔及其参谋班子来说是一项很合适的工作，无论对方从什么地方发动攻势，从战术上来说，隆美尔都可以胜任反入侵的指挥任务。但是希特勒并不想做得太过火，他要约德尔起草一份适合于隆美尔的命令，只说是"研究任务"，而不指明"战术指挥"这样的概念，因为那样做未免过分了点。

11月5日晚些时候，希特勒在"狼穴"把这项命令下达给隆美尔。他着重指出，这项工作对德国具有重要意义，"敌人要是从西线进攻的话，那就将是这场战争的决定性时刻。"希特勒说，"那么，我们必须举国上下全力以赴。"遵照希特勒的直接命令，隆美尔开始着手研究在盟军获得立足点之后必须采取的防御计划和可能的反攻措施。

希特勒暗示隆美尔，如果战斗打响，他可能要担任战术指挥。可是，希特勒并未把这个意思告知西线总司令伦斯德。相反,希特勒却事先派最高统帅部司令凯特尔秘密前往巴黎,向伦斯德担保他可以稳坐总司令的宝座。

与希特勒短暂愉快的会面,使隆美尔倍受鼓舞。他兴致勃勃地写道:"元首的精力多么充沛!他给他的人民以巨大的鼓舞和坚强的信心!"

希特勒之所以选派隆美尔的原因是:在纳粹指挥官里惟有隆美尔具有数年与英美军队作战的经验,盟军非常畏惧他;此外,希特勒也想给隆美尔一个挽回声望的机会。

在视察过与英国隔海相望的全部海岸防御工事后,隆美尔认为:若发动进攻,盟军首先会以猛烈的空袭开路,然后在海上军舰和空中战斗轰炸机的火力掩护下,用数以百计的突击艇和装甲登陆艇在广阔的战线上从海上登陆,与此同时,在离海岸不远的内陆投下空降部队,从后面打开"大西洋壁垒",从而迅速地建立桥头堡。故而,惟一有效的防御手段便是在滩头就歼灭入侵之敌。

为了实施这一计划,隆美尔决定在整个大西洋壁垒地带构筑一道六英里宽的坚不可摧的由地雷阵地和钢筋水泥掩体构成的防线。

他四处巡视,监督士兵们加紧修建防线,并且独出心裁地发明了各种新的防御技术。他建议用救火胶管的射流把笨重的木桩打入海滩下面。结果这个主意很奏效:木桩在三分钟内就能整根地打到沙地下面,而用常规的打桩机则要花费45分钟。接着,隆美尔命令士兵把地雷紧紧地捆在障碍物上,并给障碍物插上锋利的铁刺和参差不齐的钢板,这样它们就可以保证把登陆艇炸得粉碎。为了克服地雷的短缺,隆美尔创造了利用120万颗废炮弹的方法。这种致命的"坚果"地雷是一颗嵌在水泥障碍物上的炮弹,其中安有一块木板,作为临时触发器,一旦船只从旁经过,就会引起爆炸。为了把笨重的障碍物运到较远的海滩,他还绘制了有关使用浮漂起重机、船只和马拉队,以及滑车等技术的草图。设计图和使用方法印制出来后便分发给整个防区的指挥官们。为了克服物资的不足,他开办了生产水泥和四方体障碍物的工厂,修建发电站,重新开采矿山等。尤其值得一提的是,隆美尔的创业精神在西线激发了士气,士兵们的情绪日益高涨。

1944年初,英美盟军在欧洲开辟第二战场的意图日趋明显。

3月19日,希特勒在伯格霍夫召见隆美尔,对他说:"显然,英美即将联合对西线发起进攻。在任何情况下,都不允许敌人的进攻持续几个小时。要坚决歼灭他们,这将使罗斯福不能蝉联美国下一届总统之职。英国人则会产生厌战情绪。而且一旦西线胜利,我们就能全力对付东线。因此,这场战斗关系到我们国家的命运!"

同时,希特勒还指出:英美的联合进攻一旦开始,诺曼底海岸将是他们的进攻目标,而战略目标则是夺取瑟堡港。

隆美尔却不同意这一判断,他认为敌人可能进攻的海岸线必定是自比利时延伸至法国索姆河的第十五军团驻守的地段。

果然英军侦察机频繁骚扰第十五军团防区,他们的空袭也集中在这一地区。

5月20日,德军在索姆海湾抓到两名英军突击队员,他们正在从事侦察活动。

接着,隆美尔在北非时的部将克拉默因患严重的哮喘病被英国人释放回国。他跑来找隆美尔告诫说,敌人进攻选在索姆河附近地区。

所有的迹象都表明,英美盟军进攻的目标是靠近英吉利海岸的第十五军团的防区。

隆美尔对自己的判断更是深信不疑,他将这一地区视为防御重点,加固工事,投注重兵。1944年6月6日,自认为万无一失的隆美尔回到家中,愉快地去给妻子露西过生日去了。

殊不料,他中了老对手蒙哥马利的圈套。正是6月6日这一天,盟军在隆美尔防御最薄弱的诺曼底登陆。

闻讯赶回的隆美尔立即组织抵抗,但终未能阻止住盟军排山倒海的攻势。

十天后,隆美尔对德国的败局确信无疑,他上书希特勒阐明德军处境,请求希特勒考虑和英美盟军谈判议和。他对希特勒说:"现在,政治应该起到它应起的作用了,否则,西线的局势很快将恶化到难以收拾的地步。"

"这不是你应该关心的事。让我来决定吧。"希特勒冷冷地答道。

6月末,德军在诺曼底作了最后一次反攻,但很快失利。

7月中旬,隆美尔和另一位陆军元帅克鲁格联名敦促希特勒从政治上考虑,做出最后的决定。并且,他还在手下的将领中竭力宣传自己的主张。

"要是元首拒绝我的建议,那我就敞开西线,让英国人和美国人先于俄国人到达柏林。"他对第17空军野战师作战部长瓦宁说。

不久,他与装甲群指挥官埃伯巴赫将军秘密会晤。

"我们不能再这样继续下去了。"隆美尔指出。

埃伯巴赫模棱两可地问道:"只要元首在台上一天,你能想象情况会有什么变化吗?"

隆美尔摇摇头说道:"我希望得到你的支持。为了德国人民的利益,我们必须合作。在以往的类似行动中,人民总是慷慨激昂的。"

"那将会在德国引起一场内战。"埃伯巴赫忧虑地说。

"是啊!惟愿元首同意我的计划。"隆美尔答道。

7月17日,隆美尔视察第一党卫装甲军。他问军长迪特里希:"你愿永远执行我的命令吗,甚至这些命令和元首的命令相抵触的时候?"

这位党卫军将军伸出那瘦骨嶙峋的手对隆美尔说:"你是头儿,陆军元帅阁下。我只听从你的,不管你打算干什么。"

殊不料,在返回途中,隆美尔的汽车遭盟军飞机轰炸,摔进一条沟渠里。他头部受了重伤,被送到巴黎郊外一家医院进行治疗。

# 八、祸起萧墙

1944 年 7 月 20 日,德国国内发生了谋杀希特勒事件。密谋分子施道芬堡把一只装有炸弹的皮包放在东普鲁士希特勒的作战会议室里,结果炸弹仅使希特勒受到轻度烧伤和撞伤,暗杀宣告失败。

隆美尔被深深地牵连进这次谋杀案之中。密谋分子供出了与隆美尔关系亲密的克鲁格元帅和隆美尔的参谋长斯派达尔中将。希特勒解除克鲁格的职务并召其回国。克鲁格知道在劫难逃,就吞下了氰化毒剂自尽身亡。斯派达尔在审讯中,宣称一位密谋分子曾将暗杀阴谋告知了他,而他则及时地向隆美尔报告了此事。若隆美尔没有上报这个警告,那就不是他本人的过错了。

秘密警察相信了这一供词,并写成报告交给了希特勒。本来就对日益悲观、持失败主义论调的隆美尔大为不满的希特勒怒气冲天,指出斯派达尔尚可饶恕,隆美尔则罪不可赦。

8 月 8 日,隆美尔被送回德国家中养伤之时,已被秘密警察监视起来。

10 月,希特勒决定处死隆美尔,但仍对他的爱将施舍了最后的恩惠。希特勒为其指出两种选择:一是如果隆美尔否认他人的指控,就向元首当面交待,否则理应受到处决。对于隆美尔之死,希特勒也为其指出两条路:一是作为人民公敌被公开处死;二是自杀,对外宣布自然死亡,死后享有一个陆军元帅应有的一切荣誉,家属不受任何牵连。

就这样,希特勒给他宠爱的陆军元帅出了最后一把力。对于那些被吊死在钢琴弦上的密谋分子,他从来没有过这样的恩惠。人民永远不会知道隆美尔和叛变分子沆瀣一气,甚至隆美尔的妻子露西也被蒙在鼓里。希特勒同样不让戈林和邓尼茨这些纳粹高级将领得知事实的真相,隆美尔的人事档案中也没有任何蛛丝马迹表明他参与过密谋,他的一生"清白而无瑕"。

1944 年 10 月 14 日,陆军人事部部长布格道夫、陆军人事部法律处长官迈赛尔少将亲自来到隆美尔家里处理此事。

书房里,布格道夫宣布:"元帅阁下,你被指控为谋害元首的同案犯。"接着他将斯派达尔等人的书面证词递给了隆美尔。

这些证词构成了毁灭一个人的起诉书，隆美尔看完后，一种极度痛苦的表情浮现在脸上。他现在是有口难辩，他怎么说得清楚自己没有参与暗杀阴谋，甚至时至今日都一无所知呢？

他所盘算的"一切"，难道不就是无论元首同意与否都要与蒙哥马利达成单独停战的尝试吗？即便如此，他也必须承认，这也足够引起元首的忌恨，把自己送上绞刑架了。

"元首知道此事吗？"隆美尔怀有一线希望地问。

布格道夫点点头。

"那么，我承担一切后果。"隆美尔两眼闪出绝望的泪花道。

布格道夫告诉隆美尔，元首允诺：如果他自尽，将对他的叛国罪严加保密，不使德国人民知道原因。为了纪念他，还将树立一座纪念碑，并为他举行国葬，而且保证不对他的家属采取非常手段。此外，其妻露西还将领取陆军元帅的全部抚恤金。"这是对你从前为帝国建树的功勋的肯定。"布格道夫强调道。

隆美尔被这突如其来的晴天霹雳搞得目瞪口呆，他请求给他几分钟的时间收拾一下东西。他心力交瘁，步履蹒跚。这该是多么具有讽刺意味的一幕。他，隆美尔，在两次世界大战中经历了多少枪林弹雨，多少次出生入死，而现在却要为他从未参与过的一次失败的阴谋去死，而不是马革裹尸、为国捐躯！

"我可以借用你的小车安静地开到别处去吗？"他问布格道夫，"恐怕我不能很好地使用手枪。"

"我们带来了一种制剂，"布格道夫温和地答道，"它在三分钟内就能奏效。"

布格道夫说完便退出了房间。隆美尔则上楼去和妻子诀别。"15分钟之内我将死去，"他木然地对露西说，"我被牵连进了7月20日的阴谋之中，在劫难逃了。"露西没有哭，泪水只是以后当她孑然一身时才潸然而下。他和她谁也没有意料到这场离别。露西顿时感到头晕目眩，天昏地暗，然而她却勇敢地迎接了他最后的拥抱。

接着，隆美尔叫来儿子，从衣兜里掏出家里的钥匙，把它连同钱袋一并交给了他，并告诉他："斯派达尔对他们讲，我是7月20日阴谋的主犯之一。我不能再和你们生活在一起了，你要照料好妈妈。"

最后，他走出门，安静地和布格道夫一起钻进了车子的后座。那位司机，党卫队的一名军士长，松了一下离合器，车子随即消失在路上，朝着前面的村庄驶去。

这位司机当时32岁，叫海因里希·多斯。他后来讲述了接下去的一幕。车子行驶了两百码以后，布格道夫命令他停车。"我下了车，"这位司机说，"迈赛尔将军和我一道,沿着公路往回走了一段路。过了一会儿,大约四五分钟,布格道夫叫我们回到车子那里。只见隆美尔坐在后座上,正处于弥留之际。他已神志不清,颓然倒下,啜泣着——并非是死前的那种挣扎或呻吟,而是在啜泣。他的帽子落下来,我把他的身子扶正,给他戴上帽子。"

第二天,德国报刊上登出了隆美尔因病去世的讣告,他终年 53 岁。

## 九、尾　声

战争刚一结束,隆美尔的名字便和刺客施道芬堡周围的密谋分子联系起来。也许这是不可避免的。1945 年 4 月,在布格道夫与迈赛尔将军登门拜访后,隆美尔便因病去世。这足以让人们去猜测他的死因。当时,还有许多别的高级军官被这个阴谋牵连而自杀身亡,人们在揣度隆美尔的死因时也就会自然而然地作如是之想。但是,隆美尔的家人依然认为反希特勒的阴谋是卑劣的,效忠希特勒是一个陆军元帅惟一本分的职责。把隆美尔的名字与密谋分子施道芬堡混为一谈是玷污了这位陆军元帅的荣誉。1945 年 9 月 9 日,隆美尔的遗孀露西声明道:"为了使隆美尔的名字洁白无瑕,为了维护他的荣誉,我要把此事的真相公诸于世。我丈夫并没有参与 7 月 20 日的阴谋。我丈夫一向直言不讳,他曾开诚布公地把自己的见解、意愿和计划向最高当局陈述过,虽然他们并不喜欢他这样的做法。"

这是千真万确的事实。但是,密谋分子的标签已经贴到了隆美尔的身上。

英国人和美国人喜欢抓住隆美尔的神话不放。他们把隆美尔视为抵抗运动的英雄,认定他们所敬畏的纳粹分子隆美尔一定参与过反对他们的头号敌人希特勒的密谋。

当然,密谋分子隆美尔的神话还要归功于斯派达尔。1946 年,即使是个白痴也清楚,当时,在战后的德国,只有被证明与施道芬堡密谋分子有联系的人才被认为是可信赖的反纳粹分子,才能得到权力。斯派达尔曾经是隆美尔的参谋长,若隆美尔被塑造为一个令人肃然起敬的密谋分子并能长期保持这一角色的光彩,那么斯派达尔作为一名密谋分子的凭证显然将变得更为合情合理;如果隆美尔被树为战后德国身价极高而又恰如其分的人物,那么,与之有联系的斯派达尔也必然得到高升。他于 1946 年在美军集中营里曾很坦率地对另一位德国将军说:"我想使隆美尔成为全体德国人民的英雄。"

斯派达尔在获释后发表的一本书中继续编造这个神话。他提出的论据认为:从 1944 年 4 月开始——此时他作为隆美尔的新任参谋长刚刚到任——一批排成四路纵队的密谋分子齐步走进了城堡司令部的大门,隆美尔在那里热烈地欢迎他们,并许诺支持他们的计划和手段,表示愿意在希特勒被推翻后上台执政。

显然,斯派达尔的这着深思熟虑的棋很快就奏效了。隆美尔成了永垂不朽的神话元帅,而斯派达尔本人则在其光荣的回光返照之下,从一名战俘一跃而成了德意志联邦共和国陆军的新任司令官,继之又步步高升,当上了北大西洋公约组织的高级将领。

那么,历史的真相到底是什么呢?

毋庸置疑,到1944年6月中旬,隆美尔已多次耳闻纳粹集中营大屠杀等残暴事件,逐步认识到希特勒政权的滔天罪行。当诺曼底战役对他形成不利局面时,隆美尔便沉溺于白日梦中。他开始左右摇摆地产生了与希特勒背道而驰的念头,想直接和敌人打交道。然而他自己可能也明白,他绝不会这样做。

有一段插曲是隆美尔这种个性气质的最好写照。它发生在1944年诺曼底登陆前那令人疲惫不堪的最后几周里。隆美尔在短途巡视中,常常在德国娘子军为他的士兵开办的旅店里停下来吃午饭或喝午茶。漂亮的空军姑娘和护士们时常围住他,要他签名留念。有的少女被这位大名鼎鼎、气宇轩昂的军人迷得神魂颠倒,她们送给他礼物、纪念品,并温情脉脉地向他暗示,这一切弄得隆美尔十分尴尬。然而有一天,姑娘们的热情和浓烈的法国香水味甚至也挑逗得这位严肃固执的陆军元帅动了心。当他出了房间朝等待着他的车子走去时,对陪同的工兵指挥官梅斯将军说:"你知道,梅斯,"他狡黠地一笑,"有些姑娘真是迷人,我差不多要为之倾倒了。"然而,隆美尔明白自己绝不会陷进去,因为他对爱情是忠贞不渝的。

在政治方面,他动过反对希特勒的念头,但他就像一个在感情方面非常忠诚的丈夫偶尔在不规矩的奇思怪想中得到满足一般;但绝不会真的去寻花问柳。"我差不多要为之倾倒了!"他对梅斯这样说。但无论如何也只是"差不多要",事实上却并没有。

再者,比起其他的将军来,他更为有胆识,敢于向希特勒陈述自己的观点。1944年6月,他就曾口头对希特勒建议与英美盟军议和。7月,他更是与克鲁格元帅一起向希特勒上书建议此事。并且他还想写一封给蒙哥马利的信,自愿把诺曼底战线开放给盟军,天真地希望德、英、美三国联合对抗苏联红军等等。

然而,我们看到,这些与希特勒政策相背离的想法和计划,虽时时出现在隆美尔的头脑中,并常在他与朋友的谈话中流露出来。但这并不意味着隆美尔会在行动上背叛希特勒。如同当年在但泽的婚礼仪式上他向妻子发的誓一样,1934年他和每一个军官对元首的宣誓足以使具有隆美尔这种信念的军人不会去干那种背叛元首的违背神圣誓言的勾当。此外,隆美尔和一些积极的陆军元帅还在1944年3月在给希特勒的第二份效忠书上也亲自签名发过誓。双重的誓言更使得隆美尔不敢越雷池一步。非日尔曼民族的人一定很难接受这样的事实：一位刚直不阿的将军竟然会由于自己的效忠宣誓而被这种极权统治捆住手脚。但他们确实就是这样，他们的整个军事生涯都被这种形式所支配。一种绝对服从上级命令的民族气质牢牢控制了他们。接连不断的胜利由此产生，而失败往往也起源于此。一位德国将军的观点可以说是代表了包括隆美尔在内的许多德国将军的普遍观念，他说："我深信，誓言永远是誓言，它永远也不可违背，尤其是在危急关头，就更要恪守誓言，用鲜血和生命去捍卫它。"

最后，对于隆美尔其人我们又能说些什么呢？

跟别的婴儿一样，他呱呱落地时并没有什么特别的形容词可以用来修饰他；他在褓褓和孩提时代得到的不寻常的形容词也几乎寥寥无几；作为学生，他纤弱但勤奋上进；作为青年，他守纪律、坚韧不拔而且喜欢发明创造；作为丈夫和父亲，他不但富于感情，有想象力，而且忠诚不渝。

他在军队中出人头地，勇猛无畏，足智多谋，但有时也轻率莽撞，自以为是；他虽然也意识到自己出身寒微，只是一个教员的儿子，但具有非凡的抱负；他憧憬远大的目标，时刻渴望着权力和高官厚禄。在生命的最后几周，他对儿子说："你知道，还只是一名陆军上尉的时候，我就已经懂得怎样指挥一个军团了！"在整个一生中，他从未表露过个人的畏惧，甚至明知是去赴死，他也一如既往，迈着坚定的步伐毅然前往。

但是，实事求是地说，由于年龄的增长、思想的成熟和官爵的升迁，他变得固执武断，对同僚和上司的劝告置若罔闻，他鲁莽草率，傲慢无礼，对别人的指责和非议常常神经过敏。

正如希特勒在1944年8月评论他的那样："他不是一个真正持之以恒的军人。"隆美尔只是一个有其不足之处的普通的军官：在取得接二连三的胜利之后，他对士兵来说确实是个鼓舞人心的源泉；但一经失败，他倾刻之间就丧失了勇气。

作为一个战略家，隆美尔目光短浅。他只重视军队眼前的战斗，却看不到战争全局的势态发展。譬如1941年，他对希特勒即将进攻俄国的野心勃勃的战略竟一无所知，从而导致了在利比亚战线拉得太长的灾难性事件。1943年，隆美尔也居然看不到为争取时间而拖延战争的好处，从而被希特勒调离意大利战场。事实证明，凯塞林秉承希特勒意旨在意大利的抵抗曾使罗斯福和丘吉尔一时被缚住手脚，动弹不得。事实上，有时隆美尔似乎只有一个主导思想——在力所能及的范围内将部队尽快地撤回德国本土。他先从利比亚撤到突尼斯，以后又力主从意大利南部加速撤退到阿尔卑斯山。这样便首先把巴尔干暴露在敌人的进攻面前，然后又使德国南部遭到英美盟军的战略轰炸。

不过话又说回来,尽管隆美尔有这些缺陷,他的能力和才智还是不可否认的。有人曾这样评价他:"他不仅对别人,而且对自己都极为严格。他精力充沛,从不姑息自己。由于有能力创造丰功伟绩,所以对自己的下属也要求甚高,意识不到一般人的体力和智力毕竟有限。"他具有不凡但又显得呆板的军事天赋,因此我们不大容易忘记隆美尔这位天才的军事家。战斗过程中的士兵们可不是一群傻瓜和白痴,他们能辨认指挥官的伟大与否。不容否认的是,隆美尔的士兵们,不论他们是由什么民族组成,都毫无例外地钦佩和崇拜他们的指挥官——隆美尔。

历史永远不会忘记,在两年的时间里,隆美尔曾在硝烟弥漫的北非沙漠中指挥着仅仅两个装甲师和为数不多、装备较差、后勤供应不足的步兵,与整个英帝国对垒,并且还能屡出奇兵,轰动一时。

今天,在隆美尔的坟墓上竖立着一具孤零零的十字架。千里之外的利比亚沙漠中也矗立着一块石碑,它俯瞰着长眠在此的德军士兵们。当年幸存下来的德军士兵一年一度来到这里,以隆美尔的名字向牺牲的战友们志哀。这就是隆美尔的另一种纪念碑:他永远活在他们心中。当狂风呼啸,天空弥漫着炙热的飞沙走石,沙漠风暴又开始怒号时,或许人们能够听到隆美尔那渐渐远去的呼喊:"冲啊!"于是,装甲纵队的发动机响起了雷鸣般的吼声,朝着东方,滚滚而去。然而,命运注定了隆美尔只能是一个悲剧英雄,因为他所从事的事业是反动的、非正义的,这一切也决定了他所从事的战争只能以失败而告终。

# 朱可夫

## ——胜利的永恒象征

张咏梅

祖国和党永远不会忘记苏军指挥员在我们的民族保卫战中所起的作用。所有这些打了胜仗、拯救了祖国的将领们的名字,将被永远镌刻在历史将在战场上树起的荣誉之碑上而流芳百世。这些战场之中,有一个战场具有非同寻常的意义,它就是苏联首都莫斯科会战的战场。而朱可夫同志的名字,作为胜利的象征,将永不分离地同这个战场联系在一起。

——斯大林

我们不止一次彻夜不眠共同研究最高统帅部的任务,不止一次坐在一起共同思考紧迫问题,不止一次一起与其他军官和将军制定数十个各种规模的战役计划。他的每次战役及战役意图和内容都包含有创新精神。我认为,朱可夫具有卓越的统帅天赋。他生来就是从事军事活动的,就是从事军事战略活动的。在战胜法西斯德国军队的享有荣誉的苏联统帅中,朱可夫是最杰出的。

——华西列夫斯基

朱可夫是战场上的胜利的永恒的象征。

——美国历史学家奥·普·钱尼

## 一、少年磨难

19世纪末期,俄国千百万农民虽然摆脱了农奴制的桎梏,但仍生活在沙皇的残酷统治之下,饥饿、繁重的劳动、早夭像瘟疫一样流行着。那时的莫斯科,虽不是最繁华的城市,但也高楼林立、巨商富贾汇集。一掷千金的阔太太、声色犬马的纨袴少年比比皆是。然而一出莫斯科,便是贫穷落败的农村。莫斯科西南的卡卢加省斯特烈耳科夫卡村,便是这无数个穷村之一。一条没膝深的小河从村边缓缓流过,村里树木葱茏,但美丽的自然风光总掩不住贫穷,村里没有一座像样的农舍,大人孩子们面黄肌瘦、衣衫褴褛。村子中央有一幢很破旧的房子,房子的一角已几近坍塌,墙壁和屋顶疯长着绿苔和野草。其实这房子总共只有一间房,低低地开着两扇窗户,只有晴朗的日子才有阳光光顾这间漆黑一团的房子。然而就是在这样的房子里,1896年12月2日诞生了一个男孩,有谁能料到,在那添丁添张嘴、苦苦度日的岁月里,这个声音宏量的穷孩子日后竟成为国家民族安危系于一身、百万敌人闻名丧胆的英雄呢?!也许真的应了那句古话:自古英雄多磨难。

这个男孩名叫格奥尔基·康斯坦丁诺维奇·朱可夫。朱可夫的父亲是一个可怜的弃婴,三个月时被发现在孤儿院的门口台阶上。一位名叫安努什卡·朱可娃的寡妇无儿无女,生活十分凄凉寂寞,在他父亲两岁时将其领养到家。八岁时,朱可娃去世,年幼的父亲就开始到附近的鞋厂当学徒,后来终于在莫斯科的维义斯制鞋厂找到了工作。年届50时父亲娶了邻村的一个寡妇,她就是朱可夫的母亲。父亲在莫斯科辛苦挣钱。但那时由于作坊主与资本家的残酷掠夺,工人收入十分微薄,父亲每月寄回来的工钱根本无法糊口。母亲是田间劳动的主力,身强力壮,农闲时还要帮人送货,挣点少得可怜的钱贴补家用。朱可夫有一个比他大两岁的姐姐玛莎,朱可夫五岁时,母亲又生下小弟弟阿列克谢。弟弟十分瘦弱,而饥饿威胁着全家,母亲不得不把不满一岁的弟弟交给七岁的玛莎照看,自己仍外出帮人送货。阿列克谢不到一岁便死了,朱可夫和姐姐看着悲痛的父母安葬了弟弟。祸不单行,不久他们那摇摇欲坠的房子终于倒塌了。母亲流着泪卖掉了家中惟一的一头牛,总算在冬季到来之前筑起了新房。多少年之后,已垂垂老矣的朱可夫回忆起当年的情景感慨道:"我们这些贫农家的孩子,都看见过妈妈们日子过得多么艰难。每当她们流泪时,我们心里也十分难过。"

苦难使人早熟,朱可夫八岁便已经下地干活了。第一次干农活是跟父亲去割草。八岁的孩子想到的不是累,而是觉得自己终于成为一个对家庭有用的人了。他干活十分卖劲,手上很快打满了血泡,但他不声不响,一直到血泡破了,不能再干为止。繁重的农活锻炼了朱可夫的吃苦耐劳精神,培养了健康结实的体魄,成为日后事业的基石。不久朱可夫进了一所教会小学。虽然衣衫破旧,书包也是母亲用粗麻布缝制的,但穷困遮不住聪明,小朱可夫成绩非常优秀。1906年父亲因参加罢工被驱逐回乡。由于见过世面,又有技艺,替乡人修鞋制鞋尽量少收工钱,因而父亲颇受尊重。朱可夫非常尊敬自己的父亲,但父子俩脾气都固执,父亲气极了,朱可夫免不了常常挨揍。一次朱可夫又挨打了,他和姐姐玛莎商量好,自己便跑出家门,在一片大麻地里躲了起来,玛莎每天给他秘密送饭。儿子出走后,父亲懊悔不已,母亲焦虑不安,不停地数落着,直到第三天一位邻居发现朱可夫,把他送回家。父亲表示以后再也不打儿子了。就在这一年朱可夫从三年制小学毕业了。母亲专门为他做了一件新衬衣,父亲亲手为他制作了一双皮靴,庆祝朱可夫成为"有文化的人"。日子太艰难,继续深造无望,母亲让儿子在家呆了两年,13岁时,父母决定让儿子去莫斯科学手艺。

"1908年夏天到了,每当我想到我就要离开家、离开亲人和朋友们去莫斯科的时候,就感到心情紧张。我知道,我的童年实际上就此结束了。过去这些年只能将就说成是我的童年,可是我又能奢望什么呢?"那时学艺也得有熟人,母亲想到了自己的兄长,已经发了财的毛皮作坊主米哈伊尔·皮利欣。1908年夏天,父亲领着儿子去米哈伊尔·皮利欣的避暑山庄,因为母亲求情还不算,老板要看看徒工身体如何。快到皮利欣家时,父亲对朱可夫说:

"看,坐在门口的就是你未来的老板。你走到他跟前时,要先鞠个躬,说声:'您好,米哈伊尔·阿尔捷米耶维奇。'"

朱可夫反驳说:"不,我要说'米沙舅舅,您好!'"

"你要忘掉他是你舅舅。他是你未来的老板。阔老板是不喜欢穷亲戚的。千万要记住这一点。"

米沙舅舅躺在门口的藤椅上,父亲走上去向他问好。舅舅没有起身,也不答理,转身看了看朱可夫:身体结实、个子不高,但肩膀很宽。舅舅点了点头。"识字吗"?舅舅问了一句。父亲连忙递上朱可夫的奖状,舅舅满意了,答应收外甥为徒。朱可夫要远行了,当时做学徒的往往四五年老板不准回家。母亲包了两件衬衣、两副包脚布和一条毛巾,这些便是朱可夫的所有家当。老父亲的眼圈红了,眼泪不住地往下淌。母亲忍不住伤心痛哭,把儿子紧紧搂在怀里,仿佛一生一世再也见不到了。母亲把儿子送到村口,朱可夫问:"妈,你记得吗?就在三棵橡树旁边那块地里,我跟你一起割麦子,把小手指都割破了。""孩子,我记得。当妈妈的对自己孩子的一切,都记得。只是有的孩子不好,他们往往忘记了自己的妈妈。"朱可夫坚定地说:"妈妈,我绝不会那样!"

朱可夫第一次坐火车,第一次来到莫斯科,那时他还是一个孩子,一个穷孩子。有谁能料到二十多年后,这个城市受到威胁时,率领千军万马保卫它的,竟是这个穷孩子!朱可夫来到舅舅开在季米特洛夫大街(后称普希金大街)的作坊,他是最小的徒弟。除了学艺外,他每天还要打扫房间,为大小主人擦鞋、点灯、熄灯、帮厨师洗餐具和生茶炉子,还要经常跑到外面帮师傅们买烟打酒。每天早上6点起床,晚上11点才能睡觉。熬到第三年,朱可夫当上了徒工的头,指挥着6名徒工。尽管生活很苦很累,朱可夫却渴望读书。老板的儿子亚历山大与朱可夫年龄相近,对朱可夫也很不错,帮助朱可夫读书。老板不在家时,朱可夫便抓紧时间学习,晚上爬到后门楼道的高板床上借着厕所透过来的光线读书。在老板两个儿子的游说下,老板终于同意朱可夫去上课程相当于市立中学的文化夜校。老板希望聪明好学的朱可夫能带动他那两个不上进的儿子,再说几年下来朱可夫吃苦耐劳、诚实稳靠也使老板对他颇有好感。老板时常打发朱可夫去送货,给他几个戈比的车马费。

朱可夫总是一路小跑去,省下钱来买书。最后,朱可夫以优秀成绩通过了中学的全部课程考试。

1911年,离家四年的朱可夫终于盼到了十天的假期,老板允许他回家探亲。离家时他还是一个孩子,刚来莫斯科时那种对亲人、对家乡的思念常使得性格本来十分刚强的朱可夫暗自流泪。在老板的责骂、甚至殴打下,对亲人的思念只好藏在心底。如今朱可夫已长成威武少年。母亲赶到小站去接,差点认不出自己朝思暮想的儿子了。母亲哭着,摸着自己的儿子:"我以为我死以前看不到你了"。回到家时,天已经黑了,父亲和姐姐在门前的土台上迎着,姐姐已长成大姑娘,父亲驼着背,老泪纵横:"我终于活到了这一天,看到你长大成人了"。

返城不久,朱可夫学徒期满,当上了师傅,月薪10卢布。这在当时的工人阶层中算是高收入了。米哈伊尔非常信任朱可夫,经常派他到外面联系业务,办理托运。朱可夫利用外出的机会,了解了俄国当时的政治情况,一有机会便阅读布尔什维克的《明星报》和《真理报》,朱可夫百看不厌,报纸仿佛说出了自己的心里话,又使他懂得了为什么工人和资本家、农民和地主之间的矛盾不能调和。1914年,第一次世界大战爆发了,在沙皇的宣传鼓动下,不少有钱人的孩子被"爱国主义"激励,纷纷参军了。老板的儿子亚历山大也决定去,并极力劝朱可夫去,一开始朱可夫真动心了,后来他去找他最尊敬的费多尔·伊万诺维奇商量。伊万诺维奇说:"亚历山大的心愿,我是理解的,他父亲有钱,他有理由去打仗。你呢?傻瓜,你为什么去打仗?是不是因为你父亲被赶出莫斯科?是不是因为你母亲被饿得发肿?你被打残废回来了,就再也没有人要你了。"

朱可夫放弃了当兵的想法。那时他正与房东的女儿玛丽亚恋爱,并开始商量结婚,然而美好的生活计划被破坏了,沙皇前线兵员不足,败仗连天。1915年7月,沙皇决定提前征召1896年出生的青年,朱可夫只好上战场了。到那时为止,朱可夫并不知道自己还有军事天赋。

## 二、军事天赋

参军后,朱可夫很幸运地分到骑兵连。骑兵是人们当时心目中的英雄,驰骋疆场,威风凛凛、剽悍潇洒。但当了骑兵之后,朱可夫才知道骑兵的辛苦。除了学习步兵的科目外,还要学习马术、学会使用马刀等冷兵器,每天还要刷三次马。朱可夫十分坚强,两条大腿都磨出了血,刚结了疤,又磨破了。发给他的那匹烈马起初并不怎么看得起这个矮壮的主人,重重地摔了朱可夫好多次,但烈马发现主人越摔练的时间越长,最后只好屈服,朱可夫很快掌握了骑兵的基本技术。在等级森严的沙皇军队里,朱可夫作为最下层的一员,感受最深的是军官们的军阀作风。军官高高在上,根本不与士兵交流,士兵与长官之间除了上下级关系外,心理距离很大。特别是有些军官随意毒打部下。朱可夫记得很清楚,当时他们骑兵训练班一个小小的军士就曾打掉好几个士兵的牙齿。因为在沙皇军队里,打骂士兵谁也不认为它违反什么法规,士兵也从来没有权利为自己辩护。那些处事公道、性情温和的旧军官在士兵们心中拥有很高的威望。旧军队的经历给朱可夫留下了太深的印象,以后朱可夫成为红军高级将领后,从不责骂士兵,处事公道,凡事以身作则。

训练结束后,朱可夫获得准军士衔。1916 年 8 月朱可夫就随部队上前线了。时间不长,朱可夫在一次侦察时踏上地雷,被从马上掀了下来,受了严重震伤。昏迷了一天一夜后,被送往后方医院。这时朱可夫获得了两枚乔治十字勋章。一枚是因为俘虏德军军官被授予的,另一枚则是因为这次受重伤奖给的。伤愈后,他被派到骑兵连训练新兵。不久俄国国内爆发了二月革命,彼得格勒建立了工兵代表苏维埃,沙皇被赶下台,统治俄国 300 多年的罗曼诺夫王朝灭亡。2 月 27 日凌晨,朱可夫所在的骑兵连突然集合,大家都不知道发生了什么事情,朱可夫问排长、排长问连长,连长只知道到团部集合,其他也不清楚。朱可夫的连到达团部时,工人"打倒沙皇!打倒战争!工兵代表苏维埃万岁"的游行队伍包围了过来。很快连长和其他一些军官被捕,朱可夫的连被苏维埃政府接管。局势非常混乱,11 月 7 日,列宁率领布尔什维克再次起义,推翻了资产阶级临时政府,建立了苏维埃政权。政权建立以后,列宁立即宣布退出战争。1918 年 1 月又决定组建苏维埃自己的武装力量——红军,红军宣布官兵一致,人人平等,团级以下军官由军人代表大会选举产生。它极大地调动了广大士兵的积极性,8 月朱可夫加入红军。他被编入莫斯科骑兵第一师第 4 团。团长是铁木辛哥,师长就是当时正值盛名的布琼尼将军。从 1918 到 1922 年,朱可夫投入到保卫苏维埃新生政权的血战中。当时苏维埃政府立足未稳,外有英法德日的武装干涉,内有沙皇、地主、旧军阀的武装叛乱。朱可夫出生入死,其军事天赋开始崭露,在实践中他的作战经验日渐丰富,职务也一再提升。正是在这一时期,朱可夫加入了布尔什维克。他后来在《回忆录》中这样谈到"现在,许多事情都记不得了,但我被吸收入党的这一天,却终生难忘。"

1919 年 9 月,布琼尼所在的师成为保卫察里津(后改名斯大林格勒)的主力之一。朱可夫英勇地加入了战斗,战斗中朱可夫又一次负伤。第 2 年,由于作战勇敢,朱可夫被选派到骑兵训练班学习,训练班用半年时间授完了正规军校两年的课程,训练班结业后,朱可夫成为一名红军正式军官。军人事业初现成效,但初恋的情人玛丽亚却不愿等待,朱可夫伤心地看着自己的情人出嫁了。此时朱可夫成了排长,一次朱可夫率领全排追剿残匪,由于朱可夫指挥有力、身先士卒,残匪被全歼,而全排无一人伤亡,不久朱可夫又被升为连长。1922 年苏维埃内战结束,红军大批裁员,但一批有指挥能力的军官被留下来。朱可夫不仅没有被裁掉,反而由连长升到了骑兵第7师第40团的副团长。1924年7月朱可夫以团长的身份被派往列宁格勒高等骑兵学校学习。朱可夫很轻松地通过了考试,并名列前茅。和他同时入学的有罗科索夫斯基、巴格拉米扬和叶廖缅科等后来苏联著名将领。朱可夫在这里受到了高等军事理论的训练。"像其他许多学员一样,我是第一次到列宁格勒。我们怀着浓厚的兴趣参观了该城的名胜古迹,走遍了十月革命时作过战的地方。当时我哪能想到,17年后我会指挥列宁格勒方面军,抗击法西斯军队,保卫列宁城!"深造班结业后,朱可夫和其他三名同学决定不乘火车而是骑马返回明斯克。路程963公里,计划7昼夜,这么远程的集体乘马行军当时在世界上还很罕见,领导批准了,但不提供沿途的给养与食宿。第七天,他们克服了许多意想不到的困难到达明斯克,到达时马匹减重8至12公斤,人员减重5至6公斤。朱可夫获得了政府的奖金和首长的嘉奖,并允许短期休假。

朱可夫又一次回到了阔别的家乡。老父亲已经离世了。母亲也苍老多了,但仍像以前那样辛勤劳作着。姐姐已经出嫁,并有了两个孩子。两个小外甥毫不客气地掏着出息了的舅舅的箱子。朱可夫深刻地感到农民的日子尽管并不富裕,但情绪好多了。特别是新经济政策颁布后,农民的日子逐渐好起来。告别母亲后,朱可夫回到营地,此时他被任命为团长兼团政委。由于朱可夫从严治军,经常率领全团野外训练,从而使朱可夫所在团威名远扬。布琼尼(骑兵集团军司令)和叶果罗夫(白俄罗斯军区司令)先后光顾该团,并给以高度赞扬。1929年朱可夫再次获得深造的机会,他被派往著名的伏龙芝军事学院高级干部深造班学习。这次学习,令朱可夫终生难忘。此时,正值苏联军事学科形成时期,朱可夫带着浓厚的兴趣研读了伏龙芝的军事著作,沙波什尼科夫的《军队的头脑》,图哈切夫斯基的《现代军队的作战特点》等。特别是图哈切夫斯基对坦克在未来战争中作用的描绘,引起朱可夫的高度重视。从此,朱可夫开始研究坦克。1933年3月,朱可夫接到命令,他被委任为骑兵第4师师长。第4师是骑兵第1集团军的核心,并以伏罗希洛夫的名字命名,布琼尼曾任该师师长,率领该师出生入死,立下赫赫战功。朱可夫十分高兴,收拾停当就赶往4师驻地列宁格勒。此时朱可夫不再是独来独往了。他已经有了自己的小家:妻子亚历山德拉和女儿埃拉。布琼尼亲自主持了朱可夫的授职仪式。朱可夫的军事才能已引起高层领导人的重视。

担任师长后,朱可夫越来越意识到建立大规模坦克部队的重要性。当时苏联红军已经成立了第一批机械化军,每军编成两个机械化旅、一个步兵机枪旅和一个独立高炮营,一个军配备500辆坦克和200辆汽车。尽管如此,苏军内部对于组建专门的装甲部队意见分歧较大,不少高层领导人认为装甲部队应分散在步兵和其他军队中才能发挥作用,这一观点直接左右着斯大林。由于苏军关于装甲部队的设置首先在骑兵部队中开始,朱可夫在实践中指出,现代坦克可以起独立作用,这个新的强有力的武器不应和行动缓慢的步兵部队一道展开,这样会降低它的威力。装甲部队不仅要坦克与炮兵相配合,而且必须配备摩托化步兵,否则就不能充分利用远距离作战的机械化部队所取得的成果。但朱可夫的这些观点直到1941年苏军在德国装甲兵团的凶猛攻打下大规模溃败时,才予以重视。

1935年苏军实行军衔制,布琼尼、伏罗希洛夫、叶果罗夫、图哈切夫斯基、布留赫尔成为第一批苏军元帅。此时朱可夫的第4师由于作战训练与政治训练表现出色,获得了政府的最高奖励——列宁勋章。朱可夫本人也获得了一枚列宁勋章。布琼尼元帅亲自到第4师授勋。布琼尼紧紧拥抱着朱可夫激动不已,宽阔的手掌重重地拍打着朱可夫的脊背,感谢朱可夫为他的师赢得至高的荣誉。不久苏联国防人民委员伏罗希洛夫又视察了第4师。1936年秋,由伏罗希洛夫举荐,并经斯大林同意,朱可夫离开骑兵第4师,参加了苏联派往西班牙的军事观察团。朱可夫和其他军事专家一起利用这一机会考察了苏制坦克的性能和现代战争的特点。1937年朱可夫回国担任骑兵第3军军长,7个月后又调任第6军军长。1938年夏,朱可夫到中国担任军事顾问,考察日本作战战略与战术,以对付将来与日本可能的战争。同年冬,朱可夫又被召回国,委以白俄罗斯特别军区副司令员之重任。白俄罗斯是苏联西部的重要门户,德国纳粹的威胁首当其冲。此时,斯大林在国内掀起了大规模的肃反运动,军队内部受冲击十分严重。大批高级将领被以希特勒内奸的名义处死,第一批授勋的五名元帅只剩下两名:布琼尼和伏罗希洛夫。据苏军自己人士分析,这是由于斯大林与两位骑兵元帅曾经生死患难(特别是保卫察里津),因而对骑兵很信任。朱可夫大概托此宏福,在大清洗时期不仅没有受牵连,反而得以提升。历史将会证明,这不仅是朱可夫一人的福份,而且是苏联人民的万幸。

# 三、奔赴远东

1939年6月1日,明斯克,朱可夫正与白俄罗斯军区的高级将领就刚刚结束的首长——司令部演习进行讲评,军区军事委员苏赛科夫匆匆走进会议厅,对朱可夫说:刚才莫斯科电话通知,命令你立即动身,明天向国防人民委员报到。

朱可夫草草收拾了一下,立即搭乘火车前往莫斯科。2日清晨,朱可夫走进了伏罗希洛夫的接待室。伏罗希洛夫的助手告诉朱可夫:

"你进去吧,我马上去命令给你准备远行的行装。"

"什么远行?"

"进去吧,人民委员会告诉你一切的。"

进去后,伏罗希洛夫对朱可夫说:"日军突然侵犯我友邻蒙古的边界。根据1936 年的苏蒙条约,苏联政府有责任保卫蒙古不受任何外敌侵犯。这是入侵地区5 月 30 日的情况图。……日军的海拉尔警卫部队侵入蒙古人民共和国领土并袭击防卫哈勒欣河以东地区的蒙古边防部队,我认为这里孕育着严重的军事冒险。无论如何,事情并没有到此结束……你是否立即飞到那边去,而如果需要的话,把部队的指挥权接过来?"

"我马上可以起飞。"朱可夫回答。

"非常好,"伏罗希洛夫说,"你乘坐的飞机 16 点可准备好,在中央机场。你到斯莫罗基洛夫(代副总参谋长)那儿去,在他那里你可以拿到必要的材料,同时商量一下今后同总参谋部的联系问题。派给你几个专业军官,在飞机上等你。再见,祝你成功!"

6 月 5 日朱可夫一行人到达驻扎在蒙古的塔木察格布拉克的苏军第 57 特别军司令部。朱可夫发现司令部对前线缺乏了解,司令部里除政委基舍夫外没一人到过发生冲突的地域。朱可夫建议立即到前边去就地考察,但军长借口莫斯科随时可能来电话找他,让政委陪朱可夫一同上前线。到了冲突地段,经过一番了解,朱可夫迅速得出结论:单靠 57 军的兵力无力阻止日军的军事冒险。朱可夫马上电告参谋部:增派航空部队,增调不少于 3 个步兵师和 1 个坦克旅的兵力,并大大增加炮兵力量,否则无法获胜。第二天,总参谋部同意请求,并增派了 21 名荣获苏联英雄称号的飞行员,领队是朱可夫早在白俄罗斯军区就很熟悉的斯穆什克维奇。总参同时送来了新型飞机——现代化的伊——16 和"鸥"型飞机。当时日军在哈勒欣河的目标是:围歼哈勒欣河东岸的全部苏蒙军队,渡过哈勒欣河,前出至河的西岸,消灭苏蒙预备队,夺取并扩大哈勒欣河西岸的登陆场,保障日后的行动。日军把第 6 集团军从海拉尔调来,计划在秋季到来前结束在蒙古境内的全部军事行动。日军把握十足,战役之前甚至把一些新闻记者和外国武官请到作战地区,观看他们的胜利进军。被邀请的客人中就有希特勒德国和法西斯意大利的记者和武官。

7 月 3 日拂晓,蒙军苏联总顾问阿福宁上校到巴英查冈山视察蒙军第 6 师的防御,但他很快发现那里已被日军占领,第 6 师蒙军已退至巴英查冈山西北,日军乘夜色已经偷渡过了哈勒欣河,情况十分紧急。朱可夫此时已接任苏军第 57 军军长之职,得到情报后立即命令所有预备队出击,坦克、装甲和炮兵部队受命在行进间向敌人进攻,同时命令航空兵对敌人进行轰炸和强击。在苏军实施反突击的预备队到达以前,用航空兵的袭击和炮兵的火力把日军钳制并阻止在巴英查冈山。炮兵还受令向哈勒欣河渡口进行炮击。上午 9 时,苏军坦克第 11 旅的前卫营先头部队已抵达作战区域,很快苏军投入坦克第 11 旅(有 150 辆坦克)、摩托化装甲第 7旅(154 辆装甲车),还有装备 45 毫米加农炮的蒙军装甲营第 8 营。并召来了所有的航空兵,苏联英雄的飞行员们发挥了高超的作战能力,虽然当时总兵力苏军远不及日军,但苏军集中了全部火力进行反突击并充分发挥了坦克部队的威力。到第5日,日军抵抗被最后粉碎,日军开始仓皇向渡口退去,但他们自己的工兵由于害怕苏军坦克突破,把渡口炸毁了,日军军官全副武装跳入水中,溺死者甚众。日军严重遇挫后,开始全面建立防御:运木材、挖堑壕、筑掩蔽部、加固阵地等。而朱可夫并没有陶醉在胜利中,他正加紧准备大反攻,以最后粉碎侵入蒙古的所有日军。

朱可夫考虑到战役战术的突然性是决定此次战役取胜的决定因素。苏军要以突然行动使日军无法抵挡苏军歼灭性的突击,也无法进行反击。朱可夫还注意到日军没有良好的坦克兵团和摩托化部队,无法迅速从次要地段和从纵深调来部队抗击苏军的突击集群。为完成战役准备,朱可夫调动了近3000辆卡车和1000多辆油罐车,从距哈勒欣河至少650公里的供应站运来了55000吨作战物资,朱可夫甚至将部队的火炮牵引车都派去运送物资。为了达到战役的突然性,除行动与作战计划绝对保密外,苏军指挥部还制定了一系列蒙骗日军的计划,达到了预期的目的。它们包括:

——隐蔽运输和集中为加强集团军从苏联调来的部队。

——隐蔽调动在哈勒欣河东岸进行防御的兵力兵器。

——部队和物资储备隐蔽地渡过哈勒欣河。

——对出发地域,部队的行动地段和方向进行现地勘察。

——参加此次兵役的各兵种特别隐蔽地演练各种科目。各军兵种隐蔽地实施补充侦察。

——发布假情报,欺骗敌人。如用易于破译的密码发布关于建立秋冬防御的命令;印制几千张传单,传单内容是战士防御须知;模拟夜间部队调动的各种杂音(飞机飞行、火炮、迫击炮、机枪及各类枪支射击的声音),在战役开始前12—15天便开始实施,使日军习以为常等。

1939年8月20日,哈勒欣河战役打响。这是一个星期日,哈勒欣河西岸风和日丽,日军指挥部深信苏蒙军队不想进攻,毫无防备,不少军官甚至获准休假,有的还跑到海拉尔娱乐去了。5时45分,苏方炮兵对日军高射炮和高射机枪突然开始猛烈袭击,部分火炮还向航空兵即将袭击的目标发射烟幕弹。之后,哈勒欣河的天空立即出现了苏军150架轰炸机和100架歼击机,一个半小时之内日军炮火无力进行还击,敌人的观察所、通信联系、炮兵阵地被彻底摧毁。苏蒙军队顺利渡河,渡河之后与日军发生了激战。日军进行了顽强抵抗,到26日本第6集团军终于被苏蒙军队合围。但分割歼灭的战斗仍然十分艰苦。哈勒欣河流域流沙、沙坑、沙丘众多,日军指挥官告诉士兵苏军枪杀俘虏,被围的士兵极为顽固,战至最后一人,宁可自杀,也拒不投降。8月30日,侵入蒙古边界的日军第6集团军被全部歼灭。此次战役苏军伤亡 1 万人,而日军伤亡 5.2 万到 5.5 万人。伏罗希洛夫代表国防部给哈勒欣河的指挥员与士兵以高度赞扬和嘉奖。朱可夫获苏联英雄称号。9 月 15 日,苏联、蒙古与日本在莫斯科签订协议,双方同意交换战俘,并建立一个委员会来划定哈勒欣河地区蒙古与中国满洲之边界。远东的战事逐渐沉寂下来。

1940 年 5 月,朱可夫接到莫斯科命令,去人民委员部另行分配工作。朱可夫抵达莫斯科后马上被授与大将军衔、并被委任为苏联第一大军区基辅军区司令员。赴任前,斯大林亲自召见了这位远东战役的英雄。朱可夫第一次见到斯大林,非常激动。斯大林在短暂寒暄后问道:"你认为日军怎么样?""与我们在哈勒欣河作战的日军训练不错,特别是近战,他们守纪律、执行命令坚决、作战顽强,特别是防御战。下级指挥员受过很好的训练,作战异常顽强。下级指挥人员一般不会投降,'剖腹'自杀时毫不迟疑。军官,特别是中高级军官,训练差,主动性差,习惯于墨守成规。"朱可夫认为日军的技术装备是落后的。与苏军作战的是日本精锐部队。斯大林又问:"我们的部队打得怎样?"朱可夫回答说:"我们的正规部队打得很好。但如果没有两个坦克旅和 3 个摩托化装甲旅,肯定不可能如此迅速地合围敌人,我认为应大大扩充装甲坦克部队和机械化部队。"朱可夫坦率地谈了自己的看法,斯大林最后说:"现在你已经有作战经验了。你到基辅军区去,利用自己的经验训练部队。"带着殷切的希望与嘱托,朱可夫又一次踏上了征程。

## 四、总参谋长

1940 年 5 月朱可夫匆匆赶赴基辅军区任职之时,国际局势日益紧张。希特勒德国已拥有欧洲的半壁江山,虽然苏联已与德国签订了互不侵犯条约,但谁都心里明白:这不过是缓兵之计。1939 至 1940 年,苏联红军建立了东方战线,将国境线向西推进了 200 至 300 公里,苏军与芬兰、波兰、罗马尼亚等国军队发生了直接战斗,特别是苏芬战争,苏军在开始之初严重受挫。苏军在武器、组织、训练、指挥各个环节暴露了许多弱点。1940 年 3 月苏共中央召开了政治局会议,大会批评了苏军的战斗训练与教育问题。斯大林还亲自参加军事会议,号召将领们研究现代战争。5月中旬,伏罗希洛夫被免职,铁木辛哥出任国防人民委员。这一系列变化使朱可夫多年来压在心底的想法得以实现:国家终于重视现代战役的特点,坦克部队、机械化兵种的配合作战终于引起了高层领导人的重视,回想 1939 年斯大林曾下令取消坦克部队真令人心寒。5 月朱可夫拜访了乌克兰党中央第一书记赫鲁晓夫(基辅为乌克兰首府),朱可夫介绍了远东战役的情况,并请求乌克兰对军区在物质生活方面提供帮助。赫鲁晓夫对朱可夫很有好感,后来赫鲁晓夫在回忆录中曾这样谈道:"朱可夫是一位天才的组织者和强有力的领导人。他在战争中表现出是有气概的。可惜的是,像铁木辛哥和朱可夫这样的人是少数。在老的近卫军被清除之后,像麦赫利斯、夏坚科、库利克这样的人跑了上来,国防人民委员部成了疯狗窝。"6月,朱可夫亲自走访了基辅军区几乎所有的部队和兵团。他带着军区司令部在塔尔诺波耳、利沃夫一带进行了大规模的野外作业。一年之后,德国法西斯正是在这一带对乌克兰实施了主要突击。在野外训练中朱可夫发现,担任集团军、兵团及司令部领导职务的大多为年轻军官,而且刚从较低职务上提升上来,战役战术基础很差,尤其对现代战争了解甚少,而对旧的教科书上的条条框框奉若神明,朱可夫十分担心。朱可夫一面把自己在远东作战的经验变成军事条例贯彻到基辅军区的训练中,一面把经验汇集起来提供给总参谋部、制定新的军事条例,但欧洲战争发展太快了,这些宝贵的经验来不及实施战争便爆发了。

1940年9月,朱可夫接到总参谋部通知,要他参加12月在莫斯科举行的高级将领会议,并指定他在会上作题为《现代进攻战役的特点》的报告。通知还说,会议期间将进行大规模战役战略演习,朱可夫被指定为"蓝方"。12月底,苏联最高统帅部在莫斯科召开了这次极其重要的会议,各军区、各集团军司令员、参谋长、各军事院校校长、各兵种监察部部长、苏共中央政治局全体成员都参加了会议。会上朱可夫的报告使众将领形成了广泛运动战的共识。在会上朱可夫还尖锐的指出苏军在西线边境线上的防御离边境太近,敌人的火力足以达到全部防御纵深,建议防御线大大后撤,这一宝贵建议因引起争论而被搁置。6个月后德军的猛烈进攻将证明这一建议的搁置使苏军付出了惨重的代价。会议结束后当天晚上,斯大林召见各位代表,建议各司令员待演习结束后再离开。1月12日,演习开始,总指挥为铁木辛哥和总参谋长麦列茨科夫。演习的前提是假设苏联遭到德国进攻,朱可夫与波罗的海沿岸军区司令员库兹涅佐夫代表进攻"蓝方",西部特别军区司令员巴甫洛夫和克里莫夫斯基代表防御方"红方",双方兵力:蓝方60多个师,红方50多个师,双方都有强大空军支援。演习中双方都用了很大心思用进攻部队深入敌阵,以击败大量的敌方部队。演习中充满戏剧性的情节,这些情节与1941年6月苏军遭到德军进攻后所发生的一些情况在很多方面极为相像。演习中暴露了许多问题,特别是双方都没有给第二梯队和预备队留下足够的兵力,主要进攻方向的兵力优势,是以削弱方面军次要地段的兵力达到的。演习结束后,铁木辛哥组织了讲评。斯大林出人意料地亲自打来电话,建议在克里姆林宫再进行一次讲评。斯大林的决定使总参谋长麦列茨科夫手忙脚乱,心情紧张。他的报告很不连贯,显得支离破碎,他作的一些结论和建议脱离了实际,斯大林极不满意。副国防人民委员库利克更令斯大林恼火,这位军方重要负责人居然大谈"组建坦克和机械化军团,目前还不宜开始",建议把步兵师编制人数增至16000—18000人,要求炮兵用马匹牵引。会后斯大林下决心更换军方高层领导人,国家已到了十分危急的时刻,已没有更多的时间考虑了,当晚政治局召开会议,对军队高层领导人进行了一系列任免。

第二天上午,斯大林召见朱可夫。他叼着大烟斗,神情十分严峻,他说:

"政治局决定解除麦列茨科夫总参谋长的职务,任命你接替他。"

朱可夫愣住了,太出乎意料,他一下子不知如何作答,沉默了一会,朱可夫说:

"我从没有在司令部工作过,我始终在部队里。总参谋长我干不了。"

"政治局决定任命你,你应该服从。"斯大林一脸严肃,特意把"任命"二字咬得很重。

朱可夫知道任何反对都无济于事,他立即表示感谢最高统帅对他的信任,然后又强调说:"如果发现我不是一个称职的总参谋长时,我将请求再回部队。"斯大林总算满意地点点头。朱可夫赶到铁木辛哥的办公室,铁木辛哥微笑着说:"我听说了,你拒绝担任总参谋长的职务。刚才斯大林同志给我打电话了。现在你回军区去,然后尽快回莫斯科。基尔波洛斯上将(列宁格勒军区司令员),将受命接替你当军区司令员。"

1月31日,朱可夫正式出任苏军总参谋长。此时苏军总参谋部人材济济。第一副总参谋长是闻名全国的瓦杜丁中将,此外还有索科洛夫斯基和华西列夫斯基等优秀将领,朱可夫率领参谋部和铁木辛哥配合加速推动军队改革、改组机构、淘汰不称职的军官,反对军事上的官僚主义。朱可夫还亲自向斯大林发出警告:大量德军集结在东普鲁士和波兰、巴尔干一线,而苏联西部各军区都缺乏足够的战斗准备。然而这种担心并没有转变成积极防卫。此时德国进攻俄国的"巴巴罗萨"计划早已送到希特勒案头。"德国武装部队必须在英国战役结束之前就准备好以快攻战击溃俄国……陆军必须为此运用所有部队,留下若干部队用以防止被占国家遭受突然袭击。海军仍应集中主力攻打英国!……必须大胆作战,坦克分四路深入,以消灭俄国西部的大量俄国陆军;必须防止枕戈以待的敌方部队退入俄国的辽阔地区。"德国人很明白俄国地大物博,资源丰富,必须采用闪电战,用绝对的优势兵力在极短的时间内消灭其有生力量。因此"巴巴罗萨"选择了白俄罗斯作为主攻方向。为达到战役的突然性,德军采用了各种欺骗措施,德国外长亲自访问莫斯科,并邀请苏方人员回访德国,一再表白苏德友好,同时在英吉利海峡大造声势,作渡海作战的各种逼真伪装。军队的调动采取极为隐蔽的形式,直到战争爆发前夕,德军才在边境线上实施集中,坦克部队仍配置在很远的地方,6月21日夜间才进入出发地域。而苏联一方在德方周密布置天罗地网时,作出了一个又一个的错误判断。首先斯大林认为德军主攻方向将在乌克兰。乌克兰是苏联粮库、煤炭资源极为丰富,后面有高加索的石油宝库,当时无论斯大林,还是朱可夫的参谋部对于德国的闪电战没有足够认识,认为苏德战争将是一场长期战,而且像以前一样先会在边境交战几天,之后双方主力才进入交战。而闪电战的特点是战争在很短的时间内结束,根本无需考虑资源问题,哪里兵力薄弱,哪里将成为突破口。当时德国几乎拥有整个欧洲,已拥有足够的人力与物力资源。斯大林对主攻方向的判断,尽管朱可夫等将领都在场,但并没有引起大家的怀疑。

战争的前夜紧张不安,各种情报真真假假纷至沓来。斯大林作为最高统帅心里很清楚和德国的战争不可避免,但他始终贯穿一个愿望,那就是尽可能避免战争,竭尽全力制止战争,实在避免不了则尽量往后拖。因为无论斯大林,还是身为总参谋长的朱可夫都非常了解苏军当时的情况:军官年轻缺乏足够训练;1940年才开始恢复组建机械化师和坦克师,朱可夫任总参谋长后要求至少配备20个机械化师,但一年之内苏联根本就生产不出32000辆坦克;1941年4月才组建空降军,战争爆发时,空降兵只能当步兵用,所有的训练根本来不及。战争爆发时,苏军在西部边境虽有149个师,但每师编制仅8000人,而德国进攻动用了190个师每师编制为15000人。越来越多的迹象表明战争一触即发,朱可夫寝食难安。6月13日,他和铁木辛哥再次前往克林姆林宫,请求使部队进入一级战备状态。斯大林着急了,"这就是战争!你们懂不懂?"斯大林很清楚他不能轻举妄动。

然而,战争终于突然而至!

6月21日晚,朱可夫接到基辅军区参谋长的电话,报告有一名德军司务长投诚,说德军正在进入出发领域,将在22日晨发动进攻!朱可夫立即和铁木辛哥赶往克里姆林宫,铁木辛哥建议立即命令前线部队进入一级战斗准备。斯大林仍表示也许问题还可以和平解决,最后在斯大林指示下用平和的语调下达了一级战备令。21日晚总参谋部和国防人民委员部全体人员奉命留在各自岗位上,朱可夫通过电话电令西部各军区司令员在岗位待命。22日凌晨3时30分,西部军区报告,德军空袭白俄罗斯!3分钟后,基辅军区报告乌克兰遭德军空袭!3点40分,波罗的海沿岸军区报告敌人开始进攻!战争终于爆发了!朱可夫感到全身的血液仿佛一下子全集中到头上,脑袋嗡嗡作响。铁木辛哥大声命令朱可夫给斯大林打电话,电话要通了,朱可夫报告了德军轰炸苏联西部各城市的消息,请示允许还击。斯大林惊呆了,好一会儿没有声息,电话那端的朱可夫着急了:"您听懂了我的意思吗?"仍然是沉默!最后斯大林疲惫地说:"你和铁木辛哥到克里姆林宫来一趟,通知政治局全体委员"。人员到齐了,长时间难以承受的沉默,最后斯大林说道:"下命令吧!"然后顽强地从椅子上站起来。

# 五、保卫首都

1941年6月22日拂晓,德国法西斯对苏联发动突然袭击,一个半小时之后才正式向苏联宣战。意大利、罗马尼亚、匈牙利、芬兰也相继参加了侵苏战争。法西斯 190 个师（153 个德国师）、4300 辆坦克、5000 架飞机、总兵力 550 万人从波罗的海到黑海 1500 公里的战线上全面突进。一天内苏联就损失约 1200 架飞机，成千上万的苏军被合围、被消灭，损失惨重！9 月，北路德军包围了列宁格勒，中路推进到离莫斯科约 400 公里的斯摩棱斯克，铁木辛哥亲自指挥斯摩棱斯克的保卫战，但几乎全军覆没！斯大林在盛怒之下要罢免铁木辛哥，被朱可夫力阻。南线德军一路攻至第聂伯河，乌克兰首府基辅危在旦夕。

　　7 月 29 日，朱可夫请求斯大林紧急接见，一到克里姆林宫朱可夫分析了局势，建议从西部与西南方向，以及统帅部预备队各抽调一个集团军立即加强莫斯科所在的中央方面军，同时建议西南方面军立即撤过第聂伯河。斯大林警觉地问，"基辅怎么办？"朱可夫明白放弃基辅谁都接受不了，但作为总参谋长，朱可夫告诫自己不能感情用事，他断然回答，"基辅不得不放弃"。难堪的沉默，朱可夫试图再解释什么，斯大林终于发火："把基辅交给敌人，亏你想得出来！"朱可夫也急躁起来，请求解除总参谋长职务，上前线去实地指挥。斯大林同意了，沙波什尼科夫出任参谋长，朱可夫战争开始后第一次奔赴前线。从 7 月 30 日到 9 月 9 日，朱可夫在距离莫斯科最近的防线叶利尼亚突出部成功地组织了一场反突击，苏军收回了叶利尼亚，德军在付出 5 个师的代价后被迫后撤，此役在败绩连篇的战争初期极大地鼓舞了苏军士气。而同一时期基辅保卫战在残酷地进行着，9 月 19 日基辅失陷，约 65 万名苏军官兵被德军俘虏，苏军指挥员赫鲁晓夫、布琼尼、铁木辛哥等差一点当了俘虏。在残酷的事实面前，斯大林承认当初朱可夫的建议是明智的，从此以后战场上所有重大问题，斯大林都注意听取朱可夫的意见。

　　9 月 9 日晚朱可夫被突然从前线召回，斯大林直截了当地对他说："你到列宁格勒去，接替伏罗希洛夫指挥方面军和波罗的海舰队"。列宁格勒是苏联的北方门户，1924 年朱可夫作为一名骑兵高级指挥官曾在此接受培训。此时的列宁格勒已被包围，指挥列宁格勒方面军的伏罗希洛夫元帅几乎完全失去了信心。斯大林意识到列宁格勒一旦失守，德芬军队必将会合从北面进攻莫斯科，苏军不得不消耗准备用于保卫莫斯科的预备队来开辟北面的新战线，而且将不可避免地失掉强大的波罗的海舰队。危难之际朱可夫飞抵列宁格勒。朱可夫一到立即颁布一系列稳定战线的措施，他亲自部署了海、空兵种的火力配置，下令波罗的海舰队除炮火支援外，水兵组建水兵师投入列宁格勒保卫战。同时下达死守列宁城的命令。列宁格勒的居民被动员起来挖战壕，筑街垒，全体军民做好了保卫每所房屋、每条街道的准备。惊慌失措的情绪很快被稳住，德军装甲部队攻到距列宁格勒约 9 公里、4 公里处仍被苏军顽强击退。到 9 月底一方面希特勒准备进攻莫斯科，不得不从列宁格勒抽调部分兵力，另一方面由于朱可夫指挥下的苏军拼死抵抗，攻占列宁格勒的企图不得不放弃。列宁格勒最危险的时刻终于熬过来了。但之后希特勒采取封锁战术，列宁格勒军民一直被饥饿困扰，直到 1943 年才突破封锁，这期间约 60 多万市民被活活饿死！

1941 年 10 月 5 日，正在列宁格勒指挥作战的朱可夫突然接到斯大林电话，斯大林命令朱可夫立即返回莫斯科。此时莫斯科方向局势十分紧张。9 月 30 日德军发起了对莫斯科的总攻，德军投入了 180 多万兵力，1700 辆坦克和 1390 架飞机。10 月 2 日德军从中部突破了苏军防线，6 日德军南北合围了保卫莫斯科的西方面军、预备队方面军的 4 个集团军！苏军虽浴血奋战，但绝大多数被歼被俘，从 10 月 2 日到 10 日苏军仅被俘人员就达 66 万之众！7 日朱可夫飞抵莫斯科，斯大林说"你立即到西方面军司令部去一趟，我无法从西方面军与预备队方面军得到有关真实情况的详细报告"。当时西方面军已与最高统帅部失去了直接联系。朱可夫不敢有片刻停留，从总参谋部要来西部方向的地图，马不停蹄地赶往前线。由于时间紧迫朱可夫只好打着手电在颠簸起伏的汽车里研究地图。在列宁格勒的 20 多天里朱可夫几乎没有睡过整觉，现在更没时间打盹了，困得实在不行时，朱可夫只好让司机停下车，他跑上一段路再往前开。

天开始下起小雨，空旷的田野大雾弥漫，汽车开过了朱可夫的家乡，那熟悉的一草一木很快将成为战场，朱可夫想起了年迈的妈妈、还有姐姐，如果真的德国人打来了，妈妈她们很可能成为俘虏！有那么一瞬间朱可夫有些心动，车子只要拐一下就可以接走亲人，但理智告诉他：军务紧急，不可有片刻延误！车子开过了村边那条熟悉的小河。三天后，朱可夫派人接走了母亲及家人，两个星期后，朱可夫家的房子连同整个村庄被德军烧成了灰烬。

朱可夫找到了西方面军与预备队方面军司令部，在向斯大林汇报完情况后不久，斯大林正式命令两个方面军合并为西方面军，由朱可夫任司令员。朱可夫以他特有的充沛精力和工作效率开始了他的新任务。他立即与副司令员科涅夫和参谋长索科洛夫斯基开会，当场决定在莫斯科正西方向，从沃洛科拉姆斯克到卡卢加一线建立防御带、建立第二梯队和方面军预备队，同时组织被围的苏军实施突围。但突围未能成功，英勇的红军官兵在被合围的情况下仍不屈不挠地战斗，虽付出了巨大牺牲，却为朱可夫争取了建立新防线的宝贵时间。

10 月 13 日德军在通往莫斯科的所有方向上发起猛烈进攻，当天朱可夫下令放弃卡卢加，莫斯科附近的塔鲁萨与阿列克辛两个城镇失守，德军还包围了莫斯科南方门户图拉。战斗十分激烈，莫斯科附近 10 月的防御战在苏联人民保家卫国的战争史上可歌可泣！朱可夫在战后的回忆录中也十分感慨地谈道：他一生最难忘的是莫斯科保卫战的日日夜夜。那时几乎所有的预备队都投到了战场，莫斯科步兵指挥学校学员被混编成步兵团派往前线最重要的地段，临行前校长发表了演讲：

"凶恶的敌人要闯入我们祖国的首都莫斯科……现在没有时间进行你们的毕业考试了。你们将在前线,在与敌人的战斗中经受考验。我相信,你们每个人都会光荣地通过这次考试!"学员们急行军85公里,于10月7日达到前线,他们不怕危险、不怕牺牲,一直牢固地守住了防线。10月20日开始,莫斯科实行戒严,在此之前中央机关与所有外交使团已疏散到古比雪夫,斯大林决定留在莫斯科。莫斯科的工人、职员、学生被动员起来建立了4个民兵师,几十万莫斯科人不分昼夜构筑环绕首都的防御工事,这一主要由妇女与少年组成的修筑大军用自己的双手挖出了300多万立方米的土,修建了近13万米长的战壕、7.2万米长的防坦克壕、近8万米的断崖。整个10月份德军虽然前进了200多公里,推进到离莫斯科仅60多公里处,但德军被拖得精疲力竭,希特勒在10月中旬攻战莫斯科的计划破产了。

11月7日斯大林在征询朱可夫意见后,在德国军队几乎兵临城下的危局中,在莫斯科"马雅科夫斯基"地铁车站举行了纪念十月革命24周年庆祝大会,并在莫斯科红场举行了传统的阅兵式,极大地鼓舞了苏军士气。11月15日德军向莫斯科发起了第二次进攻。从15日到18日德军疯狂已极,德军坦克不惜任何代价试图冲进莫斯科,27日德军攻占了离莫斯科仅24公里之遥的伊斯特腊,德军用望远镜可以望见克里姆林宫的顶尖。深夜,朱可夫正在司令部里组织反击,突然斯大林来电话:"你坚信我们能够守住莫斯科吗?我怀着内心的痛苦在问你这个问题,希望你作为共产党员诚实地回答。"朱可夫坚决地说:"毫无疑问,我们能够守住莫斯科!"此时德军虽没有放松进攻,但已到了强弩之末。到12月5日德军第二次进攻被彻底粉碎。6日朱可夫下令西方面军从莫斯科南北两面开始反攻。朱可夫已严重睡眠不足,但仍靠坚强的毅力支撑着。10多天的反攻使疲弱已极的德军在冰天雪地中后撤了150—300公里。希特勒一面撤职查办伦斯德、古德里安等,一面下令拼命死守,德军才没有全线崩溃。红军解放了克林、加里宁、卡卢加等城市,赢得了莫斯科战役的最后胜利。苏联报纸刊登了朱可夫的巨幅照片,朱可夫作为拯救莫斯科的英雄而举世闻名。

# 六、激战斯城

莫斯科战役之后,朱可夫负责指挥苏联西方面军和加里宁方面军对德军实施不断突击。进入1942年后,希特勒决定主力进攻苏联南部。1942年4月5日希特勒正式签发了作战指令:一切可用的军队将集中到南翼的主要战线,其目的是在顿河这边消灭敌人,以夺取高加索油田和进入高加索山区的隘口。希特勒特别强调:"无论如何,必须竭尽一切努力到达斯大林格勒市区。或者至少使这座城市处于重炮射程之内,从而使它不能再成为工业中心和交通枢纽"。丘吉尔在他的回忆录中曾这样谈道:斯大林格勒的诱惑使希特勒着了迷。这座城市的名字本身就是对他的挑战……这座城市成为一块吸铁石,把德国陆军与空军的主力都吸引过去了。

由于德军在整个冬季作战中伤亡了110多万人,德军兵员严重不足,希特勒亲自出马在轴心国集团中搜罗到52个师,并将其中41个师派到苏联南部。尽管德军将领并不十分赞成用盟国军队充数,但德军现在要防守漫长的防线,同时要保证南线进攻,早已力不从心,而这些素质极差的盟军,后来证明不仅成事不足,反而败事有余,加速了德军在斯大林格勒城下的溃败。

1942年7月23日,德军以5个师的兵力进攻防守在顿河西岸的苏军,揭开了长达200天的斯大林格勒大会战。7月25日德军在给予苏军强大打击之后,企图在长拉奇附近强渡顿河,直扑斯大林格勒。希特勒还特意从南高加索抽调第四坦克兵团前往斯大林格勒,德军攻势凌厉。苏军顽强抵抗,粉碎了德装甲兵团在"行进"中占领斯大林格勒的计划,但德军主力仍然渡过了顿河,已经逼近了斯大林格勒。8月23日,德军坦克冲入维尔佳奇地域,将斯大林格勒的防御分割为两部分,同时德军进行了侵苏以来第二次规模最大的空中攻击,一昼夜出动了2000架次飞机狂轰滥炸,全市成为一片火海!

斯大林格勒岌岌可危!形势发展不堪设想!一旦城市沦亡,将切断苏联欧洲部分南北水陆交通、将切断中央与南方重要经济区高加索的联系。不仅如此,从斯大林格勒沿伏尔加河北上,可以威胁莫斯科;或由高加索南下切断英美经伊朗向苏输送物资的供应线。8月27日,正在西方面军负责牵制德军、以减少斯大林格勒方向苏军压力的朱可夫,突然接到斯大林电话:"你必须尽快到最高统帅部来,留下参谋长代理你的工作。"晚上,朱可夫赶到克里姆林宫。斯大林说:德军可能占领斯大林格勒,国防委员会决定任命你为最高副统帅,并派往斯大林格勒地域。末了斯大林问:"你打算什么时候启程?""我需要一昼夜时间研究情况,29日能飞往斯大林格勒。"斯大林点点头,十分郑重地说:"你必须采取一切措施。不然的话,我们会丢掉斯大林格勒!"朱可夫再一次临危受命!

29日朱可夫飞抵伏尔加河地域。9月3日,在朱可夫指挥下,苏军近卫第一军团发起进攻,但在德军的强大阻击下,只前进了几公里就被迫停了下来。德军离斯大林格勒仅有5公里之遥,形势急剧恶化。9月5日,朱可夫在斯大林格勒地域再次组织反突击,但德军仍很顽强,经过一天交战,苏军进展甚微。9月6日,苏军仍被遏制,10日朱可夫再一次巡视了各集团军的部队,他得出一个结论:目前,苏军在斯大林格勒地区浴血奋战,只能蒙受沉重损失。以现有的兵力是不能突破敌人的战斗队形、并消除其分割苏军而形成的走廊。

12日,朱可夫奉命飞往莫斯科,汇报前线形势,总参谋长华西列夫斯基也被叫去,当二人汇报完情况后,斯大林聚精会神地研究着地图。为了不打扰斯大林,朱可夫和华西列夫斯基走到离桌子稍远的地方,低声地说:"显然需要找个什么别的解决办法。"斯大林突然抬起头来问道:"有什么别的解决办法?"朱可夫和华西列夫斯基十分惊讶斯大林的听力,连忙走到桌前解释,斯大林说:"这样吧,你们到总参谋部去,好好想想,在斯大林格勒地区应该采取什么措施。"

第二天,朱可夫和华西列夫斯基向最高统帅斯大林提出如下建议:苏军继续以积极防御来疲惫敌人,然后发动一次特大规模的反攻,在斯大林格勒围歼德军,从而根本改变南部战略形势。斯大林有些意外地问:

"现在有足够力量实施这样大规模的战役吗?"

朱可夫说:"根据我们计算,过45天,战役可得到必要的兵力和兵器保障,而且能够充分准备完毕"。当时配备有苏联最新式T—34型坦克的装甲兵团正在组建。斯大林又提出了几个问题。朱可夫与华西列夫斯基解释说,战役分为两个主要阶段:第一阶段是突破德军防御,合围德军斯大林格勒集团并建立牢固的正面防线,以隔绝该集团与外部敌人的联系;第二阶段,歼灭被围的敌人并制止敌人解围的企图。

正当苏军计划组织反攻时,德军统帅希特勒却作出了十分狂妄的决定:同时拿下斯大林格勒和高加索! 陆军总参谋长哈尔德竭力主张集中兵力攻占斯大林格勒,并一再陈述德军根本没有力量能在不同方向同时进行两场重大战役的意见。而希特勒反驳说,苏联人已经"完了"。当有人提醒他说苏军于1942年仍有可能在斯大林格勒附近集结到100万生力军,并证实苏联每月能为前线提供1200辆坦克时,希特勒暴跳如雷,不许今后再有人提及这些愚蠢的废话。

虽然希特勒的狂妄完全忽视了苏联的巨大潜力,一场涉及150万兵力的大反攻正在进一步酝酿之中,但斯大林格勒的局势仍在恶化。9月13日,朱可夫飞抵前线,历时两个月的斯大林格勒市区争夺战开始了。17万德军在近500辆坦克和1700门火炮的掩护下攻入市区,斯大林格勒的每条街道几乎全成了激烈的战场,双方短兵相接,逐街逐屋反复争夺。一号火车站一星期内易手13次。红军战士为保卫斯大林格勒的每寸土地顽强战斗着,巴甫洛夫中士等24名战士在一幢楼房里,顶住一个师德军反复冲击58天,守住了大楼。10月,德军占领了城市的大部分,有的地区甚至推进到伏尔加河边。苏军背水奋战、寸土必争。11月下旬,高加索方面德军的攻势也因兵力不足而被阻止。希特勒既没有拿下斯大林格勒,也没有占领高加索,反而因兵力分散,捉襟见肘,不得不把斯大林格勒战线侧翼交给战斗力极差的意、罗、匈等国的军队去掩护、暴露了自己的薄弱点。而苏联红军则不仅度过了最艰难时刻,而且大反攻的一切准备已经就绪,一百多万进攻部队在德军毫无知觉的情况下进入了进攻地域。

1942 年 11 月 19 日早晨，经朱可夫、华西列夫斯基、斯大林等周密筹备两个月的大反攻终于开始。苏军 110 万兵力，1500 辆坦克、15000 门火炮、1350 架飞机分两路，首先向战斗力薄弱的罗马尼亚第 3 集团军阵地发起冲击，罗马尼亚军队惊恐万状，很快土崩瓦解。苏军迅速渡过顿河，直捣德军后方。另一路苏军从斯大林格勒南部发起进攻，突破罗马尼亚第 4 集团军防线后，迅速向西北推进，11 月 23 日在卡拉奇与北路苏军汇合，从而完成了大反攻的第一阶段，德军第 6 集团军 22 个师约 30 万人被紧紧压缩在包围圈中。苏军突然而强大的反攻，打得希特勒晕头转向，他急忙把冯·曼施泰因元帅从列宁格勒调到南方组建"顿河"集团军，以解救被围的德军。

12 月 12 日，曼施泰因来不及等部队全部集结完毕就向斯大林格勒方向猛冲，19 日，这支不顾重大伤亡、被称为"同死神赛跑"的军队离斯大林格勒仅 40 公里时被迫停住，此时被围德军因燃料短缺，坦克跑不了 40 公里，眼睁睁地看着死里逃生的机会倏忽而逝。苏军在朱可夫等指挥下又一次南北两路冲击顿河集团军，而对潮水般涌来的苏联军队，曼施泰因担心的不再是被围的 30 万德军，而是如果继续往前，自己的军队也将面临被包围的处境，曼施泰因被迫下令德军往南撤退，希特勒解围计划成为泡影。

被围的德军处境越来越差，希特勒一开始还赌咒发誓保证他们的供给，到 1943 年 1 月，希特勒也明白斯大林格勒城下败局已定，从而将重点放到建立新的防线上，对被围德军处境无动于衷。1 月 10 日，苏军开始围歼被围德军，1 月 30 日希特勒下令授予第 6 集团军总指挥保卢斯元帅军衔，指望他能战斗到一兵一卒，然而第二天保卢斯就投降了。2 月 2 日，被围德军全部投降或歼灭，经过 200 天的鏖战，这场二战中最大的一次战役结束。这一战役极大地鼓舞了苏联人民和全世界人民反法西斯的信心和勇气，它成为整个战争的转折点。

战役结束后，朱可夫再次受到隆重表彰。他与华西列夫斯基等将领一起同时获得苏沃洛夫一级勋章，而且朱可夫获得第 1 号苏沃洛夫一级勋章。在斯大林格勒战役尾声，1943 年 1 月 18 日，朱可夫被晋升为苏联元帅，朱可夫的名字再次享誉全世界。

## 七、进军柏林

斯大林格勒战役后，希特勒决定于 1943 年夏季实施"堡垒"进攻计攻，试图夺回苏德战场上的主动权，而苏军一方也在摩拳擦掌，争取彻底粉碎"堡垒"计划，从根本上击败德军。朱可夫作为最高副统帅又一次被派往交战地域库尔斯克。苏军配备了 130 多万兵力,3444 辆坦克和强击火炮,近 20000 门火炮,近 3000 架飞机。7 月 5 日双方开始激战,经过 10 天左右的战斗,德国在强大的苏军攻势面前开始后撤,8 月 3 日和 5 日苏军攻克别尔哥罗德和奥廖尔城,5 日晚苏联首都莫斯科 120 门大炮齐鸣 12 响,卫国战争以来苏联国土上第一次响起祝捷礼炮。8 月 23 日,乌克兰第二大城市哈尔科夫被解放,至此苏联卫国战争中最大的一次会战以苏军的胜利而结束,德军为他们的"堡垒"计划又损失了 50 多万兵力和至少 1500 辆坦克。朱可夫元帅又一次获得苏沃洛夫一级勋章。

1943 年 12 月,朱可夫奉命回到最高统帅部,总参谋部决定就 1943 年的总结和近期战争前景征询元帅的意见。经过几天的全面总结和局势分析,苏军最高统帅部决定在 1943 年冬和 1944 年初展开北由列宁格勒南到克里木的大范围进攻。1944 年年初朱可夫奔赴苏德战场的核心:乌克兰方面军与德国南方集团军群战场,朱可夫负责协调乌克兰第 1、第 2 方面军,总参谋长华西列夫斯基负责乌克兰第 3、第 4 方面军。在朱可夫指挥与协调下,乌克兰第 1 和第 2 方面军向前推进了 200 多公里,全部解放了基辅州、日托米卫州、基洛夫格勒等重要地区。1944 年 1 月,乌克兰 1、2 方面军在科尔松——舍甫琴柯夫斯基地域又合围了德军包括 9 个步兵师、1 个坦克师和 1 个摩托化师在内的强大集团,尽管由于经验不足,一批德军得以突围,但仍消灭了 55000 名德军。2 月 18 日,莫斯科为负责合围战役的乌克兰第 2 方面军鸣放礼炮。3 月,由于乌克兰第 1 方面军总指挥瓦杜丁大将负伤牺牲,朱可夫又被正式任命为 1 方面军司令员。朱可夫元帅率领 1 方面军在南线掀起一股旋风,28 天作战,解放了 16173 平方英里的苏联领土,3 个乌克兰中心城市,57 个城镇。在喀尔巴阡山山麓乌克兰第 1 方面军击溃德军,并前进到捷克斯洛伐克和罗马尼亚边境,莫斯科数次响起向乌克兰第 1 方面军致敬的礼炮,朱可夫打到哪里,胜利便降临哪里的神话到处被传颂。

4 月 22 日,朱可夫奉命回最高统帅部,讨论 1944 年夏秋季战局。此时驱逐德军于国门之外,完全解放被德军占领的苏联领土成为夏秋战役的目标,为此斯大林、朱可夫、华西列夫斯基等缜密筹划,准备通过 10 次战役完成这一任务。此即苏联史书上常说的 10 次打击。经过 10 次接连不断、此起彼伏的重大打击,苏军解放了列宁格勒州、全部乌克兰、敖德萨、克里木半岛。击败芬兰军队,芬兰当局停战求和。白俄罗斯全境解放,波罗的海大部分领土收复,迫使保加利亚、罗马尼亚退出战争、并对德宣战。包围了匈牙利首都布达佩斯、俄军攻入捷克斯洛伐克与南斯拉夫境内,北线逼近华沙与德国的东普鲁士。

华沙——柏林方向的进攻很快成为苏军的主攻方向,白俄罗斯第 1 方面军被配置在这一重要方向上。苏联众多战绩赫赫的将领都渴望成为指挥进攻柏林这一光荣任务的候选人。然而由于斯大林的厚爱,这一美差落到了常胜将军朱可夫的头上。1944年11月16日,他被斯大林任命为白俄斯第1方面军司令员。原司令员罗科索夫斯基被调任白俄罗斯第2方面军司令员。这两支部队与科涅夫大将指挥的乌克兰第1方面军共250万人成为即将攻克柏林的主力。然而朱可夫面临挑战,在柏林战役正式打响之前,在著名的维斯瓦河——奥得河战役结束后,苏联战略正面的几个方面军基本处于同一线上。虽然斯大林对朱可夫很器重,但战场上的主动权则由各位实地作战的将军们掌握的。特别是指挥乌克兰第1方面军的科涅夫,原本就对最高统帅将白俄罗斯第1方面军指挥大权交给朱可夫不服气,此时更是信心十足决心与朱可夫一较高低。

1945年4月1日,斯大林召回了朱可夫与科涅夫两员虎将,商议柏林战役的最后准备工作。此时英美盟军已打过莱茵河,为未来的政治前途计,盟军也试图攻克柏林。斯大林问两位将军:"现在谁将要攻克柏林,是我们还是同盟国?"

还没等朱可夫开口,科涅夫抢先回答:

"我保证苏军一定能先攻占柏林!"

斯大林问科涅夫:"你的主力部队在南翼,你怎样建立一个攻占柏林的突击集团呢?"科涅夫表示方面军将保证在规定的时间内完成战争部署。

朱可夫不慌不忙地站起来请求承担主攻柏林的任务,理由是白俄罗斯第1方面军战略正面直接对准柏林,而且离柏林最近。朱可夫坚持白俄罗斯第1方面军可以独立攻占柏林。最后斯大林为科涅夫的主动精神所感动,默许了科涅夫的计划,但斯大林同时也给了朱可夫同等的机会:那就是以柏林东南约60公里的吕本为界,哪个部队先到达吕本,哪个部队就参加攻占柏林。

返回前线的路上朱可夫心情并不轻松。攻占柏林对一位苏联将领来说无疑将是最光荣、最辉煌的一页,是名垂青史的重大事件,朱可夫决不甘心落后。然而令朱可夫更担忧的并非谁将获得头功,而是法西斯困兽犹斗将使柏林战役空前残酷。

德国法西斯派出了以海因里希上将为司令的强大集群部队来抵抗朱可夫的进攻。海因里希与朱可夫曾在莫斯科战役中交过手。他惯于采用一套独特的防御战术,那就是准确判断对方的进攻时间,然后在敌方发起进攻前将自己的部队迅速后撤到第二道防御线,使对方进攻时猛烈的炮火全部落在空无一人的第一道防御线上。等苏军炮火一停,又重新占领原先的前沿阵地。1945年4月15日,海因里希又一次准确判断出苏军的进攻进间,在4月16日朱可夫发起进攻时将前沿部队后撤。然而朱可夫不甘示弱,一是将进攻时间由以往的清晨改在晚上,同时别出心裁地使用了140部,耗电总共1000多亿度电的巨型探照灯。德国阵地被照耀得如同白昼,黑暗中的目标全部显露,德军士兵被突如其来的强烈光柱震慑。然而朱可夫的进攻遇到了强大阻击。在朱可夫部队进攻柏林途中的泽劳弗高地是柏林接近地最后的屏障、被德国人称为"柏林之锁",在德军的强大火力面前,朱可夫部队一次又一次的冲击都被击退。而此时科涅夫大将的乌克兰 1 方面军攻势顺利,很快接近柏林城郊,斯大林甚至同意科涅夫的两个坦克集团军向柏林进发。朱可夫激动了,下令苏军发疯似地进攻,18 日泽劳弗高地终于被攻克。20 日,朱可夫手下的第 3 突击集团军在库兹涅佐夫上将指挥下首先向柏林市区开炮,而科涅夫的军队于 21 日晚逼近柏林市区防御圈,两员战将的攻势再次难分高下。关键时刻斯大林发话:市区攻坚战一分为二。但科涅夫认为斯大林仍然偏心地将柏林市的象征国会大厦划到了朱可夫一方。战功卓著,久经考验的朱可夫再一次领受了最艰巨的作战任务。

希特勒决定死守柏林,柏林的战役因而十分惨烈。德军利用楼房、高大厚实的墙壁、纵横交错的防空通道、地下室、下水道等等组成了绵密的防御。朱可夫指挥部队不分昼夜不停地进攻,白天第 1 梯队、晚上第 2 梯队,分割德军、各个击破。从 4 月 21 日到 5 月 2 日,单朱可夫的部队就对柏林发射了 180 万发炮弹,相当于 36000 吨钢铁重量。市内攻坚战开始后,苏军铺设了专门的路轨,将每发重半吨的要塞炮运抵战场,有的德军驻守的楼房仅一发要塞炮便可顷刻拔掉。4 月 29 日朱可夫的部队离希特勒的总理府仅一街之隔了,30 日凌晨希特勒自绝身亡。30 日早晨,朱可夫的部队开始攻打国会大厦,朱可夫的部队与党卫军精锐部队进行了一场近距离血战。苏军占领了下面各层后,上面楼层的德军仍拼死抵抗,苏军不得不每个房间、每个楼层地与德军搏斗,直到夜间国会大厦才升起了苏联的旗帜。亲自指挥这一历史性战斗的库兹涅佐夫拿起电话机,兴高采烈地向朱可夫报告:

"国会大厦上升起了红旗! 元帅同志,乌拉!"

朱可夫激动不已! 4 年卫国战争,多少牺牲,多少困难,终于盼来了这一历史性时刻! 朱可夫激动地下令继续战斗,完全彻底地击溃法西斯!

5 月 1 日,德国汉堡广播电台发表声明:

"我们的元首阿道夫·希特勒同布尔什维克主义战斗到最后一息,今天下午在德国总理府的作战大本营里为祖国牺牲了。4 月 30 日,元首任命海军元帅邓尼茨为他的继承人。"邓尼茨政府试图讨价还价,但遭到苏联坚决回绝,5 月 2 日德军柏林城防司令魏德林将军率残部投降,柏林战役胜利结束。

战斗一结束,朱可夫匆匆赶赴帝国办公厅,想亲自查实希特勒之流自杀的情况,然而苏军的重炮毁掉了所有痕迹。正当朱可夫带着扫兴的心情准备离开帝国办公厅时,忽然有人报告发现了戈培尔 6 个孩子的尸体,久经沙场的朱可夫不忍心去目睹这一悲剧,匆忙离开了。经过详细调查,朱可夫确信希特勒自杀属实。当朱可夫向斯大林报告希特勒已自杀身亡的消息时,最高统帅也不顾及文雅不文雅,冲口大骂:

"完蛋啦? 这个混蛋! 可惜没能活着把他抓到!"

5月7日，邓尼茨政府在艾森豪威尔的盟军总部签署了无条件投降书。斯大林十分气恼，要求德军投降书应在反希特勒联盟所有各国的最高统帅部面前签署，地点必须在法西斯的侵略中心柏林。斯大林的建议为盟国所接受。5月9日，德国无条件投降仪式在柏林正式举行，朱可夫作为苏军最高统帅部的全权代表端坐在正中。5月9日零点43分，签字仪式结束。苏、英、美、法各国代表欢庆一堂，柏林上空响起了胜利的礼炮，朱可夫一身戎装，情不自禁地跳起了"俄罗斯舞"，在欢快的旋律和互相亲切的祝愿中，一个时代结束了。

# 八、往事如烟

　　战争刚结束的那段日子，朱可夫的声望达到了高峰。在柏林还在举杯同庆胜利的时刻，朱可夫得到了艾森豪威尔、蒙哥马利等著名将领的称赞。在国内、各类报刊上大篇幅地登载着朱可夫满佩勋章、喜气洋洋的文章与照片。斯大林对朱可夫的器重，几乎全世界人民都有目共睹。1945年6月24日，莫斯科红场举行了盛大的阅兵式，隆重庆祝反法西斯战争的胜利，斯大林特意安排朱可夫担任阅兵首长，自己退到幕后。同时朱可夫被委任为四国对德管制委员会中苏方最高长官，协调各国对德国问题的处理。朱可夫获得了美国政府与英国政府颁发的荣誉勋章。尽管有不少分歧，朱可夫和艾森豪威尔之间忠诚的友谊逐日加深，8月12日在苏联体育节检阅那天，两位将军在列宁墓的检阅台上热烈拥抱，红场上的苏联人民热烈欢呼，为和平的未来，也为两位战争英雄的珍贵友谊而欢呼。然而祸兮，福兮！极大的成功、至高的荣誉，与一位即将成为美国总统的人的不同寻常的友谊，加之元帅本人倔强、果断、喜欢自夸的性格，这一切的一切在未来的岁月里，给将军带来了不少麻烦。或许人们要说将军此时功成名就，急流勇退就好了，免得之后几十年风风雨雨，大喜大悲，阅尽政坛险恶，尝尽世态炎凉，然而人在高处时，有几人能主动走下神坛？更何况历史的车轮在滚滚向前，朱可夫元帅也和许许多多重要人物一样，战争一结束，便卷入到苏联风云变幻莫测的政治漩涡中。

　　1946年2月14日，朱可夫尚在柏林即被选为最高苏维埃代表，他的名望仅次于斯大林，是斯大林身后最耀眼的明星，选民们甚至用"乌拉"来欢颂他。4月10日，朱可夫离开柏林，回国就任苏联陆军总司令。然而暴风雨悄然而至，7月份，《真理报》不动声色地刊登了一则消息：朱可夫被调到敖德萨军区，担任一个不重要的职位。一时间到处在传说着朱可夫被贬的原因，连美国的艾森豪威尔将军也在分析：人们对于他实际上已不公开出面所推测的原因之一是：他与我有人所共知的友谊。我不相信这是原因。实际上元帅的被贬是几种原因造成的：一是战争结束后,斯大林作为最高统帅,他在二战中的作用与地位绝对不能受到旁人的威胁,斯大林不能容忍朱可夫的名望太高而喧宾夺主。将军在二战中的赫赫战功在群众心中正光芒四射,加之将军喜欢自夸的个性更加渲染了他的军事天赋,许多要人开始不满。有一次朱可夫出席党的会议,会议主席十分粗暴地大声对他嚷道:"我们胜利的功劳不属于你,而属于党和领袖!"此外便是将军的直率,朱可夫对于斯大林坚持把战争胜利归于他的天才,越来越轻蔑、继而反感,在一些场合元帅直抒胸意,公开表示不满,秘密警察们一字不漏地报告了斯大林;第三是固执地坚持军队的职业化,轻视党和政治工作对军队的影响。在战争期间,斯大林让了步,军队取消了政治委员,但现在仗打完了,斯大林再也不能容忍朱可夫对党的工作人员的排斥态度。

朱可夫离开了他仅坐了三个月的陆军总司令的交椅,老对手科涅夫取而代之。朱可夫的下坡路还没走完。朱可夫在敖德萨任职期间,在列宁格勒被围战役中有过严重分歧的戈沃洛夫,以监察部长的身份视察了敖德萨,早就对他怀恨在心的戈沃洛夫向国防部递交了一份对朱可夫极为不利的报告,朱可夫再次被贬,他被调到乌拉尔更低的岗位上。

元帅无法承受这一次次不明不白的打击,他请求离开他为之终身服务的军队,他抗议政府对他的功绩一笔勾销,抗议秘密警察没完没了的盘查,但请求没有得到任何回音。然而元帅生命的转折又降临了,1953年3月5日,一代巨人斯大林因患脑溢血突然离世,3月6日凌晨,莫斯科电台宣布了斯大林逝世的消息,同一天,朱可夫被任命为国防部副部长,并同时负责苏联陆军部队。

元帅生命的春天又一次来到。一代巨星斯大林陨落后的星空,朱可夫又一次成为耀眼的明星。这在巨人逝世后的年代里对于稳定军心与民心产生了积极作用。斯大林时代之后继之而起的赫鲁晓夫,需要将军的帮助,仰赖军队的支持,更何况朱可夫的美国朋友成为了美国总统,在美苏冷战激烈的时代,或许元帅与艾森豪威尔的私情能化解东西方的坚冰,总之,朱可夫很快又大红大紫起来。他参与了处置贝利亚集团的重大事件,对秘密警察的切齿痛恨使元帅对贝利亚毫不手软。军队在苏联的柱石作用重新得到了承认。1955年7月,朱可夫以军方代表身份出席了赫鲁晓夫与艾森豪威尔在日内瓦举行的美苏高层会晤。然而令艾森豪威尔伤感的是,元帅已今非昔比,会晤时讲的话仿佛在背诵台词,嘴里轮回地念着冠冕堂皇的词藻。那个独立而充满自信、敢作敢为、精明果断的将军已成了永恒的记忆。但将军的固执依旧,他对军队实行军事首领的一长制终身不逾,他坚持文职当局必须放手让军事司令员处理军队事务,而不要让政治委员来干涉。在朱可夫的领导下,苏联军队进入了一个新的时代,军官重视军事理论,而党的观念淡化了,不少政治干部因没有前途,纷纷离开军队。这是一种潜在的危机。党的领导视为这是军队对党的挑战,对元帅而言,这一思想与客观现实将再次成为他跌向低谷的重要原因。

此时的朱可夫尚不能离开政治核心,赫鲁晓夫深知要在政治强手如林的政治漩涡中站稳脚跟,还离不开朱可夫。1957年4月马林科夫、莫洛托夫、卡冈诺维奇开始向赫鲁晓夫发难,他们抨击他的各项政策,大家异口同声地谴责这个以反斯大林个人崇拜而扬名的人搞个人崇拜,要求赫鲁晓夫立即辞去党的第一书记职务。赫鲁晓夫在目瞪口呆之余终于回过神来,坚持立即召开全体中央委员会会议,以决定他的去留。危难之际朱可夫毫不迟疑地支持赫鲁晓夫,并命令国防部迅速派军用飞机把分散在全国各地的中央委员火速接到莫斯科。赫鲁晓夫赢了,马林科夫等人作为"反党集团"被清洗。由于三人又曾经是30年代对红军指挥人员血腥清洗的重要参与者,军人集团对这个反党集团有着特殊的怨恨,朱可夫也决不手软地要清算这笔血债。元帅在政治舞台上似乎有些忘乎所以,他痛斥反党集团是害群之马,他公开呼吁为30年代蒙受不白之冤的军官们平反。也许出于对朱可夫的感激,赫鲁晓夫默许了元帅的种种建议:图哈切夫斯基元帅和布留赫尔元帅平反昭雪了。苏军总政治部向党中央直接报告的制度停止了,转而向朱可夫报告工作。军队派代表参加秘密警察领导机关的活动,对内务部的军队和国家安全委员会的边防军都有权指挥。正式和公开地谴责斯大林时代对军队的清洗等等。然而元帅不懂得党的领袖们始终是一个整体,他们在许多方面,几代人都是一脉相承。元帅似乎肆无忌惮地向党的隐蔽处进攻,显然触犯了政治敏感的神经。元帅出席各种集会的机会多了,对自己往日的功劳也许表白得太多。"朱可夫想干什么?"这一问题在党的领袖们脑海里挥之不去。"不能让他为所欲为",赫鲁晓夫暗自决定。

1957年10月,朱可夫春风得意地在南斯拉夫、阿尔巴尼亚访问。访问结束后,朱可夫原计划取道克里木去检阅那里的部下。赫鲁晓夫的秘书打来电话请元帅直飞莫斯科,说是11月7日革命节的40周年盛大军事检阅有许多事情等着老将军回来定夺。朱可夫压根没有想到,那个得到他大力帮助的赫鲁晓夫早已为他准备好了陷阱。

朱可夫被免去了国防部长的职务,这一新闻立即传遍了世界各地。朱可夫又一次突然从社会和政治生活中消失了。新任国防部长马林诺夫斯基操纵《红星报》说:一个高级军人被他自己成功的军事经历迷住了心窍,他为此犯了严重的错误,受到了党的严厉制裁。朱可夫的亲密战友和部下如罗科索夫斯基、索科洛夫斯基、扎哈罗夫等异口同声地声讨他。老对手科涅夫元帅决心一鼓作气把这个竞争者彻底搞臭:他竭力贬低朱可夫在战场上的功劳,说朱可夫占领德国国会大厦是他的乌克兰第1方面军让出来的,朱可夫窃取了不应有的荣誉云云。那个幸亏朱可夫而免遭灭顶之灾的赫鲁晓夫公开表示:"就一个生命来说,一个细胞死亡,另一个细胞代替它,生命才能继续下去。"苏联战争史在悄悄改变,朱可夫的功绩被一点点遮盖。元帅又一次面对精神与肉体的摧残,在中央委员会全体会议上,元帅自己投票赞成把他从主席团清除出去。

朱可夫退休了,在莫斯科郊外的一幢别墅里悄悄地度着自己的晚年。外界的风雨时而也敲打着将军的窗棂,但将军已经习惯地漠然处之。1964 年,68 岁的元帅离婚,与比他年轻 25 岁的格林娜结婚,不久老将军晚年得女,小玛莎的活泼与格林娜的温柔给心灰意冷的元帅带来了慰藉。

历史的车轮滚滚向前,克里姆林宫再次更换了主人。1964 年 10 月勃列日涅夫担任苏联党的第一书记。1965 年 5 月 9 日,反法西斯战争胜利 20 周年纪念日,莫斯科红场举行了盛大的阅兵式,在列宁墓顶上,人们又看到了久违的英雄:朱可夫元帅。许多人感动得流下了热泪。

1969 年,朱可夫著名的回忆录——《回忆与思考》在苏联出版了,第一版就发行了 60 万册。1966 年 12 月,为庆贺老将军 70 岁生日,最高苏维埃主席团授予朱可夫国家最高级勋章——列宁勋章,致贺的电报、亲切的问候纷至沓来。同年 8 月,蒙古人民共和国授予元帅英雄金星勋章。面对荣誉和善良的人们忠诚地问候,老元帅激动不已,荣辱兴衰、宦海沉浮、沙场浴血、世态炎凉,往事如烟,一切都交给后人评说吧。

然而历史不会忘记那些对历史作出了贡献的人们,人们也不会忘记那些挽救了历史的英雄,朱可夫元帅的伟大贡献将不仅被苏联人民铭记,而且将永远被全世界人民铭记。

1974 年 6 月,朱可夫在莫斯科安然离世。

世界名将正传

# 艾森豪威尔

## ——不发一弹的五星上将

詹晋洁

在一幢绿树掩映的别墅里，一位年近八旬的老人正深情地望着身边彻夜守候他的亲人们，轻声地说道："我始终爱我的夫人，我始终爱我的儿子，我始终爱我的孙儿，我始终爱我的祖国。我要走了，上帝召我去了。"说完，便慢慢合上了双眼……悲痛和哭泣声弥漫了整个空间。

1969 年 3 月 28 日这一天，对于美国人民来说，是一个"黑色星期五"，一位令他们崇拜与敬仰的英雄永远地离他们而去了，他就是德怀特·艾森豪威尔。

## 一、"身披甲胄的骑士"①

一个秋日，美国堪萨斯州迪尼森铁道旁的一间小木屋里，产妇艾达·斯托佛正在痛苦地呻吟着，年轻的父亲戴维在门外焦急地守候着。终于，一阵啼哭声划破了紧张的气氛，戴维冲进房间，抱起婴儿欣喜若狂，同时在日历上重重地做了个记号。这一天是 1890 年 10 月 14 日，这新生命就是艾森豪威尔，未来的美国第 34 任总统。

在经历了两次破产，一贫如洗的家庭中，艾克(乳名)仍能健康地成长。父亲的怯懦与优柔寡断没有太多的影响到他，而母亲的精明强干及对孩子们严格的要求使艾克受益匪浅。每天的祈祷与繁忙的家务并不能压抑孩子们的天性，特别是好斗与好奇。还是个孩子的艾克便表现出与众不同。他精力充沛，总是一刻也闲不住，干活、玩耍、打架，然后躺在白杨树下傻想着未来，傻想着阿比林外面的世界。

企盼已久的圣诞节就要来临了，两个哥哥阿瑟和埃德加得到父母的允许，要去远足。小艾克岂能放过这绝好的探险机会。他对父母说："我应和哥哥们一块去，我已长大，我要到外面去增长见识。"

---

① 艾森豪威尔一家原先的拼写是艾森豪尔，但由于抄写员的疏忽，错写成艾森豪威尔。后来一些语文学家将这个词译成"身披甲胄的骑士"。

"不，不行!"父母的拒绝十分坚决，"你还太小，我的孩子。"

各种借口均被父母否定了。愤怒使艾克满脸通红，他冲到外边，捏紧拳头，往树上猛击。他哭着，打着，双拳已血肉模糊。父亲推搡着直到他控制住自己。但疼痛熄灭不了他心中的怒火，艾克冲进房间，把脸埋在枕头里，整整哭了一个小时。母亲走进房间，为他的手敷上药膏，扎上绷带。艾克渐渐止住哭泣。母亲轻声说道："能控制自己情绪的人比拿下一座城市的人更伟大，发怒是自我毁伤，你知道吗?"这次谈话深深印在艾森豪威尔的脑海中。

年纪小小的艾克便有着超人的胆量。1898年，一场罕见的春雨使大雾山河水溢出堤岸。就在洪水泛滥的那天正午，母亲让艾克给在奶酪制品厂工作的父亲送午饭，然而好奇心却驱使艾克弯道去铁路防洪堤上观看洪水。他在堤岸上发现了一艘破船，没有桨，也不见主人，就毫不犹豫地找来了一块木板，作为船桨，跳到船上，迎着打来的一个个浪头和漩涡划起来。岸上的其它孩子也纷纷跳进船舱，结果船翻了。当艾克艰难地爬上岸时已是下午了，父亲的午饭早已不知被洪水冲向何处。这种生活真似马克·吐温笔下主人公的奇遇。

德怀特在他家对面的林肯小学念书，这所学校的教室阴沉昏暗，单调乏味的朗读声不时传向街道。在这毫无生气的学校里，德怀特真正感兴趣的是军事史，经常沉浸在军事史书中，竟疏忽了家务和功课，这使母亲深感不安。

艾森豪威尔从小就有坚强的意志，充满青春活力。按西部的传统，体力和大无畏精神是任何一个真正的男子汉所必需具备的品质。在他所上的阿比林中学有个传统，新入学的一年级学生要举行一次南北学生头的拳击比赛，赢的一方将会整年炫耀不已。1903年，重任落在了好斗的艾克头上。几乎每个阿比林居民都声称目睹了这场空前激烈的搏斗。艾克与身材不高但体格健壮的北边学生头打斗了近几个小时，双方气喘吁吁，嗓音嘶哑。最后用双臂久久地相互抱住双方，谁也不愿让步。艾克被打得很厉害，以致在家里躺着休息了三天。他懂得了在生活中应该具有比忍耐更重要的东西，要有不屈不挠的精神，为此需要付出代价。双亲既没有训斥，也没有惩罚，母亲还认为在这种环境中能使孩子的性格得到锻炼。

艾克这种执拗和坚强的性格使他在一次生命垂危的时候挺了过来，而且保全了一条腿。艾克是学校足球队出色的中锋，球艺高超，深得众人夸奖。本来在比赛中受点伤是常有的事。但在一次比赛中艾克摔破了膝盖，由于多次昏迷住进了医院，被诊断为血中毒。医生认为只有截肢才可保全生命。艾克得知后坚决地说："你们不要打算把那条腿截去。"同时嘱咐哥哥埃德加："我要你说什么也别让他们这样干，我宁愿去死也不愿失去我的腿。"医生们对此毫无办法，说服不了他的家人，只好听天由命了。但奇迹终于出现了，结实、年轻的肌体战胜了疾病，艾克的健

世界名将正传

269

康开始慢慢地得到恢复。

艾克为人谦逊,办事公道,有领导和组织天赋,特别是表现在组织星期六下午的篮球赛上。在一次比赛中,阿比林队员发现对方队伍中有一名黑人,而且由这个黑人担任中坚,队员都拒绝越过他的位置。这时艾克站出来说:"我来担任中坚"。虽然他一直打后卫,从没打过中坚。赛后艾克与这名黑人握手致意。他的举止使其他队员感到羞愧。

德怀特·艾森豪威尔的少年生活使他养成了和善、坚毅、顽强、好斗的性格。聪明、机灵使他学会了很多东西,像驾舟、撒网、打扑克,这也是他的特长。在学校所学的各门功课中,他的历史成绩最好,长于记忆年代时期,对名人轶事尤有兴趣。大家都预言他将成为耶鲁大学的历史学教授,但艾克有自己的理想和追求。

中学毕业后,他结识了黑兹利特。此人极力怂恿艾克和他一起报考军校,并建议报西点。西点军校名气大,又是公费,还有机会踢球,何乐而不为呢? 艾克欣然同意。决心一下,经过一段顽强的学习准备,终于考试合格,艾克成了西点军校的士官生。五个月后,艾克怀着兴奋的心情告别了家庭,告别了朋友,告别了阿比林。他知道自己是怎样的人,走着什么道路。

# 二、在西点军校

艾森豪威尔作为一个20岁的青年,颇为自信。这表现在他的风度、谈吐和行动中。他对打牌、狩猎、钓鱼和竞赛性运动,也无一不精。他意识到自己即将进入的学校是国内最严格的工程学校之一,是培养军事人才的摇篮,曾造就出不少著名将领。但他自信能对付得了。

西点比阿比林与外界更为隔绝、更闭塞。军校的生活极有规律,每天都一成不变,生活极为单调无味。西点的制度就是挖空心思找出违反规则的人,并把他们淘汰掉。然而这里的学员都愿意试探或改变一下规章条例,看看有什么空子可钻。艾克就是其中一员。他常干一些胡闹的事,直到耄耋之年仍津津乐道。在军校的四年里,艾克学习成绩平平,操行成绩也不尽人意,常违反校规。吸烟在西点是严格禁止的,"越是这样",艾森豪威尔干脆地说:"我开始抽起烟来。"结果一次次被军官逮捕,罚他徒步行军几小时,或关几小时禁闭,可他仍是"乐此不疲"。

然而,无论在运动还是在学习方面,他都在不断自觉地自我提高。球艺依然是超群的。他的组织才能使他在同学中享有威望,并很快牢固地跻身于西点学校的士官生中间,而且他的意志、倔强性和由美国西部的传统培养出来的自尊心深受大家的欣赏。他作为一名军校学员,总在接受积极的东西,反对消极的东西。贯穿于艾森豪威尔全部教育内容中的是献身的思想,以及从这种思想中推导出的责任感。这种思想来自双亲,来自阿比林,来自体育运动,尤其来自西点军校。罗伯特·E·李将军曾说过,"责任感是英语中最美的词。"艾克对此有同感。

1915年6月12日西点军校考试委员会作出决定,授予毕业生德怀特·艾森豪威尔以美军尉官军衔。因为学习结果所得的评价不高,所以艾克并不体面的毕了业,其前途不容乐观。当然,纯军事科目艾克学得还是不错的,这给他日后所展示出来的军事才能奠定了基础。

## 三、"漂泊"的廿五年

25年对于艾克真是太漫长了,他期望自己被重用,在战场上能有所作为。但他屡屡被调换工作,这使艾克心中无限惆怅。

西点毕业后,艾克被派往萨姆休斯敦港。在那里艾克的生活相当悠闲,他的家简直成了俱乐部和夜总会。每天总有不少人出出进进,艾克又一次感受到了童年时的美好光阴。到职不久,在一次家庭宴会上,与玛米·杜德小姐相识。她美丽的容貌和一双富有灵气的大眼睛使艾克倾倒。他们很快就恋爱了,并在第二年结了婚。这位富商的女儿从小娇生惯养,生活自理能力差,不过她以自己特有的温柔和贤惠努力适应军队中枯燥而又艰辛的生活。这一切艾克觉得十分幸福。

时逢第一次世界大战,美国参战后,艾森豪威尔所在的第57兵团正准备渡洋作战,这是艾克的夙愿。他被提升为上尉而且干得很卖力,他富有建设性的领导才能令人信服地表现在他的部下处于高度战斗准备状态之中。但1917年9月20日,他突然被派往佐治亚奥格尔索普港的军官训练营任教官。在佐治亚工作一段时间后能去前线的希望仍没能实现。1917年12月1日又得到了新的任命,到教导营培训军官。美国陆军极需培养后备军官这一使命,决定了艾克的命运。他一次次去海外服役的请求全部被拒绝。之后,他参加了组建第一批装甲部队的工作。由于训练卓有成效,引起上级注意。1918年6月17日被授予少校军衔。但不久德国战败投降,一战结束,艾克大失所望。

1922年终于时来运转,艾克被派往巴拿马运河区,在美军中最有学问的将领之一、康纳将军的领导下工作。康纳的博学是艾克深刻理解军事艺术各个方面取之不尽的源泉,艾克受到了巨大教益。康纳也深信,"艾克很有发展前途"。经其推荐,艾森豪威尔于1925年被利文沃思港的参谋学校录取,成绩相当优异。毕业后到法国长期出差,在那里编写关于第一次世界大战期间美军参加过战斗的那些地方的手册。差不多过了20年,当1944—1945年艾森豪威尔指挥盟军在法国登陆时,由于他对第一次世界大战时在这些地方进行的战役的许多细节都记得起来,使他的同僚大为惊讶。熟悉地形有助于他在复杂的战局作出正确的决定。

回国后,他继续深造。1928年6月从陆军大学毕业。他把大部分精力投入到战争的准备工作中。

1929年,艾克被派往陆军部助理部长办公室工作。当时正值经济大危机,法西斯势力膨胀,国际局势复杂。德怀特与一批参谋人士着手制定战争开始时动员工作生产的计划。周密而明晰的计划引起了美军参谋长道格拉斯·麦克阿瑟的注意。1935年,麦克阿瑟到菲律宾任军事顾问,重建菲联邦军。艾克充当其助手,主要工作是起草文件,撰写报告。艾森豪威尔为人随和,不似麦克阿瑟那样傲慢,常和菲总统奎松玩牌,两人关系甚好。

1936年在西点军校毕业后过了21年,艾克终于得到中校军衔,官运显然与这位老战士无缘。

1939年9月1日第二次世界大战爆发。艾克深信,美军将不可避免地要卷入这场战争,认为现在自己的位置是在祖国。他谢绝了菲律宾总统奎松提出的待遇上非常有诱惑力的建议后,返回美国。

这位漂泊了25年的勇士,就这样坚定地、义无反顾地踏上了征程,因为他知道前方有属于自己的那道曙光……

## 四、初露锋芒

第二次世界大战是20世纪发生的规模最大的一次世界性战争。"时势造英雄",这次战争造就出不少著名将领,艾森豪威尔就是其中一位。

回国后的艾克非常渴望立即上前线指挥部队作战。他显得更加健壮,看上去比他的实际年龄要年轻十岁。长期的部队工作和野外生活,使他的精力显得格外旺盛。宽阔的胸脯和肩膀,他仍有着天生运动员的优美体态。他全身都是生气蓬勃。他行走时步履轻松,摆动着手臂,他双目炯炯有神,什么都逃脱不了他的眼睛。他的话音深沉而洪亮。他谈话时挥动着双手,掰着指头逐个数他的论点。他比以前精力更加集中。他的蓝眼睛会死盯着对方,迫使你注意聆听。他差不多秃顶了,只有几缕浅棕色头发在后脑勺和两侧,但是秃顶多少使他的相貌显得更匀称,也许是因为这对他大而表情多变的嘴起平衡作用。他保持着他的有感染力的笑容和开怀大笑。他思维活跃,思路敏捷,说话滔滔不绝,尤其是,他表现自信。他熟悉业务,他知道这一点,他知道他的上级也了解。他希望把他放在棘手的岗位上,并对军队和国家做出重大贡献。为此,他做出了不懈努力。当然他操起的还是老本行——训练后备军,但干得依然很出色。每天工作长达 18 小时,一周七天,天天如此。他制定训练表,进行视察;给新任命的下级军官上课,领导演习,研究欧洲战争。他关心士兵,尽他所能地鼓舞和保持高昂的士气。不管到哪,他都发表讲话,提出问题,倾听意见和进行观察。

"苦心人,天不负",艾克工作上的出色表现使他从副团长提升到集团军参谋长,并于 1941 年升为第九军上校。他的品格、好脾气及工作上的专业能力和领导才能,都有好的反应。艾克也把虚心听取意见作为他领导艺术的主要部分。在一次大演习之后,这位老兵的官运终于来了,他被调任为第三军参谋长,同时晋升为准将,艾克得到了梦寐以求的军衔。

1941 年 12 月 7 日太平洋战争爆发,法西斯势力进一步在全球升级。美国实行绥靖政策的结果终究是搬起石头砸了自己的脚。在国际反法西斯的强大影响及美国国内人民的一致呼声下,美国的直接参战将不可避免,这也关系到美国的切身利益。12 月 12 日,艾森豪威尔接到陆军参谋长乔治·马歇尔将军的急电,要他立刻去华盛顿。到达后,马歇尔与他讨论了太平洋的战略形势。然后两眼盯着艾克问道:"什么是我们行动的总方针?"艾克稍加犹豫后,说:"给我几小时。""好吧。"黄昏时分,艾克把书面意见呈了上去。艾克认为,军事上比较明智的做法应当将军队撤退到澳大利亚,建立反攻基地,这样可增援菲律宾。他极力陈述澳大利亚作为作战基地的种种优点——讲英语,坚强的盟国,现代化港口设施。艾克的胆识让马歇尔心里非常赞赏。他注视了一下艾克,而后温和地说:"我同意你的意见,尽你所能去拯救他们。"随即让他负责作战处和运车科的工作。

翌年二月马歇尔将艾克调到自己手下,继而被任为作战处首任处长,同时晋升为少将。作战处照管着美国陆军在全世界的一切行动,被称为美国全军的"主要神经中枢",这下,艾克大开眼界,这也是他在任何别的地方不可能得到的。

随着战争规模的进一步扩大,形势日趋复杂,紧张,美国和其他大国也在运筹新的战略计划。1941 年底到 1942 年初在华盛顿举行了阿卡迪亚会议,美国等大国与英国建立了和谐的关系。会议主要关心的对于 1942 年在欧洲战场发动攻势计划方面达成了一致意见。艾克也认为,必须开赴欧洲作战,现在应使苏联继续打下去,去远东采取守势,然后在西欧进行猛烈空袭,继之尽可能地进行陆上攻击。他在马歇尔授意下起草了具体进攻计划,代号是"围捕"。计划要求军事装备中的半数应针对英国,并打算有可能的话于 1942 年进行决战。但重点放在 1943 年横渡海峡进攻的"围捕"行动上。缜密的作战计划换来了英国人的同意。艾克又一次忙活了起来,他亲临未来的战地进行了考察和研究。为此艾克对伦敦进行了为期十天的访问。这期间他还结识了英国方面为他配备的司机——莎默比。她曾是电影演员,模特儿。年轻、漂亮、明亮的眼睛,带着不在乎的微笑。艾克对她也颇有好感。当艾森豪威尔将军接过了欧洲舞台上的指挥权后,把她调到了身边,并发展了一种特殊的关系。这段将军与他的私人司机在战时的"罗曼史",一直为新闻界和公众所关注。

此时的艾森豪威尔已成为马歇尔将军的高足,表现出具有像马歇尔一样思考的能力,能很快领会上级的意图,接受其观点并付诸行动。马歇尔也非常赞赏艾克接受任务时的态度和进攻的思想。当马歇尔看过艾克起草的对欧洲战区司令的指示草稿后,征得罗斯福总统的同意,当即任命艾克为欧洲战区司令。仅过了一个月,又被晋升为中将。他的官运亨通是没有先例的,这是16个月中的第四个军衔。约在一年前,他当上了准将,当时艾克已心满意足,而今已是美军16名中将之一。

形势的发展真是风云变化无穷,艾克用他那双大手轻轻抚摸着本来就不多的几缕棕发,凝视着远方,脸上挂满了自信的笑容。他似乎看到了反法西斯的最终胜利正在向他招手……

## 五、出任欧洲战区司令

艾森豪威尔本来就有着超人的胆识和军事谋略,现在又被任命为欧洲战区的司令长官,真是如鱼得水。一切都注定艾克必将成为世界性人物;他的每一个措施、决定以及他的习惯,必将受到注意和报道。

为使欧洲战区司令部迅速展开工作,艾森豪威尔要求把经验丰富、做事审慎的马克·克拉克将军带到伦敦去,马歇尔同意了;同时任命沃尔特·史密斯将军作为欧洲战区的参谋长。他们与艾克之间是相当熟悉的,艾克完全相信他们将协助他完成任何任务。

但正当艾森豪威尔准备启程前往伦敦时,突然传来他49岁的弟弟罗伊猝然去世的消息。这个生性倔强、处世周全的人毅然放弃了见亲人最后一面的机会。他在家门口与妻子玛米告别,此时,所有的感伤涌上心头。他没有让玛米送他。"但是,我想在旗杆旁看到你。"他说。在约定的时间里,当飞机在华盛顿近郊,迈尔堡要塞的艾森豪威尔家上空掠过时,在旗杆的底座旁,艾克看见了小小的人影——飞机向西飞去。

1042年6月24日,艾森豪威尔抵达伦敦。在机场上没有乐队欢迎他,他没有发表演说,没举行任何仪式。但第二天为英美记者举行了第一次记者招待会后,他立刻成了世界性重要人物。没有哪一位知名人物,除了罗斯福以外,这样受到报界欢迎。他的好相貌和幽默感吸引着人们。他注意衣着,相当老派,站得笔挺;厚实、宽阔的双肩往后伸,头抬得高高的。他的脸和手总是很活跃,说到纳粹时,满脸怒火;说到全世界汇集起来粉碎纳粹的巨大力量时,红光满面。正因为他是那样的大方和心胸开阔,那样的乐观、聪明和坦率,那样的精力充沛和富于美国气息,而且除了他个人是美国形象的很好拷贝之外,他还代表着将赢得这场战争的美国军事机器,因此他不可避免地成了人们注意的中心,以致于出租车司机会向他招手,街上的行人会向他问好。

当时,驻扎在英国本土的美军很少,只有55000多人。为准备美国参加进攻欧洲大陆而开辟欧洲美国战区是英美两国政府一致同意的击溃德国的主要战略行动。但艾克的欧洲战区面临着一项复杂艰巨的任务,他要把美国人、英国人、加拿大人组成一支能够完成重大战斗任务的武装力量。另外,德国占领区的一些反法西斯队伍及其代表人物,也应该在未来登陆部队中发挥相当的作用。民族的特点和传统,代表各国的将军之间不可避免的竞争,更不用说军队进行战斗训练的方法、装备和语言的不同,所有这一切都向艾森豪威尔提出了严峻的考验。

当时他认为最重要的是,加强美国人和英国人之间的团结,不允许激起强烈的民族感情。为此他抵达伦敦不久,就在美军中进行教育工作,甚至不惜采取坚决措施,将有伤害英国人民族感情行为的美国军官送回美国去。有一次一个美国上校同英国军官发生争执后,艾森豪威尔对他说:"我承认在争论中你是对的,甚至你骂他是坏蛋,也可以不予追究。但你骂他是英国坏蛋,为此,我要把你送回家去。"做事执著的艾克使赢得这场战争具备了一个首要因素——人和。

许多人认为艾森豪威尔将军在未来的登陆战役中将起决定性作用。但无论从业务,还是从声望上来说,他还面临着许多困难。他不仅在英国军队中,而且在美国军队中,也鲜为人知。战前,他只是个中校,而且没有任何战斗经验,在战时甚至从未指挥过一个连。另外,艾森豪威尔不久前才授予少将军衔。当艾克来到伦敦时,由他管辖的有366名将军,他们的军阶都比他高。但艾克坚信,以他的聪明与坦率一定能做好一切。他对部下说:"我们将在最大限度地不搞形式主义的条件下进行工作,我始终将竭力做一个对你们有用的人,但我要求你们自己解决自己的问题,不要依赖我。"

通过他勤快和朴实的办事作风,逐渐与英国同僚们建立了关系,不过也有不少令人尴尬的时候。这首先是与英国军事长官蒙哥马利的关系。艾克一次受邀请去听他的讲演。英国将军开始讲话不久,嗜烟的艾克烟瘾上来就抽了两口。英国将军立即用愤怒的声调大声问道:"谁在抽烟?!"艾克回答说:"我。"蒙哥马利严厉申斥道:"不准在我的会议室抽烟!"艾克默不作声地掐灭了烟。这件小小的、不愉快的事情没有使艾克对待蒙哥马利的态度产生不良的影响,没有因此动摇他对这位英国将军的看法。后来他曾经说蒙哥马利是"性格坚毅,精力充沛,具有良好的职业修养的人。"但在1944—1945年的欧洲战场上,固执的蒙哥马利未按统一部署行动,另行其事,把艾克气得够呛。

艾森豪威尔与新闻界也相处得十分融洽。他无论在与记者打交道方面,还是在说话内容上都是一个天才。同时艾克还非常善于处理公共关系,这对他的事业有着重要意义。他的风度,像他的绰号"艾克"一样很有感染力。当他坦率地谈到困难,必须正视和解决的问题的态度时,以及主动热情的话语,深深地感染着众人。他也正是利用这种个人影响来宣传盟国团结的思想。他认为英美友谊是最后胜利的绝对必要的条件,并竭力使它成为真正的,持久的友谊。他努力处理好英国公众与来到英伦三岛的美国士兵、飞行员和水手的关系。军队人数的不断增加,最后共有200多万美国年轻人来到了英国。艾克对初来乍到的美国人要求相当严格,他们言行举止稍有差错就予以严厉的批评;艾克还对他们进行责任感和历史使命感的教育。艾克要求的是严明的纪律和高昂的士气。他用大量的时间去视察野外部队,监督军事训练,他要在英国建立一支"美国勇于投入战场的最优秀的部队,他们不仅有钢铁般的组织纪律,而且具有强大的作战实力"。为此,艾森豪威尔要挑选出最优秀的指挥官。他要求指挥官要具有坚强的意志,通晓当今的军事技术、勇猛顽强、多谋善断、在艰难的条件下能带队打硬仗,打胜仗。对于那些沽名钓誉、油腔滑调、花言巧语、作风不正的人,一经发现,就立刻把他们清理出去。艾克的勤奋工作也为部下作出了榜样。早晨六点一刻起床,每天工作不少于12个小时。常常过了午夜才就寝。在睡前他总爱看描写19世纪下半叶美国西部生活的小说,这些书是玛米定期从美国给他邮寄的。艾克认为这是最好的读物。因为看"牛仔史"不用动脑筋。

在艾森豪威尔的领导下,各项工作井井有条,已经具备了发动进攻的有利条件。当时苏联战场打得正火热,希特勒以266个师的兵力集结在苏联战场上。苏联军民浴血奋战,继粉碎德意志法西斯对莫斯科的重点进攻后,又展开了有力的反击。所有这些为从西方对德进行战略性突击创造了必要的条件。1942年,美英军队有1000万之多,而军事政治形势要求它们给法西斯德国以决定性打击。这就给肩负战争主要重担的苏联以有效的援助,也是加速击溃法西斯轴心国和减少损失的惟一可行的办法。

根据盟国早先达成的协议,1942年7月中旬,罗斯福总统派参谋长马歇尔,美国海军总司令厄内斯特·金和总统顾问霍普金斯飞抵伦敦,商讨尽早开辟第二战场的问题。在英美参谋长联席会议上,马歇尔主张强渡英吉利海峡,直接打击德国。由艾森豪威尔负责拟订的"大锤计划",建议在法国勒阿弗尔附近登陆,由英国人指挥,美国两个师参加,其余为英国部队,目标日期是 1942 年 9 月 15 日。这一计划提出后,遭到英方的断然拒绝。英国参谋总长布鲁克将军当面顶撞马歇尔,嘲笑"大锤"行动。他轻蔑地指出:"如果这一行动失败,对俄国人没有好处;而即使六个师这样的规模能够成功,也不会把德国部队从东线吸引过来。"马歇尔坚持必须采取一些行动来帮助俄国人,而"大锤"行动是惟一能够做到这一点的。双方争持不下。

那天艾森豪威尔没有参加会议,他和参谋人员坐立不安,彻夜不眠,焦急地等待着会议的结束,等待着会议的最后消息,他们认为:"要做一些事情向俄国人表明,西方盟国真正是站在他们一边;要做些事,使英美人民感到他们在努力做些有积极意义的事。"在盟国参谋长联席会议的争论中,布鲁克坚持认为"大锤"行动风险太大,得不偿失。因此,他争辩说,法属北非是理所当然的进攻目标。

当艾森豪威尔得知这一消息后,他感到布鲁克的想法荒谬又可笑。德国大量部队驻扎在离多佛不到 25 英里之处,可是为什么要赶到伦敦以南将近 1000 英里之外去寻找敌人呢? 艾克觉得进入北非将会分散许多力量,从而使横渡英吉利海峡的行动大大推迟。

无奈之下,7 月 22 日,马歇尔致电罗斯福,承认他和英国人已经陷入僵局。罗斯福复电说,由于英国不愿参加"大锤"行动,美国将不得不在进攻北非方面和英国人合作。于是丘吉尔给这次新的行动起了个代号:"火炬"。这将是第二次世界大战开始以来的英美首次联合进攻,这次攻势既具有战略意义,又具有道义上的意义。

"大锤"计划被否定,使艾克感到十分沮丧。他认为 1942 年 7 月 22 日星期三,可以说是"历史上最黑暗的日子"。他觉得到北非去的行动代表着消极的、防御性的作战思想。

进攻目标确定下来后,盟国开始将有生力量和技术装备源源不断地运往不列颠群岛。到 8 月底,盟军总部的组织问题也解决了。经罗斯福和丘吉尔商定,任命艾森豪威尔将军为盟军总司令,负责筹划和指挥"火炬"战役的工作。

北非战役,迫在眉睫!

# 六、策划"火炬"

为了尽快让"火炬"行动付诸于实施,领导班子很快成立了,艾森豪威尔任总指挥,亚力山大将军任副总指挥,双方商定英美联军将于 1942 年 11 月 8 号在法属北非登陆,然后由西向东对德国发动进攻,以彻底歼灭北非的德国军队,控制地中海,巩固中东,为尔后在意大利和巴尔干半岛的军事行动创造有利条件。

法国投降后,维希政府在"法属北非"约有军队 20 万人,飞机 500 架,4 艘战列舰,12 艘巡洋舰,约 40 艘驱逐舰,这是一支不可忽视的力量。同时法国在北非的军政官员受维希政府的管辖。他们把反对法西斯侵略和维护法兰西民族独立的戴高乐将军以及法共领导的人民群众抵抗运动视为非法,再加上由于英国政府支持戴高乐将军的自由法国运动,并且曾同维希的武装力量发生过几次冲突,所以北非法国当局的反英情绪很强烈。因此,盟军的这次登陆战役是打着美国旗号,形式上表现为纯粹是美国的军事行动。而且这次行动对戴高乐是保密的,怕他参与会误事,这也是考虑到北非复杂的政治因素而做出的决定。

艾森豪威尔自从担任"火炬"战役的总指挥后,他感到了身上担子的沉重。这是一场大规模的两栖登陆战役。由于他指挥的是一支多国部队,因此在筹划组织参谋部的过程中,尽量使每个部门既有美国人,又有英国人,号召大家互相尊重,友好相处,为胜利完成"火炬"战役而竭诚合作。他详细制定了作战计划,不放过每一个环节。他说所有问题必须马上解决,否则会影响全局。他经常举行会议,有时也和丘吉尔首相商讨计划事宜。

当时盟军航空母舰很少,提供空中掩护的重担,几乎全部得以陆地为基地的飞机来负担。而为"火炬"战役惟一可资利用的基地只有直布罗陀,同时由于海军护航舰和后援船只的不足,只能把进攻范围限制在几个主要点上。

经过缜密研究,在力所能及的范围内,艾克指出了四个重要港口作为理想的进攻目标,它们从西往东依次是:大西洋海岸的卡萨布兰卡、奥兰、阿尔及尔,以及地中海岸的波尼地区。艾克极力强调应该给予卡萨布兰卡特别重视。因为首先,卡萨布兰卡是蜿蜒于阿特拉斯山脉的那条向东穿过奥兰、阿尔及尔最后直到突尼斯的漫长而又破旧的铁路的终点。运输量虽小,但若德军决定从西班牙挥戈南下,并以轰炸机和大炮封锁直布罗陀海峡,那么这条铁路就能为盟军提供一条微弱的生命线。没有这条铁路,进入地中海的部队都会被截断归路,要想突围要冒极大风险;其二,在那个地点强行登陆必然会对西班牙和摩洛哥的部落产生影响,艾克说:"要是我们不在那里登陆,那么法国的维希政权就很可能把那些好战的部落引来同我们发生公开冲突,这种局面会给西班牙更有力的理由去站到轴心国一边进行干涉。"

但不管怎样,奥兰、阿尔及尔两地势在必夺。不过,在解决如何确定突击的侧翼问题上,艾森豪威尔个人却赞同把全部兵力开进地中海,这个勇敢而又好冒险的人决定孤注一掷。

计划送交参谋长联席会议时,参谋部反对抹掉卡萨布兰卡。认为盟军应迅速占领它,以作为万一轴心国对直布罗陀海峡这条狭窄通道下手时的部分补偿。而且建议登陆摩洛哥,以阻止德国利用西班牙来包抄盟军。他们还以缺乏空中掩护能力为由反对在波尼作战。事后,艾克叹息道:"早日占领突尼斯城的可能性已从眉睫之下推移到远处去了。"

进攻地点确定后,下一重大问题是时间。非洲西北海岸,整个晚秋和冬季气候险恶,大西洋的滚滚波涛在海滩上翻卷,就连天气较好的仲秋也会出现这种情况。而且轴心国对地中海的英国护航舰队的攻击不断地传来噩耗,所以形势异常紧张,不能等待"万事俱备"了,必须早日行动。

经过大约六个星期的紧张筹划,艾森豪威尔接到通知,美国国务院驻北非高级官员罗伯特·墨菲将对他作一次秘密访问,讨论北非地区的政局和动向。墨菲长期在非洲担任美国总领事,罗斯福也很信任他,并告之在北非地区采取军事行动的可能性。1942 年 9 月 16 日,墨菲在极其秘密的情况下来到伦敦,同艾森豪威尔举行了长达 24 小时的会晤。他详尽地向艾克介绍了法属北非的复杂政治情况。墨菲说,艾森豪威尔可以转向局外人亨利·吉罗将军,绕过戴高乐的自由法国,贝当元帅的维希法国和法国殖民部队中的多种派别之间的斗争。吉罗是一位退休军官,一战中失去了一条腿,1940 年从战俘营逃跑出来。当时他正住在没有被德军占领的法国南部。墨菲告诉艾克,驻阿尔及尔军团司令的参谋长查尔斯·马斯特将军向他保证,如果吉罗到阿尔及尔,所有法国殖民部队都会集结在他的周围。因此如果吉罗出面,盟军登陆时不会抵抗。

艾森豪威尔察觉到有些不妥,所以他并不真正相信吉罗。他告诉墨菲,如果维希法国部队真的进行战斗,他打算以足够的兵力强行登陆,攻破法军防线,并且拒绝把墨菲的地下组织考虑进去。当墨菲请求给他的抵抗组织补充武装时,艾森豪威尔置之不理。当墨菲询问战役时间,以便使地下活动配合登陆作战时,也遭到了艾森豪威尔的拒绝。艾克说,你可以告诉法国人,我们将于二月的某一时间来到。墨菲还指出,吉罗希望由他指挥"火炬"战役,因为他的军衔比艾克高,而且是在法国领土上进行这次战役。所有这些,艾克面带微笑而又不容置疑地回答:"不"!事后他告诉马歇尔,墨菲给他留下了"非常深刻的印象",但对他提供的情况不能"完全相信"。

之后,艾克和助手们每天工作 14 小时,收集天气情报,制定运输计划,研究空中掩护和许多细节。这对于从来未参加过两栖作战的军官们都是一个新的考验。不过,艾克对他的计划有着十分的把握。

10 月 16 日,墨菲返回阿尔及尔后,向艾克发了两份电报。一份是关于指挥人选问题。马斯特将军再次说,除非让吉罗担任最高统帅,否则他不会参加。墨菲说,除吉罗外,还有另一个选择。达尔朗海军上将愿意和盟军合作。由于达尔朗是维希部队的总司令,而吉罗手下无一兵一卒。因此抛弃吉罗代之以达尔朗,对艾克来说是很有吸引力的。不过达尔朗诡计多端,名声很臭,不可轻信。

经过反复考虑,权衡各方利弊,艾克决定暂时任命吉罗为整个法属北非的总督,来掌握"微妙的局势";然后再与达尔朗进行"恰当的接触",并准备任命他为武装部队总司令。艾克知道,盟军迟早将不得不作出决定,究竟是要达尔朗还是吉罗作为"我们主要合作者"。他希望两个都愿意合作,以"取得对我们更有利的好处"。然而,这类事情与军事无关,而是政治和外交政策问题。在采取行动前,艾克还需得到上级的权威指示。为此他与丘吉尔进行了一次会谈。达尔朗的问题很棘手,他的经历很不光彩。这位海军上将是纳粹的热心合作者,是维希反犹太法令的主谋,并持强烈反英态度。他几乎代表着盟国正在与之斗争的欧洲反动势力,同时也是戴高乐的死敌。所以如何对待达尔朗这样一个反动人物的确值得慎重考虑。丘吉尔思索良久说:"若一定要把法国海军搞到手,就得去拍达尔朗的马屁!"但这终究是个非同小可的举措,考虑到政治影响,会谈最终没有作出决定。只能要求盟军总司令视情况发展,再临时决断。

现在都已准备就绪,就待把计划付诸实施了。这是艾克一生中第一次进入作战地区,是生、是死,谁也不知道。他给妻子玛米的信中说,他运气一直很好,请不要担心;同时也说如果遇到最坏的情况,请不要过分悲伤。

11 月 5 日,艾森豪威尔冒险飞抵直布罗陀——临时司令部的所在地。共有 14 个战斗机中队集于此待命。出击前的等待让艾克焦急不安。人们都在拭目以待,一个从未上过战场的将军如何率领着千军万马,打赢这次空前规模的战役?所有的一切对于艾克也是一次挑战。

## 七、北非登陆

艾森豪威尔有生以来第一次面临指挥一个战役,而且是规模如此巨大的战役,他深感荣幸,同时也感到了肩上担子的沉重。"火炬"行动的成功能够使他在军事上扬名,但失败的责任谁又能承担得起?总司令的大本营安置在山岩中,四个房间的上方矗立着一大块花岗岩。不久,丘吉尔发来了电报:"直布罗陀的岩壁掌握在您的手里是不会发生危机的!"艾克手握上司的电报,不禁热泪盈眶,他看着远方,脸上充满了自信和坚毅。

艾克到的第二天,就向参加两栖作战的部队发出命令,确定登陆时期为 11 月 8 日,并详细地进行作战部署。参加"火炬"作战的英美军队共有 13 个师,665 艘军舰和运输舰,分别编成"西部"、"中部"和"东部"三个特混舰队。首批登陆的兵力为 7 个师,其中有美国的 4 个步兵师和 2 个装甲师,英国的一个步兵师,共约 11 万人。同时决定这次登陆的空中保障将使用 1700 架飞机,其中绝大部分都预先驻守在直布罗陀。

行动开始之前的那段漫长的,几乎是无法忍受的等待,就随着那乏味的时钟的嘀嗒嘀嗒声,一分一秒地打发过去了。就在艾森豪威尔在直布罗陀的洞穴中来回踱步的那几天里,数以百计的盟军舰艇所组成的快速或慢速的护航舰队正在横渡北大西洋,驶向非洲西北海岸。三支主力远征队伍,正在纳粹潜艇出没的大海中破浪前进。

1942 年 11 月 8 日,北非战役正式打响,法西斯面对的是艾森豪威尔麾下的一支强大的英武之师。截止当日午夜,英美联军的三个特混舰队分别在阿尔及尔、奥兰、卡萨布兰卡地区登陆。其中"东部"舰队进展顺利,而且把达尔朗(此时他恰巧在阿尔及尔,看望突患小儿麻痹症的儿子)控制到盟军手中;"中部"和"西部"舰队因遭到非洲法国军团的抵抗而进展缓慢。

11 月 9 日,艾森豪威尔命令克拉克将军和吉罗将军飞往阿尔及尔,企图同法属北非当局达成某种协议,他们的使命是要求结束战斗,并希望法国人在进行计划中的对德战争时能给予协助。可是,事与愿违。非洲的法国人对此置之不理。看来只有与达尔朗商谈,才能达成和解,因为法属北非的法军听命于达尔朗的指令。克拉克奉艾森豪威尔的命令,与 9 日那天与达尔朗协商,最终达尔朗被迫同意在卡萨布兰卡和奥兰停火,但仍拒绝请示突尼斯的维希法国部队抗击德国。

到了 11 月 11 日,希特勒开始调动部队进入以前没有被他们占领的法国南部,而且正在空运精锐部队和运送坦克去突尼斯。艾森豪威尔感到"火炬"行动获得胜利的可能性已经很小了。要使盟军恢复进攻态势,一切只能取决于在突尼斯的法国人。艾克此时最想做的是进军突尼斯,与德意法西斯作战。为得到一个可靠的后方,他决定与维希法国当局合作,不管它的法西斯名声多么狼藉。11 月 13 日,艾森豪威尔飞往阿尔及尔,会见了达尔朗,双方达成协议。

当达尔朗协定的实情公之于众后,立刻引起公众的强烈不满,说盟军在战斗一开始便与它的宿敌合作,还说这是一桩卑鄙龌龊的勾当。不论艾克怎样解释,公众也深感愤怒,连丘吉尔也称此举是"晴天霹雳"。最后还是罗斯福总统出面,说采取这样的行动是一种权宜之计,这才稍稍缓解了公众舆论对艾克的压力。

由于艾森豪威尔在阿尔及尔被政治问题所纠缠,使他不能及时向突尼斯进军,而这时德军却继续在突尼斯集结。结果,他的部队在强行登陆时吃了败仗。

军事上受挫,使总司令大伤脑筋。不过,形势有了转机。圣诞节前夕,达尔朗被戴高乐分子所刺杀,吉罗接管了北非的军政事务。这样,达尔朗之死为艾森豪威尔解除了一个政治上的包袱,他也可以集中全部精力于突尼斯的战斗了。

# 八、突尼斯大捷

艾森豪威尔决定在突尼斯开展一场大规模的攻势,来转移各界的注意力。但这时法国民众依然对维希分子在法属北非的全部留任以及共产党员的被关押强烈不满。在民众的连续抨击下,艾克的地位受到了冲击,加上工作进度缓慢,而且又得了感冒,他情绪很坏。艾克整天除一支接一支地吸烟外,连饭都很少吃。

1943年1月14日至24日,盟军首脑在卡萨布兰卡举行了会议,并决定让艾克继续指挥"火炬"行动,而且英国第八集团军开抵突尼斯边境以后,也由艾克指挥。大家对艾克的领导才能都给予肯定和赞赏,艾克对他前途的担心很快也就消失了。同时,美国参谋部于12月11日授予艾克上将军衔,任命他为总司令,负责全面工作。

信心百倍的艾森豪威尔决定打一场漂亮仗,不辜负大家对他的期望。不过他指挥的范围和规模的扩大,这给他带来新的问题,尤其是与法国人的关系问题。为了进行突尼斯战役,艾克认为必须与法国人建立良好的关系,为此他不惜破坏自己统一指挥的原则。1942年12月末,法军在位于北面的英军和位于南面的美军之间,进入突尼斯阵地。

在北非,艾森豪威尔第一次亲身体验到什么叫战争,什么是敌人的炮火,也体验到了什么叫旦夕祸福。有一天,艾克夜间视察部队,拂晓时,疲劳的艾克打起盹来,年轻的中士驾车走了一夜,也学他上级的样,结果车翻进了排水沟。幸而谁也没有受伤。司机没有听到将军一句责备的话。艾克只是说,如果是他亲自驱车,那么这样劳累的旅行,想必也会发生这样的事。之后,他们继续上路。翌日,在记者招待会上,人们看到总司令"依然精神集中,反应灵敏,充满自信,一如往常"。

此时,美军的军用物资,装备源源不断地运抵前线。随着飞机数量的不断增加和使用前方机场,艾克的空军部队开始从德军手中夺取了制空权。艾克最担心的是战线的南端,那里是隆美尔的防区,也是盟军脆弱的漫长供应线的末端。而且由一批没有流过血,没有战斗经验的美军防守。很快前线传来了吃败仗的消息,证明艾克的担心不是多余的,隆美尔的坦克部队消灭了美军一个坦克营,击溃一个炮兵营,并且孤立了美军残余部队。由于在关键时刻,盟军安德森的部队没有听从艾克的指挥,致使敌非洲军团攻占了卡塞林山口。美军的第一次战斗就打得一败涂地,不但没有加固阵地,而且在慌乱中丧失阵地。

虽然损失如此沉重,但并没有使艾克灰心。他认为只有通过几次交锋,才能进一步了解敌人。隆美尔越过卡塞林山口后,仅有一条漫长的、通道狭隘的补给线,这无疑成为其薄弱之处。艾森豪威尔抓住时机,在进攻点上部署了大批兵力,特别是大炮火力方面的优势。在完成作战准备后,1943年3月下旬发起进攻。这时的德意联军装备缺额大,而且又处于亚历山大和蒙哥马利两支大军之间,态势十分不利。在艾克部队的强烈攻击下,德意联军面临被合围的威胁,不得不撤出马雷特防线,并于4月中旬退至突尼斯北部,终于成了"瓮中之鳖"。

1943年4月19日,艾森豪威尔集中优势兵力发起总攻。他命令英军自南向北实施突击,美英联军自西而东发起进攻。艾克的副官布彻在日记中写道:"艾克目前的情况有点像母鸡在孵蛋。他在等待鸡蛋孵化,而心里在嘀咕,能不能破壳而出。"这个壳是德军在比塞大——突尼斯的桥头堡。在连续的打击下,艾克的军队于5月7日攻战比塞大。在这一战斗中,盟国空军表现非常出色,一天之内,竟出动飞机2500架次之多。战事的高潮,已近在眼前。艾克的部队在海上和空中建立了严密的封锁,致使敌海空军无法继续活动。敌守军在向德最高统帅部的报告中哀求道:"现在我们已经到了上天无路、入地无门的地步,愿上帝保佑!"

5月13日,在突尼斯的轴心国残余部队投降。艾森豪威尔的盟军武装部队,共俘敌27.5万人。这一胜利与三个半月前苏联红军的斯大林格勒大捷遥相辉映。多方贺电纷纷飞向这位总司令。荣誉对艾克来说有时来得特别突然。1943年底他被选为"美国第一父亲"。艾克对此表示谢意,还说美国的父亲们可以为在突尼斯取得胜利的儿子们感到骄傲。

北非获得了解放,艾森豪威尔将军神采飞扬,心中不胜欢喜,他的美名也得以传天下。但他面临着新的考验和挑战,等待他的下一次行动将会是什么呢?

# 九、驰骋意大利

突尼斯大捷之后,进军矛头应指向何处?艾克心中早已有数。他要进攻西西里,而后进攻撒丁岛和科西嘉岛,利用它们作为进攻意大利西部的跳板。虽然这与美作战处的作战计划相违背,但他认为身为作战司令长官,应随机而动,紧抓一切取得胜利的最佳时间和最佳地点。

1943年5月,盟军参谋长联席会议就此开了整整两周的会。最后达成协议:同意在1944年横渡英吉利海峡进攻欧洲大陆。但没有对在地中海的行动作出决定。这一问题由艾克负责,由他酌情制订出作战计划,最好能使意大利退出战争,并牵制最大量的德国军队。

接着艾森豪威尔着手实施代号为"哈斯基"的西西里作战计划。艾克主张先攻占位于突尼斯和西西里之间的班泰雷利岛。这座岛有意大利重兵把守,岩石、沙滩布满沿岸。大家认为这太冒险了。但事实证明艾克是正确的。经过三周的猛烈轰炸后,意军士气低落得不堪一击。6月7日按计划发动直接攻势。经过一昼夜的激战,守军11000多人投降,盟军无一伤亡。首战告捷,艾克欣喜若狂。

7月7日,艾森豪威尔飞往马耳他,亲自指挥"哈斯基"战役。7月10日凌晨,3200艘大小军舰和运输船只,载着16万英美军队,在1000架飞机的掩护下,对西西里岛东南部发动进攻,实行两栖登陆。在艾克的率领下,军队出奇制胜,登陆相当顺利。经过一个月的激战,8月17日上午10时,最后一名德军已被逐出西西里。

西西里战役结束后,艾森豪威尔率部迅速进军意大利本土。7月19日,艾克下令对罗马进行了首次空袭,对其军事目标和铁路车站造成严重破坏,这大大削弱意军的抵抗能力。本来,意大利在北非、地中海、西西里岛接二连三的惨败,就早已加深了墨索里尼政权的军事、经济和政治危机;再加上艾森豪威尔的乘胜追击,墨索里尼的倒台已成必然之势。7月25日,墨索里尼被国王废黜一切军政职务,巴多格利奥组成新政府。这样意大利法西斯的统治宣告结束。

"机不可失,时不再来",此时,艾森豪威尔想立即采取行动,打算利用墨索里尼垮台所造成的有利局势,只要采取适当措施,就能使盟军进入罗马这座"不朽之城"。为此,他决定与意大利合作,加速战争进程。9月6日,艾克派人前往罗马,同巴多格利奥密谈。随后艾克发布了停战宣言,不久巴多格利奥也被迫命令意军停止一切军事行动,并于10月13日对德宣战。

墨索里尼的垮台和意大利退出战争并对德宣战,标志着法西斯轴心国的解体和国际反法西斯联盟的又一伟大胜利。艾克又向前迈出了坚实的一步。

横渡英吉利海峡,与德国直接作战成为艾森豪威尔的下一个目标。现在他正期待着与法西斯的最后决战。

# 十、登陆诺曼底

随着战局的发展,各方面积极集中兵力,使跨越海峡发动进攻有了充分准备。艾克非常渴望自己能够亲自指挥渡峡战役。

1943年底德黑兰会议结束后,总统罗斯福任命艾森豪威尔将军指挥"霸王"行动(围捕行动)。这是在战争史中最令人垂涎的指挥职务。艾克以实力证明自己是最合适的人选。他的战绩已经表明他能建立和领导一个统一的参谋班子,成功地指挥英美部队联合作战,没有别的将军曾做到这点。而且,艾克的言词、举止、动作,尤其是他的眼睛,都能显示出他的机智。当他听副手讨论未来战役时,总带着询问的眼神从一张面孔移到另一张面孔;他的注意力非常集中,眼睛所表现出的高度自信,既不盲目,也不自高自大;他还积极而自觉地进行自我批评,目的在于消除错误,改进工作。一次记者招待会上,在回答战争将在什么时候结束的问题时,艾克两眼熠熠发光,毫不犹豫地说:"我相信 1944 年我们将打赢在欧洲的战争。"

这期间艾克得到上级批准,与妻子玛米度假两周。度假时,艾克也闲不住,他同有关方面积极运筹"霸王"行动。

艾森豪威尔作为盟国远征军总司令,他最关心的是如何保证"霸王"行动的成功。在他的强烈要求下,地中海的登陆艇及轰炸部队被抽了出来,专门供"霸王"行动使用。

在紧张的备战中,艾克的工作十分繁忙,他在伦敦的居住地也常受到干扰。为排除干扰,艾克把总部迁到郊区的布歇公园。这里比较清静,他可以很好地工作、思考和休息,有时也打一两场高尔夫球和阅读"西部"小说。

为了赢得战役胜利,作为数百万大军的统帅,必须知己知彼,必须统筹兼顾。他的工作是永不停歇的,只有他承担着指挥的沉重负荷,为此在四个月之内,他观察了 26 个师、24 个机场、5 艘战舰和无数的仓库、工场。他和成千上万的士兵谈话,和他们握手。同时严格选拔各级军官,要求被选拔的军官首先要忠于反法西斯战争事业,具有英勇顽强的战斗精神;第二要有较好的组织和指挥才能;第三要身先士卒,发挥战斗模范作用。事实证明在这一原则下选拔出的军官,像布雷德利、巴顿等都在后来的战争中发挥了重要作用。在艾克的严格整顿下,部队显得训练有素、紧密团结,与此同时,艾克经常给大家分析最新的战争形势和可能遇到的诸多问题,这些都鼓舞了将士们的勇气。

横渡英吉利海峡是世界战争史上规模最大的一次两栖作战,这也是对英美盟军成败的一次最大考验。

关于登陆地点,艾森豪威尔进行了反复对比和研究。他认为法国西北部的诺曼底沿海地区地势开阔,可同时展开 26 个师至 30 个师,并且距英国西南海岸的各大港口较近,便于运输部队和物资,德军在这里的兵力比较薄弱,登陆容易成功。虽缺乏良港,但可以用人造港补救。权衡利弊之后,艾森豪威尔决定把在法国西北部登陆地区选在诺曼底。

为确保在诺曼底登陆成功,艾森豪威尔在英国南部布署了 39 个师、各种飞机 13000 多架,多种战舰约 6000 多艘,还有四五十个美军师正源源不断地运来。而且登陆前一周,艾克下令空军对敌人最重要的交通线中心进行了密集轰炸,共炸毁了 82 个具有战略意义的铁路枢纽。这就使德军无法迅速调配后备队和向告急的地区派出增援部队。

然而天公不作美,这时间又下起了倾盆大雨。艾克和各级司令官们心中十分焦急。因为就是最完善的战役最后也都要取决于变化无常的天气。而且随着登陆战役时间的来临,天气变得越来越糟。6月4日晚,艾克和高级军官们在索斯威克别墅餐厅会晤。餐厅很大,一边放着一张大桌子,另一边放着安乐椅。墙上挂着一幅巨大的英国南部和诺曼底地图,上面满是大头针、箭头和标出盟军和德军位置的其它符号。面对着风雨交加的天气,军官们懒洋洋地靠在安乐椅上,喝着咖啡闲谈着。9时30分斯泰格上校带着最新的气象报告进来,他说"天气出现转机"。大家一片欢呼,都在庆贺这一好消息。上校接着说大雨将在两三个小时内停止,接着是36小时好转的天气。虽然受到云层的妨碍,但轰炸机和战斗机可以在6月5日至6日间的星期一晚间出动。这确是一个千载难逢的好时机。艾克背着手,低着头,在房里踱步。突然他抬起头,盯住参谋长史密斯。史密斯说:"这是一场赌博,是一场可能最好的赌博。"艾克点了点头。他接着又问蒙哥马利:"星期二不进行,你认为怎样?"蒙哥马利挺起身子,盯着艾克的眼睛答道:"我说要干!"最后艾克收住脚步,冷静地衡量着各个方案。晚9时45分时,他说:"我确信必须下达命令。好,让我们干!"随后,他以盟国远征军最高统帅部的名义,向全军发出了《进军令》。命令发出后,各路军官从椅子中一跃而起,冲出门外,赶往他们的指挥所,30秒钟后,大厅里空荡荡的,只剩下艾克一个人。

1944年6月6日早晨4时15分,诺曼底登陆战役开始了,将近20万人登上船只和飞机,开始横渡英吉利海峡。天空中群星闪烁,生龙活虎的战士们正在奋勇冲锋。铁锚链条的嘎嘎声,铁锚投入英吉利海峡黑色水面时所击起的水浪声很大很大;登陆艇犹如一匹匹脱缰的野马,冒着敌人的炮火在海浪中颠簸前进,它们在黑暗中上下翻腾,然后穿过一段漫长而波涛汹涌的海面,朝着预定集结的地区驶去。运输机中队在天空中往返穿行,轰响如雷鸣。

艾克的情绪随着收到的战况报告而不断变化着。他一会儿高兴,一会儿不安。可喜的是,截止到6日晚,近16万盟军士兵在恶劣的天气下,以暴风雨般的行动突破了希特勒大肆吹嘘的"大西洋壁垒"。但再往前就遇到了困难。部队所处的地方到处都是灌木篱笆,公路到处坍陷,风暴摧毁了许多设施;而且基地也遭到希特勒的杀伤力较大的新型武器 $V_1$、$V_2$ 飞弹的袭击。这一切大大影响了向法国内地的推进。时间就是生命,为了恢复进攻态势,艾克亲临前线,慰问将士,大大激发了战士们的士气。

艾森豪威尔认为,当务之急是克服所有困难,在瑟堡和奥恩河口之间的地区建立一个有适当供应线的可靠滩头阵地,然后向敌人发动大规模进攻。这样"眼镜蛇"计划产生了。实施这一计划预计需要4个步兵师和两个装甲师进行地面攻击,而且要有大量的美国空军支援。顺利的话,就可以为自己通过敌人的防线开出一条路来。战局变化如此复杂,使艾克大伤脑筋,他只有千方百计地突破德军防线,才能加快战事发展。

7月21日,艾森豪威尔再次亲临诺曼底,亲自视察"眼镜蛇"战役的准备工作。由于天气因素,直到7月25日清晨,"眼镜蛇"战役才揭开序幕。战斗场面是空前的,在大规模的空袭中,将近2500架轰炸机投下了4000多吨炸弹。空袭把德军打得晕头转向,摧毁了敌人的交通线。形势表明,艾克的部队很快就将取得完全突破性的胜利。

为推动战局发展,乘胜扩大成果,艾森豪威尔决定组建巴顿的第三集团军,8月1日,巴顿出动了,并开始横扫布列塔尼,盟军开始席卷整个法国。死水一潭的前线恶梦结束了。诺曼底德军防线的被突破,使德国大本营十分惊恐。希特勒调兵遣将进行了猛烈的反扑,但艾克的部队势如破竹,所向披靡,将土崩瓦解的德军分割成几段,并如秋风扫落叶一般继续向法国的首都——巴黎挺进。同时艾克也将前进指挥所移至诺曼底,并不断地给前线的将士鼓气。德军的防务已处于风雨飘摇之中。

1944年8月25日,艾森豪威尔挥师进入巴黎。从此,被德国占领长达四年之久,有法兰西荣誉之称的这一伟大城市解放了。巴黎的市民们热泪行行,他们大声呐喊着:"艾克,我们的将军,您是好样的!"

巴黎解放了,艾克的最终目标即将达到,高兴得他那张富有表情的大嘴经常合不拢。德国在西欧的最后败局已定,他告诉自己,艾克,你一定要坚持到最后。

# 十一、剩勇追穷寇

巴黎解放后,艾克得到了他军旅生涯中的又一次荣誉,他被晋升为五星上将。他肩上的担子更加重了,他还得要为最后的胜利而努力。已经50多岁的艾克依然健壮、从容和自信。

新的问题又到艾克面前了,那就是进军德国的战略问题。艾克认为应该在法国南部登陆,攻占一个良港,再配之以增援师定能迅速攻入欧洲。这时艾克敏锐的洞察力和雄辩的口才派上了用场,他往返穿梭于各级首脑之间,和他们进行争论,最后首脑们同意了他的想法,按照计划实施"铁砧行动"。

盟军只遭到轻微抵抗,便一举解放了马赛港,从而为进军西欧发挥了重要作用,这也证明艾克的决定是没错的。同时,1944年12月中旬,艾森豪威尔率部有效地阻止了希特勒的阿登反扑。

在这种形势下,艾克觉得应该乘胜追击,不给敌人以喘息之机,他决定大举进攻德国。

1945年3月,雅尔塔会议之后,艾森豪威尔命令英美联军首先向德国工业重地鲁尔区发动进攻。经过激烈奋战,4月18日,31.7万名德军投降,这也是战争史最大的一次集体投降。同时艾克的军队抵达易北河畔。

东线,苏联红军也发起了攻势。这样在东西两面的凌厉攻势下,法西斯的末日终于来临。1945年5月8日,德国正式无条件投降。炮火终于停止了,胜利、和平的礼炮和烟火映红了整个柏林城,随及传向欧洲各地。艾森豪威尔将军的脸上挂满了胜利的微笑。

艾克作为远征军总司令,成为战争中最成功的将军。当他凯旋而归,回到华盛顿时,受到了数万人的热烈欢迎,一簇簇鲜花将他映衬得更加引人注目。他由机场直接到了白宫,接受杜鲁门总统授予的优异服务勋章。

同年年底,总统任命他为陆军参谋长。此时,艾克真是春风得意。这位老兵,经过战争的洗礼,他更加的自信、坚毅和乐观,在人生道路上走得更加坚定有力。

战后,艾克忙于办理部队的复员事宜。但他认为当时的国际形势只是"武装休战",主张美国应继续保持庞大的军队,并普遍实行军训。

# 十二、解甲当校长

1948年是艾森豪威尔一生的转折点。他辞去了陆军参谋长的职务,结束了近四十年的军旅生涯,接受了哥伦比亚大学的邀请,出任该校校长。

一位职业军人出任校长,许多人都感到惊异。艾克当时声望极高,国内要求他出任总统的呼声很强烈,但艾克有更长远的打算。他觉得自己在政界、财界的根基不稳,表示无意进入政界;他也不愿在军界担任高职,而且回绝了许多大公司的高薪聘请。

这时,有一个人出来极力推举他。此人在美国财界很有影响,同时还是哥伦比亚大学董事会董事,他就是国际商用机器公司总经理汤姆斯·沃森。正是沃森,为使艾森豪威尔有个"文职"身份,便亲手导演了将军出任校长这幕戏。

艾克一生与军人为伍,只上过军校,没进过正规大学。在还没有迈入这所驰名国内外的大学门坎之前,一些学术界的代表人物反对新任校长。他们认为这样的学校应由学者支持,而不是将军。一些报刊也讽刺艾克是哥伦比亚大学第一个"胸无点墨"的校长。

在当校长期间,艾克长期形成的办事干脆利索的习惯似乎与整个学校的治学气氛不相和谐。他最讨厌教学会议,觉得这些会议非常乏味。教授们一番高谈阔论之后,什么结果都没有。不久他不愿参加这样的会议了。艾克抱怨道:"也许在世界上,没有比在大学里挑选一名院长更为复杂的事情。"在二战期间,艾克作为最高统帅,能迅速挑选出师长和军长,而作为哥伦比亚大学的校长,他不得不参加没完没了的会议,教授们"以近乎宗教的狂热",对各个候选人进行辩论。艾克说:"每个人都坚持自己的意见,结果是一片混乱,我不了解为什么大学要遵循这样的惯例。"艾克担任陆军参谋长时,认为世界上没有哪一个官僚机构像美军一样,制造出这么多文件。而当他到哥伦比亚大学七个月以后,在日记中写道,"我感到吃惊的现象之一是……文件。……我认为我将永远向堆积如山的文件告别。"他坚持每一项计划都用一页打字机纸提出来的主张,使那些下笔千言的教授们哭笑不得。所以在教师中有一个流传的笑话,说决不要给艾克将军送去超过一页以上的备忘录,否则他就会累得念不下去了。

尽管艾克与教授们合不来,但他的热情使他为学校建设出了不少力。他积极要求提高教授们的人品素养,设立并执行"公民教育计划"及竞争企业讲座。虽然这些行动使学者们感到难堪,但还是起到了一定的建设性作用。

当时艾森豪威尔还兼有总统顾问的头衔,常被召到华盛顿商讨国是,在学校的时间很少,教授们难得见他,因此招来不少怨言。但他当校长完全是图名,并不领取学校的薪金,所以对那些抱怨不以为意。相反,他依仗自己的社会地位和影响,为学校募集到不少钱,这样就封住了不少教授们的嘴。

艾克与学生们相处得倒是很不错的。每当黄昏时分,在通往球场的林荫道上,总能见到一位年近六旬的老人迈着矫健的步伐,挥动着那双大手与孩子们热情地打招呼。这位老人就是学生们最喜欢的人——艾克。他喜欢看孩子们踢球,有时也和他们玩两下。学生们都高兴地说:"过去的校长都是些道貌岸然的学者,不像艾克那样用我们的语言和我们谈话。"1948年秋艾克的大战回忆录《欧洲十字军》出版了,成为当年非小说类的畅销书,拜读者中许多都是他的学生。

时光飞逝,转眼到了1950年12月。此时朝鲜战争已爆发,总统杜鲁门任命艾克为北大西洋公约组织欧洲盟军统帅。这样,艾克有了新的去向,又恢复了军职,他向哥伦比亚大学"请长假"暂离,举家搬到法国居住。他和学校的距离就更远了。一位教授说:"艾森豪威尔对哥伦比亚大学的影响等于零,他在任期间,学校实际上等于没有校长。"

## 十三、"冷战斗士"

艾森豪威尔在欧洲任职时,美国的大选年也随之来临。艾克感到经过三年经营,时机已成熟,遂于1952年6月再次卸去军职,回国参加总统竞选。

经过激烈竞争,11月艾森豪威尔在大选中获胜,并于1953年1月正式就任美艾森豪威尔执政后，继续推行侵略政策。他根据 50 年代初社会主义阵营力量日益壮大，欧洲经济恢复以及美国霸主地位不断下降的新形势，提出实行"新面貌"的外交战略。而且军事上以核武器为威慑力量，对别国进行核讹诈。

在亚洲，他吸取侵朝战争的教训，积极推行拼凑军事集团的政策。同时还在印度支那等地培植亲美势力，企图对其达到控制的目的。

对中东地区，他主张填补由英、法势力撤出而出现的"力量真空"。1957 年公开提出"艾森豪威尔主义"，使美国势力进一步挤进中东。

对中国，他继续推行敌视政策，除和国民党政府缔结《共同防御条约》外，还企图制造"两个中国"，"一中一台"，致使台湾海峡出现危机。

总之，对苏联等社会主义国家，艾森豪威尔主张从政治、经济、文化等多方面进行渗透，促其"和平演变"、以和平方法"战胜"共产主义。所以艾森豪威尔在国际上有"冷战斗士"之称。

在工作作风上，他仍带有不少军人特色。与人说话喜欢直来直去。只抓重大决策，把许多具体事情交给助手处理。他把助手们称为"我的参谋长"，因此有人批评他把军队的参谋制度搬到了白宫。

1960 年，根据 1951 年 2 月批准生效的宪法修正案 22 条关于总统只能连任一届的规定，艾森豪威尔宣布不再竞选总统。这样，艾克结束了自己的政治生涯。

离开白宫后，艾森豪威尔搬到葛底斯堡农场安度晚年。除了参加一些社交活动外，集中精力撰写回忆录，出版后十分畅销。由于艾克不是专业作家，免收所得税，所以发了一笔财，成了百万富翁。

不过艾森豪威尔的身体每况愈下，经常住院休养，很少公开露面，但他声望不减，仍是美国最受敬慕的人物之一。

1969 年 3 月 28 日，艾森豪威尔心脏病再度发作，抢救无效逝世，终年 79 岁。4 月 2 日，安葬于故乡阿比林城。